» IMMER FÜR EUCH DA! «

Ein Modell für Schule

Die Leibniz Privatschule in
Elmshorn und Kaltenkirchen

Gerhard Roth
Barbara Manke-Boesten
Hendrik Boesten
Egon Boesten

Mit Beiträgen von Markus Arendt, Christoph Biemann, Prof. Klaus Bös, Karsten Bracker, Helge Delion, Gerhard Förderer, Prof. Uwe Hameyer, Marie Holm, Susanne Marti, Arndt Peltier, Nina Schlick, Luisa Schlumbohm, Christian Schmuck, Prof. Hans-Jürgen Schulke, Gerhard Tolkmit, Astrid Veh, Sebastian Weisser, Rainer Werner, Dr. Stefan Wester, Dr. Michael Winterhoff, Prof. Henning Wode, Prof. Renate Zimmer und Marco Grundt (Fotos)

LEIBNIZ BLÄTTER VERLAG

LEIBNIZ BLÄTTER VERLAG

Die Bildrechte liegen bei den Autoren.
Umschlaggestaltung: Svea Wolfsen, Regenta GmbH
Lektorat: Jürgen Fischer, Kleve-Kellen

Der Verlag und seine Autoren sind für Reaktionen, Hinweise oder Meinungen dankbar. Bitte wenden Sie sich diesbezüglich an diese Mailadresse:
redaktion@leibniz-privatschule.de

ISBN: 978-3-9820573-4-7
E-Book: 978-3-9820573-5-4

Koppeldamm 11
D-25368 Kiebitzreihe/Hamburg

Wer aufhört, besser zu sein,
hat aufgehört, gut zu sein.

Oliver Cromwell

Ein Modell für die Schule der Zukunft

VON PROF. GERHARD ROTH

Prof. Gerhard Roth gilt als der bedeutendste deutsche Neurobiologe und Hirnforscher.

Kennengelernt habe ich die Leibniz-Schule 2012. Ich hatte mich schon seit langem mit den psychologischen und neurobiologischen Grundlagen des Lehrens und Lernens befasst und auch versucht, damit Lehrerinnen und Lehrer vertraut zu machen. Auch unternahm ich es, mit engagierten Lehrpersonen konkrete Maßnahmen zur Steigerung der Effektivität des Unterrichts zu entwickeln und auszuprobieren. Dies erwies sich aber an staatlichen Schulen als sehr schwierig, weil trotz engagierter Schulleitungen die zuständigen Bildungsbehörden keinerlei Interesse zeigten.

Deshalb war ich sehr erfreut, in der Leibniz-Schule eine Situation vorzufinden, die neuen, wissenschaftlich und empirisch fundierten Konzepten gegenüber sehr aufgeschlossen war, besonders was die Schulleitung betraf. In der Tat konnte ich viele positive Besonderheiten entdecken, darunter eine hohe Bereitschaft für Veränderungen auch im Kollegium.

Deshalb entschlossen die Schulleitung und ich uns rasch, neue „hirngerechte" Lehr- und Lernformen auszuprobieren, Lehrerinnen und Lehrer in den wissenschaftlichen Erkenntnissen über erfolgreichen Unterricht fortzubilden, sie im Gespräch mit den Schülerinnen und Schülern und den Eltern zu schulen usw. All das findet unter dem Motto statt: Der wichtigste Faktor für den schulischen Erfolg ist neben der pädagogisch-didaktischen Kompetenz eine vertrauensvolle, wertschätzende und feinfühlige Beziehung zwischen Lehrenden und Lernenden.

Obwohl unsere Maßnahmen inzwischen weit über Elmshorn und Schleswig-Holstein bekannt geworden ist, sind die zuständigen Ministerien und Bildungsbehörden nach wie vor zögerlich, zumal es sich ja um eine Privatschule handelt. Wir haben aber festgestellt, dass in privaten und öffentlichen Schulen die Probleme des guten Unterrichts dieselben sind, zumal angesichts der neuen Herausforderungen. Freilich hat die Leibniz-Schule den unschätzbaren Vorteil, schneller reagieren und experimentieren zu können. Wir können somit mutig nach vorn blicken und aus der Leibniz Privatschule auch für die öffentlichen Schulen ein Modell für die Schule der Zukunft machen, das im Gegensatz zu vielen anderen Konzepten den großen Vorteil hat, wissenschaftlich fundiert und unter den gegebenen Umständen bereits empirisch validiert zu sein. Dieses Konzept präsentieren wir im vorliegenden Buch und bitten um kreative Nachahmung.

Es lohnt sich, ein Modell für Schule vorzustellen und zu diskutieren

VON BARBARA MANKE-BOESTEN

Uns wird oft vorgeworfen, arrogant oder gar überheblich zu sein und alles besser zu wissen, wenn wir von unseren Erfahrungen berichten. Das erstaunt uns immer wieder. Unser Bestreben ist es, einfach aufzuschreiben, wie wir Schule gestalten, wie wir uns verändern, wie wir dazu lernen. Wir meinen, dass wir auch in der kurzen Zeit des Bestehens unserer Schulen eine ganze Menge positiver Erfahrungen gemacht haben, über die es sich lohnt nachzudenken. Unsere Schulen prägen die definierten sieben Säulen: Sport, Naturwissenschaften, Medien, Wirtschaftslehre, Englisch, Begabtenförderung und Werteerziehung.

Barbara Manke-Boesten gründete 2006 die Leibniz Privatschule Elmshorn

Unser Vorgehen wurde und wird durch wissenschaftliche Erkenntnisse der empirischen Unterrichtsforschung und der Neurobiologie bestätigt. Wir verfolgen keine Moden, keine Ideologien, keine Ideen, die uns so in den Kopf gekommen sind, sondern praktizieren ein wissenschaftliches Vorgehen, das auch in der einen oder anderen Hinsicht unsere Schule verändert hat. Schule ist eine lernende Organisation – ja, wir sind Hattie geschädigt, wie ein Fachleiter aus dem staatlichen Schuldienst einmal zu uns sagte, und wir sind das sehr gern, denn Hattie hat in über 50.000 Studien, die er ausgewertet hat, herausgefunden, was tatsächlich wirkt, was das Lernen und Lehren besser macht, was Lernerfolg bringt. Dem fühlen wir uns und damit unseren Schülern verpflichtet.

Wir bilden uns ständig weiter und lernen dazu, streben danach, den Unterricht, den Schulalltag, das Zusammenleben an der Schule besser zu machen. Das kostet Kraft und Zeit, lohnt sich aber auch, denn man selber lernt auch immer noch dazu – egal ob man junger Lehrer ist oder schon pensionierte Lehrerin wie ich. Wir haben in den letzten Jahren mit vielen Wissenschaftlern aus den verschiedenen Bereichen zusammengearbeitet, diskutiert, neue, weitergehende Ansätze entwickelt, umgesetzt und ausgewertet, mit den Schülern und Kollegen diskutiert, evaluiert. Wir sind der Meinung, es lohnt sich darüber zu schreiben, ein Modell von Schule zu entwickeln und dies anderen vorzustellen.

- Ein Modell für Schule
- Lernende Organisation
- Wissenschaftlich begründet
- Die schulische Praxis

Elmshorn

Kaltenkirchen

Inhaltsverzeichnis

So fing alles an: Elmshorn, 2006

Hitzhusen, 2008

Hier stehen wir heute: Elmshorn, 2019

Kaltenkirchen, 2019

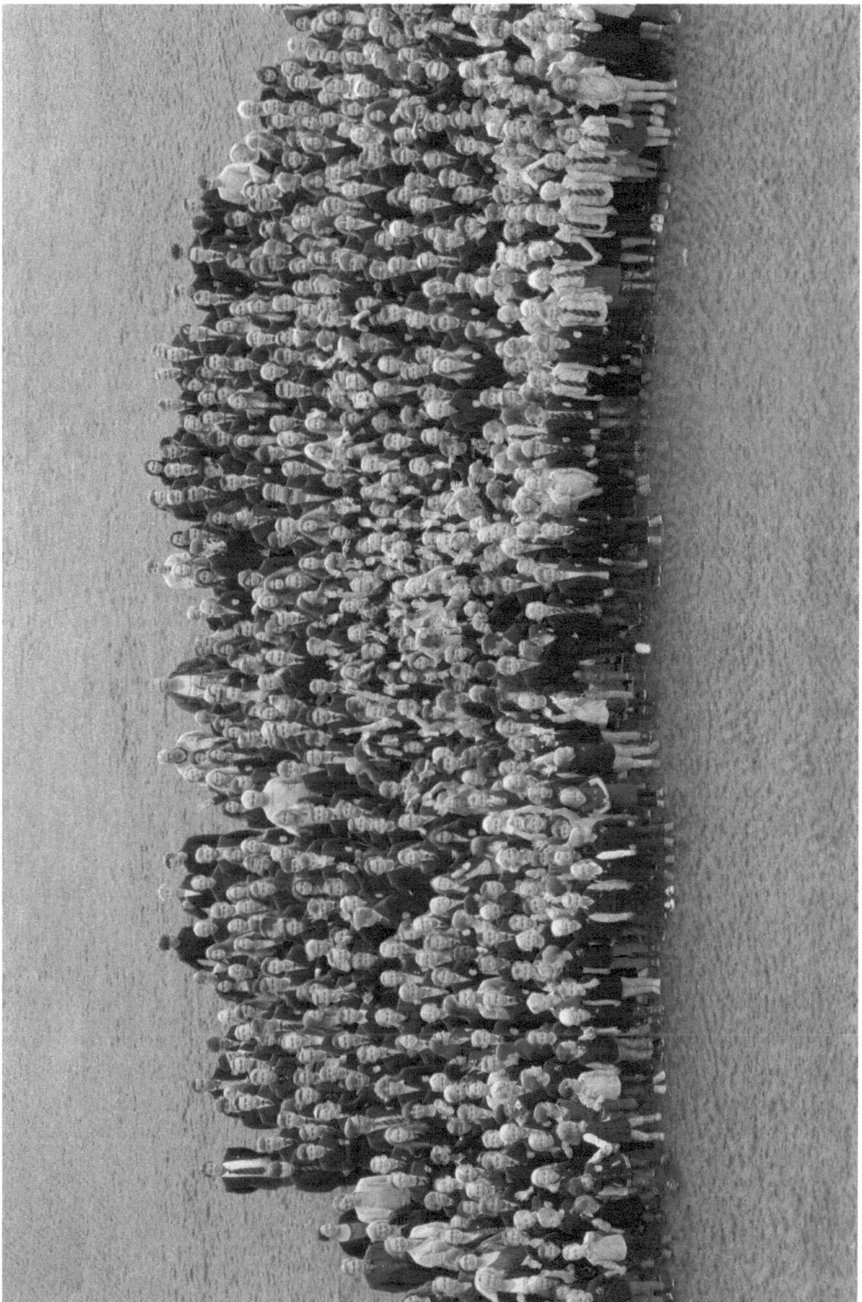

Kleine Geschichte der Leibniz Privatschule

05. Nov. 2005: Barbara Manke-Boesten reicht in Kiel den Antrag auf Genehmigung der Leibniz Privatschule ein.

10. Juli 2006: Die Leibniz Privatschule erhält die Genehmigung, auf Langelohe den Privatschulbetrieb zu beginnen.

21. Aug. 2006: Erster Schultag der Leibniz Privatschule Elmshorn im Gebäude auf Langelohe mit 108 Schülern; 700 Gäste wohnten den Einschulungsfeierlichkeiten im Audimax der Fachhochschule Nordakademie bei.

02. Feb. 2008: Zum ersten Mal gibt es eine Klassenfahrt – Wintersport kennenlernen in Inzell.

01. Sept. 2008: In Hitzhusen startet die Leibniz Privatschule mit 108 Schülern an ihrem zweiten Standort.

27. Aug. 2010: Nach einem Schuljahr in Containern wird das neue Schulgebäude am Ramskamp 64b in Elmshorn eingeweiht.

30. Sept. 2010: Michael Stich kommt höchstpersönlich zur Namensgebung der Sporthalle der Leibniz Privatschule, die künftig den Namen des früheren Wimbledonsiegers und Goldmedaillengewinners trägt.

01. Aug. 2013: Staatliche Anerkennung der Regionalschule der LPS in Elmshorn. Hinweis vom Ministerium: „Sie müssen nicht jedes Mal 1 bis 1,5 im Notendurchschnitt besser sein als der Landesdurchschnitt."

22. Dez. 2014: Staatliche Anerkennung des Regionalschulteils der Leibniz Privatschule in Hitzhusen.

19. Dez. 2016: Die Leibniz Privatschule darf ab sofort das Abitur nach dem allgemeinen staatlichen Reglement vornehmen; das Leibniz-Gymnasium ist damit staatlich anerkannt.

16. Dez. 2017: Die Leibniz Privatschule Hitzhusen/Weddelbrook zieht nach Kaltenkirchen um

09. März 2018: Die Leibniz Privatschule ist IB World School und darf das Internationale Abitur anbieten.

21. Okt. 2020: Spatenstich für den Sporthallenneubau in Kaltenkirchen – Erweiterung der LPS in Elmshorn

Schülerzahlenentwicklung an der Leibniz Privatschule

	Elmshorn	Bad Bramstedt/ Kaltenkirchen
2006/2007	106	
2007/2008	260	
2008/2009	410	110
2009/2010	520	180
2010/2011	700	250
2011/2012	830	320
2012/2013	940	360
2013/2014	995	375
2014/2015	979	314
2015/2016	856	234
2016/2017	839	232
2017/2018	880	360
2018/2019	920	530
2019/2020	1029	640
2020/2021	1029	684

Wir haben eine Schulphilosophie: Das humanistische Bildungsideal

VON BARBARA MANKE-BOESTEN

„Wer nichts weiß, muss alles glauben“

Das alte humanistische Bildungsideal ist zentrales Ziel von Bildung. Der allseits gebildete Mensch eignet sich Wissen an, ist Werten verpflichtet. Erst Wissen und Können schaffen geistige Unabhängigkeit. Auch heute gilt der Satz von August Bebel, nachdem Wissen Macht ist und Wissen braucht man, um sich in der immer größeren Flut von Informationen zurechtzufinden. Auch der Satz von Marie von Ebner-Eschenbach aus dem 19.Jahrhundert gilt weiterhin. Wissen braucht man, um Informationen beurteilen zu können.

Die Lehrerpersönlichkeit: „Auf den Lehrer kommt es an“

Bestandteile eines sich auf wissenschaftliche Erkenntnisse berufenden Unterrichts sind die Lehrerpersönlichkeit sowie das gute Unterrichten. „Auf den Lehrer kommt es an“, hat John Hattie in seinem Buch „Visual Learning“, das Ergebnisse aus weltweiten Untersuchungen analysiert hat, herausgefunden und vielfach belegt. Ganz wissenschaftlich: Der Lehrer muss vertrauensvoll, feinfühlig und kompetent sein.

Der gute Unterricht: „So viel Instruktion wie nötig, so viel Erarbeitung wie möglich“

Guter Unterricht – wissenschaftlich bewiesen - basiert auf einer klaren Struktur mit einer Instruktion durch den Lehrer, die Zuhören und Aufpassen der Schülerinnen und Schüler erfordert, einer Erarbeitungsphase, in der das Gehörte wiedergegeben, verarbeitet und vertieft wird und der Reflexionsphase, in der sich aktiv an das neu Gelernte erinnert wird und der eigene Lernprozess überdacht wird. Der Lehrer muss das Vorwissen seiner Schülerinnen und Schüler kennen, um das neue Wissen anschlussfähig zu vermitteln, ein Thema wird vielfältig und lebensecht dargestellt. In der Erarbeitungsphase wechseln sich die verschiedenen Methoden ab und das Thema Üben und Wiederholen muss sich der Lehrer zu Eigen machen.

Guten Unterricht kann man lernen: „Anschlussfähig und lebensecht“

Das Handwerkszeug des guten Unterrichts ist kein Geheimnis. Die fachdidaktische Reduktion gehört ebenso dazu wie die Methodenvielfalt. Das Klassenraum- und Unterrichtsmanagement bedürfen sorgfältiger Vorbereitung. Die Einhaltung von Regeln ist selbstverständlich. Regeln und Konsequenzen müssen den Schülern bewusst sein. Auch der Lehrer hält sich daran und kommt, beispielsweise, pünktlich in den Unterricht. Unterrichtsstörungen begegnet der Lehrer sachlich und unaufgeregt.

Gesprächsführung:
„Professionalisierung des Lehrer-Schüler-Verhältnisses"
Es geht nicht darum, den Unterricht zu individualisieren, sondern individuelle Gespräche mit den Schülern zu führen, Ansprechpartner zu sein, Probleme herauszubekommen, „Erzieher" zu sein, Vertrauen und Halt zu geben, Probleme gemeinsam anzugehen, um beim Lernen voranzukommen. Erziehung ist Aufgabe der Eltern, aber nicht nur – sie ist auch – und heute immer mehr – die Aufgabe eines vertrauensvollen, feinfühligen Lehrers.

Humanistisches Bildungsideal:
„Wer nichts weiß, muss alles glauben"

Guten Unterricht kann man lernen:
„Anschlussfähig und lebensecht"

Lehrerpersönlichkeit:
„Anschlussfähig und lebensecht"

Gesprächsführung:
„Professionalisierung des Lehrer-Schüler-Verhältnisses"

Die Keks-Schule – oder: Wie wir wurden, was wir sind

VON BARBARA MANKE-BOESTEN

Barbara Manke-Boesten hatte 2005 die Idee, in Elmshorn bei Hamburg eine Privatschule zu gründen. Spötter nannten die Elmshorner Leibniz Privatschule gern die „Keks-Schule" – eine Bezeichnung, die in der Schule an zwei Standorten mit mehr als 1700 Schülern und mehr als 200 Beschäftigten inzwischen fast schon als Kompliment angesehen wird.

Ich erlaube mir ein paar persönliche Anmerkungen vorweg. Mit Begeisterung habe ich Germanistik und Politikwissenschaft für das Lehramt studiert, durfte aber 1983 wegen zu vieler Lehrer nicht in den Schuldienst; „Lehrerschwemme" hieß das damals. Die folgenden Jahrzehnte habe ich an einem IHK-Bildungsinstitut gearbeitet. Zuerst habe ich Umschüler unterrichtet und dann dieses Institut als Geschäftsführerin geleitet. Die dabei gewonnenen positiven wie negativen Erfahrungen möchte ich nicht missen und sie kommen mir und damit heute auch unserer Schule zugute. Vor allem die Erfahrungen im „wirklichen" Leben außerhalb der Schule sind unbezahlbar. Auf einmal war ich nach einer Fusion überflüssig und überlegte mir mit 54 Jahren, was ich denn nun Sinnvolles in meiner restlichen beruflichen Zeit tun solle, könne oder auch wolle.

Da wir vier Kinder haben, die alle die unterschiedlichsten Schulen und Schulsysteme im In- und Ausland besucht haben und ich mit Leidenschaft Lehrerin bin, kam mir der Gedanke, und so war es wirklich, dass es sinnvoll sei, eine Privatschule zu gründen. Aufgesogen haben wir, mein Mann und ich, davon einiges – ob von der Elmshorner Gesamtschule und dem Bismarck-Gymnasium in früheren Zeiten, von der sportbetonten Schule in Berlin-Hohenschönhausen oder von unseren Partnerschulen in Dunedin/ Neuseeland mit einem Schulleiter, Dan Reddiex, der Schule wie kaum ein anderer lebt.

Gott sei Dank kannte ich die Vorurteile gegen diese Idee und die Steine, die mir und uns dabei in den Weg gelegt wurden, noch nicht. Ich ahnte sie nicht einmal, dann hätte ich es mir wahrscheinlich anders überlegt, was sehr schade gewesen wäre, denn ich bin sehr dankbar für die vergangenen 15 Jahre, die Erfahrungen, die ich machen durfte, die Menschen, die ich kennenlernen durfte, die Kinder, die ich unterrichten durfte, die Dinge, die ich selber noch dazulernen durfte.

Und warum der Name Leibniz? – Wir sind eine sportliche Familie, da wird schon mal leicht die Latte hoch gelegt. Leibniz war der letzte Mensch, der alles wusste, was man zu seiner Zeit wissen konnte, heißt es über den großen Universalgelehrten aus meiner

Geburtsstadt, Leipzig. Den Anspruch formulieren darf man – auch in dem Wissen, dies heutzutage nicht mehr erreichen zu können. In der Gründungsphase setzte ich mich mit dem Kieler Linguistik-Professor (und gebürtigem Elmshorner) Henning Wode zusammen und in mehreren Gesprächen entwickelten wir das Konzept der sieben Säulen.

I. Sport: Bewegung macht schlau, Toben macht schlau! Es fehlen heute die Bolzplätze, die Bäume, auf die man klettert, die Wiesen, die im Winter mit einer Eisschicht versehen sind, die Räume im Freien, um sich zu bewegen, alles Mögliche auszuprobieren, Erfahrungen – auch negative – zu sammeln und daraus zu lernen. Die Entwicklung auch der Grobmotorik gehört nicht nur zum gesunden Menschen, sondern sie ist auch wichtig für erfolgreiches Lernen. Deshalb fünf Stunden Sport in der Woche – nur in der Oberstufe ist dies nicht immer möglich.

II. Naturwissenschaften: Sie fehlen uns – die Naturwissenschaftler! Und sie sind so wichtig für die Zukunft. Leider gibt es noch viele Vorbehalte gegenüber den naturwissenschaftlichen Fächern, wir versuchen sie abzubauen mit fünf Stunden naturwissenschaftlichem Basisunterricht in den Klassen 5 und 6, mit der Nutzung unserer Fachräume – auch wenn das eine oder andere Experiment schon öfter zur Folge hatte, dass die Feuerwehr kam, weil wieder der Alarm ausgelöst wurde, mit Experimenten im HWS- Unterricht in der Grundschule. Ab der 7.Klassen wird der Fachunterricht in allen drei Naturwissenschaften (Biologie, Chemie, Physik) weitergeführt.

III. Medien: Keine bildungspolitische Diskussion ohne sie; es wird immer mehr gefordert, digitale Medien in die Schulen zu lassen. Wir hatten von Anfang an Klassensätze von Laptops, jetzt haben wir in den beiden Schulen WLAN, Nahdistanz-Beamer in jedem Klassenraum, I-Pads in der Oberstufe für jeden Schüler. I-Pad-Sätze werden jetzt vermehrt in allen Sekundarstufenjahrgängen als Hilfsmittel eingesetzt. Diese Medien sind Werkzeuge und werden im Unterricht als solche für die Recherche, das Nachschlagen, das Präsentieren, das Veranschaulichen, das Schreiben etc. genutzt. Aber es sind nicht nur die modernen Medien die Medien im Unterricht, sondern auch und vor allem Bücher, Bilder. Deshalb gibt es bei uns noch analoge Bibliotheken und natürlich wird im Unterricht großen Wert auf den kritischen Umgang mit diesen Medien gelegt. Handys gehören nicht in den Unterricht, werden in den Schließfächern eingeschlossen und müssen in der Schule natürlich ausgeschaltet sein. Die Nutzung von Medien ist nicht nur ein Thema für die Schule, sondern auch für die Zusammenarbeit mit den Eltern.Wir haben uns bewusst dafür entschieden, dass die neuen Medien nicht in den Kindergarten oder die Grundschule gehören. Hier werden die immer noch wichtigeren Kulturtechniken wie Lesen, Schreiben und Rechnen gelehrt und gelernt, das soziale Miteinander gelebt.

IV. Werteerziehung: Sie gibt die Richtschnur, wie wir miteinander umgehen wollen; die Gegenwart zeigt, wie wichtig es ist, soziale Kompetenz zu erwerben – damit gemeint ist: Respekt, Toleranz, nicht nur anderen gegenüber, sondern auch anderen Meinungen gegenüber.

V. Englisch: Darüber braucht man eigentlich nicht mehr sprechen. Englisch ist die Weltsprache im Umgang miteinander, in der Wirtschaft, in der Wissenschaft – und was ist besser, als diese Sprache spielerisch ab dem Kindergarten und immersiv in der Grundschule zu lernen, wie Professor Wode es seit den 1990er-Jahren propagiert. Alle wissenschaftlichen Untersuchungen haben gezeigt, dass das Lesen und Schreiben lernen im Fach Deutsch darunter nicht leidet. Die Fremdsprache wird auf einem hohen Niveau erworben, oftmals sogar wie eine zweite Muttersprache. Wir haben uns für Spanisch als zweite Fremdsprache entschieden, da sie sehr weit verbreitet ist.

VI. Begabtenförderung: Nicht jedes Kind ist hochbegabt, aber jedes Kind verdient eine individuelle Förderung und Unterstützung. Lange Zeit haben wir in Deutschland die besonders begabten Kinder vernachlässigt. Wir brauchen aber diese Schülerinnen und Schüler mit ihren besonderen Begabungen – egal in welchem Bereich diese liegt. Es ist sträflich, sich nicht darum zu kümmern und diesen Kindern nicht zu helfen, ihr Potenzial zu entwickeln. Davon werden wir alle profitieren. Wir kümmern uns im Unterricht darum und haben ein zusätzliches Programm entwickelt, an dem leistungsstarke Schülerinnen und Schüler teilnehmen. Die Leibniz Privatschule ist eine von zehn Schulen in Schleswig Holstein, die an dem von der Bundesbildungsministerin geförderten Programm „LEMAS“ (Leistung macht Schule) teilnimmt.

VII. Wirtschaftslehre: Schule ist kein getrennter Ort von der Gesellschaft, denn alle Absolventen werden nach der Schule mehr oder weniger etwas mit der Wirtschaft zu tun haben. Wirtschaftslehre wird – altersgerecht – ab der 5.Klasse unterrichtet, um einen Teil der Gesellschaft kennen- und verstehen zu lernen, sich auf das Leben vorzubereiten. Das Thema „Unternehmergeist“ gehört deshalb natürlich dazu.

Die Leibniz Privatschule stünde nicht da, wo sie heute steht, hätte es nicht die vielen guten Ratgeber auf dem Weg dorthin gegeben. Zum Beispiel Bruno Birnbaum, der frühere Geschäftsführer der Hamburger Brechtschulen, der leider zu früh verstarb, er steuerte aus seinem beruflichen Leben viele Hinweise bei.

Oder der Hamburger Unterrichtsentwickler Gerhard Förderer, der unser Unterrichtskonzept von Anfang an gestaltete. Aber nicht nur das, zusammen mit der Sonderpädagogin Bettina Marquardt entwickelte er den „Kodex“ der LPS, das Regelwerk des schulischen Miteinanders. Jetzt nach fast 15 Jahren blicken wir auf eine turbulente Zeit zurück. Wir wurden verspottet (die „Keks-Schule“), wurden angegriffen, weil Schüler Steine sammeln und Hecken bewachen sollten; vergessen wurde zu erwähnen, dass es sich um Schüler handelte, die Steine aufs Nachbargrundstück geworfen hatten. Wir wurden angegriffen, weil wir angeblich nicht in der Sekundarstufe II unterrichten können (Originalton eines Elmshorner Gymnasial-Schulleiters, der aber nie an unserer Schule war und auch den Unterricht nicht kannte), weil wir keine richtigen Lehrer hätten, weil ...

Die Leibniz Privatschule hat in den vergangenen 15 Jahren alle Krisen und Anfeindungen überstanden, es gibt sie immer noch, sie wächst, blüht und gedeiht und sie hat auch in der Corona-Zeit wieder wertvolle Erfahrungen gesammelt und bewiesen, dass wir uns schneller als andere auf eine veränderte Situation einstellen können. Unsere Schüler hatten nicht nur ein bis zwei Stunden Unterricht alle zwei Tage, sondern nach den Anlaufschwierigkeiten im März des Jahres 2020 Online-Unterricht nach Stundenplan – also fünf Stunden in der Grundschule und sieben Stunden in der weiterführenden Schule, jeden Tag. So sehr das gelungen ist, sind wir doch der Meinung, dass der Onlineunterricht letztendlich nicht den Präsenzunterricht und das Miteinander von Lehrenden und Lernenden ersetzen kann.

Natürlich wird jetzt wieder gesagt, naja, zu euch gehen ja nur die Arzt- und Rechtsanwaltskinder – nein, wir haben eine ganz normale, sozial durchmischte Schülerschaft. Dazu gehören auch Anwalts- oder Rechtsanwaltskinder, aber eben auch die Kinder der erfolgreichen Handwerksmeister, der alleinerziehenden Mutter und viele andere.

Und es sind allerdings vor allem die Eltern mit der Meinung, dass ihnen die Schulbildung ihrer Kinder 145 oder 165 Euro im Monat wert ist. Stolz sind wir ganz besonders auf unsere internationale Schülerschaft. In ihr und im Lehrerkollegium sind mehr als 50 Nationen vertreten. Oft werde ich gefragt, ob ich stolz auf die Gründung der Schule sei – oftmals kann ich diese Frage nicht nahvollziehen, denn stolz bin ich auf die Schüler, die die Chance auf eine gute Bildung und einen guten Schulabschluss nutzen, auf die Eltern, die sich dafür entschieden haben, ihre Kinder zu uns zu schicken und dafür auch bereit sind, Geld zu bezahlen und zum Teil auch wirklich Opfer zu bringen, auf die Lehrer, die dies den Schülern ermöglichen und die sich weiterbilden, um noch besser zu werden. Ich freue mich darüber, in den letzten 15 Jahren noch so viel dazu gelernt zu haben, so viele interessante Menschen kennengelernt zu haben und täglich die Möglichkeit zu haben, weiter zu lernen, nachzudenken, neue Ideen zu entwickeln. Auch wenn ich schon seit einiger Zeit im Rentenalter bin, macht es mir viel Spaß zu unterrichten, mit Menschen, Wissenschaftlern zu tun zu haben, zu lernen.

Besonders bei Prof. Roth möchte ich mich bedanken, denn alle Begegnungen und Gespräche mit ihm haben mir neues Wissen ermöglicht, haben unsere Arbeit weiter auf eine tiefere wissenschaftliche Grundlage gestellt, haben uns vorangebracht.

Ja, was sind wir denn nun? Eine ganz normale, allgemeinbildende Schule, deren Konzept auf wissenschaftlichen Erkenntnissen basiert, deren Lehrer sich ständig weiterbilden (auch in der Freizeit), die sich um ihre Schüler intensiv kümmert, die schnell und flexibel reagieren kann, die mit Begeisterung bildet, erzieht und Wissen vermittelt und sich auch mit Begeisterung schon mal mit den Schülern streitet. Die als lernende Organisation viel Geld in die eigene Bildung investiert, die die Vorteile einer Privatschule nutzt, um schnell neue Erkenntnisse umzusetzen. Vor einigen Jahren fragte uns eine im Geschäftsleben erfolgreiche Frau – und brachte uns zum Nachdenken: „Sie machen so vieles und so viel anders als das, was man von staatlichen Schulen kennt; aber wenn Sie Ihr Hauptanliegen in einem Satz formulieren müssten, wie würde der lauten?“ Die Frage beschäftigte uns noch lange, bis ich eine Eltern-Notiz fand, die wir vor einigen Jahren (nachdem die Halbjahreszeugnisse ausgeteilt waren) zugesandt bekamen. Ein Vater schreibt dort im Stile eines Gutachters:

„Die Zeugnisse unserer beiden Kinder betreffend, teile ich Ihnen mit:
- Die Beschreibung der Lernstile und des sozialen Verhaltens sind sehr gut getroffen – die Reflexion der unterschiedl. Charaktere durch die zeugnisausstellende Lehrkraft ist so klar, dass auch ohne Namensnennung beide Kinder identifiziert werden könnten
- Die Hinweise von pädagogischer Seite auf Stärken und Schwächen beider Kinder sind positiv formuliert, durch die Kinder selbst erreichbar und für sie motivierend
- Die Zeugnisse werden nach unserer Meinung ein überdurchschnittliches Engagement der Aussteller auf, die Eltern über den Wissensstand, die Reifestufe und das Sozialverhalten der Kinder in ihrer Peergroup umfassend zu informieren.“

Nachdem wir das wieder gelesen und aufgesogen hatten, wussten wir, wie man unsere Schulphilosophie in einem Satz formulieren kann: „Wir kümmern uns.“

Darum geht es in den folgenden Texten

Ist es nicht vermessen, uns als Modellschule zu bezeichnen, wie es viele gleich sagen werden? Wir meinen – nein, warum nicht? Wir arbeiten nach einem wissenschaftlich begründeten Konzept. Die empirische Unterrichtsforschung von Hattie bestätigt unser von Gerhard Förderer entwickeltes Unterrichtskonzept, das wir ständig weiterentwickeln. Zum Beispiel haben wir nach Vorträgen und Workshops mit Professor Dr. Dr. Roth das Thema „Wiederholung“ als aktives Erinnern in den Focus genommen und in unser Konzept eingebaut. Wir bilden uns ständig weiter und das nicht nur auf dem Gebiet der Pädagogik, sondern auch in Fachdidaktik, Methodik, Psychologie, Neurobiologie, lernen von anderen – z.B. vom weltweit anerkannten neuseeländischen Schulsystem und den neuseeländischen Lehrern.

Immer wieder fragen wir uns, wie können wir besser werden? Was läuft nicht rund? Es gibt keine Selbstzufriedenheit, keinen Stillstand, wir jagen keinen Moden hinterher, sondern fragen uns, was ist wissenschaftlich begründet und wie können wir es umsetzen.

Was macht denn eine Modellschule aus?

An erster Stelle das Bestreben, besser zu werden, zu lernen, den Kindern den Stoff besser zu vermitteln, dafür zu sorgen, dass die Schüler mehr lernen und behalten und (so) besser gerüstet ins Leben gehen. Eine Schülerin fragte mich letztens, was ich meinen Schülern als Ratschlag ins Leben mitbegeben würde. Nach einigem Überlegen formulierte ich es: Wissen, Neugierde und Kritikfähigkeit – Kritik in dem Sinne vieles zu hinterfragen und sich ein eigenes Urteil zu bilden. Dafür braucht man immer wieder Wissen. Wir haben aber nicht nur ein Unterrichtskonzept, sondern auch ein durchdachtes Konzept für das Leben und Arbeiten in der Schule – besser von der Krippe bis zum Abitur.
Dazu gehören:

- Ansprachen
- Lehrer, die hinsehen und sich kümmern
- Ausflüge, Klassenfahrten
- I-Pads, Laptops für die Schüler (s.o.)
- Der Schul-Kodex
- Leseecken, Bücherecken
- Schulkleidung
- Ein tolle Mensa mit gesundem Essen
- Ganztagesbetrieb mit Hausaufgaben in der Schule und zehn verschiedene Arbeitsgemeinschaften an jedem Nachmittag der Woche
- Ein Gebäude mit viel Platz und einem großen Schulhof
- Schulklassen, die strukturiert eingerichtet sind, freundliche Farben, Blumen, Bilder
- Kultur: Besuch von Theatervorführungen, Museen, Bibliotheken
- Ein qualifiziertes, hoch anspruchsvolles Konzept für die Schulung von Quereinsteigern
- Gut ausgestattete Arbeitsplätze für die Lehrer
- Café Adorno (in Elmshorn) und Café Leibniz in Kaltenkirchen für die Eltern, die am Nachmittag ihre Kinder von der Schule abholen

Die Gesellschaft, die Eltern und damit auch die Kinder haben sich in den letzten 15 Jahren verändert. Es gibt neue Anforderungen an uns Lehrer, es gibt prozentual mehr „schwierige“ Kinder in den Klassen, Kinder, die nicht „schulreif“ in die erste Klasse kommen, die die Stifte nicht halten können, die nicht mit der Schere umgehen können. Darauf stellen wir uns ein. Es gibt auf der anderen Seite immer weniger Lehrer; die Lehrerausbildung an den Universitäten ist nicht gerade praxisbezogen und entspricht nicht überall den wissenschaftlichen Erkenntnissen, sondern sie ist oft ideologisch geprägt. Das ist sehr schade und genau aus diesen vielen Gründen ist es uns wichtig, zu berichten und zu diskutieren über die Leibniz Privatschule als ein Modell für den Unterricht, ein Modell für den Ganztagesbetrieb, ein Modell für die Organisation von Schule, ein Modell für Gesprächsführung im Verhältnis Lehrer – Schüler, Lehrer – Eltern, ein Modell für die Digitalisierung und ein Modell für die Weiterbildung von Lehrern und die Ausbildung von Quereinsteigern in diesen Beruf.

Gottfried Wilhelm Leibniz (1646-1716)

VON CHRISTIAN WALTHER (LEIBNIZ-GEMEINSCHAFT)

Jurist, Bibliothekar, Universalgelehrter – der letzte Mensch, der alles wusste, was man zu seiner Zeit wissen konnte.

Am 1. Juli 1646 in Leipzig geboren, studierte er in Leipzig und Jena und erwarb an der Universität in Altdorf bei Nürnberg den Doktor des Kirchen- und Zivilrechts mit einer Arbeit über ungewöhnliche Rechtsfälle. Mit seinen Gutachten begründet er Rang- und Herrschaftsansprüche der Welfen wie des Wiener Hofs. 1676 nimmt Leibniz – nach mehrjährigem Aufenthalt in Paris und Reisen nach London, Amsterdam und Den Haag – eine Stellung als Hofbibliothekar in Hannover an. Die Stadt wird bis zu seinem Tode Zentrum seines Lebens bleiben.

Leibniz kümmerte sich intensiv um Fragen der Mathematik, schrieb – parallel zu Isaac Newton – Wegweisendes zur Infinitesimalrechnung, einschließlich der bis heute gültigen Summenzeichen. Er entwickelte ein binäres Zahlensystem, die „Dyadik", das die Darstellung aller Zahlen mit Hilfe der Null und der Eins ermöglicht – später Grundlage der Computersprache – und er tüftelte an einer Rechenmaschine, die er jahrzehntelang zur Perfektion zu bringen versuchte. Gottfried Wilhelm Leibniz gehörte zu den großen Philosophen seiner Zeit. Er prägte auch den viel zitierten Satz, dass wir in der „besten aller möglichen Welten" lebten. Religionspolitisch wie religionswissenschaftlich strebt er eine Vereinigung von Katholizismus und Protestantismus an, ebenso die Zusammenführung von Reformierten und Lutheranern – dabei spielen allerdings staatspolitische Opportunitätserwägungen gelegentlich eine beherrschende Rolle. So riet Leibniz einer Tochter des Welfengeschlechts um einer vielversprechenden Heirat willen auch zum Religionswechsel.

Der gebürtige Leipziger war revolutionär im Denken, Fragen und Forschen, aber er war kein Revolutionär. In einer Zeit ohne Tarifverträge und garantierte Pensionsleistungen scheint er besorgt um seine Altersversorgung, hinterlässt aber, als er am 14. November 1716 in seinem Wohnhaus stirbt, ein beachtliches Vermögen. Vor allem aber hinterlässt der Universalgelehrte Unmengen an Papieren und Manuskripten, davon rund 20.000 Briefe, die einer weisen Eingebung folgend sofort nach seinem Tod an die Königliche Bibliothek übergeben werden und ungeteilt überliefert sind. Die Edition aller Leibniz-Schriften ist bis heute nicht abgeschlossen.

Leibniz, Leibnitz oder Leipnitz?

Mit der korrekten Schreibweise des bekannten Herrn Leibniz haben manche ihre Probleme; das ist erklärlich. Es gibt verschiedene Schreibweisen mit verschiedenen Bedeutungen: der bekannte Universalgelehrte schreibt sich LEIBNIZ, das österreichische Städtchen nennt sich LEIBNITZ und der frühere Schauspieler heißt Harald LEIPNITZ.

Der 1926 in Wuppertal geborenen Schauspieler Harald Leipnitz kam eher auf Umwegen zur Schauspielerei. Nach der Schule stand erst einmal der Kriegsdienst auf dem Programm, heißt es in den allgemein zugänglichen Quellen. Glücklich heimgekehrt begann Leipnitz zunächst Chemie zu studieren. Die Freundschaft mit einigen Laien-Schauspielern brachte ihn schließlich zum Theater. Er nahm Schauspielunterricht und debütierte schließlich 1948 auf der Theaterbühne seiner Heimatstadt. Weitere Engagements folgten an den Bühnen von München und Stuttgart. 1958 war Harald Leipnitz zum ersten Mal auch im Fernsehen zu sehen. Über zahlreiche TV-Rollen gelang ihm schließlich auch der Einstieg in die Kinobranche. Leipnitz spielte unter anderem erfolgreich in den Edgar Wallace Verfilmungen „Die Gruft mit dem Rätselschloß“, Der unheimliche Mönch“ und „Die blaue Hand“. In der Karl-May-Verfilmung „Der Ölprinz“ war er in ebendieser Rolle zu sehen.

Leibnitz dagegen ist eine Stadt im österreichischen Bundesland Steiermark mit knapp 11.000 Einwohnern. Im Winter wird Eislaufen am Leibnitzer Eislaufplatz (dem Marenzigelände) großgeschrieben. Kulinarischen Entdeckungsreisen mit dem Rad bietet der Römerradweg R6, der genauso wie der Sulmtalradweg mit fünf weiteren Radwegen verbunden ist. Leibnitz wurde ausgezeichnet als „Fahrradfreundlichste Gemeinde der Steiermark 2012“.

Hitzhusen (2008 – 2017)

Elmshorn, Langelohe (2006 – 2010)

Elmshorn, Containerdorf (2009-2010)

Weddelbrook (2012 – 2017)

Feindbilder und andere Hindernisse

VON BARBARA MANKE-BOESTEN

In Deutschland eine Privatschule zu gründen, stößt nicht überall auf Beifall. Diese Erfahrung musste ich machen, als 2005 zum ersten Mal über die Leibniz Privatschule in der Elmshorner Lokalpresse berichtet wurde. Das begann mit den ersten Gesprächen in Elmshorn und Umgebung mit der Vermutung, dass wir von der amerikanischen Scientology-Sekte finanziert würden. Hintergrund damals: In derselben Schulausschuss-Sitzung der Stadt Elmshorn war einerseits über die Leibniz Privatschule debattiert worden, andererseits unter einem völlig anderen Gesichtspunkt über die Genehmigung eines Scientology-Info-Standes in der City von Elmshorn. Der Vorwurf, Kinder „Steine schleppen und Hecken bewachen zu lassen", entpuppte sich als Bumerang dank eines Kommentars des damaligen Redaktionsleiters der Elmshorner Nachrichten. Der Kodex der Leibniz Privatschule wurde von Markus Arndt besprochen: „Zu jedem funktionierenden Zusammenleben gehört ein Werte-Tableau. In der Leibniz-Schule heißt dieses Werte-Tableau Kodex und listet penibel auf, was folgt, wenn sich ein Schüler danebenbenimmt. Vom Benutzen von Schimpfwörtern, über Müll wegwerfen bis hin zur Einnahme von Drogen. Die Maßnahmen reichen von Gespräch bis Ausschluss ... jeder Schüler weiß, was ihn erwartet und kann sein Handeln entsprechend danach richten. Und wenn er zuwiderhandelt, muss er sich nicht wundern."

Ein gestandener Elmshorner Hauptschullehrer hatte zuvor gar von einem „elitären Privatschulkonzept und einer unheilvollen Allianz zwischen staatsschulmüden Eltern, anonym bleibenden Geldgebern und einem ehrenhaften Elmshorner Unternehmer und Wirtschaftslobbyisten, der auch gleich die wissenschaftliche Begleitung des Schulbereiches Wirtschaftslehre übernimmt" gesprochen. Aber, so der Leserbriefschreiber im Jahre 2005 weiter: „Die Elmshorner Bürgerinnen und Bürger werden sich nicht ins Bockshorn jagen lassen! Die plumpe Initiative darf getrost als ‚Schlag ins Gesicht' der zahlreichen Elmshorner Eltern, Schulpolitiker, Schülerinnen und Schüler sowie Lehrerinnen und Lehrer gewertet werden." Erinnerungswürdig auch die Reaktion einiger Besucher einer Veranstaltung im Elmshorner Rathaus, die lauthals loslachten, als ich ein halbes Jahr vor dem ersten Schultag unserer Schule von „50 Arbeitsplätzen" sprach, die die Schule schaffen werde. Heute sind es, das sei den Lachern von damals ins Poesiealbum geschrieben, mehr als 200 sozialversicherungspflichtige Arbeitsplätze.

Das ließe sich fortsetzen – und würde dabei das Wesentliche vergessen: dass hier (und in Bad Bramstedt/Kaltenkirchen) inzwischen mehr als 4000 Kinder zur Schule gegangen sind und ihren Weg gemacht haben, wie die Ergebnisse diverser Prüfungen zum Mittleren Schulabschluss und zum Abitur gezeigt haben.

Wissenschaftliche Grundlagen

Seit den 1960er-Jahren: Bildungs-Missverständnisse

VON EGON BOESTEN

Meine Güte, was waren wir alle euphorisch: Schwache Schüler werden von den stärkeren unterstützt – ist doch toll. Alle bleiben bis zum Schulabschluss in ein- und derselben Klasse. Ältere Schüler helfen den jüngeren. Nicht mehr der Lehrer gibt vor, sondern die Schüler beschäftigen sich selbstständig mit den kleinen und großen Fragestellungen zwischen Biologie, Geschichte und Physik, ganz offen und hauptsächlich allein, ohne Druck. Die Schule als Paradies, der Wunsch Vater des Gedankens – ohne belastbare Belege.

Gut gemeint und gut gewollt ist aber noch lange nicht gut gemacht. Die integrierte Gesamtschule, von Professor Helmut Fend aus Dortmund in den Pädagogen-Himmel gehoben, ist gescheitert. Aber das nicht wegen der meist unsagbaren unüberschaubaren Größe – in NRW gab es Gesamtschulen mit an die 2000 Schüler. Nein, sagt Fend in der ZEIT: „Die größte Enttäuschung entsteht beim Blick auf die soziale Selektivität in den verschiedenen Stufen des Bildungs- und Berufsweges. Sie wird durch Förderstufen oder Gesamtschulen nicht reduziert! Bei ehemaligen Schülern aus Gesamtschulen, Förderstufen und dem dreigliedrigen Bildungswesen bestimmt die soziale Herkunft gleichermaßen mit, welche Schulabschlüsse, Ausbildungen und Berufe sie erreichen."

Ständiger Vergleich setzt schwache Schüler unter Druck

„Starke Schüler ziehen schwache Schüler nicht automatisch mit - im Gegenteil: Wer selbst nicht so gut im Unterricht ist, lässt sich von den guten Noten seiner Klassenkameraden eher verunsichern." Das haben der Bildungsforscher Ulrich Trautwein und seine Kollegen von der Universität Tübingen zusammen mit Forschern der University of Houston und der University of Illinois herausgefunden. Der Effekt habe sich bereits in anderen Studien gezeigt, sagte Trautwein dem SPIEGEL. Neu sei allerdings, dass er auch 50 Jahre später noch messbar sei: Wer als Kind auf eine Schule mit sehr leistungsstarken Schülern gegangen sei und selbst eher durchschnittliche Noten hätte, verdiene später weniger und arbeite in weniger angesehenen Berufen als jemand, der auf einer Schule mit schwächeren Schülern gewesen sei. Kinder, die von besseren Mitschülern umgeben seien, ließen sich schneller entmutigen als Schüler in leistungsschwachen Klassen. Die Folgen seien noch 50 Jahre später spürbar. So der SPIEGEL. Der ständige Vergleich mit besseren Mitschülern setze einigen Schülern dabei offenbar nachhaltig zu. „Das sind dramatische Erfahrungen, die sich ins Gedächtnis einzubrennen scheinen", sagte Trautwein. Diese „seelischen Wunden" in der Kindheit führten dazu, dass junge

Menschen ein geringeres Vertrauen in die eigenen Fähigkeiten entwickelten – mit langfristigen Folgen. Die Studie wurde veröffentlicht.

Jahrgangsübergreifender Unterricht funktioniert nicht

In den vergangenen Jahren hat sich in der deutschen Schulöffentlichkeit und in einem Großteil der Grundschulen das jahrgangsübergreifende Lernen durchgesetzt, kurz „JüL" genannt. Dahinter steht die Idee, dass jüngere Schüler von älteren lernen, schwächere von fixeren mitgezogen werden. Jeder solle in seinem Lerntempo arbeiten, am besten in Gruppen ohne Frontalunterricht. Lehrer sollten in Teams unterrichten und dadurch entlastet werden. Darüber gibt es allerdings bisher keine empirischen Befunde. Im Gegenteil: So berichtet Gisela Steins von der Universität Duisburg-Essen über die „Evaluation eines Schulversuchs zum jahrgangsübergreifenden Unterricht der Albert-Schweitzer-Grundschule in Essen": „Aufgrund der Ergebnisse, die hier zusammengetragen wurden, ist dieses Modell zwar kostenneutral (in Einheiten von Unterrichtsstunden gerechnet), aber es trifft nicht die intellektuellen und sozialen Bedürfnisse der Kinder."

„Dass Schüler ihre „Lernprozesse am besten selbst gestalten", wie etwa die jüngst gegründete Initiative „Schule im Aufbruch" propagiert, dürfte der Unterrichtsforscher John Hattie für abwegig halten. Andere Lieblingskonzepte der Neudenker von Schule fallen bei ihm ebenso durch. Das gilt besonders für den „offenen Unterricht" oder die „jahrgangsübergreifenden Klassen". Für beides hat Hattie so gut wie keine empirischen Belege gefunden, dass es das Lernen verbessert.

Selbstregulierter oder offener Unterricht – kein Lerngewinn

Leider kann man den Heranwachsenden nicht einfach sagen: Nun mache es selbst. Das selbstständige Lernen ist voraussetzungsreich und muss in der Schule angebahnt werden. Die Befähigung zur Selbsttätigkeit versteht sich als ein mühsamer Weg von der reinen Instruktion zur reinen Selbsttätigkeit. Offener Unterricht ist gut gemeint – funktioniert aber nicht. „Mit den richtigen Werkzeugen urteilen Schüler meist fair und überraschend präzise über Unterricht", sagt Andreas Helmke, Schulforscher von der Universität Koblenz-Landau. Auch könnten Schüler gut ermessen, was sie selbst können. Kein anderes Instrument könne in Hatties Ranking eine größere Effektstärke aufweisen als die systematische Selbsteinschätzung von Schülern. Hattie predigt eine Kultur des „Feedback", kein Begriff fällt häufiger in seinem Buch. Von Lob dagegen spricht er wenig, von Strafe überhaupt nicht. Laut Hattie sollen Rückmeldungen an Schüler stets neutral erfolgen, bezogen allein auf den Unterrichtsgegenstand. Falsche Antworten der Schüler sind in diesem Konzept geradezu willkommen. Hattie versteht Fehler als die eigentlichen Treiber allen Lernens („the essence of learning").

Finanzielle Ausstattung von Klassen und Schulen – kein Einfluss

So hat die finanzielle Ausstattung einer Schule nur wenig Einfluss auf den Wissensgewinn ihrer Schüler. Ähnlich verhält es sich mit der Reduzierung der Klassengröße, der Lieblingslösung der Lehrerschaft für Probleme jeder Art. Kleine Klassen kosten zwar viel Geld, bleiben in puncto Lernerfolg aber weitgehend ertraglos. Kleinere Klassen haben nach einer neuen Studie weniger Einfluss auf die Leistung der Schüler als bisher angenommen. Diesen Schluss ziehen Wissenschaftler aus der Analyse von Daten, die für die letzte Internationale Grundschul-Lese-Untersuchung (Iglu) erhoben wurden, berichtet DER SPIEGEL. „Ein Einfluss der Klassengröße ist nicht nachweisbar", stellten die Forscher nach der Auswertung des statistischen Materials fest. Die Frankfurter Rundschau schreibt dazu im Jahr 2019: „Angesichts des wissenschaftlich nicht nachgewiesenen Erfolges kleiner Klassen, weisen Bildungsökonomen auf die hohen Kosten, etwa für zusätzliche Lehrer, hin. Zu ihnen zählt Ludger Wößmann. Er forscht am Ifo-Institut für Wirtschaftsforschung in München und lehrt an der dortigen Ludwig-Maximilians-Universität Bildungsökonomik." Danach rechtfertige der geringe Einfluss kleinerer Klassen auf die Leistungen keine höheren Ausgaben. Nach seinen Berechnungen müsste das öffentliche Budget für die Schulen um 25 Prozent erhöht werden, wolle man die Klassengröße von 25 auf 19 verringern.

Frontalunterricht ist von gestern – stimmt nicht

Obwohl er immer noch an den meisten deutschen Schulen Standard ist, gilt der Frontalunterricht schon seit Langem als Auslaufmodell. Neuere Studien allerdings attestieren dieser Unterrichtsform gute Erfolge, deutlich mehr Erfolge als beim problemorientierten Unterricht. Schüler lernen dann am besten, konstatiert die Hattie-Studie, wenn Lehrer ihre Klasse stringent führen, stets im Griff haben und ihren Unterricht klar strukturieren. Eindeutiger dagegen die Studie des Münchner Ifo-Instituts: Frontalunterricht bringe mehr als problemorientierter oder offener Unterricht, stellt der Autor Guido Schwerdt fest. „Wenn ein Lehrer zehn Prozent mehr Zeit auf frontales Unterrichten verwendet", sagt Schwerdt, „dann zeigen Schüler einen Leistungsvorsprung, der ungefähr dem Wissenszuwachs von ein bis zwei Monaten Schulbildung entspricht." Nicht nur die leistungsstarken, auch die schwächeren Schüler würden davon profitieren.

Schule auf Basis von Wissenschaft anstelle von Ideologien

VON BARBARA MANKE-BOESTEN UND EGON BOESTEN

Anstatt Moden und Ideologien bei der Schulkonzeption zu folgen, hat sich die Leibniz Privatschule seit ihrem Bestehen auf wissenschaftliche Grundlagen gestützt: Unter welchen Bedingungen gelingt Lernen? Vor diesem Hintergrund begann am 21. August 2006 der Unterricht in Elmshorn, später in Hitzhusen, Weddelbrook und Kaltenkirchen.

Buch-Autorin und ZEIT-Journalistin Verena Hasel begeistert seit einigen Jahren durch Geschichten über das neuseeländische Schulsystem. Sie erzählt von einem Bildungssystem, wo Wissenschaftler den Lehrern helfen, den Unterricht zu verbessern, und Bildungsentscheidungen niemals nur einer Mode folgen. Intuitiv hat die Leibniz Privatschule sie 2019 zu einem Leibniz-Abend in die Schule eingeladen; siehe auch den Beitrag von Verena Hasel in diesem Buch über die Essentials von Schule in Neuseeland. In der Bundesrepublik Deutschland seit den späten 1960er-Jahren und auch darüber hinaus im wiedervereinigten Deutschland nach 1989/90 bestimmen Ideologie und Wunschvorstellungen die bildungspolitischen Diskussionen. Das Mantra dieser Jahre hat sich bis heute erhalten: Chancengleichheit. Die integrierte Gesamtschule, klassenübergreifender oder jahrgangsübergreifender Unterricht, selbstentdeckendes Lernen, offener Unterricht, der Lehrer als Begleiter.

Das Ganze fand und findet statt ohne Evaluation und ohne wissenschaftliche Begründung, allein geleitet von Wunschvorstellungen, so dass der Erziehungswissenschaftler Professor Volker Ladenthin gar fordert: „Verbannung aller parteipolitischen "Bildungsreformer" auf eine einsame Insel, wo es ihnen erlaubt ist, ihre Konzepte an ihren eigenen Kindern auszuprobieren."

Von Anfang an hat sich die Leibniz Privatschule auf ein von Gerhard Förderer entwickeltes Unterrichtskonzept konzentriert, bei dem die wissenschaftlichen Ergebnisse zur Unterrichtsstruktur, zur Lernzielformulierung und zur Lehr- und Lernpädagogik beachtet wurden. Die groß angelegte Hattie-Studie hat uns in vielen Bereichen im Nachhinein bestätigt, gleichzeitig aber auch die Notwendigkeit unterstrichen, Schule nicht als ein für alle Zeiten in Stein gemeißeltes Gebilde zu betrachten, sondern als lernende, sich weiter entwickelnde Organisation.

Durch die Verbindung mit dem Bremer Hirn- und Bildungsforscher Prof. Gerhard Roth erhielten die neurobiologischen Grundlagen des Lernprozesses einen besonderen

Stellenwert innerhalb des Unterrichtskonzepts. Die Roth-Projekttage und Roth-Projektwochen sind eine Weiterentwicklung unseres Unterrichtsentwurfs. Während der verschiedenen Leibniz-Abende, bei denen Experten aus dem pädagogischen und bildungspolitischen Bereichen in der Leibniz Privatschule zu Gast waren, gab es immer wieder neue Anregungen, das Schulkonzept zu verbessern.

Der Vortrag von Professor Hans-Peter Klein hat die Bedeutung des Wissens in den Mittelpunkt gestellt. Dr. Bernhard Bueb („Lob der Disziplin“) regte aus seinem schon fast legendären Internatsbetrieb in Salem an, dass Schüler im Laufe ihrer Schulzeit regelmäßig eine soziale Aufgabe erledigen sollten. Prof. Olaf Köller und einige Jahre später Professor Klaus Zierer stellten die Hattie-Studie als „sine qua non“ für den schulischen Unterricht in den Vordergrund. Prof Klaus Bös (Karlsruhe), Prof. Hans-Jürgen Schulke (Hamburg) und Professor Renate Zimmer (Osnabrück) festigten mit ihren Vorträgen die Basis für die tägliche Sportstunde vom Kindergarten bis zum Abitur an der Leibniz Privatschule.

Dr. Michael Winterhoff, Dr. Jan-Uwe Rogge und der ehemalige Lehrerpräsident Josef Kraus sowie Elternberater Adolf Timm trugen mit ihren Vorträgen entscheidend zur Analyse der an Schule und ihrem Gelingen beteiligten Kinder und Eltern bei.

Ziel der Bildung: Der allseits gebildete und neugierige Mensch

VON BARBARA MANKE-BOESTEN UND EGON BOESTEN

Gebildet sein heißt heute, mit 25 Jahren über ein Grundwissen zur Beurteilung von Gegenwartsfragen zu verfügen. Man kann es auch auf die Formel bringen: handlungs- und kritikfähig sein.

Bildung ist im deutschsprachigen Raum vor allem durch Wilhelm von Humboldt geprägt – die ganzheitliche Bildung von Fachkenntnissen, Geisteswissen und Kunst. Gebildet sein heißt aber auch neben seiner Muttersprache sowohl in Englisch und einer weiteren Sprache kommunizieren zu können. Gebildet ist schließlich derjenige, der sich mit 25 Jahren ein Profil und eine Persönlichkeit erarbeitet hat, sein eigenes Weltbild und das Bild von sich selbst dem neuesten Wissensstand anpasst. Der bereit ist, weiter zu lernen, sich weiter zu entwickeln, sich mit neuen Erkenntnissen und Entwicklungen auseinanderzusetzen.

Das alte – humanistische – Bildungsideal ist das zentrale Ziel von Bildung und bleibt es auch bei digitaler Bildung. Der allseits gebildete und neugierige Mensch wird auch weiterhin ein Ziel sein der Bildung, der Entwicklung von Persönlichkeit. Schule kann gerade darum ein Ort der Einübung ins Nachdenken, der Entwicklung von Kritikfähigkeit und Urteilskraft sein. Dazu gehört ganz altmodisch: das Erlernen von Lesen, Schreiben, Rechnen und Sprechen. Denn: Lesen, Schreiben, Rechnen und Sprechen können in jeder Zukunft nützlich sein. Ohne diese Kulturtechniken findet man sich heute in keiner denkbaren Welt zurecht.

Darüber hinaus ist die Fähigkeit, über die Welt nachzudenken, ebenfalls in jeder Zukunft nützlich. Da man aber die ganze Welt nicht kennen kann, was im Übrigen auch schon vor 200 Jahren zu Zeiten von Wilhelm von Humboldt so war, wurde der Bildungsbegriff um den Gedanken ergänzt, dass Bildung dort vorliegt, wo jemand sich von einem bestimmten Punkt aus die Welt erschließen kann. Die Aufgabe der Schule ist es darum, an exemplarischen Weltausschnitten das Denken einzuüben, um Urteilskraft als Bestandteil des humanistischen Bildungsideals zu fördern.

Das funktioniert aber nicht, ohne zuvor Wissen zu vermitteln. Die Fähigkeit, ein Problem zu beurteilen und zu lösen, hängt immer von Wissen und gemachter Erfahrung ab. Mehr Wissen als Grundlage für Entscheidungen, als Richtschnur im Dschungel des Internets. Lösungen in den verschiedenen Bereichen des Lebens und der Schule erfordern unterschiedliche Kenntnisse und Fertigkeiten. Das gilt für naturwissenschaftliche

Fragestellungen in Biologie, Physik und Chemie, für Fragen der Mathematik oder geisteswissenschaftliche Problemstellungen in Geschichte, Philosophie oder Geographie. „Das Denken folgt aber stets dem Wissen, das Können folgt stets dem Geübt-Haben." – So formuliert es der Wissenschaftsjournalist Jürgen Kaube in seinem Buch „Ist die deutsche Schule zu blöd für unsere Kinder?" Die Pädagogik in der Leibniz Privatschule setzt bei den Unterrichtsinhalten auf Exzellenz, weil nur das Beste bildet. Schülern sollte man Hochwertiges bieten und Anspruchsvolles zumuten. Viele moderne Fachanforderungen und Lehrpläne scheuen die Vermittlung schwieriger Kost, stattdessen wäre es umgekehrt richtig. Beispielsweise im Fach Deutsch sollte es deshalb einen verbindlichen Kanon deutscher und internationaler Literatur geben.

Urteilskraft, Anschlussfähigkeit und Artikulationsfähigkeit – dieser Dreiklang sichert die Handlungsfähigkeit des Einzelnen im gesellschaftlichen Rahmen. Das humanistische Bildungsideal, vor mehr als 200 Jahren zwischen Kant und dem Sturm auf die Bastille entstanden, meint den Menschen, der neben Fachkenntnissen auch sich selbst kennt und einzuschätzen weiß. Es geht dabei um Horizont, Haltung und die Fähigkeit, Situationen zu meistern, für die nicht automatisch ein Werkzeugkoffer oder im digitalen Zeitalter eine Toolbox zur Verfügung steht. Dieses Bildungsideal ist untrennbar mit Demokratie und der Idee des mündigen Bürgers verbunden. Urteilskraft ist keine Fähigkeit, die andere sicherstellen können. „Urteilskraft als Ziel digitaler Bildung muss deshalb darauf gerichtet sein, die Parzellierung von Wissensbeständen im schulischen Unterricht zu überwinden und Kritikfähigkeit zu fördern", schreiben die Augsburger Erziehungswissenschaftler Julian Nida-Rümelin und Klaus Zierer. „Digitale Bildung setzt somit auf Reflexion und Distanz. Die dafür erforderlichen zeitlichen Spielräume sind durch eine Reduktion der Stofffülle bereitzustellen. Diese soll Schule nicht leichter machen, sondern herausfordernder, weil sinnvoller. Ebenso ist ihr Ziel nicht, Wissen überflüssig zu machen, sondern es als Orientierungswissen zu verstehen."

Seit den 1990er-Jahren, dem Beginn der Digitalisierung, haben sich die Rahmenbedingungen für das humanistische Bildungsideal fundamental verändert. Alles ist sofort verfügbar. Der Einzelne ist ohne großen Aufwand in der Lage, sich alle möglichen Waren zusenden zu lassen, unmittelbar mit jedermann auf dem Globus kommunizieren zu können. Es gibt den unbeschränkten Zugang zu allen Informationen. Urteilskraft ist in dieser unserer Zeit der erste Baustein des humanistischen Bildungsideals. Die mit der Digitalisierung verbundene Individualisierung fordert vom Einzelnen noch mehr die Fähigkeit, sich zu entscheiden, nicht der Algorithmisierung des Alltags zu erliegen, eigenständig zu entscheiden, was ich brauche und was ich nicht brauche. Es geht aber auch darum, die eigenen Vorstellungen mit denen der anderen in Einklang zu bringen. Zum Bildungsideal der Zivilgesellschaft im 21. Jahrhundert gehört deshalb neben Urteilskraft und Anschlussfähigkeit die Artikulationsfähigkeit. Vorstellungen, Ideen und Emotionen verbalisieren zu können, sich ausdrücken zu können – ohne sich hinter

Twitter, E-Mail, Facebook oder anderen abgehackten Kurznachrichten zu verstecken. Der Friedenspreisträger Jaron Lanier hat in der Frankfurter Paulskirche darüber gesprochen, was es bedeutet, in einer digitalen Zeit zu „werden, was man ist: ein Mensch". Wenn Lanier Recht hat und die Veränderungen in jedem Lebensbereich so groß sind, dass wir einen „neuen Humanismus" brauchen – was bedeutet das für das „Bildungsideal einer digitalen Zeit"?

Digitale Bildung als neues Unterrichtsfach, Informatik ab Klasse 5 für alle, am besten schon in der Grundschule damit anfangen; einigen ist sogar das zu spät und legen den Startschuss ins Kindergartenalter. Digitale Bildung soll alles verändern, besser machen – was vorher nicht gelungen ist. Digitalisierung als Mantra? Hilft das penetrante Wiederholen, digitale Bildung müsste voran gebracht werden, im bundesdeutschen Bildungssystem?

Wissenschaftliche Untersuchungen nähren die Zweifel. So ist der Wirksamkeit von digitalem Lernen auf Lernleistungen nur mäßiger Erfolg beschieden. Bei der weltweit angelegten Hattie-Studie ist in einer Sonderauswertung zu lesen: „In der Mathematik, in den Naturwissenschaften, beim Lesen und auch beim Schreiben sind keinerlei Leistungszuwächse nachweisbar." So weiß man beispielsweise über webbasierte Leseförderung, dass sich „nur eine geringe Leseleistung nachweisen lässt". Bedeutende positive Effekte in Sachen Lese-Motivation lassen sich ebenfalls nicht belegen, denn „sie zielen nicht auf besseres Lesen und Lernen, sondern auf den Wettbewerb untereinander." Linguisten empfehlen diese webbasierte Leseförderung (Beispiel „Antolin") nur bedingt.

Das klassische Schreiben mit „Papier und Bleistift ist dem Notieren auf dem Laptop weit überlegen. „The Pen is Mightier Than the Keyboard" weiß man auch seit 2014. „Unsere Ergebnisse zeigen, dass Laptops im Unterricht – selbst wenn sie wie vorgesehen und nicht zum Einkaufen bei Amazon genutzt werden – trotzdem die akademische Leistung beeinträchtigen können", erklärt Hauptautorin der Studie Pam Mueller, Psychologin an der Princeton University. Gemeinsam mit Daniel Oppenheimer, heute an der University of California Los Angeles (UCLA), hatte Mueller in einer Reihe von Experimenten den Lerneffekt beim Mitschreiben per Hand und per Tastatur verglichen. Lesen und Schreiben lernen funktioniert klassisch besser als das Tippen auf Tasten, ist dem Tablet weit überlegen. Wissenschaftler sehen den Grund darin, dass Lernende vom Papier langsamer und gründlicher lesen, während am Tablet schneller und oberflächlicher gelesen und oftmals weniger gut verstanden wird. Was am Ende – ob Grundschule oder weiterführende Schule – bleibt, sei allen ins Merkheft geschrieben: Medien sind, egal ob analog oder digital, Hilfsmittel im Unterricht. Entscheidend für den Lernerfolg – Hattie lässt grüßen – ist der Lehrer und seine Professionalität. Kurz gesagt, wie es Professor Klaus Zierer, Herausgeber der berühmten Hattie-Studie in Deutschland, zusammenfasst: „Pädagogik vor Technik!"

Die menschliche Persönlichkeit – ein höchst individuelles Mosaik

VON GERHARD ROTH

Lehren und Lernen finden stets im Rahmen der Persönlichkeit des Lehrenden und des Lernenden und ihrer Beziehung zueinander statt, also im Rahmen der höchst individuellen Art des Wahrnehmens, Denkens, Fühlens, Wollens, Handelns sowie der Bindungs- und Kommunikationsfähigkeit eines Menschen. Mit anderen Worten: Die Art, wie jemand lehrt und lernt, wird bestimmt durch seine Persönlichkeit. Es gehört zu den großen Herausforderungen der Psychologie und der Neurowissenschaften, zu erklären, wie man die Persönlichkeit eines Menschen bestimmt, warum jemand so ist, wie er ist, und wie man ihn eventuell darin ändern kann.

Persönlichkeit aus Sicht der Psychologie.
Beim Erfassen der Persönlichkeit eines Menschen gibt es grundsätzlich unterschiedliche Ansätze. Ein Ansatz besteht darin, das „Wesen" einer Person zu erfassen, indem man sie einem festen Persönlichkeits- oder Charaktertyp zuordnet. Am bekanntesten ist nach wie vor die „Lehre von den Temperamenten", die seit dem Altertum die Einteilung in vier Grundpersönlichkeiten kennt, nämlich in aufbrausende Choleriker, trübsinnige Melancholiker, träge Phlegmatiker und lebhafte Sanguiniker - man denke an Dürers Darstellung der vier Temperamente anhand der vier Apostel Markus, Paulus, Johannes und Petrus.

Die in der modernen Persönlichkeitspsychologie dominierende Vorgehensweise besteht darin, die Persönlichkeit von Menschen nicht starren Typen zuzuordnen, sondern sie als ein *individuelles Mosaik vieler einzelner Persönlichkeitsmerkmale* anzusehen, die wiederum unterschiedliche Ausprägungen aufweisen („jemand ist oder hat mehr oder weniger von ..."); man nennt solche Merkmale oder Größen „dimensional", weil ihre Ausprägungen auf einer Achse zwischen zwei Extrempunkten angeordnet werden können. Menschen unterscheiden sich dann im individuellen Mosaik der Ausprägungen relevanter Persönlichkeitsmerkmale.

Bei der Frage, welche Merkmale man verwendet, hat man das sogenannte lexikalische Verfahren angewandt, das darin besteht, dass man aus gängigen Lexika alle nur erdenklichen Vokabeln nimmt, mit denen menschliche Eigenschaften beschrieben werden. Dabei handelt es sich um viele Tausende von solchen Wörtern, die natürlich in ihrer Bedeutung erst einmal hochgradig redundant sind, d.h. mehr oder weniger dasselbe ausdrücken – man denke nur daran, wie viele Wörter es für den Umstand gibt, dass eine Person geistig etwas beschränkt ist. Man kann nun diese Fülle durch wiederholtes Zusammenfassen mithilfe mathematisch-statistischer Verfahren, z.B. der sog. Faktorenanalyse, auf immer weniger Grundmerkmale der Persönlichkeit reduzieren, bis sich schließlich je nach Autor eine Liste von wenigen, z.B. zwei bis sieben Grundmerkmalen als optimal herausstellt. Die jeweiligen Autoren nehmen an, dass die entsprechenden Grundmerkmale weitestgehend überschneidungsfrei sind.

Der deutsch-britische Psychologe Hans Jürgen Eysenck (1916–1997) war in der modernen Persönlichkeitspsychologie besonders einflussreich. Er vertrat anfangs die Meinung, es gebe zwei Grunddimensionen der Persönlichkeit, nämlich zum einen die Dimension „Neurotizismus", welche in unterschiedlicher Ausprägung die Merkmale Instabilität, Ängstlichkeit und Besorgtheit umfasst, und zum anderen das Gegensatzpaar „Extraversion-Introversion", welche die Spannbreite von einer gesellig-offenen bis hin zu einer zurückgezogen-verschlossenen Persönlichkeit bezeichnet. In der Weiterentwicklung dieses Ansatzes kamen die Psychologen Paul Costa und Robert McCrae zu den bekannten fünf Grundfaktoren, „Big Five" genannt, die Extraversion, Verträglichkeit, Gewissenhaftigkeit, Neurotizismus und Offenheit umfassen und nach Meinung vieler Experten eine Persönlichkeit am ehesten zu charakterisieren vermögen (Costa und McCrae 1992; dt. Borkenau und Ostendorf 2008). Diese „großen Fünf" können positiv (im Sinne „trifft eindeutig zu") oder negativ („trifft nicht zu") ausgeprägt sein, natürlich mit Zwischenstufen entsprechend der sogenannten Likert-Skala (trifft eher zu, teils-teils, trifft eher nicht zu).

So umfasst der Faktor *Extraversion* in seiner positiven Ausprägung die Eigenschaften gesprächig, bestimmt, aktiv, energisch, offen, dominant, enthusiastisch, sozial und abenteuerlustig, und in seiner negativen Ausformung die Eigenschaften still, reserviert, scheu und zurückgezogen.

Der Faktor *Verträglichkeit* bezeichnet im positiven Sinne die Eigenschaften mitfühlend, nett, bewundernd, herzlich, weichherzig, warm, großzügig, vertrauensvoll, hilfsbereit, nachsichtig, freundlich, kooperativ und feinfühlig, und im negativen Sinn die Eigenschaften kalt, unfreundlich, streitsüchtig, hartherzig, grausam, undankbar und knickrig.

Der Faktor *Gewissenhaftigkeit* bezeichnet in seiner positiven Ausprägung die Eigenschaften organisiert, sorgfältig, planend, effektiv, verantwortungsvoll, zuverlässig, genau, praktisch, vorsichtig, überlegt und gewissenhaft, und im gegenteiligen Sinne die Eigenschaften sorglos, unordentlich, leichtsinnig, unverantwortlich, unzuverlässig und vergesslich.

Der Faktor *Neurotizismus* bezieht sich in seiner positiven Ausprägung (im Sinne von „trifft zu") auf die Eigenschaften gespannt, ängstlich nervös, launisch, besorgt, empfindlich, reizbar, furchtsam, selbst bemitleidend, instabil, mutlos und verzagt, und in seinem Gegensatz auf die Eigenschaften stabil, ruhig und zufrieden.

Der Faktor *Offenheit* schließlich umfasst im positiven Sinne die Eigenschaften breit interessiert, einfallsreich, phantasievoll, intelligent, originell, wissbegierig, intellektuell, künstlerisch, gescheit, erfinderisch, geistreich und weise, und im negativen Sinne gewöhnlich, einseitig interessiert, einfach, ohne Tiefgang und unintelligent. Die Persönlichkeit eines Menschen kann also als ein Mosaik unterschiedlicher Ausprägungen der genannten Persönlichkeitsmerkmale verstanden werden.

Persönlichkeitspsychologen fragen sich seither wie trennscharf diese Big Five tatsächlich sind. So gibt es klare Überlappungen zwischen „Extraversion" und „Offenheit": Ein geselliger Mensch ist oft auch für Neues offen (z.B. neue Bekanntschaften). Zwischen „Neurotizismus" und „Gewissenhaftigkeit" existieren ebenso Verknüpfungen: Vorsichtig-ängstliche Menschen sind oft auch sehr pingelig. Deshalb gibt es in der Persönlichkeitspsychologie Bemühungen, die Big Five wieder zu reduzieren. Auch wird Intelligenz von vielen Persönlichkeitspsychologen inzwischen als unabhängiges Persönlichkeitsmerkmal angesehen.

Eine wichtige Abänderung von Eysencks Persönlichkeitstheorie erfolgte durch den britischen Psychologen Jeffrey A. Gray (1934–2004). Gray ersetzte die Grunddimensionen „Extraversion" und „Neurotizismus" durch die Merkmale „Impulsivität" und „Ängstlichkeit". Er deutete dabei „Impulsivität" als eine Kombination von hohem Neurotizismus und hoher Extraversion im Sinne Eysencks und „Ängstlichkeit" als eine Kombination von hohem Neurotizismus und niedriger Extraversion (Gray 1990). Hierauf aufbauend entwickelte Gray seine „Verstärkungs-Empfänglichkeits-Theorie". Danach ist Impulsivität korreliert mit einer hohen Empfänglichkeit für Belohnung: Verhalten, Gefühle und kognitive Funktionen werden durch Belohnungen wie Essen, soziale Anerkennung, Geld, sexuelle Lust und einen attraktiven Partner und ebenso durch die Aussicht auf derartige Belohnungen verstärkt. Belohnungsempfängliche Menschen suchen aktiv nach solchen Verstärkern und nehmen dabei das Risiko eines Scheiterns oder Misserfolgs in Kauf („Manches geht eben schief, aber es lohnt sich, was zu riskieren!"). Ängstlichkeit ist hingegen gekoppelt mit einer besonderen Empfänglichkeit für Bestrafung, entweder in Form schmerzhafter oder anstrengender körperlicher Zustände bzw. ihrer Erwartung oder in Form psychischer Zustände wie Enttäuschung, Verlust oder soziale Missachtung. Bestrafungssensitive Menschen gehen immer auf „Nummer sicher" und vermeiden deshalb riskante Situationen, auch wenn ihnen dadurch viele Chancen entgehen.

Der amerikanische Persönlichkeitsforscher Marvin Zuckerman entwickelte hingegen ein Modell der „alternativen Five", das als Grundfaktoren der Persönlichkeit Geselligkeit, Neurotizismus-Angst, Aggression-Feindseligkeit, impulsive Sensationslust, Neugier und Aktivität annimmt, allerdings mit engem Bezug auf die originalen „Big Five" von Costa und McCrae (Zuckerman 2005). Zuckerman sieht die vier ersten Faktoren seines Modells eng verbunden mit Extraversion, Neurotizismus, Verträglichkeit und Gewissenhaftigkeit der Big Five. Impulsive Sensationslust ist allerdings neben Extraversion und intellektueller Offenheit auch oft verbunden mit einer geringen Ausprägung von Gewissenhaftigkeit und Verträglichkeit. Das Merkmal „Aktivität" wiederum ist stark verbunden mit Extraversion und einer geringen Ausprägung von Gewissenhaftigkeit.

Ein wieder anderer Ansatz in der Persönlichkeitspsychologie stammt von dem amerikanischen Psychologen C. Robert Cloninger, der eine „Sieben-Persönlichkeitsfaktoren-Theorie" entwickelte (Cloninger 2000). Hierbei unterscheidet Cloninger zwischen Temperament und Charakter. Temperament ist für ihn bestimmt durch drei weitgehend genetisch determinierte Grundmerkmale, nämlich Erlebnishunger bzw. Abwechslungssucht *(novelty seeking)*, Frustrationsvermeidung *(harm avoidance)* und Belohnungssucht *(reward dependence)*. Erlebnishunger ist charakterisiert durch ein ständiges Bedürfnis nach Abwechslung, neuen und neuartigen Erlebnissen und die Bereitschaft, zu deren Erlangung große Risiken einzugehen, sowie durch mangelnde Ausdauer, d.h. Aufgeben, wenn der Erfolg sich nicht schnell einstellt. Frustrationsvermeidung ist verbunden mit großer Angst vor Misserfolgen und dem Ausbleiben von Belohnung und mit einer Abneigung gegenüber neuartigen Dingen. Belohnungsabhängigkeit schließlich ist charakterisiert durch eine hohe Empfänglichkeit für bzw. Abhängigkeit von Belohnung und eine starke Resistenz dieses Verhaltens gegen Löschung durch Misserfolge, ein entsprechend hohes Durchhaltevermögen, eine hohe Emotionalität und ein hohes Bedürfnis nach Sozialität. Solche Leute verfolgen hartnäckig ihre Ziele, auch wenn vieles schiefgeht.

Die heutige Persönlichkeitspsychologie geht allgemein von zwei bis sieben grundlegenden Persönlichkeitsmerkmalen aus. Wirkliche Grundmerkmale der Persönlichkeit stellen aber offenbar nur *Extraversion, Neurotizismus und Sensationslust* dar. Intellektuelle Offenheit kann man gut mit Extraversion in Verbindung bringen, d.h. ein extravertierter Mensch ist auch meist offen für neue Erlebnisse, und ebenso kann man zwischen Neurotizismus und Gewissenhaftigkeit deutliche Verbindungen herstellen: Ein neurotizistischer Mensch ist häufig gewissenhaft bis pingelig. Sensationslust existiert weitgehend unabhängig davon, stellt aber verbunden mit Gewissenlosigkeit einen deutlichen Gegensatz zu „Gewissenhaftigkeit" dar. Viele Experten sind zwischen der Meinung, dass man als zwei Haupttypen den „Dynamiker" und den „Stabilen" unterscheiden muss.

Ein kritischer Punkt besteht darin, dass die genannten psychologischen Persönlichkeitsmerkmale rein quantitativ-statistisch gewonnen wurden und aus naturwissenschaftlicher Sicht „in der Luft hängen". Es erscheint daher wünschenswert herauszubekommen, warum es gerade diese und nicht andere Persönlichkeitsmerkmale sind, auf die es ankommt. Eine Möglichkeit, dies herauszufinden, besteht darin festzustellen, wie die jeweils angenommenen Grundfaktoren der Persönlichkeit im Gehirn verankert sind.

Die neurobiologischen Grundlagen der Persönlichkeit

Neurowissenschaftler gehen davon aus, dass die Persönlichkeit eines Menschen (also sein Temperament und sein Charakter) mit den Eigenschaften seines Gehirns aufs Engste zusammenhängt. Dies bedeutet allerdings *nicht*, dass Persönlichkeit etwas Unveränderbares, rein genetisch Bedingtes ist. Vielmehr wird der Charakter eines Menschen stark durch Umweltfaktoren bestimmt, und zwar in höherem Maße als das Temperament. Diese Umweltabhängigkeit hängt wiederum mit der Tatsache zusammen, dass das Gehirn kein fest verdrahtetes System darstellt, sondern plastisch ist, wenngleich in unterschiedlichem Ausmaß in verschiedenen Funktionsbereichen (z.B. in kognitiver, emotionaler und motorischer Hinsicht), und dass sich diese funktionsspezifische Plastizität des Gehirns ganz unterschiedlich im Laufe des Lebens verändert.

Die Psycho-Neurowissenschaften haben in den vergangenen Jahren die Vermutung bestätigt, dass wichtigsten Anteile unserer Persönlichkeit bereits vorgeburtlich und dann in früher Kindheit und unbewusst oder zumindest nicht erinnerungsfähig entwickeln, so dass sie der Selbsterkenntnis unzugänglich bleiben. Das Erinnerungsfähig-Bewusste ist aus dieser Sicht nur die Spitze des Eisberges, auch wenn wir dies nicht so wahrnehmen.

Hauptfaktoren der Persönlichkeitsentwicklung

Folgende Faktoren bedingen aus gegenwärtiger wissenschaftlicher Sicht die Persönlichkeitsentwicklung: der individuelle codierende Gen-Satz; die epigenetischen Regulationsmechanismen; vorgeburtliche Einflüsse des Gehirns und des Körpers der Mutter auf den Fötus; die früh-nachgeburtlichen Bindungserfahrung; und die weiteren Sozialisationsprozesse und individuellen Erfahrungen. Ich werde auf alle diese Faktoren im Verlauf dieses Kapitels eingehen.

Die Gene enthalten die Grundinformationen aller Abläufe in unserem Körper einschließlich des Gehirns und seiner Funktionen. Sie bestehen aus einer bestimmten Anordnung („Sequenz") von sogenannten Nucleotiden. Diese Sequenz bestimmt die Art des Stoffes, den das Gen herstellt, das heißt der regulatorischen Proteine, Enzyme genannt. Enzyme sind die Signale für die Prozesse, die unser Körper zu einer bestimmten Zeit an einem bestimmten Ort benötigt. Gene starten die Enzymproduktion aber nicht „von selbst", sondern nach Einwirkung seitens eines regulatorischen Abschnitts, Promotor-Region genannt, die jedes Gen besitzt. Diese Promotorregion, die ebenfalls aus einer spezifischen Nucleotid-Sequenz besteht, bestimmt die Art der Aktivierung der eigentlichen Gen-Sequenz. Dies nennt man *Epigenetik*. Menschen erhalten ihr Erbgut (ihr „Genom") in zufälliger Vermischung je zur Hälfte von der Mutter und vom Vater; man nennt diese Anteile die „Allele" des Gens. Die mütterlichen und väterlichen Allele sind meist etwas unterschiedlich, und dabei kann sich ein Allel in seiner Wirkung gegenüber dem anderen durchsetzen, ohne dass das unterlegene („rezessive") Gen verschwindet. Die Wirkung eines Gens einschließlich seiner Promotor-Region kann aber nicht nur durch eine Mutation verändert werden, sondern auch dadurch, dass einzelne seiner Nucleotide blockiert werden, etwa durch das Anhängen einer bestimmten chemischen Molekülgruppe, oder dadurch, dass ein bisher blockierter Abschnitt freigegeben wird. Die Änderung der Promotor-Region kann rein zufällig geschehen, sie kann aber auch durch Umweltereignisse verursacht werden, bei denen es sich neben körperlichen auch um psychische Faktoren handelt.

Bei einer besonderen psychischen Belastung, etwa der Trennung des Säuglings von der Mutter, kann es zu einer ungewöhnlich hohen Ausschüttung des Stresshormons Cortisol kommen, und dies kann dann an Promotor-Regionen bestimmter Gene des Säuglings, die mit der Stressregulation zu tun haben, angreifen und sie verändern. Polymorphismen in der Promotor-Region treten sogar zwischen eineiigen Zwillingen auf und haben zur Folge, dass es auch zwischen ihnen zu Unterschieden im Temperament und in der Persönlichkeit kommen kann. Dies spricht gegen die verbreitete Annahme, eineiige Zwillinge hätten ein identisches Erbgut. Zudem können derartige Veränderungen der Promotor-Region auch vererbt werden, wenn sie in den Ei- oder Samenzellen der Eltern stattfinden.

Das neurobiologische Vier-Ebenen-Modell der Persönlichkeit

Zahlreiche Teile des Gehirns tragen in ganz unterschiedlicher Weise zur Persönlichkeit bei. Sie gehören mehrheitlich zum limbischen System, welches mit vielen Zentren das gesamte Gehirn durchzieht. Es ist der Entstehungsort von Affekten, Gefühlen, Motiven, Handlungszielen, Gewissen, Empathie, Moral und Ethik, und damit ist es diejenige Instanz, die unser individuell-egoistisches ebenso wie unser soziales Handeln bestimmt. Hierzu zählt man einerseits Zentren, die tief im Innern des Gehirns sitzen und von der Großhirnrinde, dem Cortex, umhüllt werden – deshalb spricht man von *subcorticalen* Hirnzentren. Diese Zentren sind in ihrer Existenz und ihren Funktionen grundsätzlich dem Bewusstsein verschlossen. Zum anderen gehören zum limbischen System auch Teile des Cortex, die mit Emotionen und Motivation befasst sind, und deren Aktivität zumindest teilweise bewusst erlebt werden kann.

Neben dem limbischen System gibt es diejenigen Hirnzentren, die unsere kognitiven Leistungen wie Wahrnehmen, Erkennen, Denken, Intelligenz, Vorstellen, Erinnern und Handlungsplanung bestimmen. Sie bilden den größten Teil der Großhirnrinde, des Isocortex, der sich anatomisch vom limbischen Cortex durch einen durchgehend sechsschichtigen Aufbau unterscheidet. Die Art der Wechselwirkung zwischen dem limbischen und dem kognitiven System ist ein wesentliches Merkmal der Persönlichkeit eines Menschen.

Der vor einigen Jahren verstorbene Psychiater Manfred Cierpka und ich haben vor einigen Jahren das „Vier-Ebenen-Modell" der Persönlichkeit entwickelt (vgl. Roth und Strüber, 2019). In diesem Modell wird die unterste Ebene der Persönlichkeit durch die vegetativ-affektive Ebene gebildet. Sie wird von der limbisch-vegetativen Grundachse des Gehirns repräsentiert, welche die mediale septale Region, die präoptisch-hypothalamische Region, die zentrale Amygdala, das zentrale Höhlengrau und vegetative Zentren des Hirnstamms (Mittelhirn, Brücke, Verlängertes Mark) umfasst.

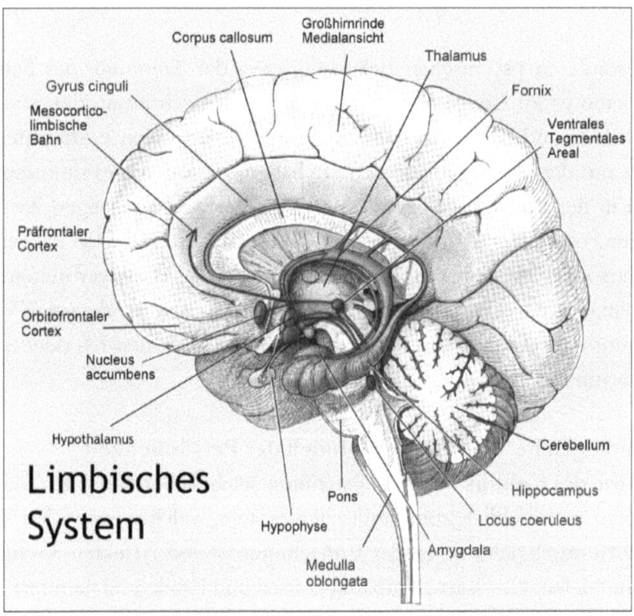

Abbildung: *Die vier Ebenen der Persönlichkeit. Die untere limbische Ebene des vegetativ-affektiven Verhaltens und die mittlere limbische Ebene der emotionalen Konditionierung, Bewertung und Motivation bilden zusammen das „unbewusste Selbst". Auf bewusster Ebene bildet die obere limbische Ebene das „individuell-soziale Ich", dem das „kognitiv-kommunikative Ich" gegenübergestellt wird. Abkürzungen: ACC = Anteriorer cingulärer Cortex, Basalgang = Basalganglien, Bl Amy = Basolaterale Amygdala, Hyth = Hypothalamus, IC = Insulärer Cortex, NAcc = Nucleus accumbens, PAG = Zentrales Höhlengrau, OFC = Orbitofrontaler Cortex, Veget. Hirnst. = Vegetative Hirnstammzentren, VMC = Ventromedialer präfrontaler Cortex, VTA = Ventrales tegmentales Areal, Z Amy = Zentrale Amygdala. Weitere Erläuterungen im Text.*

Diese Hirngebiete sichern über die Kontrolle des Stoffwechselhaushalts, des Kreislaufs und Blutdrucks, der Temperaturregulation, des Verdauungs- und Hormonsystems, der Nahrungs- und Flüssigkeitsaufnahme, des Wachens und Schlafens unsere biologische Existenz. Defizite in diesen Regulationssystemen führen zu schweren körperlichen Beeinträchtigungen. Ebenso werden durch diese Ebene unsere elementaren affektiven Verhaltensweisen und Empfindungen wie Angriffs- und Verteidigungsverhalten, Flucht und Erstarren, Aggressivität, Wut und Sexualverhalten gesteuert.

Diese Antriebe und Affektzustände sind in ihren Grundfunktionen weitgehend genetisch bedingt, sie werden aber durch epigenetische Faktoren (s. oben) und vorgeburtliche Einflüsse abgewandelt. Durch spätere Erfahrungen und willentliche Kontrolle sind sie jedoch nur wenig beeinflussbar. Die zugrundeliegenden Mechanismen laufen völlig unbewusst ab; bewusst werden sie nur über Erregungen, die von hier in die bewusstseinsfähige Großhirnrinde dringen. Die Eigenschaften dieser Zentren legen in ihrer individuellen durch die genannten vorgeburtlichen Faktoren beeinflussten Ausformung das *Temperament* fest, mit dem Menschen auf die Welt kommen, d.h. sie bestimmen, ob eine Person neugierig-draufgängerisch oder vorsichtig ist, kommunikativ oder wortkarg, mutig oder ängstlich. Diese Ebene bildet sich im Gehirn bereits in den ersten Schwangerschaftswochen aus.

Die zweite, darüber angeordnete „limbische" Ebene ist die der *emotionalen Konditionierung* und des individuellen emotionalen Lernens im Rahmen der „primären Sozialisation" durch die familiären Bezugspersonen. Hieran sind vornehmlich die Amygdala und das mesolimbische System (Nucleus accumbens, ventrales tegmentales Areal und Substantia nigra) beteiligt. Die basolaterale Amygdala ist der Ort der erfahrungsgeleiteten, d.h. auf Konditionierung beruhenden Verknüpfung emotionaler, überwiegend negativer oder überraschender, aber auch positiver Ereignisse mit den angeborenen Grundgefühlen der Furcht, Angst, Abwehr und Überraschung. Hierzu gehört auch das Erkennen der Bedeutung von emotional-kommunikativen Signalen wie Mimik, Gestik, Sprachintonation und Körperhaltung. Die mediale und corticale Amygdala verarbeitet Geruchs- und Geschmackspräferenzen sowie soziale Geruchssignale, Pheromone genannt, die bei den individuellen Sympathien und Antipathien eine wichtige Rolle spielen.

Interaktionspartner der Amygdala beim Entstehen unbewusster Emotionen ist das mesolimbische System. Es dominiert bei der Registrierung und Verarbeitung natürlicher Belohnungsereignisse („das ist gut gelaufen" bzw. „das hat Spaß gemacht") und stellt über die Ausschüttung hirneigener lusterzeugender Stoffe, vornehmlich der sogenannten endogenen Opioide und Cannabinoide, *das zerebrale Belohnungssystem* dar. Dies bedeutet, dass alles, was Befriedigung, Lust und Freude in uns erzeugt, in direkter oder indirekter Weise an die Ausschüttung bestimmter Stoffe im Gehirn gebunden ist. Zum anderen ist das mesolimbische System das grundlegende *Motivationssystem*, das über die Ausschüttung des Neuromodulators Dopamin Belohnungen „in Aussicht stellt“ und damit unser Verhalten motiviert.

Diese mittlere limbische Ebene entsteht etwas später als die untere Ebene, aber in bestimmten Anteilen bereits vor der Geburt, und entwickelt sich stark in der ersten Zeit nach der Geburt. Auf ihr formen sich die unbewussten Anteile des Selbst, und zwar aufgrund frühkindlicher Erfahrungen, insbesondere früher Bindungserfahrungen. Die primären Bezugspersonen, also meist die Eltern, spielen hierbei eine wichtige Rolle, denn in ihrer Interaktion mit dem Säugling und Kleinkind übertragen sie in hohem Maße ihre emotionale und kognitive Grundstrukturen an ihre Nachkommen. Es entstehen so in den Kleinkindern die sozial vermittelten Grundstrukturen des Verhältnisses zu sich selbst (Selbstbild) und zu den Mitmenschen (Empathiefähigkeit) und die Grundkategorien dessen, was aus infantil-egoistischer Sichtweise gut oder schlecht ist. Diese Grundstrukturen und -kategorien sind zwar Ergebnis unbewusster oder zumindest nicht erinnerungsfähiger Lernprozesse, sie verfestigen sich aber zunehmend bereits im Kindesalter und tragen ihrerseits positiv wie negativ zur Gestaltung von Beziehungsmustern bei.

Auf dieser mittleren limbischen Ebene werden unsere grundlegenden Antriebe (Motive) festgelegt, also das, was wir aufzusuchen bzw. zu wiederholen trachten, weil es mit Bedürfnisbefriedigung und Lust verbunden ist, und was wir zu vermeiden und abzuwehren haben, weil es mit Bedürfnissteigerung, Schmerz und Unlust verbunden ist. Diese Ebene ist damit die für das Psychische entscheidende Ebene, und zwar sowohl hinsichtlich einer normalen als auch einer krankhaften Entwicklung.

Eine sehr wichtige Vermittlerfunktion zwischen der zweiten und der gleich zu besprechenden dritten Ebene stellt der Hippocampus dar, der einerseits eine zentrale Rolle bei der Stressregulation spielt, andererseits und nicht weniger wichtig zusammen mit der ihn umgebenden Großhirnrinde das „Zwischengedächtnis“ darstellt und entsprechend zwischen dem Arbeitsgedächtnis und dem Langzeitgedächtnis vermittelt.

Die dritte „limbische“ Ebene ist die der *bewussten, überwiegend sozial vermittelten Emotionen* im Rahmen der sekundären Sozialisation. Sie umfasst die limbischen Anteile der Großhirnrinde. Hierzu gehören der insuläre, cinguläre und orbitofrontale Cortex. Der insuläre Cortex ist der Verarbeitungsort der Schmerzempfindung, d.h. er bestimmt, wann und wie eine Körperverletzung weh tut. Er ist auch Ort der affektiv-emotionalen Eingeweidewahrnehmung, des berühmten „Bauchgefühls“. Der vordere cinguläre Cortex (ACC) hat mit seinem unteren (ventralen) Teil mit Risikowahrnehmung und -bewertung und mit der affektiven Tönung von Schmerzempfindungen zu tun, insbesondere mit Schmerzerwartung, im oberen Teil ist er mit kognitiver Aufmerksamkeit und Fehlerüberwachung befasst (Brown und Braver 2007; Dicke 2020).

Der über den Augenhöhlen (Orbita) liegende orbitofrontale Cortex (OFC), also das untere Stirnhirn, und der innen angrenzende ventromediale präfrontale Cortex (vmPFC, mit Übergängen zum anterioren cingulären Cortex) sind in gewissem Sinne der „oberste" limbische Cortex (Schoenbaum et al. 2009; Forbes und Grafman 2010): Läsionen im OFC und vmPFC führen zum Verlust der Fähigkeit, den sozial-kommunikativen Kontext, z.B. die Bedeutung von Szenendarstellungen, die Mimik von Gesichtern oder die emotionale Tönung der Stimme, zu erfassen. Die betroffenen Patienten sind auch unfähig, negative oder positive Konsequenzen ihrer Handlungen längerfristig vorauszusehen und sich danach zu richten, wenngleich unmittelbare Belohnung oder Bestrafung von Aktionen ihr Handeln beeinflussen können. Der OFC ist Sitz der Regeln moralischen und ethischen Verhaltens, also derjenigen Verhaltensweisen, die geeignet sind, uns die Unterstützung und Wertschätzung unserer Mitmenschen im engeren Sinne und der Gesellschaft im weiteren Sinne zu erhalten. Er ist derjenige Hirnteil, der die längste Reifezeit benötigt und erst im Alter von 16–20 Jahren einigermaßen ausgereift ist.

OFC und vmPFC haben eine zügelnde, impulshemmende Funktion gegenüber der unteren, affektiven Ebene und gegenüber den egoistisch-infantilen Antrieben aus den Zentren der mittleren Ebene, d.h. der Amygdala und des mesolimbischen Systems, und zwar auf der Grundlage sozial vermittelter Erfahrung. Hier bilden sich die bewussten Anteile des Selbst und des affektiv-emotionalen, auch sozial vermittelten Ich aus, und zugleich formen sich hier Elemente von Moral und Ethik, die von Sigmund Freud als Über-Ich bezeichnet wurden.

Diesen drei limbischen Ebenen steht als weitere Ebene die kognitiv-sprachliche Ebene gegenüber, die in der Großhirnrinde im engeren Sinne, dem sechsschichtigen Isocortex, angesiedelt ist. Hier finden sich exekutive, d.h. handlungsvorbereitende Areale, insbesondere der dorsolaterale präfrontale Cortex (dlPFC) (Förstl 2002; Dicke 2020). Im linken PFC befindet sich auch das Brocasche Sprachareal, das die neuronale Grundlage der menschlichen syntaktisch-grammatikalischen Sprache ist. Der dlPFC ist ein wichtiger Teil des Arbeitsgedächtnisses und der innengeleiteten Aufmerksamkeit. Er hat mit der zeitlich-räumlichen Strukturierung von Sinneswahrnehmungen zu tun, mit planvollem und kontextgerechtem Handeln und Sprechen und mit der Entwicklung von Zielvorstellungen. Läsionen führen zu Defiziten im Problemlöseverhalten, insbesondere zur Unfähigkeit, die sachliche Relevanz externer Ereignisse einzuschätzen, aber auch zu schweren Beeinträchtigungen des Arbeitsgedächtnisses.

Die kognitiv-sprachliche Ebene ist die Ebene des rationalen Ich, des Verstandes und der Intelligenz. Zum einen wird hier als Realitätssinn geprüft, was „Sache" ist, und zum anderen geht es um Problemlösen und zweckrationale Handlungsplanung. Schließlich ist dies die Ebene der Darstellung und Rechtfertigung des bewussten Ich vor sich selbst und vor den Anderen. Diese Ebene ist eng mit den sensorischen (d.h. visuellen, auditorischen und taktilen) Arealen und mit den motorischen Zentren der Großhirnrinde verbunden, hat aber nur wenige kontrollierende Verbindungen zu den genannten limbischen Zentren einschließlich des OFC und vmPFC (Ray und Zald 2012). Das bedeutet, dass das obere Stirnhirn als Sitz von Intelligenz und Verstand nur geringen Einfluss auf das untere Stirnhirn als Instanz für moralisch-ethische Kontrolle, Risikobewertung und Gefühlskontrolle besitzt, während der umgekehrte Einfluss massiv sein kann (Roth 2019). Die unmittelbare Konsequenz dieser erstaunlichen Tatsache kennen wir alle, nämlich, dass vernünftige Ratschläge und Einsichten *allein* nicht in der Lage sind, Menschen nachhaltig zu beeinflussen. Wir können uns gegenüber einem Freund, der riskante Dinge tun will, den Mund „fusselig reden", er wird auf unsere rationalen Argumente so lange nicht hören, wie sie nicht mit emotional bewegenden Argumenten verbunden sind, z.B. mit Hinweisen auf die negativen Folgen der Handlung.

Diese teilweise Unabhängigkeit von dlPFC und OFC ist keine Fehlkonstruktion des Gehirns, sondern eigentlich eine biologisch sinnvolle Sache. Das obere Stirnhirn soll Entwürfe zu möglichem Handeln liefern, Alternativen und ihre jeweiligen Konsequenzen und Risiken (zusammen mit dem cingulären Cortex) aufzeigen, aber das soll ohne eine Tendenz zu sofortigem Handeln geschehen. Die Entscheidung darüber, was tatsächlich getan wird, fällt dann in den subcorticalen und corticalen limbischen Arealen. Insofern ist der dlPFC ein intelligenter Berater, der uns sagt: Wenn du das und das tun willst, dann wird das die und die Folgen haben – *willst du diese Folgen?* Entscheiden müssen wir, nicht der Berater. Wir können auch mithilfe des dlPFC ganz rational und gefühlskalt Abstand von ansonsten stark emotionalisierenden Ereignissen und Fakten nehmen und etwa mathematisch-statistische Berechnungen über die Säuglingssterblichkeit in Afrika anstellen. Umgekehrt übermannen uns manchmal die Gefühle, wenn wir eigentlich klar denken müssten. Das Ausmaß der Fähigkeit, Verstand und Gefühle zu trennen, ist ein wichtiges Persönlichkeitsmerkmal, das natürlich auch stark von Erfahrung abhängig ist.

Schließlich können wir aufgrund dieses höchst einseitigen Kontrollverhaltens zwischen dem unteren und oberen Stirnhirn (OFC und dlPFC) dasjenige, was wir tatsächlich über uns denken und wie wir uns selbst fühlen, von dem trennen, was wir Anderen über uns mitteilen. Beides – das subjektive Denken und Fühlen und das Sprechen darüber – kann mehr oder weniger übereinstimmen, sofern wir gelernt haben, unsere Gedanken und Emotionen auszudrücken, aber sie können aus Höflichkeit, beim Verstellen oder Lügen auch völlig auseinandergehen. Wir können uns in einer bestimmten Weise gegenüber anderen Personen so darstellen, wie uns dies am günstigsten erscheint, ohne dass dem irgendetwas in uns entsprechen muss. Das hier vorgestellte hirnstrukturelle „Vier-Ebenen-Modell" der Persönlichkeit, das noch um Informationen über Intelligenz ergänzt wird, erklärt uns gut die ganze Komplexität der Persönlichkeit und trägt zum Verständnis der psychischen Entwicklung des Kindes bei, die weiter unten dargestellt wird. Allerdings bleibt dieses Modell statisch, wenn wir nicht die wichtigen Funktionen der beteiligten Neurotransmitter und sonstigen neuroaktiven Substanzen (Neuropeptide und Neurohormone) hinzunehmen.

Neuromodulatoren und Persönlichkeit

Wir erkennen, dass unsere Persönlichkeit das Produkt eines komplexen Netzwerkes in unserem Gehirn ist, das auf der Interaktion „tiefer", „mittlerer" und „oberer" limbischer Zentren untereinander und mit den kognitiven Zentren der Großhirnrinde beruht. Dieses Modell erklärt aber nicht vollständig, warum die Menschen so viele verschiedene Persönlichkeiten haben. Diese Unterschiede kommen zustande durch drei weitere Faktoren: (1) wie die beteiligten limbischen und kognitiven Zentren arbeiten, (2) in welcher Weise (z.B. fördernd oder hemmend) sie miteinander wechselwirken, und (3) in welchem Maße die Aktivität der Zentren und die Art ihrer Wechselwirkung genetisch oder durch die Umwelt bestimmt werden. All dies hat mit der Funktionsweise von Neuromodulatoren, Neuropeptiden und Neurohormonen zu tun, die als psychisch wirksame Signalüberträger im Gehirn fungieren.

Neuromodulatoren wie Adrenalin (im Körper) und Noradrenalin (im Gehirn), Serotonin, Dopamin und Acetylcholin modulieren" die Wirkungsweise sogenannter schneller Transmitter wie Glutamat, GABA und Glycin. Hinzu kommen längerfristig wirkende Neuropeptide und Neurohormone, die eng mit den Neuromodulatoren wechselwirken. Zusammen bilden sie die Grundlage des Psychischen und Mentalen, was beides in unserer Persönlichkeit zum Ausdruck kommt, denn genetisch-epigenetische und erfahrungsbedingte Defizite in ihrer Produktion und Wirkung sind stets mit psychischen bzw. mentalen Defiziten und damit auch mit Persönlichkeitsstörungen verbunden. Die Frage ist, wie dies im Einzelnen aussieht.

Die Forschungen der letzten Jahre haben gezeigt, dass der Zusammenhang zwischen Persönlichkeit und Neuromodulatoren bzw. -peptiden und -hormonen viel komplizierter ist (Roth und Strüber 2019). Zum einen hat sich herausgestellt, dass die drei genannten neuromodulatorischen Systeme, d.h. das dopaminerge, serotonerge und noradrenerge und in begrenzterem Maße auch das cholinerge System sowie die mit der Stressverarbeitung zusammenhängenden Substanzen (s. unten) bereits in sich viel komplexer sind als bisher angenommen und z.T. aufgrund einer großen Zahl unterschiedlich wirkender „Andockstellen" (Rezeptoren) unterschiedliche und sogar gegenteilige Wirkungen haben. Zum zweiten ist wichtig, ob diese Substanzen pulsartig („phasisch") oder längerfristig („tonisch") wirken. Drittens haben die limbischen Zentren des Gehirns als „Zielorgane" dieser Substanzen teilweise ganz unterschiedliche Wirkung; so ist die Amygdala, anders als früher angenommen, auch an der Registrierung positiver Ereignisse beteiligt, und der Nucleus accumbens reagiert auch auf negative Ereignisse.

Es lassen sich sechs „neurobiologisch-psychische Grundsysteme" identifizieren, die durch ein spezifisches Zusammenwirken neuromodulatorischer Substanzen in bestimmten limbischen und kognitiven Hirnzentren charakterisiert sind und die neurobiologischen Grundlagen einer Persönlichkeit besser widerspiegeln. Diese Grundsysteme entstehen zum Teil zu unterschiedlichen Zeiten im Zusammenwirken genetisch-epigenetischer und Umweltfaktoren.

Stressverarbeitung

Das System der Stressverarbeitung soll den Organismus befähigen, mit körperlichen und psychischen Belastungen fertigzuwerden. Es beginnt seine Entwicklung bereits in den ersten Schwangerschaftswochen, ist aber erst am Ende des ersten nachgeburtlichen Lebensjahres gut funktionsfähig. Dieses System wird vornehmlich aktiviert durch den Hypothalamus und die Amygdala, die für das Erkennen lebenswichtiger bzw. potenziell bedrohlicher Ereignisse zuständig sind, und reagiert hierauf in zwei Schritten entlang dessen, was man *Stressachse* oder *Hypothalamus-Hypophysen-Nebennieren (HHN)-Achse* nennt. Die sehr schnelle erste Stressreaktion beruht auf einer Aktivierung der Neuromodulatoren Noradrenalin im Locus coeruleus („blauer Kern") im Hirnstamm und Adrenalin im Nebennierenmark (Aston-Jones und Cohen 2005; Berridge 2008). Dies führt im Bruchteil einer Sekunde zu einer Erhöhung des Muskeltonus, der Reaktionsbereitschaft und der Aufmerksamkeit. Diese erste Reaktion ist identisch mit dem blitzartigen Schreck, der uns bei plötzlich auftauchender Gefahr durchzuckt. Adrenalin und Noradrenalin lösen ihrerseits die zweite und langsamer verlaufende Stressreaktion aus (Gunnar und Quevedo 2007).

Diese zweite Stressreaktion beginnt mit der Freisetzung des Corticotropin-Ausschüttungshormons (CRF, oft auch CRH genannt) in Zellen des Hypothalamus, das dann zum Vorderlappen der Hirnanhangsdrüse (Hypophyse) wandert und dort Produktion und Freisetzung des Adrenocorticotropen Hormons (ACTH) bewirkt. Dieses wandert nun über die Blutbahn zur Nebennierenrinde, wo es die Bildung von Glucocorticoiden, beim Menschen überwiegend Cortisol, anregt. Cortisol wandert seinerseits über die Blutbahn in den Körper und das Gehirn, wo es vielfältige Wirkungen auslöst. Es mobilisiert über eine Erhöhung des Glucose- und Fettsäurespiegels im Blut unseren Stoffwechsel und versetzt den Körper damit in die Lage, erhöhte Leistungen zu vollbringen. Es wirkt unterdrückend auf das Immunsystem und damit entzündungshemmend; in hohen Dosen kann es zu einer gefährlichen Schwächung der Immunabwehr des Körpers führen.

Im Gehirn wirkt Cortisol auf zwei unterschiedliche Rezeptoren ein, nämlich auf Mineralocorticoid- und Glucocorticoid-Rezeptoren. Geringe Dosen von Cortisol und milder Stress aktivieren vornehmlich die Mineralocorticoid-, stärkerer Stress die Glucocorticoid-Rezeptoren (vgl, Roth und Strüber 2019). Durch Letztere erhöht sich die

Aktivierung derjenigen Hirnzentren, die Verhaltensweisen zur Beseitigung der Belastung oder Bedrohung auslösen, z.B. Flucht, Abwehr, Kampf oder komplexere Maßnahmen. Gleichzeitig wirkt das Cortisol über die Glucocorticoid-Rezeptoren direkt oder per Umweg über den Hippocampus und den orbitofrontalen Cortex hemmend auf die Freisetzung von CRF und ACTH ein. Es liegt hier also eine *negative Rückkopplung* zwischen Cortisol einerseits und CRF und ACTH andererseits vor, die verhindern soll, dass bei einer Stressreaktion zu viel CRF und ACTH und damit Cortisol erzeugt werden. Eine besondere Rolle bei dieser negativen Rückkopplung des CRF-ACTH-Cortisol-Systems spielt der Hippocampus, der mit Corticosteroid-Rezeptoren vollgepackt ist und besonders sensibel auf starken Stress reagiert. Das Zurückfahren der stressbedingten Aufregung wird unterstützt durch die gleichzeitige Ausschüttung von endogenen Opioiden und Cannabinoiden sowie von Serotonin, die in diesem Zusammenhang einen beruhigenden und angstdämpfenden Effekt haben.

Leichter Stress ist notwendig, um Körper und Gehirn für die Auseinandersetzung mit und Bewältigung von Problemen und Gefahren zu rüsten. Hoher Stress kann kurzfristig zur Freisetzung „ungeahnter Kräfte" führen. Bei langfristigem, also „chronischem" Stress versagt jedoch die erwähnte negative Rückkopplung der Stressachse, und es kommt zu einer andauernden Überproduktion von CRF, ACTH und Cortisol, „Hypercortisolismus" genannt, der insbesondere den Hippocampus schädigt. Man spricht beim Verlauf der Stressreaktion von einer „umgekehrten U-Funktion", d.h. leichter Stress hat positive, starker Stress negative Wirkungen mit einem Optimum dazwischen. Chronischer Stress führt zu den bekannten Konsequenzen wie physischem und psychischem Leistungsabfall, Schlaflosigkeit, Überreiztheit, Depression, Magen- und Kopfschmerzen, Vergesslichkeit und starkem Absinken sexueller Aktivität.

Wir Menschen unterscheiden uns gewöhnlich in der Art, wie sie mit Stress umgehen, wie viel Stress wir vertragen können, d.h. welche *Stress-Resilienz* wir zeigen, wie schnell und effektiv wir potenziell negative und bedrohliche Dinge erkennen, wie schnell die Stressachse Körper und Gehirn aktiviert und wie schnell diese wieder die Aufregung herunterregulieren kann. Hohe Stressbelastungen können bereits beim ungeborenen Kind, übertragen durch das Gehirn einer traumatisierten Mutter, oder nach der Geburt, durch direkte Einwirkung auf den Säugling, große Schäden anrichten, weil hier die Stressachse noch unfertig und besonders verletzbar („vulnerabel") ist (Caspi et al. 2003; Davis et al. 2005; Lupien et al. 2009). Aber auch im späteren Leben kann akuter starker Stress, z.B. ein schwerer Unfall, körperliche Misshandlung, großes psychisches Leid, zu psychischer Traumatisierung und zur Ausbildung einer posttraumatischen Belastungsstörung (PTBS) führen, die vor allem mit strukturellen und funktionalen Defiziten im Hippocampus und im orbitofrontalen Cortex einhergehen (Loman und Gunnar 2009; McLelland et al. 2011).

Selbstberuhigung

Das zweite psychische Grundsystem ist das interne Beruhigungssystem. Es entwickelt sich zum Teil ebenfalls vor der Geburt und intensiv früh nachgeburtlich. Es ist wesentlich vom Neuromodulator Serotonin (5-Hydroxytryptamin, abgekürzt 5-HT) gekennzeichnet (Roth und Strüber 2019). Serotonin wird in Zellgruppen („Kernen") produziert, die auf der Mittellinie oder „Naht" (griechisch-lateinisch „raphe") des Hirnstamms sitzen und deshalb „Raphe-Kerne" genannt werden. Von den vorderen Raphe-Kernen aus wird das Serotonin über unterschiedliche Nervenfaserbahnen im Gehirn verteilt, vor allem in limbischen Zentren wie Amygdala, Hypothalamus, mesolimbischem System, Hippocampus, Basalganglien, orbitofrontalem, cingulärem und insulärem Cortex. Serotonin wirkt dort, aber auch direkt an seinem Entstehungsort, den Raphekernen, auf eine Vielzahl von Rezeptoren ein, die auf ihre Trägerzellen sehr unterschiedliche Wirkungen haben können. Eine Gruppe von Serotonin-Rezeptoren, sogenannte 5-HT-1A-Rezeptoren, sind an der Regulation von Nahrungsaufnahme, Schlaf und Temperatur beteiligt, psychisch bewirken sie eine Dämpfung und Beruhigung und sind wesentlich an der Unterdrückung schädlicher Handlungsimpulse beteiligt. Eine mangelhafte Produktion von Serotonin, eine Beeinträchtigung seiner Wirkung im synaptischen Spalt über eine Fehlfunktion des sogenannten Serotonintransporters sowie eine Aktivierung von 5-HT-2A-Rezeptoren rufen hingegen Schlaflosigkeit, Depression, Ängstlichkeit, Risikoscheu, reaktive Aggression und Impulsivität hervor. Betroffene Menschen interpretieren typischerweise die Welt als bedrohlicher und fühlen sich ständig beunruhigt, was sich – meist bei Männern – in „reaktiver" körperlicher Gewalt äußert („Man muss sich ja schließlich wehren!"), bei Frauen eher in Selbstverletzung und bei beiden Geschlechtern in Depression.

Menschen unterscheiden sich neben ihrer Fähigkeit, mit Belastungen umzugehen, durch den Grad an Zuversicht oder Ängstlichkeit, Ausgeglichenheit oder innerer Unruhe, Frustrationstoleranz und Bedrohtheitsgefühl, und all dies ist wesentlich vom Funktionszustand des serotonergen Systems bestimmt, das eng mit dem Stresssystem und mit Stoffen wie den endogenen Opioiden und dem „Bindungshormon" Oxytocin (s. unten) wechselwirkt. Starker Stress und starke psychische Traumatisierung in früher Kindheit, etwa in Form von körperlicher oder psychischer Misshandlung oder Vernachlässigung und sexuellem Missbrauch, kann zu einer nachhaltigen, z.T. irreversiblen Schädigung des Selbstberuhigungssystems bzw. zu einem Defizit in der Expression des Serotonintransporter-Gens führen (Caspi et al. 2003; Canli und Lesch 2007). Auch die Fähigkeit, die eigenen Gefühle zu erkennen und zu kontrollieren, kann beeinträchtigt sein.

Selbstbewertung und Motivation

Das dritte psychische Grundsystem ist das interne Bewertungs- und Motivationssystem. Dieses System umfasst im Wesentlichen die Aktivität der Amygdala und des mesolimbischen Systems. Beide beurteilen alles, was eine Person erlebt oder tut, nach den Konsequenzen für das eigene Wohlergehen und legen das Resultat dieser Bewertung im emotionalen Gedächtnis nieder. Mit dieser Bewertung verbunden ist das Registrieren positiver und negativer Ereignisse. Ersteres ist mit der Ausschüttung hirneigener Opioide durch Zentren des Hypothalamus verbunden, die auf Rezeptoren im mesolimbischen System einwirken, vornehmlich im Nucleus accumbens, aber auch in der Amygdala und im orbitofrontalen, cingulären und insulären limbischen Cortex. Dies bewirkt ein Gefühl der Belohnung und damit Freude, Vergnügen und Lust. Die Erfahrung negativer Ereignisse geht mit der Ausschüttung von Substanz-P („P" für „pain"), Arginin-Vasopressin und Cholezystokinin sowie hohen Dosen von Cortisol und seinen Vorläufersubstanzen (CRF und ACTH) einher und erzeugt Gefühle der Unlust, des Schmerzes, der Bedrohung bis hin zur Panik. Hiermit eng verbunden sind auch ein Defizit im Serotoninhaushalt sowie eine erhöhte Produktion von Stresshormonen. Diese Positiv-Negativ-Bewertung legt jeweils fest, wie stark eine Person auf Belohnung und auf Bestrafung reagiert. Entsprechend wird diese Person eher belohnungsempfänglich oder bestrafungsempfänglich im Sinne von Jeffrey Gray sein (Gray 1990; vgl. Neyer und Asendorpf 2018).

Dieses Bewertungssystem ist auch die Grundlage des *Motivationssystems*, indem es festlegt, dass Dinge und Handlungen, die zu Belohnung führten, *wiederholt* und Dinge und Handlungen, die zu Bestrafung führten, *vermieden* werden. Die Wiederholungstendenz beruht auf der unbewussten oder bewussten Annahme, dass sich bei Wiederholung einer Handlung erneut die Belohnung einstellt – sie ist also durch die „Belohnungserwartung" getrieben. Im Gehirn wird dies durch das Dopamin-System bewirkt (Schultz 2007; Phillips et al. 2008). Diese drei Systeme bilden die Grundlage dreier weiterer psychischer Grundsysteme, die sich anschließend entwickeln und dem egozentrischen Kern unserer Persönlichkeit einen sozial vermittelten „Mantel" hinzufügen.

Impulskontrolle

Hierzu gehört das Impulskontroll- oder Impulshemmungssystem. Das Verhalten von Säuglingen und Kleinkindern ist in der Regel impulsiv und duldet keinen Belohnungsaufschub („ich will alles, und zwar sofort"). In der Phase des frühkindlichen Trotzverhaltens entwickeln sich (hoffentlich) Impulshemmung und Toleranz gegenüber Belohnungsaufschub bzw. Aufschub bei der Beseitigung negativer Dinge vom zweiten Lebensjahr an bis zum Erwachsenenalter. Verantwortlich ist hierfür auf hirnorganischer Seite das Ausreifen des orbitofrontalen, ventromedialen und anterioren cingulären Cortex als der „oberen limbischen Ebene" (s. oben) und ihrer hemmenden Bahnen zu den subcorticalen limbischen Zentren der unteren und mittleren limbischen Ebene (Hypothalamus, zentrales Höhlengrau, Amygdala, mesolimbisches System), die auf impulsive Reaktionen und unmittelbare Befriedigung egozentrischer Motive ausgelegt sind (Kringelbach et al. 2004). Angetrieben wird dieses System durch das motivationale

Dopamin-System, die Hemmung erfolgt über das Serotonin-System (Cools et al. 2008; Berger et al. 2009; Dayan und Huys 2009). Im unteren und medialen Frontalhirn sind viele Serotonin-Rezeptoren vorhanden, und eine Aktivierung des Frontalhirns über diese Rezeptoren verstärkt die Hemmung der Nervenbahnen auf die genannten subcorticalen limbischen Zentren (über dort vorhandene inhibitorische Neuronen). Dies gilt sowohl für appetitive wie aversive Reaktionen, d.h. den Drang nach sofortiger Belohnung als auch die Tendenz zu sofortiger Flucht, Abwehr oder sofortigem Angriff. Dies erklärt, warum ein Mangel an Serotonin und damit eine Unteraktivität im Frontalhirn sowohl bei Angststörungen und gewalttätigem antisozialem Verhalten als auch bei Erlebnissucht, Spielsucht und hochriskantem Verhalten gehäuft auftritt (Brown et al. 2006; Roth 2021).

Bindung und Empathie

Ein weiteres wichtiges System ist das Bindungs- und Empathiesystem. In seiner primären Stufe als Bindungssystem entwickelt es sich ab den ersten Wochen und Monaten nach der Geburt, wenn der Säugling beginnt, seine Mutter oder eine andere primäre Bezugsperson gezielt anzulächeln und mit ihr zu interagieren (Strauß et al. 2002; Strüber 2016). Hierdurch wird die emotionale Kopplung zwischen Kleinkind und Bezugsperson verstärkt und die Ausdifferenzierung der Gefühlswelt des Säuglings und Kleinkindes vorangetrieben und dabei wesentlich auf die Emotionalität der Mutter geprägt. Es konnte gezeigt werden, dass eine depressive Mutter die negativen Gefühle ihres Kindes einseitig verstärkt. Dadurch wird neben der Weitergabe depressionsfördernder Gene beim Kind eine Tendenz zur Depression auf nicht-genetische Weise gesteigert (Goodman und Gotlib 1999).

Eine wesentliche Rolle bei dieser Bindung spielt das im Hypothalamus produzierte Neuropeptid Oxytocin, das vor der Geburt die Wehen beeinflusst und nach der Geburt den Milchfluss fördert. Bei Säugetieren einschließlich des Menschen tritt es bei Mutter-Kind-Beziehungen und auch bei erwachsenen Paarbeziehungen und Sexualverhalten, aber auch allgemein bei vertrauensvollen sozialen Kontakten als „Bindungshormon" in hohen Dosen auf (Ross und Young 2009; Rilling und Young 2014; Strüber 2015). Verstärkt wird die „bindende" Wirkung von Oxytocin durch die Ausschüttung endogener Opioide und von Serotonin, die das Wohlgefühl bei intensiven sozialen Beziehungen verstärken.

Empathie entwickelt sich offenbar aus dem Bindungssystem und beruht auf zwei Fähigkeiten, nämlich zum einen der Fähigkeit, die Gefühle, Gedanken und Absichten eines Mitmenschen erkennen („lesen") zu können, die man etwas unglücklich auch „Theorie des Geistes" („Theory of Mind"; Förstl 2012) nennt, und zum anderen der Fähigkeit zum „Mitleiden", also Empathie im engeren Sinne.

Das menschliche Empathiesystem umfasst sowohl subcorticale limbische Zentren wie das mesolimbische System und die Amygdala (insbesondere beim Erkennen des Gesichtsausdrucks) als auch corticale limbische Zentren, vor allem den orbitofrontalen, anterioren cingulären und insulären Cortex für die Wahrnehmung des „Schmerzes“ bei Anderen (Singer et al. 2004), sowie Bereiche des Scheitel- und Schläfenlappens, die mit dem Erkennen von Mimik und Gebärden befasst sind. Unglücklicherweise wird dieses corticale System oft als „Spiegelneuronen-System“ bezeichnet in Anlehnung an die bei Makakenaffen entdeckten und dort genauer untersuchten Spiegelneuronen (Rizzolatti und Craighero 2004; Bauer 2005, Rizzolatti und Fabbri-Destro 2008). Die Spiegelneuronen haben bei den Makaken aber nichts mit Empathie oder Imitation zu tun – Makaken zeigen weder das Eine noch das Andere –, und sie liegen auch nicht in einer limbischen Region des Cortex wie beim Menschen, sondern in einer prämotorischen Region (Fecteau et al. 2008).

Realitätssinn und Risikowahrnehmung

Das letzte hier zu nennende psychische Grundsystem ist das System des Realitätssinns und der Risikowahrnehmung. Es entwickelt sich relativ spät, nämlich erst nach dem dritten Lebensjahr, wenn sich die kognitiven Fähigkeiten des Gehirns, insbesondere in Hinblick auf Aufmerksamkeit und Gedächtnisleistungen allmählich entwickeln. Dieses System ist hauptsächlich an den Neurotransmitter und Neuromodulator Acetylcholin gebunden. Acetylcholin wird vornehmlich im basalen Vorderhirn (diagonales Band von Broca, Nucleus basalis Meynert) gebildet. Das basale Vorderhirn beeinflusst massiv die kognitiven Bereiche der Großhirnrinde, besonders das Stirnhirn, sowie den für Lernen und Gedächtnis zentralen Hippocampus (vgl. Kapitel 4). Acetylcholin erhöht die Aufmerksamkeit und Konzentration durch eine Fokussierung neuronaler Aktivität im Arbeitsgedächtnis des Stirnhirns und beim gezielten Abruf von deklarativen Gedächtnisinhalten (Sarter et al. 2005). Eine Störung des basalen Vorderhirns (z.B. bei der Alzheimerschen Altersdemenz) und eine damit verbundene Senkung des Acetylcholinspiegels führen zu mangelnder Konzentration, reduzierten Gedächtnisleistungen bis hin zu Demenz.

Zu diesem System gehört auch die Fähigkeit, Risiken einer bestimmten Situation und mögliche negative Folgen des eigenen Handelns zu erkennen. Hier spielt vornehmlich die Aktivität des dorsalen Anteils des anterioren cingulären Cortex eine Rolle, der mit dem benachbarten dlPFC eine enge Beziehung hat. Man geht heute davon aus, dass der ACC die Risiken „erkennt“ und entsprechende Signale an den präfrontalen (kognitiven) und orbitofrontalen (emotionalen und ethischen) Cortex weiterleitet, woraus dann bestimmte Handlungsstrategien resultieren, z.B. bestimmte riskante Handlungsimpulse zu hemmen (s. oben). Personen mit Defiziten im anterioren cingulären und präfrontalen Cortex können Risiken nicht erkennen, während Personen mit Defiziten im orbitofrontalen Cortex fähig sind, hochriskante Dinge zu tun, auch wenn sie um diese Risiken wissen. Sie besitzen bei normaler oder gar hoher Intelligenz und Rationalität keine genügende Impulshemmung (Anderson et al. 1999; Brown und Braver 2007; Smith et al. 2009).

Ein neurobiologisch inspiriertes Modell der Persönlichkeit

Wir haben gesehen, dass sich von der Grundorganisation des Gehirns her die Persönlichkeit aus einer unteren, mittleren und oberen limbischen Ebene und einer kognitiv-sprachlichen Ebene zusammensetzt. Dabei bestimmen die Eigenschaften der unteren limbischen Ebene unser – überwiegend angeborenes – Temperament, während die mittlere Ebene der Ort der emotionalen Konditionierung ist. Beide Ebenen zusammen konstituieren die überwiegend unbewussten und egozentrierten Anteile unserer Persönlichkeit. Auf der oberen limbischen Ebene vollziehen sich die Prozesse der Sozialisierung, d.h. Bindungsfähigkeit im weiteren Sinne, Empathie, Moral, Ethik und Gewissen. Die kognitiv-sprachliche Ebene schließlich dient der Kommunikation und in diesem Rahmen der Selbstdarstellung vor sich und den Anderen, sie ist auch der Ort der Intelligenz und Handlungsplanung. Während die drei limbischen Ebenen eng miteinander verwoben sind, arbeitet die kognitiv-sprachliche Ebene weithin unabhängig von diesen drei Ebenen.

Die hier vorgestellten psychischen Grundsysteme sind gekennzeichnet durch eine hochkomplexe positive und negative Interaktion von Neurotransmittern, -modulatoren, -peptiden und -hormonen, die ihrerseits jeweils unterschiedliche, z.T. gegensätzliche Wirkungen haben, und zwar je nach Rezeptortyp und Aktivitätsmuster (z.B. phasisch-tonisch), und die schließlich in den unterschiedlichen limbischen und kognitiven Hirnzentren ganz unterschiedlich wirken können.

Beispielhaft können wir nun einen Menschen mit einer *„ausgeglichenen" Persönlichkeit* beschreiben: Ein solcher Mensch erkennt gut Risiken und Gefahrenquellen, regt sich entsprechend auf und wieder ab, hat eine mittlere Frustrationstoleranz, d.h. er überreagiert nicht auf tatsächliche oder potenziell negative Situationen mit Flucht, Abwehr, Panik oder Angriff, ist längerfristig und nicht nur kurzfristig ziel- und belohnungsorientiert und nicht von einem einzigen Ziel „besessen", kann seine kurzfristigen affektiven Impulse kontrollieren, verfügt über ein gutes Bindungspotenzial und über Empathiefähigkeit, ohne seine eigenen Interessen aus dem Auge zu verlieren, ist gesellig und offen für neue Erfahrungen. Diese psychische Ausgeglichenheit wird über ein teils genetisch, teils über Umwelteinflüsse und eigene Erfahrungen bedingte höchst komplexe, aber recht stabile Interaktion vieler Botenstoffe und Hirnzentren bewirkt, die als Gesamtergebnis ein stabiles, sozial ausgewogenes Selbstgefühl und einen hohen Grad an Selbstwirksamkeit liefern.

Der einzige Nachteil eines solchen „normalen" Menschen ist, dass es ihn selten gibt. Viel häufiger ist die Zugehörigkeit zu einem von zwei Grundtypen, nämlich dem *Dy-*

namischen und dem *Stabilen*, die dann jeweils charakteristische Varianten aufweisen. Der Dynamische entspricht weitgehend dem „Extravertierten“ im Big-Five-Modell, während der Stabile nur bedingt dem „Neurotizisten“ entspricht, der dort zudem als negativ bewertet wird, während der stabile Typ in der hier abwandelten Typologie als positiv angesehen wird. Schauen wir uns die beiden Typen aus psychoneuraler Perspektive etwas genauer an.

Der Dynamiker und seine Varianten

Der Dynamiker ist charakterisiert durch ein ausgeprägtes Belohnungsstreben, das mit einem erhöhten Dopaminspiegel und einem Cortisolspiegel einhergeht, der normal oder (leicht oder deutlich) unter-normal ist. Der Dynamiker zeigt viel Unternehmungsgeist, Wagemut und Offenheit für andere Menschen sowie eine erhöhte Bereitschaft zu Veränderung. Die Risikowahrnehmung ist hingegen nicht stark ausgeprägt, das heißt: Er nimmt Risiken bewusst in Kauf, sofern sie nicht zu groß und die Erfolgsaussichten halbwegs realistisch sind. Bei diesem Typ können wir zwei positive Varianten unterscheiden, nämlich den Ehrgeizigen und dem Innovativen. Beim Ehrgeizigen findet sich eine deutlich verringerte Ausschüttung von Cortisol und Oxytocin. Er besitzt einen ausgeprägten Erfolgs- und Leistungswillen bei einer verringerten Bindungstendenz (d.h. er fühlt sich oft eingeengt durch enge Bindungen), läuft jedoch in der negativen Variante Gefahr, sich zu einem Egozentriker, im Berufsleben zu einen Karrieristen, mit geringer Impulshemmung zu entwickeln. Der Ehrgeizige verkündet oft große Ziele, um sich Gefolgschaft zu sichern, und zeigt eine ausgeprägte Rücksichtslosigkeit bei der Durchsetzung seiner Ziele. Er geht dabei oft hohe Risiken ein und hat deutliche Empathiedefizite aufgrund einer mangelhaften Ausbildung des Bindungs- und Impulskontrollsystems.

Der Innovative begeistert sich zwar auch für Neuerungen und ist risikofreudig, denkt aber dabei nicht vorrangig an sein eigenes Vorankommen. Bei ihm finden sich deshalb meist normale oder erhöhte Oxytocinwerte. Er kann aber in der negativen Ausprägung zum Veränderungssüchtigen mit geringer Impulshemmung werden, der immer neue Ideen hat, immer neue Ziele verfolgt, ohne bisherige Projekte zu Ende zu bringen. Beim Veränderungssüchtigen liegt eine Kombination von hoher Handlungsmotivation und defizitärem Belohnungsgefühl vor. Alles wird schnell langweilig, er fühlt sich oft „leer“, während das Neue mit neuer Aufregung – mit dem berühmten „Kick“ lockt. Dies rührt von einem defizitären Belohnungssystem aufgrund einer verringerten Ausschüttung von hirneigenen Opioiden her.

Der Stabile und seine Varianten

Der Stabile zeigt eine generelle Tendenz zur Risikovermeidung, verursacht durch eine leicht erhöhte Cortisolausschüttung und einen leicht abgesenkten Serotoninspiegel. Dies macht ihn generell vorsichtig. Er liebt Ruhe und Ordnung, wägt Möglichkeiten und Risiken sorgfältig ab, lässt Chancen ungenutzt, wenn sie mit höherem Risiko und insbesondere höherer Unsicherheit verbunden sind. Er ist bindungsorientiert, bevorzugt eher dauerhafte soziale Kontakte, wohingegen er tendenziell vor solchen zurückscheut, die mit zu großem Aufwand verbunden sind. Auch hier gibt es zwei positive Untertypen, nämlich den Feinfühligen und den Gewissenhaften. Der Feinfühlige ist durch einen gleichzeitig erhöhten Cortisol- und Oxytocinspiegel und einen leicht abgesenkten Serotonin- und Dopaminspiegel charakterisiert. Er reagiert sozial und mitfühlend-empathisch, kann sich aber in der negativen Variante zum Ängstlich-Unsicheren entwickeln, wenn der Cortisolspiegel weiter steigt und der Serotoninspiegel weiter sinkt. Dann wächst die Abneigung gegen Veränderungen, weil diese mit Unruhe und Risiken verbunden sein können. Der Ängstlich-Unsichere ist bei Belastungen, insbesondere unerwarteter Art, schnell aus dem seelischen Gleichgewicht zu bringen. Auch hat er die Tendenz, überall nach Anzeichen für bevorstehende negative Dinge Ausschau zu halten. In stärkerer Ausprägung kann er zu einem Menschen werden, der von einer diffusen Sorge um sich und die Anderen sowie von ständiger Angst getrieben ist.

Der Gewissenhafte ist durch einen stark erhöhten Cortisolspiegel kombiniert mit einem verringertem Oxytocinspiegel gekennzeichnet. Er liebt den reibungslosen und korrekten Ablauf der Ereignisse des Tages und der Geschäfte, fürchtet jede Art von Störung und Hindernis, hat an sozialen Kontakten wenig Interesse – auch sie stören nur. Gewohnheiten beherrschen sein Leben. Er kann aber auch zum Dogmatiker werden aufgrund einer stark erhöhten Risikowahrnehmung und Bestrafungsempfänglichkeit, er wird pingelig, risikoscheu und Neuerungen gegenüber generell skeptisch eingestellt. Eine solche Person kann sich schließlich zu einem starrsinnigen und rechthaberischen Menschen entwickeln, der nichts mehr akzeptiert, was nicht seinen Gewohnheiten und engen Vorstellungen entspricht.

Bei der hier vorgestellten „Typologie" handelt es sich um eine Vereinfachung, und die genannten Typen sind nicht trennscharf. Sie hat aber gegenüber den „Big Five" den Vorteil, dass sich jeder Typus gut durch eine bestimmte Mischung der für die psychoneuralen Grundsysteme charakteristischen neuronalen Botenstoffe darstellen lässt. Das erhellt nicht nur ihre Entstehung, sondern erlaubt auch bessere (wenn auch keine exakten) Vorhersagen in Bezug auf mögliche negative Entwicklungstendenzen.

Die Entwicklung der Persönlichkeit und des Ich

Die erste Etappe der Entwicklung der Persönlichkeit vollzieht sich im Mutterleib, vor allem während der letzten Wochen der Schwangerschaft. Die Sinnesorgane und primären Sinneszentren des Gehirns sind zu dieser Zeit bereits aufnahmefähig; ebenfalls hat das limbische System als zentrales Bewertungssystem des Gehirns seine Arbeit aufgenommen. Gleichzeitig stehen Körper und Gehirn des Fötus über den Blutkreislauf noch in engster Verbindung mit Körper und Gehirn der Mutter, und mütterliche Botenstoffe beeinflussen das sich entwickelnde fötale Gehirn. Hierüber gelangen auch Informationen über emotional-affektive Zustände der Mutter in das Gehirn des Fötus. Deshalb können sich starke psychische Belastungen der Mutter während der Schwangerschaft sehr ungünstig auf das noch unreife Gehirn und das ebenso unreife Stressverarbeitungssystem des ungeborenen Kindes auswirken (van Goozen et al. 2006). Bekannt ist, dass das ungeborene Kind bereits im Uterus die Stimme seiner Mutter zu erkennen lernt, insbesondere deren emotionale Tönung.

In der Forschung werden folgende Phasen der nachgeburtlichen Persönlichkeits- und Ich-Entwicklung unterschieden (S. Pauen 2000): (1) Die primäre Unterscheidung von Ich und Nicht-Ich über den Körper und die Entwicklung einer körperlichen Perspektive; (2) die Entwicklung des Bewusstseins der Autorschaft der eigenen Handlungen; (3) die Entwicklung des Selbst in der Kommunikation und die Ausbildung zweckgerichteter (intentionaler) Zustände; (4) die Entwicklung des sprachlich-sozialen Ich und (5) die Entwicklung kognitiver Fähigkeiten.

Den Beginn der Ich-Entwicklung beim Kleinkind stellt die Unterscheidung des eigenen Körpers von der belebten und unbelebten Umwelt (körperliches Ich vs. Nicht-Ich) dar. Es bildet sich das aus, was Antonio Damasio „Proto-Selbst" genannt hat. (Damasio 2000). Wahrnehmungen von körpereigenen Zuständen werden anders erfahren als Wahrnehmungen von Dingen und Geschehnissen außerhalb des Körpers. Wenn wir mit unserer Hand einen Gegenstand ergreifen und die Hand gleichzeitig ansehen, dann gibt es eine Parallelität zwischen den Motorkommandos der Großhirnrinde, den somatosensorischen Rückmeldungen der Erregungszustände der Haut, der Muskeln, Sehnen und Gelenke (Propriozeption) und der visuellen Wahrnehmung der Hand, die beim bloßen Anblick eines externen Gegenstandes nicht auftritt. Ganz deutlich wird der Unterschied zwischen Körper und Nicht-Körper, wenn wir – was der Säugling ja ständig tut – uns selbst berühren; dann haben wir nämlich eine zweifache Parallelität zwischen Motorkommandos und *Propriozeption*, was beim Ergreifen eines Gegenstandes nicht der Fall ist.

Für den Säugling sind in den ersten Wochen nach der Geburt Gesichter von Menschen und von Tieren gleichermaßen interessant sind. Mit drei Monaten kommt es aber zu einer deutlichen Bevorzugung menschlicher Gesichter (Pascalis et al. 2002). In diesem Zusammenhang vollzieht sich auch die Unterscheidung des eigenen Gesichts von fremden Gesichtern. Ab dem fünften Monat unterscheiden Kinder eigene und fremde Gliedmaßen. Der eigene Körper wird in seiner Wahrnehmungsperspektive erlebt, er spielt bei Verdeckungen und Drehungen eine besondere Rolle als „Mittelpunkt der Welt". Hieraus ergibt sich ein primäres egozentrisches Weltbild.

Die zweite der oben genannten Entwicklungsphasen besteht in der Wahrnehmung der eigenen Handlungen als Auswahl aus einer Vielfalt von Möglichkeiten. Die Entwicklung zielgerichteter, absichtsvoller (intentionaler) Handlungen beginnt ab dem dritten bis vierten Monat. Dies schließt z.B. das Abschätzen der eigenen Reichweite, das Erkunden der Umgebung und die (wahrscheinlich erst rudimentär bewusste) Wahrnehmung der eigenen Handlungspläne ein (Rochat 1989).

Eine weitere frühe Phase betrifft die Wahrnehmung des Selbst in der Kommunikation. Bereits wenige Stunden nach der Geburt kann es beim Säugling zu Imitationen einfacher Handlungen anderer Personen kommen, etwa des Zunge-Herausstreckens; dies verliert sich allerdings schnell (Meltzoff und Moore 1992; Meltzoff und Gopnik 1993; Tomasello 2002). Es kommt auch zum erstmaligen Fixieren der mütterlichen Augen. Mit zwei bis drei Monaten treten unterschiedliche Lächelreaktionen gegenüber Personen und gegenüber unbelebten Objekten auf (die Unterscheidung zwischen „belebt" und „unbelebt" ist dem Kind wahrscheinlich angeboren). Das Lächeln wird auch als Vorhandensein konkreter Kommunikationserwartungen bereits wenige Wochen nach der Geburt gedeutet.

Mit drei bis vier Monaten zeigt das Kind erstmals situationsgebundene Verhaltenserwartungen, und es folgt der Blickrichtung der Bezugsperson. Es unterscheidet intentionale Bewegungen, z.B. Zeigen und Greifen einer Person, von künstlichen Bewegungen. Es beginnt, sich und anderen Personen Wahrnehmungen, Gedanken und Intentionen zuzuschreiben. Auf dieser Basis beginnt während einer Periode zwischen 9 und 12 Monaten (der Neunmonatsrevolution, wie Tomasello sie nennt) die Ausbildung der Fähigkeit, das, was ein Anderer denkt, bei den eigenen Plänen und Absichten in Rechnung zu stellen und andere Menschen als intentionale Akteure zu verstehen („Theory of Mind"). Dieser Prozess dauert allerdings bis zum Erwachsenenalter an.

Sehr wichtig für die Ich-Entwicklung ist der Zeitpunkt, ab dem sich Kinder im Spiegel erkennen können. Diese Fähigkeit entwickelt sich in folgender Weise: (1) Bevorzugung des Anblicks fremder Personen gegenüber dem eigenen Anblick (0 bis 3 Monate); (2) Erkennen des Zusammenhangs zwischen Eigenbewegung und der Wahrnehmung beim Betrachten der eigenen Person (3 bis 8 Monate); (3) das Bewusstsein, dass die eigene Person auch außerhalb der unmittelbaren Spiegelwahrnehmung eine dauerhafte Existenz hat (8 bis 12 Monate); (4) die Unterscheidung zwischen dem Anblick der eigenen Person und dem anderer Personen aufgrund charakteristischer Merkmale der äußeren Erscheinung (12 bis 15 Monate) und (5) Bestehen des „Rouge-Tests". Hierbei wird dem Kleinkind unbemerkt ein roter Klecks auf die Nase aufgetragen, und es wird überprüft, ob das Kind dem Spiegelbild oder sich selbst den Klecks abzuwischen versucht. Ein Kleinkind tut Letzteres zwischen 15 und 24 Monaten, im Mittel um 18 Monate.

Die vierte Phase, oder besser der vierte Strang der Persönlichkeits- und Ich-Entwicklung, umfasst die Entstehung des sprachlichen Ich (Grimm 1995; Friederici 2017): Die mütterliche Stimme wird bereits im Mutterleib erlernt (s. oben). Schon drei Tage nach der Geburt zeigen Neugeborene bei entsprechenden Tests eine Präferenz für die mütterliche Stimme, und zwar für das verfremdete Klangbild, das diese Stimme für den Fötus hatte. Während der ersten zwei Monate nach der Geburt entwickelt sich die Fähigkeit zum Erfassen der Prosodie, d.h. der Sprachmelodie, etwa im Zusammenhang mit der sogenannten Ammensprache. Zwischen dem vierten und sechsten Monat werden erste Vokale produziert; es wird bereits gut zwischen eigenen und fremden Sprachlauten unterschieden. Die erste Nachahmung mütterlicher Intonationsweisen tritt im Alter von sechs Monaten auf, gelegentlich früher. Ab dem neunten Monat werden erste Konsonanten gebildet, dann setzt das Lall-Stadium mit Zwei-Silben-Lauten (dada, mama usw.) ein. Zwischen dem zehnten und zwölften Monat geschieht die Einengung der Sprachlaute auf die Laute der Muttersprache (Cheour et al. 1998). Zwischen dem achten und dem 20. Monat (im Durchschnitt im Alter von zwölf Monaten) werden erste Wörter gebildet. Ab dem 18. Monat treten erste Objektbezeichnungen auf, ab dem 20. Monat kommen Verben und andere Wörter (Hilfsverben, Präpositionen usw.) hinzu.

Mit 18 Monaten ist die 50-Wörter-Marke erreicht, ab dann beschleunigt sich die Sprachentwicklung. Zwischen dem 18. und 25. Monat beginnt das Kleinkind Wörter zu kombinieren und Zwei-Wort-Sätze zu bilden. Zwischen dem 22. und dem 24. Monat verfügt das Kind über ca. 200 Wörter, und jeden Tag kommen durchschnittlich neun Wörter hinzu. Diese Phase ist durch starkes Eigenlernen und eine schnelle Zuordnung von Wörtern und Bedeutungen charakterisiert, was meist aufgrund von Versuch und Irrtum geschieht. Mit zwei Jahren besteht die Sprache der Kleinkinder aus Zwei- bis Drei-Wort-Sätzen in einem „telegraphischen“ Stil, jedoch in korrekter Reihenfolge; dies wird als Anzeichen für eine bereits vorhandene Grund-Syntax gedeutet.

Gegen Ende des zweiten Lebensjahres kommt es zur Formulierung der Wörter „ich“, „mein“ usw., was nicht bedeutet, dass die Kinder bereits genau wissen, was damit gemeint ist. Im dritten Jahr beginnen Kleinkinder Singular und Plural zu gebrauchen und stellen die berühmten Fragen: „Was ist das?“ bzw. „Warum ist ...?“. Mit zweieinhalb Jahren werden Sätze mit mehreren Phrasen gebildet; dies ist der eigentliche Beginn einer syntaktischen Sprache. Mit vier bis fünf Jahren werden die hauptsächlichen Satzkonstruktionen der Muttersprache beherrscht. Mit acht Jahren ist ein explizites Sprachwissen vorhanden; Kinder korrigieren sich in ihrer Sprache und begründen ihre Fehler.

Zweifellos spielt die Ausbildung einer syntaktischen Sprache für die Ich-Entwicklung eine entscheidende Rolle. Mithilfe der Sprache können Wörter wie „ich“ und „mein“ in Kombination mit Zuständen und Handlungen zu Zentren von Erlebnis- und Gedächtnisassoziationen und damit so etwas wie überdauernde Objekte werden. Vergangenheit und Zukunft werden dadurch ebenfalls sprachlich vermittelbar.

Die kognitive Entwicklung des Kindes beginnt nach neuen Befunden viel eher als zuvor im Anschluss an Piaget angenommen. Die Übertragung von Sinneserfahrungen von einem Sinnesgebiet (Modalität) in ein anderes und die Kategorisierung des Wahrgenommenen tritt bereits ab der vierten Woche auf, bald gefolgt vom Verständnis für einfache Addition und Subtraktion. Mit drei Monaten ist der Säugling fähig, zwischen möglichen und unmöglichen physikalischen Erscheinungen zu unterscheiden (z.B. dass losgelassene Gegenstände zu Boden fallen und nicht etwa aufsteigen). Ab dem zweiten Monat beginnt die Entwicklung des Arbeitsgedächtnisses, das anfangs noch wenig leistungsfähig ist und nur eine Spanne von drei Sekunden umfasst). Dies steigert sich ab dem neunten Monat auf neun Sekunden. Im Zuge der von Michael Tomasello so genannten „Neunmonatsrevolution“ entstehen ein erstes echtes Begreifen der Welt und das Nachvollziehen von Motiven und Aufmerksamkeit Anderer. Vergleichsweise spät, nämlich erst mit vier bis fünf Jahren, entwickelt sich eine verlässliche Unterscheidung zwischen Schein und Wirklichkeit – damit wird die „Traumwelt“ des Kleinkindes verlassen und ein Realitätssinn ausgebildet. Ab dem sechsten Lebensjahr zeigen Kinder die ersten „Vernunftleistungen“ und die ersten deutlichen Anzeichen einer willentlichen Kontrolle ihres zuvor meist impulsiven Verhaltens. Hiermit ist gleichzeitig die Schulreife erreicht.

Mit dem Eintritt in den Kindergarten und spätestens in die Schule beginnt die Phase der außerfamiliären Sozialisation und damit die Entwicklung von Mustern sozialen Handelns wie kooperativer Altruismus (hilfst du mir, helfe ich dir), Tauschen, Kompromisse-Schließen, Kontrolle verbaler und körperlicher Aggression, aber auch Realitätssinn und korrekte Einschätzung der eigenen Kräfte, über die ich bereits im Zusammenhang mit der oberen limbischen Ebene gesprochen habe.

Die Bedeutung frühkindlicher Einflüsse und der Bindungserfahrung

Lange wurde in der Psychologie und Soziologie darüber gestritten, welche Bedeutung die ersten Lebensjahre für die Entwicklung der Persönlichkeit tatsächlich haben. Während einige Psychologen und Pädagogen den frühkindlichen Erfahrungen keine besondere Bedeutung zuschreiben und von einer gleichmäßigen lebenslangen Verformbarkeit des Menschen ausgehen, ist inzwischen die Mehrheit der Überzeugung, dass die ersten drei bis fünf Jahre und in geringerem Maße die Pubertät prägend für das spätere Leben einer Person sind, insbesondere was ihr Temperament angeht (Thomas und Chess 1980; Rothbarth 1989; Strüber 2016).

Fest steht inzwischen, dass traumatische Ereignisse kurz vor, während und nach der Geburt wie etwa Gewalteinwirkung, starke psychische Belastungen und Drogeneinnahme bzw. massiver Alkohol- und Nikotinmissbrauch der Mutter gegen Ende der Schwangerschaft eine hohe Übereinstimmung mit späterem selbstschädigenden Verhalten einschließlich eines erhöhten Selbstmordrisikos des Individuums aufweisen (van Goozen und Fairchild 2006; Tyrka et al. 2009). Dies erklärt sich dadurch, dass das noch sehr unreife und sich schnell entwickelnde Gehirn des Ungeborenen äußerst empfänglich für Umwelteinflüsse ist, die entweder direkt auf den Fötus oder indirekt über das Gehirn der Mutter, das ja mit dem des Fötus eng zusammenhängt, einwirken. Alles, was die Mutter an Schädigungen sich selbst zufügt oder was ihr zugefügt wird, etwa ein traumatisches Erleben vor oder während der Schwangerschaft, beeinflusst ihr Gehirn, und dort werden als Reaktion bestimmte Substanzen wie Cortisol freigesetzt, die dann über die Blutbahn zum Ungeborenen und seinem Gehirn laufen und dort Schaden anrichten können und gleichzeitig prägend wirken. So werden auch die Fähigkeit, Stress zu ertragen, und die Empfindlichkeit für Schmerz im Erwachsenenalter vorgeburtlich und durch die Ereignisse während der Geburt bestimmt. Untersuchungen haben gezeigt, dass die Stresstoleranz des Erwachsenen deutlich erniedrigt und die Schmerzempfindlichkeit deutlich erhöht ist, wenn die Umstände der Geburt für das Neugeborene stark belastend bzw. schmerzvoll waren (Anand und Scalzo 2000).

Seit den bahnbrechenden Untersuchungen des österreichisch-amerikanischen Mediziners und Psychologen René Spitz (1887–1974) wird der frühen Mutter-Kind-Beziehung bzw. der frühkindlichen Bindungserfahrung eine besondere Bedeutung für die Entwicklung der Persönlichkeit eines Menschen zugeschrieben. Spitz erkannte als erster, dass die Art der emotional-nichtverbalen Kommunikation zwischen dem Säugling und seiner Bezugsperson, vornehmlich der leiblichen Mutter, entscheidend für die weitere psychisch-kognitive Entwicklung des Säuglings und Kindes ist (Spitz 1967). Defizite in diesem Bereich können schwere und häufig irreparable psychische Schäden hervorrufen, wie die jüngsten Untersuchungen an russischen und rumänischen Waisenkindern zeigen, die später als zwei Jahre nach der Geburt adoptiert wurden (Gunnar et al. 2007; Marshall 2014). Diese Erkenntnisse aus der Mitte des vorigen Jahrhunderts stießen allerdings anfangs auf Desinteresse und gar Ablehnung.

Ein großer Durchbruch ergab sich erst durch die Arbeiten von John Bowlby und Mary Ainsworth. Der englische Kinderpsychiater John Bowlby (1907–1990) begründete die systematische Erforschung der psychischen Entwicklung des Kleinkindes und thematisierte im Rahmen der Bindungsforschung die grundlegende Bedeutung der Mutter-Kind-Beziehung. Die amerikanische Psychologin und Mitarbeiterin Bowlbys Mary Ainsworth (1913–1999) entwickelte diesen Ansatz weiter, insbesondere durch die Erstellung von Bindungstypen aufgrund einer experimentellen Standardsituation, der sogenannten „fremden Situation“ (Ainsworth 1964; vgl. Strauß et al. 2002): Kinder im Alter zwischen 12 und 18 Monaten betreten zusammen mit ihrer Mutter einen Beobachtungsraum, den sie beide erkunden. Dann betritt eine fremde Frau den Raum und nimmt Kontakt mit beiden auf. Daraufhin verlässt die Mutter den Raum, und die fremde Person bleibt mit dem Kind allein. Schließlich kommt die Mutter zurück („erste Wiedervereinigung"), und die fremde Person geht hinaus. Die Mutter verlässt nun zum zweiten Mal den Raum und lässt das Kind allein zurück. Die fremde Frau betritt wieder den Raum und nach einiger Zeit auch wieder die Mutter („zweite Wiedervereinigung"), und die Fremde geht wieder hinaus. Bei diesem ganzen Vorgang wird das Verhalten des Kindes bei der Trennung von der Mutter und der Wiedervereinigung mit ihr registriert, um festzustellen, wie das Kind den damit verbundenen Stress bewältigt.

Ainsworth hat aufgrund solcher Untersuchungen drei kindliche Bindungstypen ermittelt. Der erste ist der *sicher-gebundene Typ:* Das Kind zeigt seinen Trennungskummer offen, kann aber schnell getröstet werden. Es zeigt eine gute Balance zwischen Nähe zur Mutter (Bindung) und Erkundungsdrang (Exploration der Umgebung). Der zweite Typ ist der *unsicher-vermeidende Typ:* Das Kind zeigt wenig Kummer über die Trennung, konzentriert sich auf das Spielen und vermeidet nach Rückkehr der Mutter eher ihre Nähe. Es zeigt weniger eine Tendenz zur Nähe und eher eine Tendenz zur Exploration. Der dritte Typ ist der *unsicher-ambivalente Typ:* Das Kind weint heftig bei der Trennung und lässt sich bei der Rückkehr der Mutter kaum beruhigen. Es zeigt eher eine Tendenz zur Nähe (Klammern) als zur Exploration. Aufgrund von Untersuchungen von Main und Solomon (1986) kam später noch ein vierter Typ hinzu, der *desorganisiert-desorientierte Bindungstyp.* Diese Kinder können auf die Trennung nicht einheitlich reagieren und zeigen Verhaltensauffälligkeiten wie Bewegungsstereotypien, Erstarren und Angst gegenüber einem Elternteil. Bei ihnen zeigt sich später überdurchschnittlich häufig eine Tendenz zur Psychopathie. In großen Bindungsstudien zeigte sich, das ca. 60% aller untersuchten Kinder dem Typ „sicher-gebunden" angehören, 20% dem Typ „unsicher-vermeidend", 12% dem Typ „ambivalent-unsicher" und der Rest (8%) dem Typ „desorganisiert-desorientiert". Dieser besondere Typ tritt vornehmlich bei Kindern auf, die entweder missbraucht oder misshandelt wurden oder den Verlust eines Elternteils noch nicht verarbeitet haben.

Wichtig für die Frage nach der Persönlichkeit ist der inzwischen vielfach bestätigte Befund, dass der so ermittelte frühkindliche Bindungstyp mit dem erwachsenen Bindungsverhalten eng zusammenhängt, d.h. mit der Weise, wie eine Person kognitiv, emotional und motivational mit den Menschen in ihrer engeren familiären oder beruflichen Umgebung umgeht (vgl. Strauß et al. 2002). Im Rahmen des sogenannten Bindungs-Interviews (Adult Attachment Interview – AAI) ergeben sich bei Erwachsenen folgende Bindungstypen: (1) *Sicher-autonom:* Die Person gibt eine offene, kohärente und konsistente Darstellung ihrer positiven und negativen Bindungserfahrungen. Sie hat leichten Zugang zu diesen Gedächtnisinhalten. (2) *Bindungsdistanziert:* Die Person liefert nur inkohärente und unvollständige Angaben, zeigt Erinnerungslücken, Abwehr schmerzlicher Erinnerungen und liefert meist positive Erinnerungen ohne Details.

(3) *Bindungsverstrickt:* Die Person liefert ausufernde, oft von Ärger durchsetzte Darstellungen, so als ob sie einen bestimmten Konflikt und den damit verbundenen Ärger gerade erst erlebt hätte; sie oszilliert zwischen positiven und negativen Darstellungen und Beurteilungen, ohne sich dessen bewusst zu sein, und zeigt eine allgemeine Verwirrtheit und Vagheit. (4) *Unverarbeitetes Trauma:* Die Person liefert eine konfuse Darstellung, zeigt häufige Erinnerungsverwechslungen und irrationale Darstellungselemente. Dieser letztere Typ entspricht dem kindlichen desorganisiert-desorientierten Bindungstyp und tritt entsprechend vornehmlich bei Personen mit unverarbeiteten Verlust- oder Missbrauchserfahrungen auf.

Wie erwähnt gibt es einen deutlichen Zusammenhang zwischen dem kleinkindlichen und dem erwachsenen Bindungstyp, wobei Letzterer auch die Art und Weise einschließt, wie man sich gegenüber den eigenen Kindern bindungsmäßig verhält. Dies ist besonders wichtig für das in letzter Zeit intensiv diskutierte Phänomen des trans- oder intergenerationellen Transfers von Bindungserfahrungen und anderen frühkindlichen Erfahrungen: Eine Person gibt an ihre eigenen Kinder häufig diejenigen Erfahrungen weiter, die sie selbst frühkindlich erfahren hat. Dies ist insbesondere bei Personen mit psychischen Erkrankungen wie Depression oder schwerer frühkindlicher psychischer Traumatisierung (z.B. bei Überlebenden des Holocaust) der Fall.

Abschlussbemerkung

Ich habe darzustellen versucht, welch kompliziertes Gebilde die menschliche Persönlichkeit aus Sicht der Neurowissenschaften ist. Das macht die Tatsache verständlich, dass viele Psychologen Schwierigkeiten haben, dieses Gebilde richtig zu erfassen. Jeder von uns ist ein höchst individuelles Mosaik verschiedener Merkmale, das die Art, wie wir wahrnehmen, fühlen, denken, erinnern und unsere Handlungen planen und ausführen, festlegt. Es ist in seinem Kern, dem Temperament, schon bei der Geburt deutlich ausgeprägt und in seiner weiteren Ausprägung durch frühkindliche Erfahrungen in größerem Ausmaß veränderbar, verfestigt sich aber mit zunehmendem Alter.

Die Art, wie wir lehren und lernen, wird von unserer Persönlichkeit bestimmt, genauer vom Ausmaß an Neugier und Interesse, Selbstvertrauen und Vertrauen in die eigenen Kräfte, Fähigkeit zur Regulation unserer Gefühle und zur Impulskontrolle, Geduld, Aufmerksamkeit, Fähigkeit zum Vertrauen in Andere, Kooperativität, Realitätssinn gegenüber eigenem Handeln und natürlich von Intelligenz und Motivation.

Der Ort für systematisches Lehren und Lernen ist die Schule

VON GERHARD ROTH

Unser Grundwissen lernen wir in der Familie, im Kindergarten und im Umgang mit unseren Kameraden und Freunden, aber das geschieht meist „implizit“, also nebenbei per Ausprobieren oder Nachahmen und fällt deshalb sehr unterschiedlich aus. Schule bedeutet hingegen, dass gezielt gegen das übliche Vergessen angearbeitet wird.

Dieses „Anarbeiten“ gegen das übliche Vergessen findet beim Wissenserwerb in der traditionellen Schule oder der für die beruflichen Schulen typischen Kombination von Fertigkeits- und Wissenserwerb, also dem „dualen System“, statt, um das uns die Welt beneidet. Der Erwerb von Wissen einerseits und von Fertigkeiten andererseits erfolgt in ziemlich unterschiedlichen Gebieten des Gehirns (obwohl manches dabei überlappt). Schule hat vorwiegend mit dem Wissenserwerb zu tun, der Gegenstand des sogenannten „deklarativen“ Gedächtnisses ist, weil es mit Berichtbarkeit zu tun hat (etwa in Prüfungen). Dabei unterscheiden wir zwischen dem episodischen Gedächtnis als dem „Erlebnisgedächtnis“ und dem semantischen Gedächtnis als dem Wissensgedächtnis im engeren Sinne. Im ersteren Fall ist der Kontext sehr wichtig, in dem gelernt wurde, im zweiten Fall geht es um kontextunabhängige Tatsachen. Die episodische Gedächtnisausbildung bezieht sich meist auf das primäre Geschehen und die Ausbildung des Wissens vollzieht sich dadurch, dass der Kontext allmählich verblasst und unwichtig wird. Es ist deshalb schwierig, sich gleich kontextunabhängige Inhalte zu merken. In diesem Prozess spielt das emotionale Gedächtnis eine große Rolle, denn die emotionalen Erlebniszustände und -kontexte des Lernens spielen eine entscheidende Rolle bei der Gedächtnisausbildung.

Die Ausbildung des deklarativen Gedächtnisses erfolgt innerhalb einer typischen Reihenfolge von zeitlichen Schritten, die auf unterschiedlichen Mechanismen beruhen. Zuerst wird das Arbeitsgedächtnis aktiv, das in seinen verschiedenen Bestandteilen über die Großhirnrinde verstreut ist, und zwar dort, wo hinreichend neue und wichtige und damit bewusst gewordene perzeptive (d.h. die Wahrnehmung betreffende), kognitive und emotionale Inhalte verarbeitet werden. Diese werden im vorderen Arbeitsgedächtnis, lokalisiert im dorsolateralen präfrontalen Cortex, zusammengefügt und in sehr kurzer Zeit zu einem maximal sinnvollen Ganzen zusammengefügt. Dies geschieht unter intensiver Nutzung der in den einzelnen Gedächtnissen niedergelegten Vorerfahrungen, denn das Allermeiste von dem, was wir lernen, erhält seinen Sinn nur über die Anschlussfähigkeit an unsere Vorerfahrung.

Die momentane „Sinnstiftung“ durch das vordere Arbeitsgedächtnis ist deshalb wichtig, weil dadurch die Komplexität der Inhalte reduziert wird und deshalb die Chance, ins Zwischengedächtnis transferiert zu werden. Seit langem ist bekannt, dass Dinge, die formal oder inhaltlich einen Sinn ergeben, viel leichter ins Zwischengedächtnis und dann ins Langzeitgedächtnis gelangen als Dinge, die erst einmal keinen Sinn machen, insbesondere weil sie nicht an das Vorwissen anschlussfähig sind. Deshalb ist beim schulischen Lernen die Herstellung und Überprüfung des Vorwissens der Lernenden unabdingbar.

Ein weiterer für das schulische Lehren und Lernen außerordentlich wichtiger Faktor ist die Begrenztheit des Arbeitsgedächtnisses hinsichtlich seiner Verarbeitungsmenge und Verarbeitungsqualität. Das Arbeitsgedächtnis verbraucht in diesem Zusammenhang für die schnelle Um-Verknüpfung der synaptischen Kontakte zwischen den Nervenzellen extrem viel Stoffwechselenergie und erreicht bald seine Grenzen. Neben der Anschlussfähigkeit des neuen Stoffes ist Aufmerksamkeit deshalb ein wichtiges Instrument zur Effektivitätssteigerung des Arbeitsgedächtnisses. Aufmerksamkeit geht einher mit einer Konzentration der neurophysiologischen Prozesse auf wichtige Inhalte, was allerdings zur Folge hat, dass Energie von der Verarbeitung weniger wichtige Dingen abgezogen wird. Je mehr wir uns auf wenige wichtige Dinge konzentrieren, desto blasser werden die nicht „beaufmerksamten“ Dinge, und wir können sie uns deshalb auch kaum oder gar nicht merken.

Das Arbeitsgedächtnis benötigt nach ca. drei Minuten dringend eine Pause, um erstens die verarbeiteten Inhalte ins Zwischengedächtnis zu schieben und zweitens stoffwechselphysiologisch wieder zu Kräften zu kommen. Werden dem Arbeitsgedächtnis diese Pausen nicht gestattet, so stellt es wegen Überlastung „auf Durchzug“ und lernt nichts mehr. Es ist für den Schulunterricht deshalb unbedingt notwendig, dass das Arbeitsgedächtnis kleine Pausen bekommt, in denen es sich regenerieren kann und das muss beim Lehrervortrag genauso passieren wie bei der Gruppenarbeit und der Einzelarbeit.

Vom Arbeitsgedächtnis laufen die vorsortierten Inhalte in das Zwischengedächtnis, das vom Hippocampus und der ihn umgebenden Rinde, vor allem dem entorhinalen Cortex gebildet werden. Dieser entorhinale Cortex ist der Haupteingang von Informationen aus der Großhirnrinde in den Hippocampus. Parallel dazu treffen im Hippocampus auch direkte Informationen aus den bewussten und unbewussten limbischen Zentren ein, die den emotionalen und motivationalen Kontext der perzeptiven und kognitiven Inhalte liefern.

Hier spielen all diejenigen Faktoren eine wichtige Rolle, die mit den Persönlichkeiten des Lehrenden und des Lernenden verbunden sind, nämlich eine Beziehung, die von Vertrauen, Respekt, Wertschätzung, Offenheit, Hilfsbereitschaft usw. gekennzeichnet ist.

All dies zusammen wird nun in mehreren Schritten über unterschiedliche Mechanismen konsolidiert, d.h. zu kleinen neuronalen „Ensembles“ zusammengefasst. Unterschiedliche Typen von Neuronen dieser Ensembles „feuern“ dann in einem bestimmten „Takt“ (einer Frequenz), was dann zusammen ein sehr komplexes und individuelles Muster an überlagerten Frequenzen ergibt. Dies stellt dann das zumindest vorübergehend stabile „Engramm“ des Gedächtnisses dar. Dieses Muster wird dann während Ruhepausen und während des non-Rem-Schlafes (also der Perioden ohne starke Augenbewegungen) in die Großhirnrinde transferiert und zwar genau an diejenigen Orte, die den perzeptiven, kognitiven oder emotionalen Inhalten des Engramms entsprechen. Dies bildet dann die vielen „Schubladen“ des corticalen Langzeitgedächtnisses, zu denen ständig neue hinzukommen.

Die Aktivität der neuronalen Ensembles, die ein Engramm bilden, wird durch jede neue Erfahrung abgeändert, die inhaltlich das Engramm betrifft, und so schreiben sich die Engramme ständig um. Der wichtigste Faktor für die Konsolidierung ist dann das Wiederholen, und mit jeder Wiederholung erhöht sich die Leichtigkeit des Abrufens. Was nicht wiederholt wird, sinkt hingegen von ganz allein immer tiefer ab und kann mit eigenen Kräften später nicht mehr erinnert werden.

Wir merken uns: Anschlussfähigkeit neuen Wissens an vorhandenes Wissen, Aufmerksamkeit, die Ruhe verlangt, eine „hirngerechte“, also von Erholungspausen durchsetzte Arbeit des Arbeitsgedächtnis, die auf maximale „Sinnstiftung“ des Materials ausgerichtet ist, eine ungestörte Arbeit des Zwischengedächtnisses und der Transfer ins corticale Langzeitgedächtnis, wo dann die weiteren Konsolidierungsprozesse ablaufen. Der wichtigste davon ist die systematische Wiederholung.

Warum Kinder heute so sind, wie sie – oft – sind

VON DR. MICHAEL WINTERHOFF

Bildung dient im humboldtschen Sinne der Entwicklung des Kindes zu einem mündigen Erwachsenen, der für sich selbst entscheiden kann und auch das Gemeinwohl im Auge hat. So weit, so gut – warum das in Deutschland nicht immer klappt, erläutert Dr. Michael Winterhoff, in seinem Buch „Deutschland verdummt" und in einem Beitrag für dieses Buch.

Die Grundlagen der Psychoanalyse belegen, dass das Verhalten eines Kindes maßgeblich nicht von Erziehung bestimmt wird, sondern aus seinem psychischen Entwicklungsalter resultiert. Ein Kind im psychischen Alter von fünf Jahren benimmt sich in einem Restaurant rücksichtsvoll – nicht maßgeblich weil es dazu erzogen wurde, sondern weil es wahrnimmt: Ich bin in einer fremden Umgebung, die Menschen dort möchte ich nicht stören.

Kinder mit drei Jahren führen Aufträge beginnend aus, mit vier Jahren wägen sie sogar ab –so nach dem Motto „mache ich besser, ansonsten gibt es Ärger" – und ab fünf führen sie dann jeden Auftrag aus...und zwar gern. Sobald die Eltern sie loben, strahlen sie. Seit über 35 Jahren arbeite ich nun in meinem Fachgebiet und habe ab etwa 1995 eine Zäsur festgestellt: Bis dahin waren die Kinder mit drei Jahren kindergartenreif, mit sechs Jahre schulreif. Sie waren in der Grundschule lernwillig, wissbegierig – und sie waren auch bereit zum Hausaufgabenmachen: für die Eltern oder für die Lehrerin. Mit 16 Jahren galten sie meistens als ausbildungsreif.

Nach einer Studie der Konrad-Adenauer-Stiftung fehlt heute jedem zweiten Abiturienten die Hochschulreife, vielen fehlen sogar Grundkenntnisse in Deutsch und Mathe. 34 Prozent der Studenten, die als Master oder Bachelor abgeschlossen haben, überstehen die Probezeit in einer Firma nicht. Es fehlen ihnen soziale Fähigkeiten und sie leiden an Selbstüberschätzung. Immer mehr Heranwachsenden fehlen sogenannte Soft Skills wie Arbeitshaltung, Sinn für Pünktlichkeit. Sie sind nicht umsichtig und weitsichtig, übernehmen nicht angemessen Verantwortung für sich oder auch für andere ...

Die Herausbildung dieser Psyche ist ein Reifungsprozess im Gehirn, der vergleichbar wäre mit dem Erlernen einer Sportart, eines Musikinstruments oder einer neuen Sprache. Da es sich bei der emotionalen und sozialen Psyche maßgeblich um zwischenmenschliche Leistungen handelt, kann sie sich entscheidend nur am Gegenüber – den Bezugspersonen – entwickeln. Unser Bildungswesen wurde vor 20 Jahren unter Einfluss der OECD, die für wirtschaftliche Zusammenarbeit zuständig ist, auf den Kopf gestellt. Bildungspolitiker haben vor mehr als 20 Jahren beschlossen, Kinder aufs digitale Zeitalter vorzubereiten. Damit einher ging die Forderung, der Mensch müsse im digitalen Zeitalter mehrere Sachen gleichzeitig tun können. Und daraus entwuchs die Idee, dass die Kinder sich möglichst früh selbst aussuchen können, was sie machen wollen, um so vermeintlich viele Dinge gleichzeitig zu können und besser zu lernen. Es wurde das autonome Lernen eingeführt. Lehrer wurden nicht gefragt, sondern sollten diese Vorstellung einfach von jetzt auf gleich umzusetzen und Eltern wurden nicht informiert.

Die Resultate sind: In vielen Klassen herrscht eine große Unruhe (es gibt Schüler, die Schallschutzkopfhörer tragen müssen, um mal in Ruhe arbeiten zu können), Kinder sind überfordert und nicht wirklich lernbereit, das Anforderungsniveau muss immer weiter runtergeschraubt werden (zuletzt zu merken an der Abschaffung der Verbundschreibschrift und der Rechtschreibung in einigen Bundesländern).

Je kleiner Kinder sind, desto gleichbleibender müssen die Abläufe sein. Umso ähnlicher die Bezugspersonen und deren Reaktionen. Wenn keine klaren Strukturen existieren und Bezugspersonen das Kind nicht mehr anleiten und begleiten, fehlt dem Kind die notwendige Orientierung und der Halt. Eine psychische Reifeentwicklung ist nicht möglich. Tragischerweise ist genau das heute der Fall: So soll der Lehrer nur noch ein Lernbegleiter im Hintergrund sein. Schon im Kindergarten ist die Erzieherin als entscheidendes Gegenüber des Kindes viel weniger wesentlich. Früher kamen in diesen Einrichtungen auf maximal 25 Kinder zwei Bezugspersonen. Die Kinder erlebten den gleichen Raum, die gleichen Inhalte, in der gleichen Gruppe und haben sich an eben diesen zwei Bezugspersonen orientieren können.

Heute haben viele Kindergärten Funktionsräume: einen Toberaum, einen Bastelraum, ein Café. Das müssen Sie sich mal vorstellen: Es gibt Kindergärten, in denen sich das Kind einloggt, um in einen Raum zu gehen. Wechselt es den Raum, das gleiche Spiel. Und wenn die Eltern ihr Kind abholen, heißt es: Schauen Sie auf den Lageplan, dann finden Sie es und können es rausnehmen. Für das Kind fatal. In offenen Konzepten im Kindergarten fehlt heute der/die Erzieher/in als Gegenüber. Auch hier hat ein Kind keine Chance auf Entwicklung. Das setzt sich dann mit der Vorstellung des autonomen Lernens in der Grundschule fort.

Das Problem ist, dass das Kind möglichst alles alleine machen soll. In der Grundschule ist es so, dass sich die Schüler zum Beispiel mit einer Anlauttabelle („A“ wie eine gemalte Ameise) selbst das Lesen oder auch Schreiben beibringen sollen. Eine völlige Überforderung der Kinder sind Schulverträge: Benimmt sich ein Kind daneben, bricht es den Vertrag und hat – wie ein erwachsener Vertragspartner – die Konsequenzen zu tragen. Wir haben in vielen Schulen auch keinen Lehrer mehr, der für Ruhe sorgt, sondern es gilt ein Ampelsystem. Es wäre aber eine emotionale Beziehung zum Lehrer und seine Reaktion entscheidend, um überhaupt zu erfahren, was nun richtig und falsch ist.

Die Eltern sind dauerhaft überreizt und gestresst, ein fortwährender Ausnahmezustand. Die Eltern müssten eigentlich als Bezugspersonen helfen. Das Kind geht bis zum Alter von 15 Jahren für die Eltern in die Schule. Aber: Heute haben viele Eltern gar nicht mehr die Ruhe fürs Helfen. Sie sind vom Stress getaktet, haben wenig Zeit, da oft beide arbeiten gehen. Insgesamt haben sich heute viele Erwachsene, also nicht nur Eltern, verändert. Sie sehen es schon generell im Straßenbild, wie Erwachsene heutzutage überdreht, gehetzt, depressiv herumlaufen. Vor 20 Jahren ruhten sie noch viel mehr in sich, waren klar, abgegrenzt und hatten ein Gespür für Kinder.

Was kann man selbst machen? – Sehr überlegenswert wäre es, am Wochenende die digitalen Geräte auszuschalten. Mindestens einen Tag, noch verträglicher wären zwei Tage, an denen man nicht dauernd erreichbar ist. Sinnvoll wäre, wenn sich die Familie gemeinsam auf einer Wanderung oder auf einer Radtour erlebt. Habe ich als Elternteil ein Handy am Ohr, bin ich zwar körperlich anwesend, aber nicht wirklich im Kontakt. Wenn eine Mutter während des Stillens ihr Handy bedient, dann geht keine Emotion ins Kind. Wenn die Familie am Tisch sitzt und isst, dann wäre es wunderbar, ungestört zu sein – ohne Telefon, TV oder elektronische Geräte. So kommt auch wieder ein Gespräch zustande.

Bei der digitalen Technik werden uns in hoher Geschwindigkeit Informationen übermittelt und Entscheidungen abverlangt – all das ist mehr, als unser Gehirn leisten kann. Dadurch kommt der Mensch in einen Zustand der Reizüberflutung: Als würden wir an einem Samstag in einer übervollen Stadt Weihnachtsgeschenke einkaufen. Außerdem bekommen wir ständig Katastrophenmeldungen aus der ganzen Welt übermittelt, so aufbereitet, als seien wir live dabei. Dadurch besteht die Gefahr, dass unsere Psyche umstellt auf Katastrophenmodus. Somit ist man angstgesteuert.

Wichtig ist dagegen die Wertschätzung fürs Kind: Du bist es wert, dass ich jetzt für dich da bin. Dadurch ergibt sich automatisch die Orientierung fürs Kind. Das ist gut und das ist nicht gut, das machst du richtig, das ist nicht richtig. Und es müssen auf jeden Fall Auszeiten von digitalen Geräten eingelegt werden, auch von den Eltern. Damit auch sie ruhiger werden. Und Papa und Mama müssten eben auch mal privat mit den Kindern Schreiben und Lesen üben. Sich generell Zeit für die Kinder nehmen. Dazu gehört auch, sich bewusst zu machen, wie schön es ist, Kinder zu haben und eine Familie zu sein.

Thesen zur frühkindlichen Erziehung

VON BARBARA MANKE-BOESTEN

Alle Erzieher und Grundschullehrer sind sich einig: Die Kinder haben sich verändert und zwar nicht zum Guten. Auch wenn dies Thema seit Jahrhunderten ist und über die Kinder geklagt wird, so stellen wir doch heute fest, dass es durch die neuen Medien zu einer Veränderung im Verhalten und in der Lernbereitschaft gekommen ist, die sich prinzipiell und grundlegend von den früher festgestellten und beklagten Änderungen unterscheidet. Die Angaben schwanken, aber es ist die Rede davon, dass mehr als 50 Prozent der Kinder nicht schulreif sind.

Das ist dramatisch und veranlasst uns zu den folgenden Überlegungen und Thesen:

1. Alle Kinder kommen freudig und gespannt zur Schule.

2. Alle Kinder fühlen sich wohl im Klassenverband und schätzen ihn sehr.

3. Mehr als 50 Prozent zeigen Auffälligkeiten in der Feinmotorik:
- Stifthaltung
- Schneiden mit der Schere
- Basteln und falten
- Knete, Buntstifte sind unbekannt
- Schleifen können nicht gebunden werden
- Schwierigkeiten beim An- und Ausziehen

4. Ebenso viele Auffälligkeiten gibt es in der Grobmotorik:
- Keine Freude an der Bewegung
- Übungen an den Spielgeräten gelingen nicht
- Seilspringen, Hüpfen unkoordiniert

5. Der aktive und passive Wortschatz ist reduziert.
- Viele Wörter sind nicht bekannt
- Ausdrucksfähigkeit lässt zu wünschen übrig.
- Es können auf präzise Fragen keine präzisen Antworten gegeben werden.
- Arbeitsabläufe und Arbeitsaufträge werden nicht verstanden.
- Analogien verwirren eher als zu helfen
- Teekesselraten ist unbekannt.
- In den Koffer können höchstens 8 Dinge gepackt werden.

6. Keine Anstrengungsbereitschaft, Passivität überwiegt:

- Hilfen können nicht angenommen werden, weil sie nicht verstanden werden.
- Symbole werden nicht erkannt
- Zuhören fällt schwer
- Wenig Interesse an Inhalten
- Die Kinder leben in der „Wegwisch-Gesellschaft“

7. Konzentrationsmängel:

- Unruhe
- Nicht warten können
- Keine Regeln einhalten können
- Respektloses und „freundschaftliches“ Verhalten zu Eltern und Erziehern

8. Sauberkeitserziehung (keine Windel mehr zu brauchen):

- Mangelhaft und zu spät

Was tun?

1. Im Kindergarten Grob- und Feinmotorik trainieren.
2. In der Vorschule Stationen zur Feinmotorik in der Lernzone
3. Verstärkte angeleitete Übungen zur Grobmotorik, zur Bewegung
4. Weiterbildung der Erzieher und Lehrer zum Thema Entwicklungsprozesse der Kinder
5. In der Grundschule in den ersten Wochen bis zu den Herbstferien:

- Übungen zur Feinmotorik
- Mehr Sportstunden zur Verbesserung der Koordination
- Bewegte Pause
- Projekte wie Kochen, Garten, Fühlstationen bauen, vorlesen, stricken, nähen
- Einbeziehung der Eltern: Vorlesen, sprechen, Beispiel Weltwissen

Regeln beachten und sich anstrengen

VON EGON BOESTEN

PISA erschreckt seit dem Jahr 2000 im Dreijahres-Rhythmus die bundesdeutsche Öffentlichkeit. Mit ähnlicher Regelmäßigkeit findet die Ursachenzuschreibung statt: Die soziale Herkunft beeinflusse den schulischen Erfolg. Lange Zeit war es das dreigliedrige Schulsystem, dann wieder vor allem die bessere finanzielle Ausstattung von Gymnasien. Wieder andere fanden Ursachen darin, dass es an Schulen zu viel Frontalunterricht gäbe. Selbstständiges Lernen und eigenständiges Lernen mit dem Lehrer als Lernbegleiter – so lautete viele Jahre die Zauberformel.

Nachdem der neuseeländische Bildungsforscher John Hattie mit seiner Zusammenfassung von 50.000 Untersuchungen weltweit zum Thema Lernerfolg seine Ergebnisse veröffentlicht, weiß man, dass die Gründe für Unterricht mit nachhaltigem Lernerfolg ganz anders liegen: Die Sozialingenieure der Schule, die mit Beistand von OECD und Bertelsmann-Stiftung von „Lernlandschaften" schwärmen, in denen die Kinder im „offenen Unterricht" nur noch „selbstbestimmt individuell" lernen, müssen sich verdutzt die Augen reiben, wenn sie Hattie lesen. Er hält offenen Unterricht schlicht für unwirksam. Und: Kleine Klassen und die finanzielle Ausstattung der Schule haben so gut wie keine Wirkung auf den Lernerfolg der Schüler.

Die Daten Hatties belegen, dass die größten Unterschiede im Lernzuwachs nicht zwischen Schulen oder Schulformen erzielt werden, sondern zwischen einzelnen Klassen. Jeder Schulleiter weiß, dass im Englisch- oder Mathe-Unterricht der Lernvorsprung zwischen einem gut und einem nachlässig geführten Unterricht bis zu einem Schuljahr betragen kann.

Das ist aber nur die halbe Wahrheit. Entscheidend sind nicht nur äußere Rahmenbedingungen und die von Hattie beschriebenen Ursachen, sondern auch und vor allem die Anstrengungsbereitschaft der Schüler und ihre Bereitschaft, sich an die Regeln zu halten. Und da ist jeder einzelne Schüler gefordert.

Grundlagen für erfolgreiches, schulisches Lernen

Grundlagen und Bedingungen für erfolgreiches, schulisches Lernen

VON GERHARD ROTH

Es gibt es eine große Fülle wissenschaftlicher Einsichten in die Grundlagen und Bedingungen erfolgreichen, schulischen Lernens, die auch von der Schulpraxis bestätigt wurden.

Zusammengefasst können wir von folgenden Faktoren ausgehen, die den Lehr- und Lernerfolg nachhaltig beeinflussen:

• Die Persönlichkeit des Lehrenden: Glaubwürdigkeit, Kompetenz und Feinfühligkeit
• Seine Fähigkeit, einen guten Unterricht zu organisieren *(classroom management)*
• Die Persönlichkeit d. Lernenden: Intelligenz, Leistungsbereitschaft, Motivation, Fleiß
• Vorwissen und Anschlussfähigkeit des Stoffes
• Qualität und Strukturiertheit des Unterrichts
• Aufmerksamkeit und Anstrengung
• Wiederholung des Stoffes

Die Bedeutung der Lehrerpersönlichkeit

„Auf den Lehrer kommt es an!", haben wir bei Hattie gehört. Das wussten alle Lehrenden und Lernenden schon lange vorher, aber es ist angesichts der Euphorie um das selbstregulierte und selbstbestimmte Lernen wichtig, dies auch wissenschaftlich und praktisch bestätigt zu bekommen. Die Lehrerpersönlichkeit ist der wichtigste „Globalfaktor", der 30 bis 40 Prozent des Lehr- und Lernerfolges ausmacht. Es handelt sich aber nicht um die 45 Minuten lang dozierende Person, die vornehmlich bestrebt ist, mit dem Stoff durchzukommen, sondern um eine Person, der es gelingt, eine kognitiv wie emotional anregende, an den Fähigkeiten der Lernenden ausgerichtete Unterrichtsatmosphäre zu schaffen. Hierzu gehören Glaubwürdigkeit, Kompetenz aus Sicht der Lernenden und Feinfühligkeit im Umgang mit den Lernenden, aber auch ganz allgemein die Fähigkeit, einen erfolgreichen Unterricht zu organisieren, was Hattie „classroom management" genannt hat (vgl. Dollase 2015).

Glaubwürdigkeit

Lehren und Lernen sind als kommunikative Akte auf *gegenseitiges Vertrauen* ausgelegt. Wir können in den meisten Fällen Mitteilungen einer Person, z.B. eines Lehrers, gar nicht auf ihren Wahrheitsgehalt überprüfen, sondern akzeptieren sie, wenn diese Person vertrauenswürdig und kompetent *wirkt*. Emotionspsychologen und Neuropsychologen haben herausgefunden, dass zu Beginn einer jeden kommunikativen Begegnung die *Vertrauenswürdigkeit* des Gegenübers eingeschätzt wird. Dies ist innerhalb der sozialen Interaktion ein höchst wichtiger Vorgang und geschieht binnen weniger Sekunden, und zwar über eine meist unbewusste Analyse des Gesichtsausdrucks (besonders der Augen- und Mundstellung), der Tönung der Stimme (der sogenannten Prosodie), der Gestik und der Körperhaltung. Dieser „erste Eindruck" sagt allerdings nichts über die fachlichen Fähigkeiten und die Intelligenz der beurteilten Person aus, sondern konstatiert nur, dass die Person *vertrauenswürdig* ist, und dieser Eindruck wirkt langfristig.

Glaubwürdigkeit und Unglaubwürdigkeit werden von Lehrern sprichwörtlich verkörpert. Dies hängt mit der Tatsache zusammen, dass limbische Areale des Gehirns über die Steuerung der Mimik, Gestik, Körperhaltung und Stimmführung die Persönlichkeit eines Menschen verraten. In den ersten Sekunden enthüllt sich dem Gegenüber hierüber die Persönlichkeit einer Person, ohne dass sie dies verhindern kann. Dies ist im Unterricht nicht anders: Die Schüler stellen bei der ersten Begegnung mit dem Lehrenden schnell und teils unbewusst, teils intuitiv fest, ob dieser motiviert ist, seinen Stoff beherrscht und sich mit dem Gesagten identifiziert und damit vertrauenswürdig ist. Wenn ein in vielen Jahren des Lehrerdaseins ermüdeter und enttäuschter Lehrer Wissensinhalte vorträgt, von denen er selbst nicht weiß, ob sie überhaupt noch zutreffen, dann drückt sich dies – ob er will oder nicht – in seiner Mimik, Gestik, Körperhaltung und Stimmführung aus, und dies ist in den Gehirnen der Schüler eine Aufforderung zum Weghören. Umgekehrt kann ein sehr engagierter Lehrer seine Schüler für nahezu jeden beliebigen Stoff begeistern. Der Lehrer ist für den Schüler eine Leitfigur, ein Vorbild. Dies müssen alle Schulreformbemühungen respektieren, und zwar auch diejenigen, die die Eigenaktivitäten der Schüler zu Recht hoch bewerten.

Dasselbe prägende Erlebnis der „ersten Begegnung" gilt natürlich auch für die Lehrenden. Sie entwickeln etwa als Klassenlehrer gleich in den ersten Stunden (manchmal sogar in den ersten Minuten) mit den Kindern größtenteils auf vor- und unbewusste Weise höchst individuelle Grundeinstellungen der Sympathie und Antipathie. Dies wird oft veranlasst durch zufällige Verhaltensweisen der Kinder, wie freundlich-interessiert sie den Lehrer anblicken, aus dem Fenster schauen oder in der Nase bohren, die dann die weitere Interaktion mit den Kindern maßgeblich beeinflussen. Man muss sich deshalb als Lehrender der Bedeutung dieser Vorgänge immer bewusst sein. Viele Lehrer haben bestimmte Schüler von der ersten Begegnung an auf dem „Kieker", ohne dass ihnen dies und die Gründe hierfür bewusst sind. Daran können die Betroffenen auch durch gute Leistungen oft nicht viel ändern. Umgekehrt kommen bestimmte Schüler von Beginn an gut mit bestimmten Lehrern aus und werden von diesen besonders günstig bewertet. Dies erklärt, warum ein Lehrerwechsel einige Schüler plötzlich deutlich besser oder schlechter werden lässt.

Diese Erkenntnisse sind wichtig angesichts der großen Verunsicherung hinsichtlich der Frage vieler Lehrerinnen und Lehrer, was sie denn überhaupt noch in der Schule zu suchen haben, wo nach Meinung vieler Pädagogen und Didaktiker Lernen zum großen Teil selbstorganisiert und selbstgesteuert sein soll. Während Selbstorganisation und Selbststeuerung beim Lernen zweifellos wichtige Ziele sind, bleibt die Rolle des Lehrenden entscheidend für den Lehr- und Lernerfolg – und zwar unabhängig davon, ob er frontal unterrichtet, zu Gruppenarbeit anleitet oder Einzelarbeit überwacht. Seine Kompetenz, Glaubwürdigkeit und Feinfühligkeit schaffen die *Rahmenbedingungen* für den Schulerfolg.

Fachliche Kompetenz

Lernende haben ein feines Gespür dafür, ob eine Lehrperson den Unterrichtsstoff beherrscht, Kompetenzlücken zu überspielen versucht oder aufgrund des Gefühls eigener Unzulänglichkeiten verunsichert ist. Dabei geht es keineswegs um eine höchst wissenschaftliche Darbietung von Inhalten, welche die meisten Schülerinnen und Schüler überfordern würde, sondern um das „Durchdrungen-Haben" des Inhalts auf Seiten des Lehrenden, denn nur so kann dieser mit dem Stoff souverän umgehen und dessen Darbietung in Fülle und Detail dem geistigen Entwicklungsalter der Lernenden allgemein und individuell anpassen.

Es ist deshalb unabdingbar, dass Lehrpersonen eine regelmäßige Schulung in ihren Unterrichtsfächern erhalten. Oft ist das Wissen, das sie sich einmal an den Hochschulen angeeignet haben und das bereits damals in der Regel schon einigermaßen veraltet war, vom Stand der Forschung weit entfernt. Diese Diskrepanz erleben die Schülerinnen und Schüler dann leiderfüllt, wenn sie feststellen müssen, dass dasjenige, was sie bei einem bestimmten Lehrer gelernt haben, überhaupt nicht mehr stimmt. Diese Feststellung hat fatale Auswirkungen auf das Lehrerbild insgesamt.

Feinfühligkeit und Kritikfähigkeit

In der Studie von John Hattie rangiert die vertrauensvolle Beziehung zwischen Lehrenden und Lernenden ganz oben, insbesondere die Fähigkeit des Lehrenden, eine qualifizierte Rückmeldung über Leistungsfortschritte und Wissensmängel an die Schüler zu geben. Es muss aber ebenso gewährleistet sein, dass die Schüler Rückmeldungen – auch kritischer Art – an den Lehrer geben können, und der Lehrer muss in der Lage sein, dies zu ertragen und positiv zu verarbeiten. Wie geschildert, sind Frustrationstoleranz und die Fähigkeit, Kritik zu ertragen, zentrale Bestandteile einer reifen Lehrerpersönlichkeit. Vornehmlich über eine derartige Rückmeldung erfährt der Lehrer, was er im Unterricht falsch gemacht hat.

Hierdurch ist es möglich, eine „pädagogische Allianz" zwischen Lehrenden und Lernenden herzustellen – ähnlich der inzwischen vielgerühmten „therapeutischen Allianz" zwischen Therapeut und Patient in der Psychotherapie (vgl. Roth und Strüber 2019). Dabei geht es darum, ein Klima des *gegenseitigen Respekts* herzustellen. Dies schließt ein, dass der Lehrende in der Lage ist, die individuelle Persönlichkeitsstruktur der Schülerinnen und Schüler, ihre Vorlieben und Abneigungen und natürlich insbesondere ihre Begabungen und Defizite hinreichend zu erfassen. Dazu gehört auch das möglichst frühzeitige Erkennen von Lernschwierigkeiten unterschiedlichster Art, z.B. von kognitiven Defiziten wie Legasthenie und Dyskalkulie, psychischen Störungen wie Depression, ADHS und Autismus und von Verhaltensstörungen wie einer Neigung zu Aggression und Gewalt. Der Lehrende muss gegebenenfalls Eltern, die Schulleitung und Experten (in der Regel Schulpsychologen) kontaktieren oder einen solchen Kontakt anfordern. Er muss auch erkennen können, welche möglichen Ursachen plötzliche Leistungseinbrüche bei Schülerinnen und Schülern haben, z.B. körperliche oder psychische Erkrankungen (Angststörungen, Depression, Phobien), Entwicklungsstörungen, Konflikte innerhalb der Klasse bzw. Schule, familiäre Konflikte oder Notsituationen. Selbstverständlich muss er bei all dem kein ausgebildeter Persönlichkeitspsychologe sein, geschweige denn Psychotherapeut, aber er muss genügend Wissen in dieser Hinsicht besitzen, um festzustellen, was zu tun ist. Ein solches Wissen, während der Ausbildung kompetent vermittelt und in der Fortbildung immer wieder erneuert, hilft außerordentlich, den Lehrer-Stress abzubauen. Daraus folgt, dass regelmäßige Fortbildungen der Lehrenden in den genannten Fähigkeiten unabdingbar sind.

Motivationsfähigkeit

Der Lehrer muss in der Lage sein, seine Schülerinnen und Schüler für die Schule und das Lernen allgemein und speziell für den von ihm zu unterrichtenden Stoff zu motivieren. Dies ist umso nötiger, je bildungsferner die Herkunftsfamilie der jungen Menschen ist. „Bildungsferne" heißt in der Regel ja nicht bzw. nicht nur, dass die Eltern keine hinreichende oder für sie befriedigende Ausbildung genossen haben, sondern dass sie der Ausbildung ihrer Kinder *gleichgültig* oder gar *ablehnend* gegenüberstehen. Schule wird von ihnen – aus welchen Gründen auch immer – meist als etwas Fremdes oder Negatives, Zweck- und Nutzloses erlebt und diese Einstellung geben sie durch abfällige Bemerkungen über die Schule und ein entsprechendes Verhalten an ihre Kinder weiter. Auf diese Weise wird Bildungsferne *kulturell* vererbt. Am meisten haben darunter die Mädchen zu leiden, gerade auch diejenigen, die lernen wollen.

Dies betrifft nicht nur Kinder mit Migrationshintergrund, sondern häufig auch solche aus deutschen Familien, die in problematischen sozialen Verhältnissen leben. Der Lehrer muss unter Einbeziehung der Schulleitung mit den betroffenen Schülerinnen und Schülern und mit den Eltern im Gespräch bleiben. Bei solchen Maßnahmen heißt es: Je früher, desto besser.

Es gibt – so zeigt die Praxis – viele Arten, junge Menschen zu motivieren, von Sport und Musikmachen über Theaterspielen bis hin zu Lesekreisen, die es ihnen überhaupt erst ermöglichen, sich aus den beengenden familiären Verhältnissen zumindest zeitweise zu lösen und neue Kontakte zu knüpfen. Der Spaß an solchen Aktivitäten überträgt sich erfahrungsgemäß dann auch auf das schulische Lernen. Ein feinfühliges Feedback durch den Lehrer ist gerade bei sehr bescheidenen Lernleistungen wichtig.

Der erste Schritt zur Motivation der Lernenden ist das *Wecken des Interesses* am Stoff. Dies setzt die *Anschlussfähigkeit der Inhalte* an die Lebenswelt und an die *Vorerfahrung der Lernenden* voraus (s. unten). Der Lernende lernt, weil er dem Lehrenden vertraut und sich von ihm begeistern lässt, und weil ihm der Stoff „etwas sagt". Eine anfänglich wichtige Motivation ist auch der Vergleich mit den Leistungen der Mitschülerinnen und Mitschüler – also das Streben, besser zu sein als die anderen (Fremdorientierung, *extrinsische Motivation*). Es muss allerdings darauf geachtet werden, dass zum einen die Lernenden zunehmend eine *intrinsische* Motivation über die Freude am Lernen und Wissenserwerb entwickeln und zum anderen sich am eigenen Lernfortschritt orientieren *(Selbstorientierung)*. Hierzu gehört auch, dass die Lernenden vom Lehrenden zunehmend dazu gebracht werden, zumindest in Teilen *selbstreguliert* zu lernen.

Die Bedeutung der Schülerpersönlichkeit

Auf Seiten der Schülerinnen und Schüler sind an Persönlichkeitseigenschaften für das schulische Lernen kognitive Offenheit und Neugier, Gewissenhaftigkeit, Verträglichkeit und gute Impulskontrolle, geringe Angst vor dem Neuen und ein gutes Maß an *sozialer Offenheit* wichtig. Diese Merkmale haben wie dargestellt mit einer guten Stressverarbeitung und Selbstberuhigung, einer ausgeprägten Bindungsfähigkeit zu tun, mit einer hohen Motivierbarkeit und der Fähigkeit, Gegebenheiten und Herausforderungen realistisch zu erkennen und Risiken abzuschätzen. Sie befördern das Zutrauen zu sich selber und zu den eigenen Kräften, und zwar ohne deren Überschätzung und ohne große Angst vor dem Versagen. Die Entwicklung dieser Merkmale benötigt auch in der Schule eine Unterstützung durch den Lehrer.

Dass eine Schülerin oder ein Schüler derartige Persönlichkeitsmerkmale aufweist, ist – wie dargestellt – ganz wesentlich von den psychosozialen Verhältnissen seiner Herkunftsfamilie abhängig, insbesondere in den frühkindlichen Jahren. Dies ist keineswegs zu bedauern, wie dies in der Öffentlichkeit häufig geschieht, sondern ist ein Wesensmerkmal der Entwicklung der menschlichen Persönlichkeit. Zutiefst zu bedauern ist vielmehr der Umstand, dass diese Verhältnisse bei mindestens zehn Prozent aller Familien in Deutschland negativ sind und sich meist sehr nachteilig auf den Lern- und Schulerfolg auswirken, wie bisher jede PISA-Studie gezeigt hat. Wie man dieses Elend beseitigen kann, ist freilich ein Problem, das nur zum geringsten Teil der Schule aufgebürdet werden kann, auch wenn dies leider häufig geschieht. Was die Gesellschaft zur Sicherung einer gesunden vorgeburtlichen und früh-nachgeburtlichen Entwicklung der Kinder tun kann, ist inzwischen bekannt (vgl. Cierpka et al. 2010; Strüber 2019), aber leider wird dieses Wissen bisher nur unzureichend in die Praxis umgesetzt.

Zielorientierung und Selbstmotivation

Ein wichtiger Bestandteil erfolgreichen schulischen Lernens ist eine klare Zielorientierung des Lernenden. Dies beinhaltet das Vergegenwärtigen des Ziels und der damit verbundenen Rahmenbedingungen (Höhe und Auftrittswahrscheinlichkeit der erwarteten Belohnung, Aufwand, widrige Umstände usw. – „Lohnt sich das alles?"), die Fähigkeit zur Abwehr konkurrierender Ziele (z.B. einer Party mit den Freunden, Fußball), eine realistische Einschätzung der eigenen Fähigkeiten und Fertigkeiten („Kann ich das überhaupt schaffen?") und Ausdauer.

Hierzu gehört die Fähigkeit, sich selbst zu motivieren. Dies kann durchaus aufgrund externer Belohnungsaussichten geschehen, d.h., wenn eine materielle Belohnung (Geld für gute Noten) oder Anerkennung durch die Eltern, die Peers bzw. die Freundin oder den Freund winken. Diese verlieren allerdings schnell ihren Reiz. Die einzige Motivation, die nicht „in Sättigung" geht, ist die intrinsische Belohnung in Form des Vergnügens am Lernen, am Wissenserwerb, an der Steigerung eigener Fähigkeiten und Fertigkeiten und – nicht zuletzt – in Form des Gefühls, besser zu sein als die anderen.

Anstrengungsbereitschaft, Ausdauer und Fleiß

Anstrengungsbereitschaft, Ausdauer und Fleiß sind weitere wichtige lernfördernde Eigenschaften der Lernenden. Es wird oft in der Öffentlichkeit festgestellt, dass beides in den deutschen Schulen immer mehr nachlasse (was sein kann, aber nicht bewiesen ist). Gleichzeitig wird aber in vielen Büchern und Schulen ein „anstrengungsfreier Unterricht" bzw. ein „spielerisches Lernen" propagiert. Das aber kann ein großer Fehler sein, denn ein leichter, anregender Stress ist in Form von *Herausforderung* generell lernfördernd, wie es auch die neuesten Ergebnisse der neurowissenschaftlichen Forschung zeigen. In den Augen der Neurobiologen und Lernpsychologen ist es deshalb nachteilig, wenn die Lernsituation zu entspannt und „kuschelig" ist und der Unterricht ohne jegliche Anstrengung auf niedrigstem Niveau passiert. Insbesondere wird dabei das Aufmerksamkeitssystem nicht genügend aktiviert. Zudem hängt der Behaltenserfolg eines Inhalts mehr oder weniger direkt von der Anstrengung ab, die das Gehirn für den Erwerb aufgewandt hat. Hier gilt der Grundsatz: Was mich keine Anstrengung gekostet hat, das behalte ich auch nicht!

Starker Stress hingegen, verbunden mit Versagensangst und dem Gefühl der Bedrohung durch die Lehrenden, führt zu starker Hemmung des Lernerfolges. Freilich bringt nur eine Minderheit der Lernenden eine hohe Leistungsbereitschaft von der Familie in die Schule mit. Mehr denn je ist es also die Aufgabe der Lehrenden, die Lernenden bei der Ausbildung bzw. Weiterentwicklung der genannten Persönlichkeitseigenschaften zu helfen. Dies setzt natürlich beim Lehrenden genau diejenigen Persönlichkeitseigenschaften voraus, die weiter oben genannt wurden, insbesondere Feinfühligkeit. So gehört es deshalb zur hohen Kunst des Lehrenden, bei jedem Lernenden das individuelle Höchstmaß an Anforderungen ohne Überforderung zu finden.

Anstrengungsbereitschaft und Fleiß sind zwei Persönlichkeitseigenschaften, die unter deutschen Schülerinnen und Schülern je nach Geschlecht sehr unterschiedlich verteilt sind. Während Fleiß unter den Schülerinnen in der Regel zumindest geduldet wird („Lass sie doch, wenn sie es nötig hat!"), gilt er unter den Schülern weithin als „uncool", weil er vermeintlich Ausdruck von „Anschleimerei" und „Strebertum" ist. Häufig müssen fleißige Schüler ihren Arbeitseifer sorgfältig vor ihren Kameraden verbergen. Oft brüsten sich Schüler sogar damit, „nichts zu tun" und entsprechend schlechte Noten zu haben, weil sie (so der Originalwortlaut) „es den Lehrern gezeigt" haben. Eine solche tatsächlich weit verbreitete Haltung führt inzwischen dazu, dass Jungen im Durchschnitt deutlich schlechtere Schul- bzw. Abiturnoten haben – mit allen negativen Konsequenzen für den weiteren Ausbildungs- und Berufserfolg.

Woher diese Haltung kommt, die in anderen Ländern wie Großbritannien, den USA und vornehmlich in den asiatischen Ländern nicht bzw. nicht in diesem Maße anzutreffen ist, bleibt vorerst unklar. Hier ist die deutsche Lehrerschaft in besonderem Maße gefordert, ihren Schülern Anstrengungsbereitschaft und Fleiß als unabdingbare Voraussetzungen für den Lernerfolg klarzumachen.

„Hirngerechter" Unterricht

Die Schule muss neben dem Bildungsauftrag das Ziel verfolgen, Wissen und Fähigkeiten bzw. Fertigkeiten so zu vermitteln, dass diese Inhalte möglichst langfristig im Gedächtnis der Schüler hängenbleiben. Mit welchen Mitteln dieses Ziel zu erreichen ist, darüber gibt es gegenwärtig sehr unterschiedliche Vorstellungen und zum Teil erbitterte Auseinandersetzungen.

Wie wir gehört haben, betonen die Einen nach wie vor traditionelle *lehrerzentrierte* Unterrichtsmethoden wie den Frontalunterricht, eine klare Strukturierung des Stoffes, Aufmerksamkeit, Fleiß, Hausaufgaben, Prüfungen und Noten. Neue Erhebungen zeigen, dass der Frontalunterricht in Deutschland immer noch (aber in schwindendem Maße) die bevorzugte Unterrichtsform ist. Andere sehen im *selbstregulierten* und *selbstorganisiert-selbstbestimmten* Lernen das Allheilmittel, bei dem im Extrem die Lehrer nur noch darauf zu achten haben, dass es im Unterricht halbwegs gesittet zugeht. Solche kontroversen Auffassungen von Schule und Unterricht führen natürlich zu einer tiefen Verunsicherung der Lehrer hinsichtlich ihrer eigenen Rolle.

Eigentlich sind derartige Kontroversen erstaunlich, da es inzwischen empirisch gut abgesicherte Erkenntnisse hinsichtlich der Frage gibt, wie dasjenige Wissen, welches in der Schule erworben werden soll, am besten vermittelt wird, so dass es sich langfristig im Gedächtnis verankert. Die Hattie-Studie ebenso wie vergleichbare Studien der jüngeren Zeit haben bekräftigt, was gute Lehrer immer schon wussten und praktizierten und gute Didaktiker und Pädagogen immer schon propagierten, nämlich dass es *keine* optimale singuläre Unterrichtsform gibt, sondern dass ein Methoden-Mix die beste Art „hirngerechten" Unterrichts darstellt, bei dem allerdings der Vertrauenswürdigkeit, Kompetenz und Feinfühligkeit im Verhältnis zu den Lernenden eine zentrale Rolle zukommt (vgl. Meyer 2004; Jank und Meyer 2009; De Florio-Hansen 2014).

Aus neurobiologischer und lernpsychologischer Sicht besteht die größte Herausforderung des Unterrichts darin, dasjenige, was vom Lehrenden vorgetragen bzw. in Gruppen- und Einzelarbeit kurzfristig angeeignet wurde, im Kurzzeit- und Arbeitsgedächtnis bedeutungshaft aufzuarbeiten und möglichst viel davon ins Zwischengedächtnis zu „transportieren" und schließlich im Langzeitgedächtnis so zu verankern, dass es leicht abrufbar ist.

Die Bedeutung des Arbeitsgedächtnisses

Das *Kurzzeit- bzw. Arbeitsgedächtnis* bildet den Eingang in das Gedächtnissystem. Es ist zuständig für kurzfristige Verarbeitung von Sinnesinformationen, z.B. wenn wir etwas hören oder lesen, und von aktuell abgerufenen Inhalten des Gedächtnisses, wenn uns etwas gerade einfällt, oder wenn wir einen Gedanken verfolgen. Es ist deshalb auch weitgehend identisch mit unserem *Aktualbewusstsein*, also mit dem Erleben dessen, was gerade passiert. Das Kurzzeit- bzw. Arbeitsgedächtnis hat die schwierige Aufgabe, die aktuellen Inhalte, zum Beispiel was der Lehrer gerade erzählt oder was ich gerade lese, zu einem möglichst sinnvollen Ganzen zu erkennen, z.B. in Zusammenarbeit mit den Sprachzentren (Wernicke- und Broca-Sprachzentrum) aus gehörten Wörtern mithilfe von sprachlichen Vorerfahrungen einen bedeutungsvollen Satz zu machen. Dazu muss es zu den aktuellen Inhalten jeweils das passende Vorwissen aus dem Langzeitgedächtnis aufrufen. Ansonsten wäre ein Verstehen nicht möglich, denn Verstehen neuer Inhalte heißt, sie in einen sinnvollen Zusammenhang mit bereits vorhandenen Wissensanteilen zu bringen.

Für das Gehirn ist dies sowohl stoffwechselphysiologisch wie hinsichtlich des Erfassens der Bedeutung (als semantisch) sehr aufwändig, und gleichzeitig (oder gerade deshalb) ist die Verarbeitungs- und Speicherkapazität des Arbeitsgedächtnisses notorisch gering. Aus diesem Grund ist es für uns so schwierig, länger als für wenige Minuten eine komplizierte Sache, z.B. die Ausführungen des Lehrers, zu verfolgen. Zugleich gilt, dass nur das, was im Arbeitsgedächtnis *strukturiert* und *sinnhaft* verarbeitet wurde, gute Chancen hat, über das Zwischengedächtnis im Langzeitgedächtnis nachhaltig verankert zu werden. Was dort nicht sinnhaft verarbeitet wurde, wird im Allgemeinen nicht weitergeleitet und verschwindet unabgespeichert. Deshalb bildet das Arbeitsgedächtnis den kritischen „Flaschenhals" für die Aufnahme und primäre Verarbeitung von Wissen.

Ohne besondere Unterstützungsmaßnahmen findet beim Übergang vom Arbeitsgedächtnis in das intermediäre Gedächtnis und schließlich in das Langzeitgedächtnis ein *starker Informationsverlust* statt, d.h. man vergisst unter normalen Umständen das soeben Erlebte in seinen ganzen Details sofort, und es kommen nur Bruchteile der ursprünglichen Information im Langzeitgedächtnis an. Noch weniger Inhalte schaffen es, sich dort dauerhaft zu verankern, es sei denn, bestimmte Faktoren, die im Folgenden besprochen werden, treten in Aktion.

Diese starke Reduktion ist im Alltagsleben höchst sinnvoll, denn es schützt das Gehirn davor, die zahlreichen unwichtigen Dinge zu verarbeiten und abzuspeichern. In der Schule hingegen, wo es ja um gezielte Vermittlung bedeutsamer Dinge geht, ist dieser Umstand sehr nachteilig und muss deshalb in Grenzen gehalten werden. Dies geschieht im Wesentlichen durch Aufmerksamkeit und Konzentration, durch Anbindung an das Vorwissen und durch Wiederholung.

Aufmerksamkeit und Konzentration

Aufmerksamkeit bzw. Konzentration bestimmen nachhaltig das Ausmaß der Verarbeitung und Konsolidierung von Lerninhalten. Hört der Lernende einer Mitteilung nicht genau zu oder konzentriert er sich nicht beim Lesen, dann bleibt kaum etwas hängen. Deshalb sagt der Lehrende mit Recht: „Hört genau zu, sonst kapiert ihr es nicht!“

Neurobiologisch gesehen verstärken sich bei intern geleiteter Aufmerksamkeit die Arbeitsweisen derjenigen Hirnzentren, die *neue* und zugleich *wichtige*, nämlich belohnungsversprechende Dinge verarbeiten. Dadurch werden sowohl die sensorische Auflösung als auch die Kapazität der Informationsverarbeitung der beteiligten Nervenzellverbände gesteigert, d.h. die Informationen werden detailreicher verarbeitet, und zwar umso mehr, je stärker man sich konzentriert. Allerdings ist das Ausmaß dieser Erhöhung dadurch begrenzt, dass sich das „Quantum“ der Aufmerksamkeit zu einer gegebenen Zeit entweder auf wenige Inhalte oder gar nur einen Inhalt konzentriert oder sich flach auf viele Inhalte verteilt.

Daraus folgt, dass das Aufmerksamkeitssystem umso stärker beansprucht wird und umso eher „Luft holen“ muss, je *neuer* und *schwieriger* der gehörte, gelesene oder erarbeitete Stoff ist, d.h. der Aufmerksamkeitsvorrat ist schnell erschöpft und muss wieder nachgefüllt werden. Der Lehrende muss entsprechend den Stoff in „Spannungsbögen“ von wenigen Minuten präsentieren und Unterbrechungen in Form von Beispielen, einer kurzen Zusammenfassung, lustigen Bemerkungen usw. liefern, um zu vermeiden, dass die Lernenden in ihrer Aufnahmefähigkeit überfordert werden und „aussteigen“, also weghören bzw. wegsehen. Natürlich sind die individuellen Unterschiede der Aufmerksamkeits- und damit Aufnahmefähigkeit enorm, was stark mit der allgemeinen Intelligenz korreliert. Intelligente können in gegebener Zeit scheinbar mehr aufnehmen, da sie das Gehörte oder Gesehene unbewusst oder intuitiv besser „verpacken".

Die Lehrenden müssen deshalb bei der Unterrichtsgestaltung die quantitative Begrenztheit des Arbeitsgedächtnisses der Lernenden bedenken! Unter anderem zielt hierauf die Aufforderung, der Lehrende solle den Unterricht mit den Augen der Lernenden betrachten. Leider wird hiergegen oft verstoßen, und zwar erstens aus dem Bestreben, in einer Stunde mit dem Stoff „durchzukommen", und zweitens aufgrund der Vertrautheit des Lehrenden mit dem Stoff. Je vertrauter ein Stoff ist, desto weniger geistigen Aufwand muss er beim Befassen mit ihm treiben. Dem Lehrenden ist (hoffentlich) alles „sonnenklar", die Zusammenhänge liegen auf der Hand, während für den Lernenden das Meiste neu und ungewohnt ist und Zusammenhänge erst mühsam hergestellt werden müssen. Der gute Lehrende stellt sich auch hier konsequent auf den Standpunkt des Lernenden, dem das alles recht unvertraut ist, und der oft Mühe hat, dem Lehrenden zu folgen. Je größer diese Verständnisschwierigkeiten sind, desto weniger bleibt vom Gehörten oder Gelesenen hängen.

Anschlussfähigkeit des Stoffes

Ein neuer Stoff wird umso nachhaltiger im Langzeitgedächtnis verankert und umso leichter erinnert, je besser er sich an das bereits vorhandene Wissen anschließt. In dem vorgestellten Modell der „magischen Kommode" heißt es, dass der Inhalt „Arme" besitzt, mit denen er sich möglichst an der Oberfläche des Gedächtnisses an möglichst viele bereits vorhandene Inhalte anklammern kann und so nicht tief absinkt. Deshalb kann er auch leichter wieder abgerufen, also erinnert werden. Ebenso gilt das Umgekehrte: Dasjenige, was nicht an vorhandenes Wissen anschließen kann, wird nur schwer gelernt, denn es macht erst einmal „keinen Sinn" und kann sich nicht mit vorhandenem Wissen verbinden. Dies gilt etwa für den Erwerb von Grundkenntnissen, z.B. der ersten Vokabeln beim Fremdsprachenlernen, was oft sehr schwer fällt. Hier hilft oft nur Auswendiglernen, ehe ein genügend dicker „Bodensatz" an anschlussfähigem Wissen vorhanden ist. Bildlich gesprochen fällt der nicht anschlussfähige Wissensinhalt durch die Netzwerke des Langzeitgedächtnisses hindurch und sammelt sich schwer hervorholbar „am Boden" an.

Dies bedeutet für den Unterricht, dass vor jeder Vermittlung neuen Stoffes die Anschlussfähigkeit überprüft werden muss, und zwar in zweierlei Hinsicht. Erstens geht es um die Frage, ob der im Lehrervortrag, in der Gruppenarbeit oder in der Einzelarbeit zu vermittelnde Inhalt überhaupt an das „Weltwissen" der Lernenden anschlussfähig ist. Das ist inzwischen überhaupt nicht trivial, wenn man bedenkt, dass der ethnisch-kulturelle Hintergrund der Kinder in vielen Schulen Deutschlands (und vielen ausländischen Schulen) stark variiert.

Zum Zweiten geht es um eine *sorgfältige Überprüfung des Vorwissens,* also des aktuellen Wissensstandes der Schüler, dringend notwendig ist. Ist nicht genügend Vorwissen vorhanden (z.B. wenn die Mehrzahl der Schülerinnen und Schüler den Stoff der vorigen Stunde nicht kapiert hat), mit dem sich der neue Stoff gut verbinden lässt, so ist der anschließende Behaltensgrad des neuen Stoffes gering. Der Lehrer muss in einem solchen Fall erneut und geduldig versuchen, den Stoff zu vermitteln.

Auch hier wird im Willen der Lehrenden, unter dem Druck der Lehrpläne schnell zur Sache zu kommen, sträflich gesündigt. Jeder Lehrende muss deshalb den jeweiligen Wissensstand des einzelnen Schülers feststellen, und er muss den neuen Stoff diesem Stand anpassen. Das ist mühsam, insbesondere bei vorhandenen Begabungsunterschieden in einer Klasse, aber unerlässlich. In der Praxis werden oft von den Lehrern nach deren eigenen Bekundungen zwei Drittel der Schüler „abgeschrieben", und man ist froh, wenn ein Drittel dem Unterricht gut folgen kann. Ein solches Vorgehen wäre, wenn es denn zuträfe, für den Wirkungsgrad schulischer Bildung katastrophal.

Wiederholung

Wiederholung ist das A und O des Lernens. Mit Ausnahme stark emotionaler Geschehnisse, die meist ungesteuert ins Gedächtnis eindringen, wird nichts mit einem Mal oder auch nur mit zwei Malen gelernt. Das Langzeitgedächtnis ist dynamisch und schreibt sich langsam aber stetig um. Dabei werden Dinge, die nicht erneut erlebt oder vermittelt werden, zunehmend komprimiert und entziehen sich immer weiter dem Erinnerungszugriff, bis sie ohne besondere Zugriffshilfen nicht mehr oder nur noch sehr grob erinnert werden können.

Die Lernforschung hat gezeigt, dass das mehrfach wiederholende, „rhythmisierende" Lernen gegenüber dem massierten Lernen eine starke Überlegenheit aufweist (bei Hattie mit einer Effektstärke von 0,71). In der Praxis bedeutet dies, dass Wiederholungen für das Lernen sehr wichtig sind. Aus neurobiologischer und lernpsychologischer Sicht ist dies sehr verständlich, denn bei jeder Wiederholung wird der genannte Kompressionsprozess im Langzeitgedächtnis unterbrochen, und die Inhalte bleiben dadurch an der Gedächtnisoberfläche und zugriffsnah. Besonders effektiv sind Wiederholungen eines bestimmten Inhalts in *unterschiedlichen Kontexten* und in unterschiedlicher Vermittlungs- bzw. Aneignungsform, denn hier wird die Verknüpfung mit anderen Inhalten verstärkt, was – wie erwähnt – das Erinnern stark erleichtert. Daher ist ein *fächerübergreifender Unterricht*, der sich mit einer zentralen Thematik befasst, für die Verankerung im Langzeitgedächtnis außerordentlich nützlich.

Lernpsychologische Untersuchungen zeigen auch, dass im Vergleich zu bloßem nochmaligem Wiederholen des Stoffes durch den Lehrer das *aktive Erinnern* und *Wiederholen* des Stoffes durch den Schüler für die Konsolidierung besonders wirksam ist

(Karpicke und Roediger 2008). Statt eines stereotypen Abfragens des Stoffes soll der Schüler sich möglichst intensiv an den Stoff erinnern. Die Forscher vermuten, dass dadurch die spezifischen Inhalte des Langzeitgedächtnisses reorganisiert werden und der Zugriff dadurch erleichtert wird. Es empfiehlt sich, solche Überprüfungen in zunehmenden Zeitintervallen durchzuführen, z.B. nach einem Tag, nach vier Wochen, nach vier Monaten. Dies begünstigt die Konsolidierung außerordentlich.

Der Methoden-Mix

Die deutsche Schulpraxis – von bemerkenswerten Ausnahmen abgesehen – ist seit Jahrhunderten durch einen *lehrerzentrierten* Unterricht geprägt, wie dies auch heute noch im Rahmen der konfuzianischen Pädagogik in den asiatischen Ländern üblich ist. Auch heute ist er in Deutschland immer noch die am meisten verbreitete Unterrichtsform. Demgegenüber wird vehement ein „schülerzentrierter" Unterricht propagiert. Freilich steht einer solchen Sichtweise die zentrale Aussage der Hattie-Studie entgegen, dass einer der wichtigsten Faktoren für den Lernerfolg die Strukturierung des Unterrichts durch den Lehrenden ist. Auch hochbegabte Schülerinnen und Schüler bzw. Studierende gehen oft in die Irre, wenn sie sich Wissen ohne Anleitung und Rückmeldung anzueignen versuchen. Trotz der Tatsache, dass ein „selbstregulierter", „selbstverantwortlicher" oder „selbstorganisierter" Unterricht als alleinige Unterrichtsform von vielen selbsternannten Schulexperten als Allheilmittel angepriesen wird und man auch in manchen Bundesländern auf diese Karte setzt, gibt es keinerlei empirische Beweise hierfür, aber viele dagegen.

Diese Situation sollte aber keineswegs als Aufforderung zum rein lehrerzentrierten Unterricht verstanden werden. Vielmehr deuten vorliegende Untersuchungsergebnisse darauf hin, dass eine *Mischung* von lehrerzentriertem Unterricht, Gruppen- bzw. Tandemarbeit und Einzelarbeit besonders günstig ist – also ein „Methoden-Mix", wie er nachdrücklich vom bekannten Didaktiker Hilbert Meyer propagiert wird (Meyer 2004, 2007; s. auch Dollase, 2015).

Viele Studien unterstreichen die große Bedeutung der „direkten Instruktion", sprich des *Lehrervortrags*. Dieser ist besonders geeignet, in neue Wissenszusammenhänge einzuführen, bereits behandelten Stoff zusammenzufassen und die Ziele sowie den Ablauf des weiteren Unterrichts zu erläutern. Er sollte allerdings nicht über 30–40 Minuten hinausgehen und die Inhalte in der geschilderten Weise *arbeitsgedächtnisgerecht* vermitteln.

Die *Arbeit in kleinen Gruppen* dient in der Regel der Vertiefung und praktischen Anwendung dessen, was die Lehrperson in der direkten Instruktion vorgetragen und erläutert hat. Ein Selbsterarbeiten neuer Inhalte in der Gruppe sollte aber nur bei guter Überwachung durch die Lehrperson erfolgen, sonst gehen die Gruppenmitglieder gemeinsam in die Irre. Gruppenarbeit ist wichtig, indem dadurch zum einen kommunikative und kooperative Möglichkeiten deutlich gestärkt werden, und sie bietet den Mitgliedern die Möglichkeit, sich gegenseitig bei Verständnisschwierigkeiten zu helfen. Die schnelleren Lerner sollten angehalten werden, ihre Fähigkeiten hier gezielt einzusetzen, und in der Regel machen sie dies mit Begeisterung.

Die *Einzelarbeit* dient der weiteren Vertiefung und ist der geeignete Ort für das Berücksichtigen von Begabungsunterschieden und Lernschwierigkeiten. Hier sollte selbstverständlich der Lernende Übung darin erwerben, wie man sich am besten Wissen erwirbt und es verfestigt, z.B. wie man einen Aufsatz so liest, dass besonders viel hängen bleibt (nämlich durch ein Überfliegen im ersten Durchgang und ein sorgfältiges Lesen mit Unterstreichungen, Randnotizen und Schlagwörtern im zweiten Durchgang) und wie man professionell wiederholt. All dies muss sorgfältig von der Lehrperson überwacht werden, bis ein hohes Maß an „selbstreguliertem" Lernen vorhanden ist. Den (Hoch-) begabten sollten Zusatzaufgaben gegeben werden; sie könnten auch bei der Gruppenarbeit mithelfen. Diese „Helfer" müssen aber eingewiesen werden, damit sie nicht arrogant auftreten. Den Lernenden mit Minderbegabung oder Lernschwierigkeiten muss in jedem Fall mehr Zeit gelassen werden, indem man ihr Lernpensum verringert. Ihr Hauptdefizit liegt meist in einer stark verlangsamten Lerngeschwindigkeit, nicht so sehr in sonstigen kognitiven Defiziten (außer etwa bei Dyskalkulie oder schweren geistigen Behinderungen).

Ganztagsunterricht mit fächerübergreifender Thematik

Die an deutschen Schulen nach wie vor dominierende Form des täglichen Unterrichts besteht in einer Abfolge unterschiedlicher Fächer wie Deutsch, Englisch, Mathematik, Geschichte, Musik usw. In der Regel sind es sechs Fächer pro Vormittag, die im 45- (in Österreich 50-) Minutentakt nach der Verfügbarkeit der Lehrenden und deshalb ohne irgendeinen inhaltlichen Zusammenhang unterrichtet werden. Dies widerspricht allen neueren Erkenntnissen der Lernforschung. Zum einen bleibt innerhalb von 45 Minuten, aber auch innerhalb der gelegentlich praktizierten 90 Minuten nicht genügend Zeit für die genannten unterschiedlichen lernfördernden Maßnahmen. Weder kann so der Lehrende das Vorwissen der Lernenden feststellen, noch kann ein Methoden-Mix mit Lehrervortrag, Gruppen- und Einzelarbeit angewandt werden. Zum zweiten lässt der willkürliche, meist von der Lehrerverfügbarkeit bestimmte Wechsel der Fächer keine fächerübergreifende oder zumindest fächerverbindende Wissensvermittlung zu, die enorm ein vertieftes Wissen über Zusammenhänge liefert.

Es bietet sich deshalb an, für mehrere „Projekttage" oder sogar Wochen eine durchgehende Thematik festzulegen, die fächerübergreifend oder zumindest fächerverbindend ist. Grundvoraussetzung für die Gestaltung eines Tages mit einer „Ganztagsthematik" ist die Bildung von Lehrerteams, wobei sich die „Tandemform" besonders bewährt hat. Hier bringen zwei Lehrer zwei bis vier Fächer ein, wobei die Fächerkombination durchaus ungewöhnlich sein kann, z.B. Deutsch und Biologie, Mathematik oder Kunst. Beim Finden des fächerübergreifenden Themas sind der Phantasie keine Grenzen gesetzt. Beliebte Themen sind „Frühling“ oder „Herbst“, „Mittelalter“, „die Elbe“, „Wie baut man eine Pyramide?“, „Gesundheit“, „das Huhn“. Diese Thematik kann sich über wenige Projekttage, aber auch Wochen und Monate erstrecken. Auch der Ablauf eines solchen Projekttags kann sehr variabel gestaltet werden. Es kann etwa einer der beiden Lehrpersonen einen Tag mit seinem Fach übernehmen, und die andere Lehrperson übernimmt dann den jeweils nächsten Projekttag. Es können sich die beiden Lehrpersonen aber auch den Tag teilen. Am schönsten für die Schülerinnen und Schüler ist es, wenn beide Lehrpersonen zumindest teilweise gleichzeitig anwesend sind.

Wie sieht nach alledem ein guter, „hirngerechter“ Unterricht aus?
Auf der Grundlage dieser Erkenntnisse habe ich zusammen mit einer Reihe von Schulen in verschiedenen Bundesländern, so in Bremen, Schleswig-Holstein, Niedersachsen und Baden-Württemberg, Modellprojekte zu einem ganztägigen, fächerübergreifenden und durch einen „Methoden-Mix“ gekennzeichneten Unterricht begonnen, die nun in einigen Schulen ins vierte Jahr gehen. Hinzu kommt eine ausgedehnte Erfahrung mit Veranstaltungen zur Lehrerfortbildung. Es liegen inzwischen viele praktische Erkenntnisse vor, die andernorts dargestellt werden (Roth und Koop 2015).

Im Folgenden wird eine Variante eines Projekttages genauer geschildert, an dem eine Lehrperson einen ganzen Tag allein gestaltet. Es hat sich aber auch die Form bewährt, in der zwei Lehrpersonen sich einen Projekttag aufteilen.

Der Unterrichtstag beginnt mit einer halben bis dreiviertel Stunde, in der die Schülerinnen und Schüler unter Aufsicht und Anleitung einer Lehrperson außerhalb des Tandems, z.B. einer Sozialpädagogin, anliegende Probleme und Konflikte, die innerhalb der Klasse aufgekommen sind, bespricht. Dies hat sich als sehr günstig erwiesen, um Spannungen abzubauen. In der Regel sind danach die Klassen sehr viel ruhiger als ohne eine solche Besprechungszeit.

Der eigentliche Unterricht beginnt entweder mit der Vorstellung einer neuen Thematik oder Erläuterungen zur Fortführung einer bereits behandelten Thematik. Im ersten Fall gibt die Lehrperson eine kurze Einführung in das Thema, z.B. „Frühling“ und prüft, was die Schülerinnen und Schüler dazu bereits wissen und welche direkten Erfahrungen sie darüber gesammelt haben. Dies soll möglichst nahe an der Lebens- und Erlebniswelt der Lernenden angesiedelt sein und sich altersgerecht gestalten. Es werden die Lernziele und der genauere Ablauf des Tages und der folgenden Tage geschildert, natürlich auch in Beantwortung der Frage, wie dies fächerübergreifend geschehen wird.

Diese Einführung soll unter Berücksichtigung der Dynamik des Arbeitsgedächtnisses (s. oben) nicht länger als 30–45 Minuten dauern. Bei der Fortsetzung einer bereits begonnenen Thematik erfolgt ein genaues *Überprüfen des gegenwärtigen Wissensstandes*, was – wie erwähnt – für die Anschlussfähigkeit eines neuen Stoffes unabdingbar ist. Dieses Überprüfen geschieht in Form des „aktiven Erinnerns", d.h. die Lehrperson beginnt mit der Frage, in welchem Maße sich jemand an das erinnert, was am vorhergehenden Projekttag (zu Beginn des Gesamtprojekts ist dies in der Regel derselbe Wochentag der vorigen Woche) gemacht wurde. Es ergibt sich dann „per Zuruf" und unter gelegentlichen Hilfen ein erstaunlich gutes Erinnerungsbild, das von der Lehrperson eventuell ergänzt und stets zusammengefasst wird. Die Lehrperson gewinnt hierbei ein Bild darüber, was gut und was weniger gut behalten wurde, und kann daraus folgern, was von ihr zu schnell oder zu schlecht erklärt wurde. Dies ist in 30 Minuten gut zu bewältigen, es sei denn, es ergeben sich deutliche Erinnerungslücken. Diese müssen dann geduldig aufgearbeitet werden.

Es schließt sich die Erläuterung des Tagesprogramms durch den Lehrenden an. Diese Phase wird im Falle, dass eine Thematik fortgesetzt wird, relativ kurz gehalten, d.h. etwa 30 Minuten. Es wird der Ablauf der Arbeit erläutert, die Ziele der Gruppen- und Einzelarbeit werden vorgestellt. Nach Ausgabe des Materials und Besprechung der Aufgaben und Arbeitsaufträge beginnt die Partner- bzw. Gruppenarbeit mit maximal vier Lernenden. Hierfür werden zwei Stunden angesetzt. Der Lehrende geht ständig von Tisch zu Tisch und hilft. Diese Phase der Zusammenarbeit von Schülerinnen und Schülern ist nicht vorrangig dazu geeignet, neues Wissen eigenständig zu erarbeiten, sondern das soeben vom Lehrenden vermittelte Wissen zu vertiefen und sich anzueignen. Praktische manuelle Tätigkeiten sind dabei wichtig und sollten, wenn möglich, eingeplant werden. Bei der Partner- oder Gruppenarbeit ist Ruhe notwendig. Der Lehrende achtet darauf, dass alle Mitglieder einer Gruppe mitarbeiten.

Das weitere Vertiefen findet in *Einzelarbeit* mit gesonderten Aufgaben für Normalbegabte, Hochbegabte und Minderbegabte bzw. Lernende mit Lernschwierigkeiten oder sonstigen Behinderungen statt, meist für 60–90 Minuten. Auch die Einzelarbeit dient weniger dem Erwerb neuen Wissens, sondern vornehmlich der individuellen Aneignung des Gehörten. Praktische Tätigkeit ist sehr effektiv. „Aktive Bewegungs- und Entspannungspausen" während des Projekttages sind wichtig für die Arbeit des Zwischengedächtnisses und damit für den Prozess der Konsolidierung und Überführung ins Langzeitgedächtnis.

Abschluss: Mit einer knappen Wiederholung des Tagesstoffs in Form „aktiven Erinnerns" von Fragen, Antworten, Beispielen oder Präsentationen findet der themenbezogene Unterrichtstag seinen Abschluss. Nach Bewältigung der zuvor aufgeführten Phasen hat die Konsolidierung des neuen Wissens einen ersten Abschluss erreicht, und es beginnt die Überführung ins Langzeitgedächtnis. Hierfür ist diese erste Wiederholung sehr wichtig. Schließlich wird den Schülerinnen und Schülern in kurzer Form eine Themenvorschau auf den nächsten Projekttag gegeben. Damit wird eine Einbettung des zuvor Gehörten und Gelernten ermöglicht, eine weitere Beschäftigung mit der Tagesthematik bei den Lernenden eingefordert und gegebenenfalls Vorfreude geweckt.

Wiederholung I und II: Nach 4–6 Wochen und 4–6 Monaten finden Wiederholungen des Stoffes in abgewandelter und verkürzter Form statt. Dabei werden Verständnis- und Wissenslücken wieder aufgefüllt. Nichts wird mit einem Mal gelernt! Neben Begabung, Motivation und Fleiß ist die Wiederholung des Stoffes das A und O des Lernerfolges.

Der Ablauf eines Projekttages sollte hinsichtlich der beteiligten Lehrpersonen, seiner Durchführung und der Verhältnisse vor Ort flexibel gehalten werden, wobei aber einige „Eckpfeiler" gewahrt werden sollten. Zu diesen Eckpfeilern gehören (1) der Ganztagsunterricht von acht Stunden oder zumindest ein verlängerter Vormittagsunterricht von sechs Stunden, (2) ein fächerübergreifendes oder zumindest fächerverbindendes Thema (vgl. Roth und Koop 2015), (3) die Überprüfung der Anschlussfähigkeit eines neuen Stoffes bzw. des gegenwärtigen Wissensstandes, (4) der „Methoden-Mix", bestehend aus Frontalunterricht, Gruppenarbeit und Einzelarbeit, (5) das aktive Erinnern zum Abschluss des Tages und (6) die Wiederholung nach 4–6 Wochen und 4–6 Monaten, wiederum in Form des aktiven Wiederholens. All dies ist nur zu verwirklichen, wenn sich erstens Lehrerinnen und Lehrer zu Zweier- oder Dreiergruppen zusammenfinden und das tun, was vielen von ihnen schwer fällt, nämlich sich nicht nur organisatorisch, sondern auch hinsichtlich der Themen und Inhalte genau abzusprechen; wenn zweitens die Schulleitung sich vorbehaltlos hinter diese Initiative stellt; und wenn man drittens, mit großer Geduld gewappnet, klein und bescheiden anfängt.

In den von mir betreuten Schulen wie der Gesamtschule Ost in Bremen und der Leibniz Privatschule in Elmshorn und in Kaltenkirchen haben wir jeweils in einem Jahrgang begonnen (meist dem untersten) und dann jedes Jahr einen neuen Jahrgang hinzugefügt. Weiterhin sieht unser „Schema" vor, dass man mit einem Wochentag beginnt (gleichgültig welchem) und dann alle zwei Jahre einen weiteren Wochentag hinzufügt. Auf diese Weise unterläuft man die gerade unter Lehrerinnen und Lehrern verbreitete Veränderungsangst. In allen von mir betreuten Schulen erhielten die beteiligten Lehrpersonen zumindest in den ersten beiden Jahren Freistunden, die sie zur Planung und Vorbereitung des Projekttages nutzen konnten. In denjenigen Schulen, die den Projekttag bereits mehrjährig durchführen, sind die Erfolge beeindruckend, auch wenn eine externe wissenschaftliche Evaluation noch aussteht. Es sollte niemanden wundern, dass diese Initiative bisher von keinerlei Schulbehörde unterstützt wurde und ausschließlich von schuleigenen Mitteln sowie privaten Spenden getragen wurde. Dies ist ein weiterer beredter Beweis für die Qualität der Schulpolitik in unserem Land.

Was ist Intelligenz – und was bedeutet sie für Schule?

VON GERHARD ROTH

Einer der umstrittensten Begriffe in Didaktik und Pädagogik ist „Intelligenz", und ebenso umstritten ist die Brauchbarkeit von Intelligenztests. Viele Schulen und sonstige Bildungsinstitutionen in Deutschland lehnen solche Tests ab.

Dies ist aber aus wissenschaftlicher Sicht unbegründet, denn in der Psychologie ist kaum etwas so gut untersucht wie das Merkmal „Intelligenz", und keine psychologischen Tests sind aussagekräftiger als Intelligenztests. In der Populärliteratur ebenso wie in der Fachliteratur findet man zum gesamten Fragenkomplex „Intelligenz" äußerst divergierende Standpunkte und Aussagen, die von der Auffassung, Intelligenz sei „hochgradig" angeboren und Förderung sei deshalb überflüssig bzw. Geldverschwendung, bis hin zum klassischen behavioristischen Dogma, dass jedes Kind das Zeug zum Genie habe, wenn man es nur richtig fördere (vgl. Hüther und Hauser 2012), reichen. Inzwischen gibt es unter den Eltern einen richtigen „Hype" in Form der Überzeugung, ihr Kind gehöre zu den Hochbegabten, und die Schule sei daran schuld, dass dieses Potenzial nicht verwirklicht werde.

Jedoch gibt es auch innerhalb der seriöseren Literatur eine große Spannbreite von Aussagen über die Erblichkeit von Intelligenzunterschieden, die – je nach analysierter Population und abhängig vom Alter – von 30 bis 80% reichen (vgl. Neyer und Asendorpf 2018). Im Folgenden werde ich auf diesen Problemkomplex in der gebotenen Kürze und dabei insbesondere auf die Frage eingehen, was die als gesichert geltenden Erkenntnisse für die Praxis der Schul- und Erwachsenenbildung bedeuten. Für eine detaillierte Auskunft verweise ich auf die Standardlehrbücher von Amelang und Bartussek (2001), Neyer und Asendorpf (2018) und die Monographien von Neubauer und Stern (2007) sowie Rost (2009, 2013).

Was ist Intelligenz, und wie misst man sie?

Intelligenz lässt sich ganz allgemein als „Fähigkeit zum Problemlösen unter Zeitdruck" definieren. Ein intelligenter Mensch ist jemand, der schnell sieht, was Sache ist, und dem ebenso schnell einfällt, was jetzt zu tun ist – und der dabei meist Erfolg hat! Wichtig ist hierbei die auf den Intelligenzforscher Charles Spearman (1863–1954) zurückgehende Unterscheidung zwischen allgemeiner und bereichsspezifischer Intelligenz, die mit der Unterscheidung seines Schülers Raymond Cattell zwischen „fluider" und „kristalliner" Intelligenz übereinstimmt (Cattell 1963). Die allgemeine oder fluide Intelligenz korrespondiert mit der grundlegenden Schnelligkeit und Effektivität der Informationsverarbeitung im Gehirn, die bereichsspezifische oder kristalline Intelligenz mit dem Sachwissen in ganz unterschiedlichen Bereichen und seiner Verfügbarkeit, oft auch Expertenwissen genannt. Jemand muss schnell denken und Probleme schnell identifizieren können – das ist die allgemeine oder fluide Intelligenz –, aber er muss auch ein bestimmtes Wissen haben, um mit den Problemen fertig werden zu können – das ist die kristalline Intelligenz. Die heutigen gängigen Intelligenztests prüfen sowohl die allgemeine Intelligenz als auch „bereichsspezifische Intelligenzen".

Die Annahme der Existenz einer allgemeinen Intelligenz, die sich dann mit mehreren bereichsspezifischen Intelligenzen oder Begabungen kombiniert, ist nicht unumstritten. So geht der amerikanische Psychologe Howard Gardner (1983, 2002) von (ursprünglich) acht ganz unterschiedlichen Intelligenzen aus, nämlich einer sprachlichen, logisch-mathematischen, räumlichen, musikalischen, körperlich-kinästhetischen, interpersonalen, intrapersonalen und naturalistischen Intelligenz. Inzwischen hat Gardner die Anzahl dieser unabhängigen Intelligenzen weiter vermehrt. Jeder dieser Intelligenzen entspricht nach Gardner ein bestimmtes Modul im Gehirn. Kritiker wie Asendorpf und Neyer führen allerdings gegen dieses Modell an, dass es sich hier weniger um Intelligenzfaktoren als um Fähigkeiten und Begabungen handelt. Ebenso stellt Rost (2009) fest, dass diesem Modell der „multiplen Intelligenzen" trotz seiner Popularität bisher jede weitergehende empirische Fundierung fehlt.

Intelligenztests wie der bekannte Hamburg-Wechsler-Intelligenztest für Erwachsene (HAWIE-R, gültig für Personen im Alter von 16–74 Jahren) beziehen sich in der gegenwärtigen Form auf vier „Intelligenz-Bereiche": Sprachverständnis, wahrnehmungsgebundenes logisches Denken, Arbeitsgedächtnis und Verarbeitungsgeschwindigkeit. Die Aussagen der Tests sind immer auf eine Altersgruppe bezogen (Kinder, Jugendliche, Erwachsene), sind meist nicht kulturübergreifend, und geben über die Teilbegabungen der getesteten Person Aufschluss; am Ende wird ein Gesamt-Intelligenzquotient, abgekürzt IQ, ermittelt. Daraus ergeben sich Aufschlüsse über individuelle Begabungen bzw. intellektuelle Stärken und Schwächen, die für die Schul- und Berufswahl genutzt werden können. Sie können aber auch Aufschluss über spezifische Leistungsabfälle bei älteren Menschen, etwa hinsichtlich der Gedächtnisleistungen liefern.

Es wird deutlich, dass bei den gängigen IQ-Tests sowohl eine allgemeine Schnelligkeit der „Informationsverarbeitung" als auch bereichsspezifische Begabungen oder Defizite ausschlaggebend sind. Die Tatsache, dass Menschen unterschiedlich begabt sind, entspricht auch der Alltagserfahrung: Der Eine kann gut reden und schreiben, hat aber Probleme mit der räumlichen Orientierung oder dem Rechnen, beim Anderen ist es genau umgekehrt. Jedoch gilt, dass ein intelligenter Mensch in vielen Bereichen begabt ist; das unterscheidet ihn von einem Menschen mit einer sogenannten „Inselbegabung". Hierauf werde ich noch zurückkommen.

Die üblichen Angaben eines „Intelligenz-Quotienten“ (IQ) beziehen sich auf einen Durchschnitt unterschiedlicher Begabungen bei einer Person, wobei der IQ auf eine lebensaltersabhängige Durchschnittsintelligenz normiert ist. Das heißt, dass niemand „an und für sich“ intelligent ist, sondern immer nur im Vergleich zu seiner Altersstufe. Für bestimmte Altersstufen gibt es entsprechend eine durchschnittliche Intelligenz, die definitionsgemäß bei „100“ liegt. Ein IQ über 100 zeigt entsprechend eine überdurchschnittliche, unter 100 eine unterdurchschnittliche Intelligenz an. Die Intelligenz einer Altersstufe ist definitionsgemäß normal- oder Gauß-verteilt; dies bedeutet statistisch, dass knapp 70% aller Menschen einen IQ relativ eng um den Mittelwert (im Abstand einer Standardabweichung) aufweisen, genauer innerhalb des Intervalls zwischen 85 und 115. Menschen mit einem IQ unter 85 machen einen etwas „minderbemittelten“ Eindruck, und solche mit einem IQ über 115 einen deutlich intelligenten Eindruck. Hochbegabte haben in der Regel einen IQ von 135 oder mehr und umfassen ca. 1% ihrer Altersgruppe. Auf diese Gruppe werde ich noch gesondert zurückkommen. Man wird gelegentlich mit Aussagen wie „unsere Tochter hat einen IQ von 190“ oder „ich kenne jemanden mit einem IQ von 220“ konfrontiert. Man sollte dies unkommentiert lassen, denn unterhalb eines IQ von 50 und oberhalb eines IQ von 150 sind Intelligenzaussagen nicht mehr sinnvoll, weil nicht mehr statistisch verlässlich bestimmbar.

Lesen und Lesen lernen

VON GERHARD ROTH

Die durchschnittliche Vorlesegeschwindigkeit eines geübten Vorlesers liegt bei etwa 150 Wörtern pro Minute. Es heißt, dass stilles Lesen erst spannend wird, wenn diese Vorlesegeschwindigkeit zumindest erreicht wird, dass aber nur etwa 50 Prozent der Schüler des sechsten Schuljahres diese wichtige Hürde nehmen.

Normalerweise lesen wir nicht Buchstabe für Buchstabe, sondern erfassen „mit einem Blick" pro Sekunde drei- bis viermal eine Gruppe von zwei bis sechs Buchstaben, d.h. ein kürzeres Wort. Das ergibt für einen einigermaßen geübten Leser je nach Bekanntheitsgrad des Textes eine Lesegeschwindigkeit von 150 bis 250 Wörtern pro Minute. Ein durchschnittlicher Schüler der dritten Grundschulklasse und ein im Lesen ungeübter Erwachsener kommen auf etwa 100 Wörter pro Minute. Die durchschnittliche Vorlesegeschwindigkeit eines geübten Vorlesers liegt bei etwa 150 Wörtern pro Minute. Es heißt, dass stilles Lesen erst spannend wird, wenn diese Vorlesegeschwindigkeit zumindest erreicht wird, dass aber nur etwa 50 Prozent der Schüler des sechsten Schuljahres diese wichtige Hürde nehmen. Dies unterstreicht die Wichtigkeit des schulischen Trainings in Lesefähigkeit.

Das Lesen eines Textes erfolgt in der Weise, dass der Blick in Leserichtung voranschreitet, für rund 300 Millisekunden auf einer Buchstabengruppe ruht, während das Schriftbild erfasst und vom Gehirn analysiert und gespeichert wird, und dann weiterspringt. Wenn allerdings das Wort schwer lesbar oder verstehbar ist, dann verringert sich der optische Blickwinkel („Fixationsgröße"), und einzelne Buchstaben werden wie geschildert „abgescannt", was das Lesen deutlich verlangsamt. Kommt es beim Lesen von Wörtern zu Verständnisschwierigkeiten, dann springt das Auge gegen die Leserichtung zurück und erfasst kleine Teile des Textes von neuem. Die Lesegeschwindigkeit wird also von vielen Faktoren bestimmt, und zwar durch die Lesbarkeit des Textbildes, die Länge und Bekanntheit der Wörter, die Eindeutigkeit bzw. Mehrdeutigkeit ihres Sinns, die Länge und syntaktische Komplexität des Satzes, die Komplexität und Vertrautheit des Inhaltes, das Vorverständnis, die Aufmerksamkeit und die Routine des Lesers. Natürlich kommen auch Ablenkung, Müdigkeit und emotionale „Ergriffenheit" durch den Text hinzu. Letztere können zu vorübergehender starker Verlangsamung der Augenbewegung und damit der Lesegeschwindigkeit führen. Ein im Schnelllesen trainierter Leser kommt auf 1000 oder gar mehr Wörter pro Minute, was natürlich nur bei anspruchslosen oder dem Inhalt nach vertrauten Texten möglich ist.

Die Schwierigkeit beim Lesenlernen ist vornehmlich das Erlernen des Zusammenhangs zwischen einem Phonem als kleinster sinntragender Lautgruppe und einem Graphem, einer sinnbildenden Buchstabengruppe, wobei dieser Zusammenhang bei unterschiedlichen Sprachen sehr verschieden ausfallen kann. So gibt es Sprachen, die eine mehr oder weniger feste Beziehung zwischen Phonemen und Buchstaben(gruppen) besitzen, also „gesprochen wie geschrieben" werden wie das Finnische oder das Italienische, während dieser Zusammenhang in Sprachen wie dem Englischen oder auch dem Deutschen äußerst verwickelt ist und beim Erlernen der Aussprache dem Ausländer viel Mühe macht.

Das Lesenlernen beginnt in aller Regel mit dem Buchstabieren, das ein sehr langsamer Prozess ist: Um ein Wort von sieben bis acht Buchstaben zu buchstabieren, benötigt man rund zwei Sekunden. Die Buchstabiergeschwindigkeit beträgt daher maximal 30 Wörter pro Minute. Buchstabieren ist also mindestens fünfmal langsamer als fließendes Vorlesen. Das Lesen wird flüssiger, wenn das Gehirn immer besser darin wird, Laute und Buchstabenfolgen automatisch zu verbinden und schließlich kontextabhängig zu variieren. Schließlich werden ganze Wörter spontan gelesen und sogar Gruppen von Wörtern. Das Gehirn nimmt dabei wie beim Hören eine Wahrscheinlichkeitsprüfung der Bedeutung der Wörter und der Wortfolgen vor, und zwar auf der Grundlage der Häufigkeit des Vorkommens in der eigenen Hör- und Sprachpraxis. Schnelles Lesen beruht entsprechend darauf, dass man „mit einem Blick" abschätzen kann, welches Wort vorliegt, und dann die wahrscheinlichste Bedeutung im Sprachgedächtnis aktiviert und für die nächsten Wörter bereitgehalten wird. Nur wenn es zu „Nichtpassungen" und Verständniskonflikten kommt, springt das Auge zurück und liest noch einmal, und dann wesentlich langsamer.

Wir erkennen auch hier das für Wahrnehmen und Erkennen grundlegende Prinzip, dass im ersten Schritt aufgrund der Voraussage bzw. Vorerwartung ein vorläufiger Wahrnehmungsinhalt entsteht, wobei es auf die Minimierung des Aufwands ankommt. Eine kurze Wahrnehmung weniger Buchstaben und weniger Laute genügt oft, um dasjenige Wort und seinen Inhalt zu aktivieren, das aus Sicht der Vorerfahrung am wahrscheinlichsten passt. Hierbei wird die hohe Redundanz von Wahrnehmungsinhalten, insbesondere auch der gesprochenen und geschriebenen Sprache ausgenutzt.

Dies nutzen wir in der Praxis bei Abkürzungen aus, die natürlich gelernt sein müssen, aber auch beim Schnelllesen, bei dem immer nur ein Teil der Buchstaben, meist die Buchstaben am Anfang und am Ende des Wortes, tatsächlich erkannt werden – die anderen werden „hinzugedacht". Wenn wir es z.B. im Deutschen so machen wie in manchen anderen Sprachen, in denen nur Konsonanten ausgeschrieben werden und man die dazugehörigen Vokale „hinzudenken" muss, wie beim Arabischen oder Hebräischen (die beide zu den semitischen Sprachen gehören), dann sind das Verständnis und der Lesefluss überraschend gering beeinträchtigt. Mit der Zeit werden sehr häufig vorkommende kurze Wörter – wie ist, oder, und – nicht mehr direkt angeschaut.

Das meist mühelose Zuhören und Lesen von Sprache verdeckt, dass es sich um einen äußerst komplizierten, allerdings meist hochautomatisierten Prozess der Konstruktion von Sprachbedeutungen handelt, von dem wir in der Regel nichts merken. Wir nehmen meist nur die „Endprodukte" der auf vielen Etagen des Sprachverarbeitungssystems ablaufenden Prozesse wahr. Wir spüren von dieser verborgenen Komplexität nur dann etwas, wenn wir Sprache entweder akustisch nicht verstehen oder ihre Bedeutung nicht erfassen können. Dann wird es sehr mühsam, der gesprochenen Sprache oder dem Text zu folgen, und wir geraten schnell ins Schwitzen oder „steigen aus".

Besonders bedeutsam ist die Rolle der Vorerfahrung: Sie ermöglicht es dem mit einer Sprache Vertrauten, mit hoher Geschwindigkeit gesprochene oder geschriebene Sprache zu verstehen. Das Gehirn erkennt dabei Sprache nicht Laut für Laut oder Buchstabe für Buchstabe, sondern „errät" aufgrund des Vorwissens, was das Ganze wohl bedeuten mag. Einen Aufsatz, der Dinge behandelt, die uns sehr geläufig sind, können wir deshalb überfliegen und in ihm mit hoher Verlässlichkeit diejenigen Passagen erkennen, die Neues enthalten. Es sind überwiegend die Abweichungen vom Erwarteten, auf die das Gehirn „anspricht".

Wir verstehen jetzt auch besser, warum mangelnde Sprachbeherrschung beim Lernen so verhängnisvoll ist. Ein Lernender kann noch so intelligent und motiviert sein, das reine Erfassen der Laute oder Wörter und das Verstehen der primären Bedeutungen der gehörten oder gelesenen Wörter und Sätze beanspruchen bei ihm das Arbeitsgedächtnis so sehr, dass für das intelligente und kreative Zusammenfügen keine „Energie" mehr übrigbleibt – seine Aufmerksamkeit wird bereits auf unterer Ebene erschöpft. Aus psychologischer und neurobiologischer Sicht ist deshalb in Schulen mit einem hohen Anteil an Kindern aus Migrantenfamilien nichts so wichtig, wie die Sprachbeherrschung der Kinder voranzutreiben. Hier ist Toleranz nicht angebracht, und zwar im Dienste dieser Kinder.

Rolle & Selbstverständnis: Der Lehrer als Erzieher

VON DR. BERNHRAD BUEB

Der Lehrer ist in der heutigen Schule nicht nur der Unterrichtende, sondern er ist auch in der Rolle des Erziehers. Das hat seine Gründe, wie Dr. Bernhard Bueb (Autor des Bestsellers „Lob der Disziplin“) in seinem Vortrag bei einem Leibniz-Abend in Elmshorn darlegt – gegen das „ICH. ALLES. SOFORT.“

Der amerikanische Soziologe Neil Postman hat ein bemerkenswertes Buch mit dem Titel „Das Verschwinden der Kindheit“ geschrieben. Seine These lautet, dass Kindheit einen Schutzraum vor der Erwachsenenwelt darstellt, einen Schutzraum besonders vor der Sexualität, der Gewalt, der Korruption und der Abhängigkeit vom Geld der Erwachsenen. Das Mittelalter kannte diesen Schutzraum nicht. Kinder waren unmittelbar am Leben der Erwachsenen beteiligt, sie genossen auch keinen Rechtsschutz. Erst die Neuzeit, vor allem das 19. und 20. Jahrhundert, haben die Idee der Kindheit als eines eigenen geschützten Erfahrungsraumes erfunden und praktiziert.

Heute haben wir uns in mittelalterliche Zustände zurück entwickelt. Der kindliche Erfahrungsraum ist aufgehoben durch das Fernsehen und das Internet. Kinder und Jugendliche sind wieder unmittelbar am Leben der Erwachsenen beteiligt. Wer sich die Mühe machen würde, sich einen Tag vor dem Fernseher zuzumuten bei einem Angebot von 30 bis 40 Sendern, und wer versuchen würde, sich in die Mentalität eines 15-jährigen Mädchens oder Jungen zu versetzen, müsste entsetzt sein über das, was die Mehrzahl der Jugendlichen täglich erleben. Jugendliche erfahren die Beliebigkeit von Sexualität, die Auflösung aller Bindungen, den Primat von Spaß und Egoismus, die grenzenlose Konsumgesellschaft, die Dauerpräsenz von Gewalt, die Selbstverständlichkeit von Korruption und die Abhängigkeit der Menschen vom Geld.

Ein bekannter Pädagoge, Wolfgang Harder, hat die Einstellung der Jugendlichen in der kurzen Formel zusammengefasst: „ICH. ALLES. SOFORT.“ Sie sind ichbezogen, sie leben in einer Welt der unbegrenzten Angebote und sie wollen die Befriedigung von Bedürfnissen nicht aufschieben. Darin liegt jedoch der Ursprung aller Kultur.

Die Haltung „ICH. ALLES. SOFORT.“ entsteht immer dann, wenn Menschen den Glauben an die Zukunft verloren haben. Die Zukunftserwartungen von Jugendlichen auf eine humane Welt sind gegen null gesunken. Man sollte sich einmal vor Augen führen, mit welchen Bedrohungen Jugendliche heute fertig werden müssen: der Sinnlosigkeit des Daseins, der wachsenden Überbevölkerung, der Ausbeutung der Lebensgrundlagen der Menschen, der Vergreisung der westlichen Nationen, der Auflösung der menschlichen Werte und Bindungen, der strukturellen Arbeitslosigkeit, dem Materialismus als sinngebender Idee usw.

Welche Antwort finden wir Pädagogen auf die Herausforderung unserer Zeit auf den Mangel an Sinn, Moral, Orientierung? – Die großen sinngebenden Institutionen, die Kirchen z. B., aber auch die Bastionen des Bildungsbürgertums z.B. das humanistische Gymnasium oder die Ideale der Arbeiterbewegung präsentiert in deren Parteien und Institutionen sind insgesamt zur Bedeutungslosigkeit herabgesunken. Es ist in weit höherem Maße die Moral des einzelnen gefordert. Deswegen bleibt für die Pädagogen als einziger Weg, die Persönlichkeit der jungen Menschen, ihren Widerstand gegen die Verführungen der Außenwelt zu stärken. Für diese Stärkung der Person dient immer noch am besten der etwas altmodische Begriff Charakterbildung. Und Charakter ist letztlich „Widerstand". Die Sachen klären, die Menschen stärken.

Diese Formel enthält die beiden großen Bereiche des gesteuerten Aufwachsens von Jugendlichen, nämlich Bildung und Erziehung. Bildung heißt, sich das Wissen und Können der Vorfahren anzueignen, mit Hilfe dieses Erfahrungsschatzes die Welt und das individuelle Dasein interpretieren zu können und daraus Impulse für das eigene Handeln zu gewinnen.

Charakterbildung betont weniger den intellektuellen Bereich als den Bereich der Persönlichkeitsentwicklung. Charakter haben heißt, seine Identität wahren gegen die Einflüsse der Außenwelt. „Charakter ist Widerstand" (Hartmut von Hentig). Jugendliche müssen gestärkt werden, gegen den Druck der Umgebung das für richtig Erkannte zu tun. Der zentrale Auftrag aller Lehrer und Erzieher heißt daher Charakterbildung, also Stärkung der Persönlichkeit. Wir müssen den jungen Menschen Gelegenheiten schaffen, Vertrauen in sich und die Welt zu gewinnen. Die Jugendlichen müssen erfahren können, dass es sich lohnt, trotz vieler Ängste vor dem eigenen Versagen oder vor dem Spott der Gleichaltrigen, den eingeschlagenen Weg weiter zu gehen und Hindernisse zu überwinden.

Für junge Menschen gibt es keinen besseren Ort, um ihren Charakter zu bilden, als eine Gemeinschaft von Jugendlichen. In Torquato Tasso von Goethe heißt es: „Es bildet ein Talent sich in der Stille, sich ein Charakter in dem Strom der Welt." Zur Bildung des Charakters brauche ich den Strom der Welt. Große Gemeinschaften bieten Jugendlichen den ersten Schritt in die Welt.

Im Verhältnis von Bildung und Erziehung ist Erziehung heute ein Stiefkind. Eltern und Lehrer verzichten zum Teil auf Erziehung, zum Teil resignieren sie, zum Teil fürchten sie den Konflikt, die mühselige tägliche Auseinandersetzung. Diese Auseinandersetzung ist anstrengender geworden, weil die Anerkennung von Autorität in Deutschland leidet, bedingt durch unsere Geschichte, es leidet aber auch die Autorität von Eltern und Lehrern, weil sie ohne Selbstbewusstsein und nicht selbstverständlich ausgeübt wird.

Eltern und Lehrern fällt es besonders schwer, Kinder und Jugendliche an Disziplin zu gewöhnen. Disziplin ist das ungeliebte Kind der Pädagogik und doch ist sie das Fundament aller Pädagogik. Disziplin heißt Unterordnung, Konsequenz, Zwang; sie legitimiert sich durch Liebe zu Kindern und Jugendlichen. Konsequenz und Fürsorge sind die siamesischen Zwillinge der Erziehung, Konsequenz ohne Liebe und Fürsorge wird unmenschlich, Liebe und Fürsorge ohne Disziplin führt zu Verwöhnung und Egoismus.

„Erziehung ist Liebe und Vorbild, sonst nichts", so hat sie Friedrich Fröbel, der Erfinder der Kindergärten, beschrieben. Liebe ohne Disziplin wird herrisch oder pervertiert zu Eifersucht, die Mutter muss ihre Liebe zügeln, weil sie sonst ihr Kind verwöhnt und zu Egoismus verführt, erotische Liebe muss im Korsett der Ehe gebändigt werden, weil sie sonst die Menschen überfordert und ihre Bindungen gefährdet.

Vorbild ist wiederum geläuterte, personifizierte Erfahrung, menschgewordene Ethik, es ist die nach vielen Stadien der Selbstüberwindung erworbene Freiheit, die im Denken und Handeln eines Menschen sichtbar wird. Fröbels Satz klingt so harmlos-freundlich und enthält doch die harte Forderung nach Unterordnung und Selbstüberwindung.

Wer das Aufwachsen von Jugendlichen begleitet, als Eltern, Lehrer oder Beobachter, erlebt die Macht der Gleichaltrigen. Der Einfluss der Erwachsenen auf 15-jährige tendiert gegen Null. Wenn wir den Charakter von Jugendlichen bilden wollen, müssen wir eine Umgebung schaffen, die den Faktor „Gleichaltrige" zur Stärkung ihrer Persönlichkeit nutzt. Dieser Weg ist zu allen Zeiten gegangen worden, seitdem es Jugend gibt, also in der Neuzeit. Kirchen, Jugendverbände, Jugendbewegung, Pfadfinder, aber auch die pervertierten Formen der Erziehung im Nationalsozialismus und Kommunismus zählen darunter.

Heute fehlen den Jugendlichen Gemeinschaften, in denen sie sich aktiv erproben, indem sie ihre Ich-Stärke entwickeln können. Außerdem fehlen ihnen Erwachsene, die sie beim Aufwachsen begleiten, sie führen, ihnen Grenzen setzen, aber sie auch ermutigen, ihren Weg zu suchen und zu finden. Diese Aufgabe müssen in höherem Maß die Lehrer übernehmen.

Denn der Ausweg der Jugendlichen ist die Spaßgesellschaft. Spaß wird passiv erlebt durch Animation von außen, in zufällig entstehenden, beliebigen „Gemeinschaften", die diesen Namen nicht verdienen, weil sie oft ohne Ziel, Struktur, innere Kommunikation und Dauer existieren. Spaß ist nicht das Glücksgefühl, das den aktiven Menschen erfüllt.

Es müssen daher Gemeinschaften gegründet werden, Gemeinschaften von Lehrenden und Lernenden, in denen Jugendlichen unter Führung von Erwachsenen die richtigen Werte vermittelt werden und in denen sie Selbstvertrauen entwickeln können. Neben die Bildung und die Belehrung tritt die Erfahrung der eigenen Person in der Gemeinschaft. Erziehung zur Verantwortung in einer Gemeinschaft, überhaupt Leben und Lernen in einer Gemeinschaft ließe sich für alle Kinder und Jugendlichen in Ganztagesschulen ermöglichen. Das erfordert aber ein neues Selbstverständnis des Lehrerberufes.

Der Auftrag und die Rolle der Lehrer: Der Dreh- und Angelpunkt aller Reformen müssten die Rolle, die Haltung, das Selbstverständnis, die Aus- und Fortbildung, die Arbeitsbedingungen, die Stellung und die Anerkennung unserer Lehrer sein. Wir müssen unsere Lehrer vor allem gewinnen, ihren pädagogischen Auftrag zu erweitern: aus „Unterrichtern", wie sie von den Reformern des letzten Jahrhunderts genannt wurden, müssen Erzieher werden. Die Lehrer sind die einzigen, die dem Erziehungsdefizit in Deutschland abhelfen können. Aber sie müssen es wollen, sie müssen durch ihre Ausbildung und vor allem durch Fortbildung darauf vorbereitet werden und sie müssen Bedingungen vorfinden, die es erlauben, über den Unterricht hinaus erzieherisch tätig zu werden.

Die Lehrer müssen zu den Erziehern der Nation werden, denn die Eltern, vor allem das Heer der Alleinerziehenden (seit 1970 hat sich ihre Zahl verdreifacht und die Entwicklung dauert an) ist der Aufgabe der Erziehung kaum mehr gewachsen, auch durch die Zunahme der Eltern und Kinder aus bildungsfernen Schichten. Die dreißig Prozent der intakten Familien und der Alleinerziehenden, denen Erziehung gelingt, dürfen ihre Situation nicht zum Maßstab der Beurteilung im Lande machen.

Das Bild der Lehrer in Deutschland entspricht nicht dieser hohen Erwartung. Der Mensch im Lehrer bleibt vielen Schülern verborgen. Sie erleben den Funktionär, der ihnen im Auftrag des Staates Lehrinhalte beizubringen hat und Einfluss auf ihre schulische Karriere nimmt. Sie erleben ihn in Deutschland nicht immer als einen, der ermutigt; manchmal eher als einen, der pädagogisch zu handeln glaubt, wenn Kritik sein primäres Erziehungsmittel ist.

Der Lehrerberuf muss revolutioniert werden. Denn alle Reformen nützen nichts, wenn unsere Lehrer sich nicht ändern. Die Revolution wäre die Verordnung, dass der Arbeitsplatz des Lehrers die Schule ist bis sechzehn Uhr. Das Sein bestimmt das Bewusstsein, diese Erkenntnis von Karl Marx gilt auch hier: wenn Lehrer nachmittags an der Schule wären, mit Schülern zu Mittag essen, Sport treiben, Theater spielen, Hausaufgaben machen und Projekte durchführen würden, würde sich eine neue Dimension der LehrerSchüler-Beziehung entwickeln. Lehrer würden gerade Kinder aus bildungsfernen Schichten anders erleben als im Unterricht, sie anders fördern und fordern können. Kein Kind geht verloren, an das ein Lehrer glaubt. Dazu muss er das Kind aber auch außerhalb des Unterrichts kennen und schätzen lernen. Die bloße Unterrichtsbeziehung ist zu eindimensional. Lehrer würden ihre Kollegen neu kennen lernen und ein Defizit überwinden können, nämlich den Mangel an Zusammenarbeit. Und Lehrer würden Eltern beraten, die vielen Alleinerziehenden und Unterschichteltern bräuchten weniger Super Nannys und Beratungsinstitute, sie könnten sich an Lehrer wenden.

Lehrer müssten schon bei der Berufswahl wissen, dass Erziehungsaufgaben so wichtig sind wie das Unterrichten. Sie müssten aus Liebe zu Kindern und Jugendlichen Lehrer werden und nicht, weil sie Beamte werden können. Das Beamtentum für Lehrer ist die Pest und müsste sofort abgeschafft werden, weil es bei der Berufswahl zu häufig zum Hauptmotiv wird. Sicherheit und Versorgung lebenslang bis zum Tod, dafür erträgt man unmotivierte Kinder und Jugendliche wenigstens vormittags. Außerdem würde es dem Image der Lehrer nützen, wenn sie wie alle anderen Angestellten auch nachmittags an der Schule wären.

Der Beruf des Lehrers gehört zu den schönsten Berufen der Welt, ich nenne die Lehrer Menschenführer im Reich der Erkenntnis! Kinder und Jugendliche mit dem Wissen und Können der Vorfahren vertraut zu machen, sie zu ermutigen, sich selbst anzunehmen, ihr Vertrauter und Berater sein zu dürfen, eine Autorität zu sein, an der sie hochblicken und an der sie sich reiben dürfen, ihnen Grenzen zu zeigen und sie zur Grenzüberschreitung zu befähigen, ihnen die Botschaft aus einem Gedicht Paul Flemmings zur zweiten Natur werden zu lassen: „Wer seiner selbst Meister ist und sich beherrschen kann, dem ist die weite Welt und alles untertan“, diese Rolle im Leben der Jugendlichen spielen zu dürfen ist ein wunderbares Privileg. Diese Lehrer würden sich in hohem Ansehen sonnen können, jeder wüsste, dass sie die Bannerträger der Zukunft sind.

Eine Konsequenz der veränderten Lehrerrolle wäre die Einführung der Ganztagsschule. Kinder und Jugendliche müssen in einer Gemeinschaft von Lehrenden und Lernenden aufwachsen dürfen. Ganztagsschule darf aber nicht heißen, den ganzen Tag Schule, sondern dem Spiel in der Gemeinschaft unter Leitung der Lehrer am Nachmittag eine Bresche schlagen. Der Nachmittag dient dem spielerischen Lernen, Sport, Theater und Projekten. Der Lehrer als Partner im Spiel, das wäre eine Chance für alle Kinder und Jugendlichen, für die, deren Erziehung zuhause gelingt, und für die große Zahl der Kinder und Jugendlichen, die das Privileg der Erziehung nicht genießen. Deutschland muss Bildung und Erziehung zur wichtigsten Sache des Landes machen und dafür erheblich höhere finanzielle Mittel aufwenden. Das wäre die wirksamste Investition in die Zukunft.

Wenn die Methode zum Ziel des Unterrichts wird

VON RAINER WERNER

Das Bestreben, in einer Stunde mehrere Lernmethoden unterzubringen, führt häufig dazu, dass sich die Methoden von den zu lernenden Inhalten entkoppeln. Der gekonnte Umgang mit den Methoden wird dann unter der Hand zum eigentlichen Ziel des Unterrichts.

In der Medizin werden nur solche Medikamente und Heilmethoden eingesetzt, die ihre Wirksamkeit erwiesen haben. Auf Placebo-Effekte möchte man lieber nicht vertrauen. In der Pädagogik ist es anders. Dort wird auch gerne das praktiziert, was man für wünschenswert hält, weil man glaubt, damit seine gesellschaftspolitischen Ambitionen befördern zu können. Der Bildungsforscher John Hattie hat in seiner Studie „Lernen sichtbar machen“ (2009) nachdrücklich gefordert, sich an der Wirksamkeit pädagogischer Instrumente zu orientieren: „Der einzig sinnvolle Ansatz für die Auswahl der Unterrichtsmethode ist ihre Wirkung auf das Lernen der Schülerinnen und Schüler.“ In allzu vielen Klassenzimmern ist diese Mahnung ungehört verhallt, wie man an den schlechten Schülerleistungen in einigen Bundesländern ablesen kann.

Um Berlins Schulen aus der Dauermisere herauszuführen, hat eine Expertenkommission unter Leitung des Kieler Bildungsforschers Olaf Köller Vorschläge unterbreitet. Die Wissenschaftler sprechen von der „ausbleibenden Wirksamkeit“ der von der Bildungsverwaltung in den letzten Jahren auf den Weg gebrachten Maßnahmen. Im Kapitel „Unterrichtsqualität“ findet sich die wichtigste Einsicht des ganzen Dokuments: Maßgeblich für die Qualität von Unterricht seien nicht die „Oberflächenstrukturen, z.B. die Frage, ob Stationenlernen oder Klassengespräche den Unterricht bestimmen, sondern die sogenannten Tiefenstrukturen.“ Damit ist das gemeint, was Hattie „kognitive Aktivierung“ nennt. Die Schüler werden mit einem Lerngegenstand konfrontiert, den sie unter Anleitung des Lehrers geistig erschließen. Es geht also um intellektuelles Verstehen und um die Speicherung des Gelernten im Gedächtnis.

Der Vorrang der Unterrichtsmethode, der „Oberfläche“, lenkt laut Bericht von der entscheidenden Frage ab, die man an jeden Unterricht stellen muss: Gelingt es dem Lehrer, den Stoff so anschaulich und spannend zu vermitteln, dass die Schüler am Ende der Stunde einen messbaren Wissenszuwachs, vielleicht sogar ein kleines Bildungserlebnis erfahren?

Seit Jahren wird in vielen Bundesländern den angehenden Lehrern nahegelegt, „schülerzentrierte Unterrichtsmethoden“ zu bevorzugen. Diese seit Jahren praktizierte Weichenstellung für den Unterrichtsprozess lässt die didaktische Erkenntnis außer Acht, dass die Lerngegenstände selbst die angemessene Vermittlungsmethode nahelegen. Wenn ein Deutschlehrer das Gedicht „Abendphantasie“ von Friedrich Hölderlin behandelt, wären schülerzentrierte Lernformen wie Stationenlernen oder individuelles Lernen fehl am Platze. Der komplexe Gehalt des Gedichts und seine formale Gestaltung können nur im fragend-entwickelnden Unterrichtsgespräch sinnvoll erschlossen werden. Im zweiten Schritt können die Schüler dann selbst tätig werden, indem sie, z.B. in Partnerarbeit, das vom Dichter verwendete Wortfeld oder die rhetorischen Figuren analysieren. Kein vernünftiger Pädagoge redet heute noch dem monologisierenden Frontalunterricht alter Schule das Wort. Falsch wäre es aber, auch das vom Lehrer gelenkte Unterrichtsgespräch als zu lehrerdominant zu verdammen.

Ich habe in der Ausbildung von Referendaren erlebt, wie sehr sie bestrebt waren, die besonders beliebte didaktische Mode des „methodengeleiteten Unterrichts“ anzuwenden. Um der Erwartungshaltung der Fachseminarleiter gerecht zu werden, wählten sie vor allem die Methoden, die „selbstgesteuertes Lernen“ ermöglichen. Kaum eine Unterrichtsstunde kam ohne Stationenlernen, Fishbowl und Lerntheke aus. „Methodenvielfalt“ im Unterricht ist bis heute ein unhinterfragtes Axiom. Gerade in heterogenen Lerngruppen glaubt man, die unterschiedlichen Lernvoraussetzungen der Schüler am besten mit methodischer Vielfalt bewältigen zu können. Anscheinend traut man Schülern mit Migrationsgeschichte nicht zu, dass auch sie vom Lernstoff gefesselt sein können. Meine Beobachtung solcher Stunden hat gezeigt, dass das Bestreben, in einer Stunde mehrere Lernmethoden unterzubringen, häufig dazu führt, dass sich die Methoden von den zu lernenden Inhalten entkoppeln. Der gekonnte Umgang mit den Methoden wird dann unter der Hand zum eigentlichen Ziel des Unterrichts. Viel zielführender wäre es, vom geistigen Anspruch des Lerngegenstands auszugehen. An einer Schule, die die kollegiale Hospitation der Lehrkräfte pflegt, habe ich die Biologiestunde eines älteren Kollegen erlebt. Fachlich hoch qualifiziert erzählte er im Gestus des dozierenden Professors, warum bei den Bonobo-Affen die Weibchen das Sagen haben. Die Schüler hingen an seinen Lippen.

Dieser Lehrer konnte durch sein immenses Fachwissen und durch die Begeisterung, die er für „sein“ Fach ausstrahlte, die Schüler mitreißen. Die Kognitionsforschung hat herausgefunden, dass man sich Sachverhalte besonders gut merkt, wenn sie mit einem emotionalen Reiz verbunden sind. Deshalb lieben Schüler einen fesselnden Unterricht, der sie in die aufregende Welt des Wissens mitnimmt. Wenn es den Lehrern gelänge, in ihren Fächern das spannende Potential freizulegen, das in den Lerngegenständen schlummert, wäre für die Unterrichtsqualität mehr gewonnen, als wenn sie im 15-Minutentakt Lernmethode und Medium wechseln.

Nach der Erkenntnis von John Hattie hat der Lehrer den größten Einfluss auf die Lernleistung. Nur wenn er sein Handwerk optimal beherrscht, werden die Schüler erfolgreich lernen. Hattie hat herausgefunden, dass eine „Lehrperson mit großem Effekt“ bei ihren Schülern einen Lernvorsprung von bis zu einem Jahr gegenüber Gleichaltrigen erzielt, die von einem schwächeren Lehrer unterrichtet werden. Deshalb muss Berlin alles tun, um den Unterricht der Lehrer zu verbessern. Die im Rhythmus von drei Jahren vorgeschriebene Interne Evaluation ist dafür ein gutes Instrument. Wenn die Schulleitungen den Unterricht der Lehrer begutachten, sollten sie anders als bei der Schulinspektion üblich die ganze Stunde beobachten. Nur so kann man erkennen, ob es dem Pädagogen gelingt, den Unterricht als geistigen Prozess anzulegen und ihn zu einem lehrreichen Ende zu führen. Die Schulinspektion selbst muss vom Kopf auf die Füße gestellt werden. Statt die Anwendung wünschenswerter Unterrichtsmethoden zu kontrollieren, sollte sie künftig die Qualität des Unterrichts überprüfen. Sie kann man daran festmachen, dass die Schüler aus dem geistigen Prozess, den der Lehrer organisiert, einen Mehrwert an Wissen schöpfen. Das alleine zählt.

Die Praxis des schulischen Unterrichts

Unterrichtsstruktur: Merkfähigkeit erhöhen und Lerneffekt steigern

VON GERHARD FÖRDERER, HENDRIK BOESTEN UND BARBARA MANKE-BOESTEN

Die Strukturierungsmaßnahmen haben das Ziel, die Merkfähigkeit der Schüler zu erhöhen und somit den Lerneffekt zu steigern. Dadurch verändert sich die Rolle des Lehrers, anfangs ist er Initiator von Lernprozessen, danach Begleiter von Lernprozessen.

Strukturiertheit von Unterricht heißt an der Leibniz Privatschule Dreiteilung der Unterrichtsdoppelstunde in Instruktion, Erarbeitung und Reflexion. Grundlage ist das Unterrichtskonzept von Gerhard Förderer, der sowohl die didaktisch-methodischen Vorgaben von Michael Grinder (1995) sowie Peter Frattons „Haus des Lernens" in Romanshorn einbezogen hat. Es umfasst die Unterrichtsstrukturen von acht unterrichtsrelevanten Dimensionen: Didaktik, Lern- und Lehrverhalten, Unterrichtsraum, Klassenraum-Management, Lehrerrolle und Lehrerverhalten, Unterrichtmanagement, gehirngerechte Lehrmethoden und Arbeitsmethodik. Diese werden zu jedem Zeitpunkt des Unterrichts miteinander verzahnt. Die Strukturen zählen zu den zentralen Merkmalen effektiven Unterrichts und haben sich in zahlreichen empirischen Studien als außerordentlich lernförderlich erwiesen. Sie stellen eine wichtige Voraussetzung für effizientes und effektives Lernen und Lehren und die Bereitstellung und Durchführung erfolgreicher Lernarrangements dar. Das Konzept wird von der Leibniz Privatschule seit 15 Jahren in vielen Unterrichtsstunden der unterschiedlichen Schularten und Klassenstufen umgesetzt.

Die Struktur des Unterrichts

Die erste sichtbare Dimension von Strukturiertheit von Unterricht ist die didaktische Oberflächenstruktur des Unterrichts. Diese teilt eine Unterrichtsstunde in drei aufeinanderfolgende komplementäre didaktische Hauptfelder: dem sogenannten Instruktionsfeld, das etwa 30 Prozent, dem Erarbeitungsfeld, der Erarbeitungsphase, das etwa 50 bis 60 Prozent und dem Reflexionsfeld, das etwa 10 Prozent der Unterrichtszeit umfasst. Das Instruktionsfeld ist geprägt durch eine Instruktionsdidaktik, die sozial-kognitive und die Experten-Novizen Lerntheorie, das Erarbeitungsfeld, der Erarbeitungsphase, durch eine konstruktivistische Didaktik und die sozial-konstruktivistische und dialogische Lerntheorie. Im Reflexionsfeld kommen situativ alle drei Lerntheorien zum Tragen.

Die dramatisch Steigerung der Wissens-, Fähigkeits- und Verstehensniveaus der Schüler erreicht man dadurch, dass man mit dem Instruktionsfeld beginnt, in dem die Lehrkraft ihr deklaratives und prozedurales Wissens und ihr Verstehen der Fachinhalte und

-methoden auf ein höheres Niveau anhebt. Dadurch können sie im darauffolgenden Erarbeitungsfeld, der Erarbeitungsphase, anspruchsvollere Aufgaben bearbeiten. Die Fachinhalte und -methoden werden geübt, vertieft, erweitert und Prozesse zum tieferen Verstehen werden initiiert. Im darauffolgenden Reflexionsfeld werden die durchlaufenen Lehr-Lernprozesse metakognitiv betrachtet und es wird ein gegenseitiges Feedback gegeben. Durch die Metakognitionen werden die Lernprozesse im Gehirn stabilisiert und somit verankert. Jedes dieser drei Felder ist wiederum unterteilt in einzelne Unterrichtsphasen.

Das Instruktionsfeld hat fünf Phasen

1. Die erste Instruktionsphase ist die Eröffnung der Unterrichtsstunde durch ein Begrüßungsritual.
2. Die zweite Instruktionsphase ist der sogenannte Zielorientierte Einstieg in die Stunde. Hierbei stellt die Lehrkraft das Thema der Stunde, den Unterrichtsablauf, d.h. die wichtigsten Lehr-Lernphasen und die Lernziele vor und erläutert Sinn, Bedeutung und Relevanz des Themas.
3. Die dritte Instruktionsphase ist die sog. Interaktive Lehrerpräsentation. Hier präsentiert und erläutert die Lehrkraft in Interaktion mit den Schülern die wesentlichen Fachinhalte und Problemstellungen. Diese werden als Tafelbild, PowerPoint oder mit Hilfe eines Overheadprojektors visualisiert.
4. Die vierte Instruktionsphase ist die Phase der Arbeitsanweisungen; hier erklärt die Lehrkraft die Arbeitsaufträge für das darauffolgende Erarbeitungsfeld, die die Schüler schriftlich erhalten.
5. Das Instruktionsfeld schließt mit der Instruktionsphase Verzahnung ab. Die Lehrkraft schließt das Instruktionsfeld ab und leitet zum Erarbeitungsfeld, der Erarbeitungsphase, über. In diese Phase erhalten die Schüler ihre Arbeitsblätter und Materialien.

Das Erarbeitungsfeld

Die Erarbeitungsphase besteht aus drei verpflichtenden und mehreren optionalen Erarbeitungsphasen. Im Erarbeitungsfeld, der Erarbeitungsphase, arbeiten die Schüler mit dem Wissen, der Fähigkeiten und des Verstehens, das sie in der Interaktiven Lehrerpräsentation erhalten haben. Die erste Erarbeitungsphase ist die Tafelbildphase. Die Schüler schreiben das Tafelbild ab und gehen dabei die Präsentation nochmal in Gedanken durch. Die zweite Erarbeitungsphase ist die Übungsphase. Hier machen die Schüler Übungen zur Festigung und zum tieferen Verständnis der Inhalte der Präsentation. Die dritte Erarbeitungsphase ist die Erweiterungsphase, in der Aufgaben zur Erweiterung und Vertiefung der Fachinhalte bearbeitet werden. Danach kann die Lehrkraft mehrere optionale Erarbeitungsphasen einsetzen, diese können Phasen mit ergänzenden Fachinhalten, Phasen, in denen Problemstellungen, Forschungs- oder Kreativaufträgen bearbeitet oder Experimente durchgeführt werden beinhalten. Phasen in denen Spiele und Rollenspiele gespielt, interaktive und kooperativen Lernformen oder Stations- oder Projektarbeit durchgeführt werden. Die letzte optionale Erarbeitungsphase kann ein Lernzieltest sein. Die Lehrkraft schließt dabei das Erarbeitungsfeld ab und leitet zum Reflexionsfeld über. In dieser Phase kann sie die Arbeitsergebnisse der Schüler einsammeln.

Das Reflexionsfeld hat sechs Phasen

1. Die erste Reflexionsphase Präsentation ist optional. Hier können Schüler ihre Arbeitsergebnisse vorstellen.
2. Die zweite ebenfalls optionale Reflexionsphase ist die Phase der Hausaufgabenbesprechung.
3. Die dritte Reflexionsphase ist die Bewusstmachung über die Lehr-Lernprozesse und verpflichtend. Die Lehrkraft ruft hierbei unter Nutzung aller Visualisierungen die Inhalte des Zielorientierten Einstiegs, die wesentlichen Fachinhalte der Interaktiven Lehrerpräsentation und die Ergebnisse der Arbeitsprozesse im kurzen Durchlauf ins Bewusstsein. Dies geschieht auch durch aktives Erinnern.
4. Dem schließt sich die wichtigste und ebenfalls verpflichtende Reflexionsphase an. Die Schüler und die Lehrkraft reflektieren metakognitiv über die Unterrichtsprozesse, das Verständnis der Inhalte, die Arbeitsprozesse im Erarbeitungsfeld, der Erarbeitungsphase, und das Erreichen der Lernziele. Danach geben sich Schüler und Lehrkraft gegenseitig eine Rückmeldung. Zum Abschluss dieser Phase gibt die Lehrkraft einen Ausblick auf das weitere Vorgehen und die Inhalte in den nächsten Unterrichtsstunden.
5. Danach erläutert die Lehrkraft in der Reflexionsphase Hausaufgaben die Hausaufgaben.
6. Die letzte Reflexionsphase ist der Abschluss. Dieser wird wie die Eröffnung durch ein Ritual gestaltet.

Lehren und Lernen in der Instruktion und der Erarbeitungsphase

Die zweite Dimension von Strukturiertheit ist das komplementäre Lern- und Lehrverhalten in den drei oben skizzierten Feldern. Dieses ergibt sich aus den dort angewandten unterschiedlichen Lerntheorien. Das Lernen und Lehren im Instruktionsfeld ist geprägt durch die sozial-kognitive Lerntheorie, in der das Lernen am Modell, das Beobachtungslernen und die lehrergelenkte direkte Instruktion dominieren. Die direkten Instruktionen finden mit der ganzen Klasse statt. Die Lehrkraft denkt laut, so dass die Schüler Denkpartner der Lehrperson werden können, d.h. die Lehrkraft denkt vor und die Schüler denken mit. Ihre Aufgaben sind zuhören, zusehen, mitdenken, verstehen, Fragen stellen, Ergänzungen einbringen und diskutieren. Die Lehrer-Schüler-Interaktionen sind akademisch und dialogisch.

Im Instruktionsfeld hat die Lehrkraft die Aufgabe, die ganze Klasse zu unterrichten. Sie ist Expertin für die Fachinhalte, Fachmethoden, Präsentation, Darstellung der Inhalte und Managerin der Kommunikation und der Disziplin der Klasse. Sie muss Aufmerksamkeit erzeugen und halten, muss motivieren, moderieren, muss so verbal und visuell instruieren, dass alle Schüler mitdenken und gut verstehen können. Sie muss die Fachinhalte didaktisch reduzieren und methodisch professionell präsentieren. Sie muss laut denken und dafür sorgen, dass alle Schüler als Novizen Denkpartner von ihr werden und bleiben können. Die Schüler haben die Verantwortung, ihre Aufmerksamkeit und ihre Lernverantwortung im Klassenverband weitgehend selbst zu regulieren.

Das Lernen und Lehren im Erarbeitungsfeld, der Erarbeitungsphase, ist geprägt durch die sozial-konstruktivistische Lerntheorie. Die Schüler arbeiten in kleinen Gruppen oder alleine an den ihnen vorgelegten Arbeitsaufträgen. Die direkte Instruktion findet hier über die Arbeitsmaterialien statt. Die Schüler lernen durch selbständiges Erschließen und Bearbeiten. Sie müssen lesen, nachvollziehen, Texte verstehen, Handlungen durchführen, Produkte erstellen, Aufgaben bearbeiten und Probleme lösen. Die Lehrer-Schülerinteraktionen sind akademisch, dialogisch und beziehungsorientiert. Die Schüler müssen in der Lehrer-Schülerinteraktion laut denken und dafür sorgen, dass die Lehrkraft Denkpartner von ihnen werden kann. Die Schüler müssen ihre Aufmerksamkeit und ihre Lernverantwortung in Kleingruppen- oder in Einzelarbeit weitgehend selbstgesteuert und selbstorganisiert lenken.

In beiden Feldern sind sie weitgehend verantwortlich für ihre Selbstregulation und ihr Sozialverhalten.

Der Unterrichtsraum

Die dritte Dimension von Strukturiertheit ist die Struktur des Unterrichtsraumes. Der Unterrichtsraum ist idealerweise in zwei Teile geteilt. Ein Drittel ist für die Durchführung des Instruktions- und Reflexionsfeldes vorgesehen, dies ist der sog. Instruktionsbereich. Zwei Drittel sind vorgesehen für die Durchführung der Aktivitäten in der Erarbeitungsphase.

Im Instruktionsbereich befindet sich die komplette Medienausstattung, die für eine Präsentation notwendig ist, beispielsweise ein Beamer, Overheadprojektor, Tafel, Cd-Player, Laptop, Projektionswand oder ein Smartboard (vorbereitete Lernumgebung). In diesem Bereich agiert die Lehrkraft während der Instruktion und führt hier die Präsentation durch. Die Schüler sitzen so, dass sie der Lehrkraft zugewandt sind, wie in einem Kino zur Leinwand. Sie schreiben nicht mit, sondern widmen ihre Aufmerksamkeit der Lehrerpräsentation.

Im Erarbeitungsbereich sind die Arbeitstische in einer lernförderlichen Anordnung aufgestellt. Einzel-, zweier- Vierer oder Sechsertische. Hier arbeiten die Schüler je nach Aufgabenstellung in Einzel-, Partner- oder Gruppenarbeit. Die Lehrkraft hat einen eigenen Hocker, mit dem sie sich an die Arbeitstische auf Augenhöhe zu den Schülern setzen kann.

Ein Unterrichtsraum mit dieser Raumgestaltung bzw. -aufteilung ist folglich ein sogenanntes Lernstudio. Die Infrastruktur beinhaltet im Idealfall eine Meldeliste, wenn die Schüler eine inhaltliche Frage haben, eine klar strukturierte Tafel, an der das Tafelbild aus drei Bereichen besteht, einem organisatorischen Bereich, der den Ablauf der Stunde darstellt, einem inhaltlichen Bereich der den Kern des Unterrichtsinhaltes abbildet und einen Bereich, der die Arbeitsanweisungen beinhaltet. Des Weiteren ist in einem Lernstudio ein Lehrerpult zu finden, ein Tisch mit den Arbeitsmaterialien für die Stunde, ein kleiner Hocker mit dem der Lehrer ohne großen Aufwand sich zu den Schülern setzen kann, ein Bereich für die Schüler, wo diese den Schulranzen und ihr Arbeitsmaterial organisieren können und einer Fläche für Präsentation, wie beispielsweise ein Beamer oder Overheadprojektor.

Klassenraum-Management

Die vierte Dimension von Strukturiertheit ist das Klassenraum-Management. Mit dem Klassenraum-Management organisiert die Lehrkraft die Anwendung der Infrastruktur des Lernstudios im Laufe des Unterrichts – vom unterschiedlichen Einsatz des sogenannten Förderer-Hockers und des Lehrerpults oder aber die Anordnung der Schülertische. Auch die Abfolge der Tafelnutzung, vom linken Tafelflügel über die mittlere Tafel bis zu rechten Tafelflügel ist organisiert und von der Struktur her festgelegt.

Die Lehrerrolle und Rollenverhalten

Die fünfte Dimension von Strukturiertheit fokussiert sich auf die Lehrerrolle und das Rollenverhalten. Wenn die Lehrkraft im Instruktionsfeld mit der ganzen Klasse agiert, nimmt sie im Wechsel mehrere Rollen ein, z.B. Instrukteur, Präsentator, Initiator, Aktivator, Moderator, Disziplinator, Lenker der Gruppe und Manager der Lehr-Lernprozesse. Sie muss ihr verbales und nonverbales Verhalten den Rollen anpassen. Sie ist weiterhin Expertin für die Fachinhalte, Fachmethoden, Präsentation, Darstellung der Inhalte und Managerin der Kommunikation und Disziplin der Klasse.

Wenn die Lehrkraft in der Erarbeitungsphase mit einzelnen Schülern oder mit Schülergruppen agiert, hat sie hauptsächlich die Rolle einer Mentorin der Schüler. Sie beobachtet deren Arbeitsprozesse und Arbeitsverhalten ohne einzugreifen. Wenn nötig moderiert sie die Gruppenarbeit und motivert die Schüler. Sie wendet einen sogenannten situativen Führungsstil an, vom engen Lenken, über gezieltes Anleiten und Unterstützen bis zum Übertragen der Verantwortung für ihr Lernen.

Die Einhaltung von Regeln
Die sechste Dimension der Strukturiertheit bezieht sich auf das Verhalten der Lernenden und Lehrenden, d. h. auf ein effektives Unterrichtsmanagement und auf die Einhaltung von Regeln, Erwartungen und Grenzen. Eine Strukturierung auf dieser Managementebene der Lehrkraft und auf der Verhaltensebene der Schüler fördert die Aufrechterhaltung der Disziplin im Klassenzimmer, begünstigt eine störungsfreie Lernumgebung, erhöht die Aufmerksamkeit der Lernenden und sorgt dafür, dass mehr Unterrichtszeit für die Auseinandersetzung mit den Unterrichtsthemen zur Verfügung steht.

Aus vielen Studien und Erfahrungen ist bekannt, dass effektive Klassenführung mit einem störungsarmen, reibungslosen Unterricht und einem funktionierenden, bereits zu Beginn des Schuljahres eingeführten Regelsystem oder Verhaltenskodex einhergeht, größere Lernerfolge und die damit höhere kognitive Entwicklungen bei allen Schülern bewirkt. Gründe dafür sind darin zu finden, dass eine effektive Klassenführung mit klarem Regelsysteme die Lernbereitschaft und Lernmotivation begünstigt und ein Mehr an inhaltsbezogenen Lerngelegenheiten und effektiver Lernzeit zur Verfügung stellt, die von den Lernenden genutzt werden kann. Ein geringes Ausmaß an Unterrichtsstörungen erzeugt positive Effekte auf das Engagement, die Interessenentwicklung und die Lernbereitschaft.

Gleichzeitig bewirkt das disziplinierte und engagierte Lernen die Erhöhung der Lehrfreude und das Engagement der Lehrkräfte. Je disziplinierter und störungsfreier der Unterricht verläuft, desto stärker fühlen sich die Lernenden in ihrem Streben nach Kompetenz und Autonomie unterstützt. Damit einher geht ein entwicklungsförderliches Selbstkonzept der Lernenden zum Fach. Dieser Effekt ist möglicherweise darauf zurückzuführen, dass Schüler in einer störungsfreien und strukturierten Lernumgebung intensivere kognitive Aktivitäten und positivere emotionale Erfahrungen erleben als Lernende in Klassen mit mehr Störungen und weniger Disziplin.

Gehirngerechte Lehr- und Lernmethoden
Die siebte Dimension der Strukturiertheit von Unterricht muss stärker lernpsychologisch verstanden werden. Dafür werden „gehirngerechte" lern-, behaltens- und verstehensförderliche Lehrmethoden eingesetzt, die geeignet sind, eine Verbindung zwischen dem Vorwissen der Lernenden und neuen Wissenselementen herzustellen (Langzeit- und Arbeitsgedächtnis) und den Aufbau einer komplexen und geordneten Wissensstruktur bei den Lernenden erleichtern (Anschlussfähigkeit). Dies soll dadurch erreicht werden, dass Übersicht und Einordnung neuer Informationen im Gehirn mittels sog. Advanced Organizern (Übersichten über fachliche Planungsabläufe), Concept Maps und Tafelbildern (Übersichten über Fachinhalte) erleichtert werden. Lernziele werden operationalisiert und überprüfbar vorgegeben, wichtige Ergebnisse von Unterrichtsphasen gemeinsam wiederholt, zusammengefasst und diskutiert werden. Geeignete

Lehrerfragen, Aufgabenstellungen und Impulse vertiefen das Verständnis des gerade Gelernten. Dadurch wird die Aufmerksamkeit der Schüler auf die relevanten Aspekte des Unterrichtsgegenstands gelenkt, ein Überblick über den Unterrichtsgegenstand erleichtert und gedankliche Verankerungsmöglichkeiten geschaffen, sodass es allen Lernenden leichter gelingt, ihr neues Wissen zu organisieren und mit bereits vorhandenem Wissen zu verbinden. Dadurch erleben die Schüler subjektive Lernerfolge, die wiederum ihre Lernmotivation erhöht.

Arbeitsmethodik von Lehrkräften und Schülern

Die achte Dimension der Strukturiertheit bezieht sich auf die Arbeitsmethodik von Lehrkräften und Schülern in den drei didaktischen Feldern. Im Instruktionsfeld konzentrieren sich die Schüler auf die Instruktion in der Lehrerpräsentation. Sie schreiben nicht mit, sondern versuchen Denkpartner der Lehrkraft zu werden. Im Erarbeitungsfeld, der Erarbeitungsphase, konzentrieren sich die Schüler auf das Erschließen der ihnen vorgelegten Texte. Die Texte dienen als Arbeitsaufträge oder neue Instruktionen. Sie memorieren die Inhalte der Lehrerpräsentation und bearbeiten Arbeitsaufträge.

Die Schülerleistungen sind am höchsten, wenn der Lehrer das Material strukturiert, indem er Übersichten, vorstrukturierende Hinweise oder einen Überblick über die Ziele der Stunde gibt; Inhalte werden erläutert und die Übergänge zwischen verschiedenen Unterrichtsphasen verdeutlicht. Schließlich sollen die wichtigsten Ideen am Ende der Stunde zusammengefasst werden. Das Wichtigste ist, dass sich die Lehrkraft für den Erfolg seiner Schüler verantwortlich fühlt und deshalb aktiv den Unterricht so strukturiert, dass möglichst alle Schüler zu einem inneren Vollzug der Inhalte angeregt werden. Die Lehrkraft geht nicht davon aus, dass alle Schüler selbst alles entdecken, weil dies aus Zeitgründen nicht realisierbar ist.

Ein hohes Maß an Lerneffizienz

Die acht Dimensionen von Strukturiertheit von Unterricht auf den acht unterrichtsrelevanten Ebenen bewirken einzeln aber noch mehr im Zusammenhang ein hohes Maß an Lerneffizienz, kognitive Entwicklung und Lernmotivation. Sie zeigen bei den Schülern positive Effekte auf ihr Lernengagement und Lernbereitschaft, ihre Interessenentwicklung und Motivation am Kompetenzerleben, womit Erfolgszuversicht und ein entwicklungsförderliches Selbstkonzept der Lernenden einhergehen.

Unterrichtsstruktur und Planung: Ein Beispiel für das Fach Deutsch

VON BARBARA MANKE-BOESTEN

Wie eine Unterrichts(doppel)stunde vor dem Hintergrund der skizzierten Unterrichtsstruktur geplant ist und abläuft, wird exemplarisch dargestellt

Kurz vor Beginn der eigentlichen Unterrichtsstunde: Der Lehrer kommt in die Klasse, sortiert auf dem Pult seine Materialien und beginnt mit dem Anschreiben des zielorientierten Einstiegs (ZOE). Als erstes schreibt er auf, welche Materialien die Kinder benötigen. Nur diese sollen auf dem Tisch liegen, alles andere wird weggepackt.
In der nun entstehenden Unruhe, die Kinder gehen an ihre Schließfächer und/oder Eigentumskästen kann der Lehrer seine ZOE und Stichworte zu seinem Lehrervortrag anschreiben.

Als erstes notiert er das Thema der Unterrichtsstunde, dann die einzelnen inhaltlichen Programmpunkte, schließlich die Ziele der Unterrichtsstunde. Damit der Schüler weiß, worum es in der Unterrichtsstunde geht, werden nur die inhaltlichen Programmpunkte angeschrieben und nicht etwa Methoden oder Übungsaufgaben.

Thema: Bertolt Brecht, Galilei
1. Programmpunkt: Externe und interne Charakterisierung
2. Prorammpunkt: Charakterisierung Galileis
Ziel der Stunde: 5 Charaktereigenschaften Galileis erläutern können
Material: Buch Galilei, Deutschheft, Abi-Reader der LPS

Der Lehrer erläutert das Thema und die einzelnen Programmpunkte und weist auf das Ziel der Unterrichtsstunde hin.

Danach beginnt die Stunde mit dem aktiven Erinnern an die letzte Stunde: „Was haben wir gemacht? – Woran erinnert ihr euch?

Der Lehrer gibt nur den Impuls und versucht nicht in fragend-entwickelnder Methode Ergebnisse herauszubekommen. Er kann nonverbale Impulse geben oder höchstens Stichworte nennen.

Anschließend knüpft der Lehrer daran an und entwickelt in einem Lehrervortrag die Programmpunkte. Den Lehrervortrag kann er per I-Pad-Datei visualisieren oder als Struktur vorher an die Tafel schreiben. Damit ist eine Anschlussfähigkeit an das Wissen der letzten Stunde gewährleistet. Gut ist es noch, wenn der Lehrer seinen Vortrag mit einer Story zu Beginn versieht wie zum Beispiel: „Ich wollte mich schon immer einmal mit dem Charakter von xy beschäftigen und habe mich gefragt, wie bekomme ich das heraus." Oder mit der Frage beginnen. „Täglich begegnen wir unterschiedlichen Leuten, haben mit ihnen zu tun, sind von ihnen – z.B. dem Lehrer abhängig – wie erkenne ich dessen Charakter und natürlich weitergehend – was bringt mir das Wissen nun?"

Einmal Hören reicht nicht, das ist kein Lernen und Behalten. Deshalb werden in der zweiten Phase, der Erarbeitungsphase, die Arbeitsaufträge bearbeitet. Art, Umfang, Methoden richten sich nach dem Thema und der Klasse.

In der Erarbeitungsphase geht der Lehrer mit dem an der Leibniz Privatschule bekannten Förderer-Hocker herum, setzt sich neben den Schüler und lässt sich den Stand der Erarbeitung erklären, beantwortet Fragen, hilft, regt an, diskutiert. Aus langjähriger Erfahrung lässt sich sagen: So lerne ich die Schüler schnell kennen, kann auf ihre individuellen Fragen und Probleme eingehen und ihnen weiterhelfen, ihnen mehr oder anderes Material noch geben, ihnen ein Feedback zu ihrer Arbeit und zu ihrem Vorgehen geben. Die Schüler tragen sich in eine Meldeliste an der Tafel ein, wenn sie die Hilfe des Lehrers brauchen.

Das hat mehrere Vorteile. Es entsteht weniger Unruhe in der Klasse als durch das permanente Melden und Schnipsen. Der Lehrer behält den Überblick, wer in welcher Reihenfolge Fragen hat. Die Schüler können einmal aufstehen und leise zur Tafel gehen und sich anschreiben. Unsere Erfahrung zeigt, dass Schüler, die schon lange an der LPS sind, damit keine Probleme haben. Sie schreiben sich an, wenn etwas unklar ist. Schüler als Quereinsteiger, die von anderen Schulen kommen, tun sich schwer damit, zuzugeben, dass sie nicht alles verstanden und Fragen haben. Es dauert länger – manchmal ein halbes Jahr – bis es selbstverständlich wird, sich selbst auf die Meldeliste zu setzen und anzuschreiben. Eigentlich sollte es aber selbstverständlich sein, nachzufragen, denn dafür sind wir Lehrer da und niemand lernt etwas vom einmaligen Hinhören.

Die Reflexionsphase am Ende umfasst zwei Bereiche. Zum einen haben wir hier wieder das „aktive Erinnern": Was haben wir in der Stunde gemacht? Die Schüler tragen die von ihnen erarbeiteten Ergebnisse zusammen, wiederholen, ergänzen sich und zum Schluss schreibt der Lehrer an die Tafel und wiederholt es noch einmal: Das merken wir uns!

Der zweite Teil umfasst die Reflexion des Vorgehens, war es leicht, war es schwer, haben die Materialien, der Lehrervortrag geholfen, haben wir unsere Ziele erreicht und wenn nicht, woran lag es.

Der Tag bei Leibniz

An der LPS gibt in jeder Woche fünf Stunden Sport; das ist mehr als doppelt so viel wie an allen Schulen in Deutschland (2,2 Stunden pro Woche). Der Unterricht in den Fächern dauert in der Regel eine Doppelstunde (90 Minuten).

Grundschule		Sekundarstufe 1		Sekundarstufe 2	
8.00 – 8.45	1. Stunde	8.15 – 9.00	1. Stunde	8.15 – 9.00	1. Stunde
8.45 – 9.30	2. Stunde	9.00 – 9.45	2. Stunde	9.00 – 9.45	2. Stunde
9.30 – 10.00	Pause	9.45 – 10.00	Pause	9.45 – 10.00	Pause
10.00 – 10.45	3. Stunde	10.00 – 10.45	3. Stunde	10.00 – 10.45	3. Stunde
10.45 – 11.30	4. Stunde	10.45 – 11.30	4. Stunde	10.45 – 11.30	4. Stunde
11.30 – 11.35	Pause	11.30 – 11.35	Pause	11.30 – 12.15	5. Std. Mittag
11.35 – 12.20	5. Stunde	11.35 – 12.20	5. Stunde	12.15 – 13.00	6. Stunde
12.20 – 13.45	Mittag	12.15 – 13.00	6.Stunde	13.00 – 13.45	7. Stunde
13.45 – 14.45	Trainingszeit	13.00 – 13.50	7. Std. Mittag	13.45 – 14.30	8. Stunde
15.00 – 16.00	AGs	13.50 – 14.35	8. Stunde	14.35 – 15.00	Pause
16.00 – 17.00	Betreuung	15.00 – 16.00	Trainingszeit	15.00 – 16.30	Trainingszeit
		16.00 – 17.00	AGs		

Hattie in der Unterrichtspraxis

VON RAINER WERNER

Der Berliner Pädagoge und Publizist Rainer Werner verbindet in seinen Thesen zur Lehrerrolle im schulischen Unterricht die von Hattie herausgefundenen Resultate zu schulischem Lernerfolg mit der Schulpraxis (DIE WELT, 05.04.2013).

1. Lob und Belohnung: Ermutigung ist eine der stärksten Produktivkräfte; es kommt auf die positive Lehrer-Schüler-Beziehung an. Hattie stellt die entscheidende Frage: „Mag euch der Lehrer?" Es gebe Schulschwänzer wegen Lehrern – und es gebe Schüler, die auch die unsinnigsten Hausaufgaben machen, wegen Lehrern. Zum Verhältnis von Methode und Fachlichem: Der Weg zum Wissen, zur Wissenschaft, führt über den Lehrer. Gefragt ist der ermutigende Lehrer, der das Miteinander, die Dialektik von angemessenem Lob und Tadel, beherrscht.

2. Auf die Beziehung kommt es an: Eine Video-Untersuchung des Max-Planck-Instituts für Bildungsforschung förderte es zutage, dass 50 Prozent aller Konflikte im Klassenraum vom Lehrer verursacht werden. Autorität ist nicht nur Machtgehabe, sondern auch eine positive Ausstrahlung. Werner: „Nur wer von sich selbst überzeugt ist, kann überzeugen!" In der Ausbildung der Stewardessen lässt die Singapore Airlines am Fall üben: Wie gehe ich de-eskalierend mit Randalierern um – warum gibt es so etwas nicht in der Lehrerausbildung!

3. Spannender Unterricht: Kinder sind 50 Mal am Tag begeistert, Erwachsene einmal; Begeisterung ist Treibstoff fürs Gehirn. Hamburger Gesamtschüler machten Englisch-Unterricht, indem sie als Englisch-Stadtführer eingesetzt wurden und folgendes Ergebnis war zu beobachten: ein irrer großer Wertzuwachs durch die Kooperation einer Klasse mit einem Blindenverein. Werner: „Fördern Sie den Ideenaustausch! Lassen Sie andere an Ihren pfiffigen Ideen teilnehmen!"

4. Unterrichtsmethode kommt nach Unterrichtsgegenstand: Das heutige Kompetenzlernen ist ein Irrweg. Früher fragte man einfach, welcher Text am besten geeignet sei, um dieses oder jenes zu erreichen, denn: Gute Texte suchen und finden ihre Methode. Es geht um die geistige Auseinandersetzung und Sinnstiftung.

5. Unterrichtsqualität auf dem Prüfstand – durch Schüler: Einige Schulen führten ein Bewertungssystem ein, bei dem die Schüler ihren Lehrern Noten geben. Dies führe zum Erfolg – vorausgesetzt, die Fragen seien altersbezogen und die Bewertungen blieben innerhalb des Kollegiums. Andere Länder können hier Vorbild sein: In Schweden und China werden z.B. Unterrichtsstunden im Fernsehen gezeigt.

6. Zusammenarbeit mit Eltern: Ein „Erziehungsvertrag“ mit den Eltern kann sinnvoll sein, denn die Schule findet ihre erzieherischen Grenzen immer dann, wenn häusliche Probleme die Aufmerksamkeit der Schüler mehr fordern als der Unterrichtsinhalt.

7. Lehrerberuf als Traumberuf oder Bestenauslese: Viele Lehrer wählten diesen Beruf wegen des Bedürfnisses nach einem sicheren und familienfreundlichen Arbeitsplatz. Dies seien aber die falschen Motive. Nur wer wirklich gerne mit Kindern/Jugendlichen zusammen ist und an seinem Fach Freude hat, kann ein guter Lehrer sein. Die derzeitige Ausbildung und die Auswahl/Verteilung der Lehrer seien der falsche Ansatz. Warum stellt ein Schulleiter seine Lehrer nicht selber ein? Etwas mehr Konkurrenz zwischen Schulen und Lehrern könnte hinsichtlich der Qualität nicht schaden.

Unterrichtsstruktur

Zwei Hände sind für guten Unterricht nötig – die eine Hand ist die Lehrerpersönlichkeit, die andere guter Unterricht mit den fünf Essentials: Anschlussfähigkeit, Struktur, Vielfalt, Motivation-Fleiß-Anstrengung und Wiederholung.

Instruktion:

- Zielorientierter Einstieg
- Wissensziele genau definieren: Das sollen die Kinder am Ende der Stunde sich merken: gelernt – gewusst – gekonnt (3G)
- Aktives Erinnern: „Kenne ich" genügt nicht, der Schüler muss aktiv in seinem Gedächtnis kramen: Was haben wir in der letzten Stunde gelernt: Vorwissen – Anschlussfähigkeit herstellen
- Anknüpfen (Anschlussfähigkeit): Jetzt kommt etwas Neues: Verpacken in einen Kontext aus der Lebenswelt der Kinder, eine Story, ein Beispiel
- Lehrervortrag: Ein Mensch versteht vier Wörter pro Sekunde, es muss hinreichend neu und hinreichend wichtig sein, gut strukturiert sein, eine Pause nach 4-5 Min.: Wiederholen, Beispiel, Witz, um die Aufmerksamkeit wieder herzustellen
- Fragen zum gut strukturierten Lehrervortrag zulassen, der in einem Tafelbild visualisiert wird – ebenso das neue Wissen

Erarbeitungsphase

- Arbeitsaufträge (Methodenmix, Einzel-, Partner- und Gruppenarbeit)
- Präsentation
- Meldeliste
- Fördererhocker
- Tischdiskussionen
- Evtl. Differenzierungen, advanced learner in die Lernzone

Reflexion

- Aktives Wiederholen durch die Kinder: Was haben wir gelernt?
- Evtl. Kurztests
- Reflektieren: War es schwierig? Wo gibt es Probleme?
- Zusammenfassung des Lehrers:
  Diese wichtigen Aspekte merken wir uns! (Heft)

Neulich in meiner Klasse: Uncoole Jungen

VON BARBARA MANKE-BOESTEN

Thema der Stunde war ein kleiner Ausschnitt aus einem neuen Buch von Prof. Roth „Was ist Intelligenz?“ und die Diskussion entwickelte sich bei diesem Aspekt: Warum gelten in Deutschland Jungs als uncool, wenn sie fleißig sind?

Erst einmal wurde dieser Sachverhalt von den anwesenden männlichen Schülern geleugnet, aber dann kamen im Laufe der Diskussion einige interessante Beiträge. Es ist cooler, sich um 15.30 mit den Freunden zu treffen – anstatt sich an die Hausaufgaben zu machen? Warum soll man sich anstrengen, wenn man mit minimalem Aufwand das Gleiche erreichen kann? Und überhaupt: Anstrengung und Fleiß stünden in keinem Verhältnis zu dem Ergebnis, Unterricht und Aufgaben seien zu langweilig, nicht herausfordernd, es gäbe kein Feedback, sie hörten nichts von den Lehrern ...

In einem späteren persönlichen Gespräch unter sechs Augen relativierten die Wortführer ihre Aussagen deutlich und gaben an, nur provozieren zu wollen. Was ja die Aussage „uncool“ bestätigt. Sie wiederholen das Jahr und es ist ihnen schon klar, dass sie mehr investieren müssen, aber es fällt ihnen sichtlich schwer, aus der Rolle auszubrechen. Mir wurde deutlich, wie festgefahren die Rollen sind und dass die Rollen nur im persönlichen Gespräch aufzubrechen sind und es meine Aufgabe als Klassenlehrerin ist, nicht nachzulassen und Zeit für diese Gespräch aufzuwenden. Das geht in der Trainingsaufgabenzeit, das geht im Unterricht in der Erarbeitungsphase und dafür muss man sich außerhalb dieser Zeiten Zeit nehmen.

Die sieben Schätze des Unterrichtsmanagements

VON BARBARA MANKE-BOESTEN

Zum Unterrichtsmanagement gehören einige handwerkliche Fertigkeiten, die wenig mit Berufung zu tun haben (entweder man kann es oder man kann es nicht"), sondern einfach nur zu erlernen und zu beachten sind.

1. Nonverbales Agieren vor der Klasse
2. 3-H-Technik: Hinweisen – Halten - Hingucken
3. Meldeliste
4. Kinositz
5. Fördererhocker
6. Anker- und Visualisierungstechniken
7. Übergänge zwischen den Phasen

Nonverbales Agieren

Jeder kennt die Situation: Einige Schüler schwätzen, müssen ihre Erfahrungen vom Wochenende austauschen. Wie reagiere ich als Lehrer? Ist meine Instruktion zu langweilig? Sind meine Arbeitsaufträge nicht verständlich? – Dies sind natürlich die ersten Fragen, die man sich stellen sollte, aber in der Situation ist es zu spät und nicht mehr zu ändern. Hier greift Schatz Nummer 1 – nonverbales Agieren. Ich rufe nicht den oder diejenige zur Ordnung, das würde die ganze Klasse stören, sondern agiere nonverbal. Mache Zeichen, lege kurz die Hand auf die Schulter, schaue den Schüler intensiv und abwartend an.

3-H-Technik: Hinweisen – Halten – Hingucken

Wenn ich den zielorientierten Einstieg, wie es unser Unterrichtskonzept vorsieht, erkläre, stehe ich vor diesem Teil der Tafel und weise mit der Hand, mit dem Finger auf die Zeile, die ich gerade erkläre und bleibe auch bei dieser Zeile, um sicher zu gehen, dass die Schüler das Thema sehen und unterstreiche dies mit meinem Hingucken. Wir haben uns gemeinsam das Thema und Programm der Stunde angeschaut, jeder weiß, worum es geht, Fragen konnten gestellt werden und dann kann es losgehen.

Kinositz

Um die volle Aufmerksamkeit der Schüler für meine Erläuterung des Programms und des Lehrervortrages zu bekommen, werden die Stühle nach vorn gedreht, sodass die Schüler wie im Kino sitzen, ihre Aufmerksamkeit auf den Lehrer richten. Sie hören konzentriert zu, da sie mit Blick auf den Lehrer weniger abgelenkt sind.

Meldeliste
In der Grundschule der Meldestab, in der weiterführenden Schule die Meldeliste: Schüler der Klassen eins bis vier stecken eine Wäscheklammer mit ihrem Namen auf den Meldestab, sodass der Lehrer weiß, dass der Schüler eine Frage hat. Ab Klasse 5 wird der Name auf die Meldeliste geschrieben, der Lehrer kommt zum Schüler und beantwortet seine Frage.

Fördererhocker
Der Fördererhocker, benannt nach dem Hamburger Unterrichtsentwickler Gerhard Förderer, kommt in der Erarbeitungsphase zum Einsatz, wenn Schüler individuelle Fragen an den Lehrer haben. Er setzt sich auf den Hocker neben den Fragesteller und beantwortet auf Augenhöhe die Frage des Schülers.

Anker- und Visualisierungsplätze
Man lernt nichts, wenn man es nur einmal hört, deshalb sind Visualisierungen so unheimlich wichtig. Die Mitte der Tafel ist für den Lehrervortrag reserviert, hier kann die Struktur festgehalten werden, Stichworte, Fachbegriffe etc. Die modernen Medien bieten eine gute Möglichkeit zur Unterstützung und machen die Vorbereitung für den Lehrer einfacher. Eine Power-Point-Präsentation kann vorbereitet sein, ein kurzes Bild eingeblendet werden.

Pausen zwischen den Phasen
Auf die drei Phasen unserer Unterrichtsstruktur ist bereits hingewiesen worden. Um deutlich zu machen, was von den Schüler erwartet wird – Denkpartner des Lehrers zu sein bei der Erläuterung des Programmes und dem Lehrervortrag oder dem Lehrer zu erlauben, ihr Denkpartner zu sein, ist eine Pause wichtig: Habt ihr noch Fragen? – zum Schluss des Vortrages und dann drei Minuten Zurückhaltung des Lehrers, um zu beobachten, wer wie mit dem Arbeiten beginnt und auch, um die Schüler zu zwingen, erst einmal selbstständig sich mit den Aufgaben auseinanderzusetzen. Erst danach wird die Meldeliste eröffnet und der Lehrer geht mit dem Fördererhocker herum und wird Denkpartner der Schüler.

Storytelling und Faszinosum

VON EGON BOESTEN

Der Lehrer-Vortrag an der Leibniz Privatschule ist zentraler Bestandteil der Instruktionsphase. Nach dem Begrüßungsritual erläutert der Lehrer im ersten Teil seines Vortrags das Thema der Stunde mit den inhaltlichen Aspekten, die entscheidenden Aspekte werden als Ziele formuliert; die Schüler sitzen dabei im sogenannten Kinositz.

Seinen Lehrervortrag kleidet der Lehrer dabei in eine Geschichte ein (storytelling). Das Thema soll so einfacher in die Gedankenwelt der Schüler Einzug halten. So kann der Deutschlehrer in der Grundschule die Einführung des Buchstaben „x“ mit einer kleinen Geschichte verbinden: „Jetzt können wir endlich Taxi fahren!“ Es liegt hier wie auch in anderen Beispielen in der Hand des Lehrers, für sein Thema zu begeistern.

Faszinosum heißt in diesem Fall: Der Lehrer muss so von seinem Unterrichtsthema begeistert sein, dass er auch die Schüler mitreißt und begeistert. Aktives Erinnern und mediale Präsentation und Visualisierung mithilfe des Tafelbildes sind ebenfalls wichtige Bestandteile des Lehrer-Vortrags. Christoph Biemann, seit 50 Jahren Macher der „Sendung mit der Maus“, formuliert in seinem Beitrag eine Fülle von Beispielen, allesamt Anregungen für den Lehrer-Vortrag.

Wie erkläre ich es einfach – und so, dass ich verstanden werde?

VON CHRISTOPH BIEMANN

Erzählen heißt ja: etwas BESONDERES zu sagen haben: Vor mehr als 20 Jahren gab es einen Bildungskongress der Industrie- und Handelskammer in Köln. Dabei ging es um Schule – und ein Kongress-Teilnehmer fragte: „Warum kann Unterricht in unseren Schulen nicht so spannend sein, wie es die Beiträge in der „Sendung mit der Maus" sind. Die Leibniz Privatschule hat Christoph Biemann, der mit seiner beliebten Sendung 2021 50. Geburtstag feiert, nach einer Weiterbildungsveranstaltung für Lehrer in Kaltenkirchen um einige Tipps gebeten, hier sein Vortrag, Rezepte für den gelungenen Lehrervortrag.

Ganz zu Anfang meiner Ausführungen möchte ich Sie bitten zu Lächeln. Ja, bitte lächeln! Ich tue das nicht ohne Grund. Am Ende meines Vortrags werde ich Ihnen verraten, warum Sie jetzt lächeln sollen.

Diejenigen, die öfter vor der Aufgabe stehen, etwas erklären zu müssen, können das sicher gut. Eigentlich mag es widersinnig sein, dass ich hier stehe. Denn ich arbeite für die „Sendung mit der Maus". Das ist eine Unterhaltungssendung für Kinder, ohne Erziehungs- oder Belehrungsauftrag. Wie kommt es dann, dass wir als kompetent in Sachen Erklären gelten?

Als die „Sendung mit der Maus" vor fünfzig Jahren das Licht der Welt erblickte, war sie eine der ersten Sendungen für Kinder im Vorschulalter. Kinder in diesem Alter lernen wie von selbst und begierig. Lernen ist für sie nichts Negatives. Leider geht ja diese Lust am Lernen irgendwo in der Grundschule verloren. Wir wollten Kindern die Welt zeigen.

Bis dahin gab es wegen des Jugendschutzgesetzes, das Kinobesuche für Kinder unter sechs nicht gestattete, keine Vorschulsendungen im Fernsehen. Aber auch die Kleinen haben eifrig ferngesehen, am liebsten Werbung. Bunte Bilder, flott geschnitten, Musik, kleine Minigeschichten. Wir wollten „Werbespots aus der Wirklichkeit" zeigen.

Um unser Publikum zu unterhalten mussten wir nur erreichen, dass sie nach einem Film von etwa fünf Minuten, mehr wussten als davor. Das macht ein gutes Gefühl, ein Erfolgserlebnis, man fühlt sich bereichert. Und – was auch wichtig ist, vor allem für die Eltern, die mitschauen – man hat das Gefühl, dass einem keine Zeit geklaut wurde.

Damit sich aber dieses Gefühl einstellt, muss es mit dem Verstehen auch wirklich klappen. Denn wenn man nicht versteht, fühlt man sich dumm und ausgeschlossen. Kein Erfolgserlebnis, keine Fernsehunterhaltung.

Also haben wir lernen müssen, verstanden zu werden um gute Fernsehunterhaltung zu machen. Wenn man etwas erklären will, ist die ganz banale erste Frage:
„Wie fange ich an?“

Damit bin ich schon beim ersten wichtigen Punkt. Wenn jemand von vorne herein annimmt, dass er nicht verstehen wird, was Sie ihm erzählen – dann wird er oder sie es auch nicht verstehen. Das erste Signal sollte also sein: Du wirst es verstehen!

Es ist klug, mit einem Bild, einer Situation zu beginnen, die der Angesprochene kennt. Bei der „Sendung mit der Maus“ nennen wir das ABHOLEN. So haben wir eine Sendung zum Thema Atomkraft mit dem Bild eines leeren Spielplatzes begonnen. Dann dazu gesagt, dass es eine Zeit gab, in der die Kinder trotz guten Wetters da nicht spielen durften, weil – in einem Atomkraftwerk etwas passiert war. „Was ist überhaupt ein Atom?“ war dann die nächste Frage – und schon waren wir im Thema. Wir haben die Kinder MIT AUF DIE REISE GENOMMEN – wieder so ein stehender Begriff aus dem Umfeld der „Maus“-Redaktion.

Wie kann ich in eine Geschichte einsteigen? Wo ist ein Punkt, ein Erlebnis aus der Lebenswelt der Kinder, der einen guten Ausgangspunkt hergibt. Eine Kirmes oder Jahrmarkt. Das kennt jedes Kind. Dein Ausgangspunkt für eine Mausgeschichte. Auf jeden Fall ist es wichtig, die Geschichte mit einem Konflikt zu beginnen. Da eben war es die Frage nach dem Drehen und der Stromversorgung für die Lampen. Die einfachste und naheliegende Form eines Konfliktes ist also eine Frage.

Ich weiß etwas nicht, möchte es aber wissen. „Warum ist Milch weiß?“ – „Warum ist der Himmel blau?“ – „Wozu braucht man eigentlich Geld?“
Jede Woche bekommen wir Dutzende solcher Fragen.

Eines der Geheimnisse guten Erklärens ist es, eine Geschichte zu erzählen. Das ist gar nicht so schwer, wenn man die richtige Frage formuliert oder ein Problem benennt, das gelöst werden soll. Es kann auch ein verlorener Schlüssel sein. Alle wollen wissen, ob er wieder gefunden wird. Aber warum wollen das alle wissen? Einmal, weil sie wissen, was das für eine blöde Situation ist, aber auch, weil man mit der Verliererin oder dem Verlierer des Schlüssels mitfühlt. Das bringt uns auf die nächste Spur. Für eine gute Geschichte brauchen wir einen „Helden“ oder eine „Heldin“. Das ist ein technischer Begriff und hat nichts mit Achill, Siegfried oder Herakles zu tun. Es ist einfach die Person, mit der wir mitgehen. Die uns mit „AUF DIE REISE“ nimmt.

Das muss nicht unbedingt ein Sympathieträger sein, aber jemand, dem wir folgen. Das kann jemand sein, der ein Problem mit seiner Heizung hat. (Das Problem wird dann natürlich gelöst), jemand, der einen Berg besteigen will, oder jemand, der die Weltherrschaft anstrebt.

Alles in Butter, alles im grünen Bereich?
Sie selbst können der Held oder die Heldin sein. Erzählen sie ruhig einmal aus ihrem Leben oder erfinden einen Freund oder Nachbarn als Held.

Die Heldin oder der Held ist ein Ankerpunkt für die Identifikation, oder für unsere Spiegelneuronen, wenn Sie so wollen. Wir fühlen gerne mit anderen mit. Wenn um Spenden geworben wird, ist es viel effektiver, von einem Einzelschicksal zu erzählen, beispielsweise von einem ausgezehrten Mädchen, als von Millionen hungernder Kinder. Obwohl das doch das stärkere Argument fürs Spenden sein sollte.

Ich könnte mir vorstellen, dass viele Ihrer Erklärgeschichten mit einem Problem anfangen, das dann im Laufe der Geschichte gelöst wir – Happy End, eine einfache Dramaturgie.

Wenn Sie selbst Held oder Heldin sind, von sich selbst erzählen, ist das sicher kein Fehler. Das ist dann authentischer, näher am Leben, nämlich an Ihrem.

Wenn Sie viel Fantasie haben, können Sie auch Superwoman zur Heldin machen oder eine andere Kunstfigur. Nur verlieren Sie sich nicht in der Geschichte. Verlieren Sie nicht aus den Augen, was Sie erzählen wollen. Viele erinnern sich noch an Karius und Baktus. Aber wenige können sich noch erinnern, was man uns mit diesen Geschichten eigentlich sagen wollte.

Dabei braucht die Antwort auf die Frage gar nicht konkret zu sein. Es kann auch ehrlich sein im Hypothetischen zu bleiben.

Ja, jetzt wissen sie, wie es gewesen sein könnte. Ein Fragezeichen mit zu erzählen ist ehrlich und sympathisch. Sich über den Grundkonflikt und die Heldin oder den Helden Gedanken zu machen, ist sehr wichtig, ja fast schon die halbe Arbeit, jedenfalls was die Gestaltung angeht. Der Anfang der Geschichte ist entscheidend. Vielleicht fällt Ihnen eine lustige Anekdote ein, eine merkwürdige Begebenheit. Alles, was das Interesse des Publikums weckt, hilft. Wenn Sie den Anfang eines Textes geschrieben haben, legen Sie ihn ruhig noch einmal weg und schlafen Sie eine Nacht drüber. Und ein kritischer Blick auf den Anfang sollte auch am Ende Ihrer Vorbereitung stehen.

Nicht nur Kinder lieben Geschichten. Mit Märchen, Mythen und Legenden haben schon die Steinzeitmenschen gelernt, zwischen Gut und Böse zu unterscheiden.

Werte und Geschichte werden durch Erzählungen weiter gegeben. Geschichten dienen auch dazu, Informationen zu verknüpfen, Zusammenhänge herzustellen.

Das Geheimnis der Gedächtniskünstler besteht oft darin, Dinge, die sich merken wollen, mit einer Geschichte zu verknüpfen. Die dürfen auch gerne sehr absurd sein. „Ein Vogel fliegt auf die weiße Nachttischlampe, verzehrt eine rote Bratwurst, so gestärkt kann er besser Schach spielen ..."

Wer sich mit uns auf die Reise begibt, ist guten Willens. Und zuversichtlich, dass die Reise zu einem guten Ende kommt. Aber sollte sie oder er von Anfang an wissen, wohin die Reise geht? Man kann eine Geschichte wie ein Rätsel aufbauen und damit die Spannung erhöhen. Eins von vielen Werkzeugen aus dem dramaturgischen Baukasten. Aber wenn es keinen tieferen Sinn hat, das Reiseziel zu verschweigen, dann sollte man es auch nicht tun.

Der Anfang ist gemacht, Sie und Ihr Publikum haben die Trägheit überwunden und sich in Bewegung gesetzt. Alle sind frohen Mutes auf der Reise. Die Motivation etwas erfahren zu wollen ist da. Jetzt geht es um die eigentliche Vermittlung. Das „SCHWARZBROT", wie wir beim Fernsehen sagen. Der Begriff ist nicht zufällig gewählt, denn es gibt viele Parallelen zum Kochen, Essen und Verdauen. Womit wir auch schon bei den Analogien sind. Ganz wichtige Werkzeuge im Werkzeugkasten des Erklärers.

Oder Modelle und Experimente. Die spielen im Film „Brennstoffzelle" eine entscheidende Rolle. Wie im Western: Er reitet in den Sonnenuntergang. Ein kleiner Spaß, auch wenn ihn nicht alle verstehen. Was immer Sie vermitteln, Sie sollten es anschaulich tun. Der Hauptbestandteil dieses Wortes ist „Schauen", und das hat mit Sehen, mit Bildern zu tun. Und Bilder sind nicht nur beim Fernsehen wichtig. Nehmen wir mal an, Sie wollen erklären, wie Pfeifen funktioniert. Ein Pfeifton entsteht, wenn Luft durch ein zu enges Loch geblasen wird. Das ist so, als wenn sich zu viele Menschen durch eine zu enge Tür quetschen wollen.

Oder „Konvex ist der Bauch vom Rex". Lustig sich den dickbäuchigen König vorzustellen, und konkav und konvex werden nicht mehr verwechselt.

„Das ist so wie wenn ..." Eine Analogie. Das Bild von den Menschen, die sich durch eine Tür quetschen wird im Gedächtnis bleiben. Je nachdem, wen Sie ansprechen, kann dieses Bild schon ausreichen, um Pfeifen zu erklären. Wenn Sie weiter gehen müssen oder wollen, kann es nötig sein, das gebrauchte Bild weiter zu erklären oder sogar zu relativieren.

Denn wer mit Bildern und Analogien arbeitet, läuft immer auch Gefahr, dass die Vergleiche hinken und nähere Prüfung nicht standhalten. Das soll Sie aber nicht davon abhalten, Bilder und Vergleiche zu benutzen. Denn mit der Korrektur oder Relativierung kann auch verbunden sein, dass Ihr Publikum den Kern der Sache besser verstehen lernt.

Um anschaulich erklären zu können, um also Bilder finden zu können, muss man die Sache selbst gut verstehen. Mir ist immer wieder aufgefallen, dass Menschen, die sich mit einem Thema gut auskennen, oft souverän und einfach darüber reden können. Während andere sich bemühen, nur ja alles korrekt und fehlerfrei darzustellen und sich dabei so in der Materie verhaken, dass sie sich mit der Vermittlung schwer tun.

Nur wer souverän mit der Materie umgehen kann, weiß, was er weglassen kann. Und im Weglassen besteht die Kunst. Was ist wirklich wichtig, um einen Vorgang, einen Sachverhalt zu verstehen? Und wo fängt es an gefährlich zu werden? Wo fange ich an zu verfälschen? Um diese Entscheidungen treffen zu können, muss man die Materie kennen, oder, wenn das nicht möglich ist, sich mit jemandem zusammen tun, der entscheiden kann, wo die Grenzen liegen. An manchen Stellen kann es dann auch zu Rangeleien kommen: Der, der vermitteln soll, hätte es gern einfacher, der Sachverständige findet, dass bei zu grober Vereinfachung der Sachverhalt entstellt wird.

Manchmal hat mir aber auch der Zufall geholfen, eine Geschichte zu finden und etwas zu erklären, von dem ich gar nicht wusste es erklären zu wollen. Bildgebende Verfahren in der Medizin oder Auftrieb hätten die Themen sein können. Aber so schön wie mit Zoes Würfeln im Film „Viererkniffel“ hätte ich das sonst nie erzählen können.

Aber wir waren ja beim Verhältnis von Wissenschaftlern und Journalisten.
Auf beiden Seiten spielt Selbstbewusstsein eine große Rolle. Es kann sein, dass der – sagen wir mal – Journalist so stolz auf sein neu erworbenes Wissen ist, dass er, um seinen frisch gewonnenen Sachverstand zu demonstrieren, wissenschaftlicher redet als der Wissenschaftler. Und es kommt vor, dass der Wissenschaftler aus Angst, seine Kollegen könnten ihn der Unkorrektheit zeihen, plötzlich wilde Satzkonstruktionen baut. Ich habe es oft erlebt, dass ich mit Experten lockere, erhellende Gespräche hatte, in denen sie wirklich mit einfachen Worten erklären konnten. Dann lief die Kamera. Und plötzlich wurden sie steif, formulierten trocken wie ein preußisches Amtsgericht, und hatten alles verloren, was sie vorher so sympathisch gemacht hatte. Nur weil ihnen bewusst war: Jetzt hören die Kollegen zu.

Das ist der Grund dafür, dass wir in der „Sendung mit der Maus“ in aller Regel auf Statements von Experten verzichten. Es gibt sowieso genug sprechende Köpfe im Fernsehen.

Neben der Anschaulichkeit und der Kunst des Weglassens gibt es noch ein weiteres wichtiges Thema, wenn man Kompliziertes einfach erklären will: Die Redundanz! Weil redundant ist, was eigentlich überflüssig ist, was man weglassen kann, hat Redundanz ein schlechtes Image. Ganz zu Unrecht, wie ich finde. Wer aus einem Text wirklich ganz konsequent alles Überflüssige streicht, hat nicht nur einen wenig schönen Text, sondern auch einen schwer verdaulichen. Redundanz gibt uns Zeit, Inhalte zu verarbeiten.

Als die „Sendung mit der Maus" vor fast fünfzig Jahren zum ersten Mal gesendet wurde, wurde ihr vorgeworfen zu schnell, zu flippig, zu laut zu sein. Heute sprechen Kritiker vom „wohltuenden Adagio" der Maus. Die Zeiten haben sich verändert; die Sehgewohnheiten haben uns sozusagen überholt.

Der Film Gummibärchengigant wird übrigens an der Frankfurter Uni Erstsemestern gezeigt um deutlich zu machen, wie wissenschaftliches Arbeiten funktioniert. Spannende kleine Experimente.

Zurück zur Redundanz: Charlie Chaplin hat einmal gesagt, alles was für das Verständnis eines Films wichtig ist, müsse drei Mal gesagt oder gezeigt werden. Heute sind die Menschen geübter im Anschauen von Filmen und sind vor allem ein schnelleres Erzähltempo gewohnt. Aber im Prinzip hat Chaplin Recht.

In der Pflanzenheilkunde gibt es die Theorie vom Wirkstoffring. Sie besagt, dass wenn man einen Wirkstoff isoliert, er weniger wirksam und darüber hinaus unverträglicher ist, als wenn er zusammen mit all den anderen Stoffen in der Pflanze eingenommen wird. Auch wenn nur der Wirkstoff wirkt, helfen ihm die anderen Stoffe bei der Arbeit.

So ist es wichtig eine Information nicht nur anzubieten, sondern auch verdaulich zu machen. Bekanntermaßen ist chinesisches Essen sehr gut verdaulich, weil die Chinesen alles sehr klein schneiden. Kleine Bissen lassen sich leichter verdauen als große. Das ist nicht nur beim Essen so. Kleine Schritte lassen einen vielleicht nicht so schnell vorankommen. Aber man stolpert nicht so leicht.

Wir bei der Maus haben das Glück, keine Lehrpläne abarbeiten zu müssen oder bestimmte Inhalte erzählen zu müssen. Wir sind Rosinenpicker.

Manchmal liegen die Themen buchstäblich auf der Straße wie im Film „Schlaglöcher". Hoffentlich verläuft unsere Reise ohne Schlaglöcher. Denn jede Geschichte ist so etwas wie eine Reise.

Wir sind also auf der Reise. Wir kennen die Richtung. Und wir wissen auch, was wir erklären wollen. Aber jetzt kommt die große Kunst: Was müssen wir erzählen und was können wir weglassen?

Dabei gilt grundsätzlich: Weniger ist mehr! Die Zuhörenden oder Zuschauer mit Informationen zu überfrachten bringt nicht nur wenig – oft ist es sogar kontraproduktiv.

Auf der anderen Seite weiß man selber nie zu viel. Wenn ich für die „Sendung mit der Maus" eine Frage beantworten soll, versuche ich mich immer möglichst umfassend zu informieren. Das muss kein abgeschlossenes Studium sein, oft ist es aber nah dran. Dabei ist für mich eine Sache sehr wichtig:
Ich muss mich erinnern. Erstens, dass ich am Anfang meiner Recherche genauso dumm war, wie die meisten meiner Zuschauer. Zweitens muss ich mir den Punkt merken, an dem bei mir der Groschen gefallen ist. Was hat mich verstehen lassen, wo fand bei mir die Erleuchtung statt.

Das ist auch für die Erzählhaltung wichtig. Es bewahrt mich davor, mich vor die Zuschauer zu stellen wie ein allwissender Weltmeister. Davon gibt es im Fernsehen schon genug.

Dabei sind allwissende Weltmeister keinesfalls Sympathieträger.
Besserwisser kann eigentlich keiner leiden.

Theodor Wiesengrund Adorno hat mal gesagt:
„Erzählen heißt ja: etwas BESONDERES zu sagen haben."

Das bedeutet nichts anderes, als dass Sie das, was Sie erzählen, wichtig nehmen, für wichtig und interessant halten. Aber andererseits: Ist das, was Sie erzählen auch für die interessant, die Sie erreichen wollen? Meine Arbeitshypothese ist, dass das, was ich erzähle, für die Zuschauer völlig uninteressant ist, und ich alles tun muss, um es interessant zu machen, dass ich spannend erzählen muss und interessante und schöne Bilder finden muss. Das kann ein schweres Brot sein, aber der Zuschauer darf davon nichts merken. Im Gegenteil.

Damit das alles funktioniert mit dem Verstehen, der Fernsehunterhaltung und dem Lernen, braucht es noch etwas ganz Wichtiges: Emotionen, Gefühle!

Wir wenden sehr viel Zeit, Mühe und Geld auf, um für die Mausfilme extra Musik komponieren und produzieren zu lassen. Die Musik, das wissen wir alle, beeinflusst unsere Gefühle direkt und unmittelbar.

Das Wichtigste aber ist der Humor. Wir versuchen, so locker und leicht an die Erzählung zu gehen, dass sich eine Art von Humor entwickelt – aus der Sache heraus, aus dem souveränen Umgang damit.

Oft helfen uns Zuschauerfragen, interessante und lustige Geschichten zu erzählen. „Würstchenknick“ – „oder ist´s ihm einfach nur Wurscht?“ kein Lacher, kein Brüller – aber ein kleiner Schmunzler. Der kleine Humor.

„Wer lacht, lernt schneller“ – das ist wissenschaftlich erwiesen.
In einem Versuch hat man eine Schülergruppe aufgespalten.
Einer Hälfte hat man einen Witz erzählt, der anderen nicht.
Dann wurden Vokabeln gelernt. Am nächsten Tag hatte die Gruppe, denen der Witz erzählt wurde, doppelt so viele behalten.
Lachen öffnet den Geist.

Ganz wichtig: Sprechen Sie mit Freunden, Kollegen, Angehörigen über das, was Sie rüberbringen wollen. Testen Sie, ob das klappt. Bei uns nennen wir das das „Buddy-Prinzip“. So haben wir schon so manches Verständnisproblem gelöst, denn während der Arbeit an einer Sache kann man leicht zum Fachidioten werden.

Vor allem aber:
Haben Sie keine Angst, dumm oder unwissenschaftlich zu erscheinen. Machen Sie ruhig mal was Verrücktes. Weltmeister, und solche, die sich dafür halten, gibt es genug. Einfach zu formulieren erfordert manchmal Souveränität und Mut. Seien Sie mutig, seien Sie souverän! Schließlich hängen Einfachheit und Genialität zusammen. Oder haben Sie schon mal jemanden gehört, der sagte: „Das ist aber genial kompliziert“?

Ach so, ich bin Ihnen ja noch die Erklärung schuldig, warum sie am Anfang lächeln sollten. Was passiert, wenn man lächelt? Die Muskeln und Nerven im Gesicht geben ein Signal an das Gehirn: „Ich lächle“ Da sagt das Gehirn: „Ich lächle, also bin ich gut drauf.“ Ich wollte Sie einfach positiv einstimmen auf meinen Vortrag. Ich hoffe, Sie haben heute noch viel Grund zu lächeln. Und das Beste: Wenn Sie jemanden anlächeln, dann lächelt der meist zurück. Probieren Sie´s aus!

Prinzip Maus: Warum kompliziert, wenn´s auch einfach geht?

Christop Biemann stammt aus dem mecklenburgischen Ludwiglust, besuchte Harvard, machte sein Abitur in Hildesheim und kam durch sein Studium an der HFF München zum Fernsehen, 1975 zum Kinder-Fernsehen des WDR, seit 1989 als selbstständiger TV-Produzent.

„Ich bin 1952 geboren, 1968 war ich sechzehn Jahre alt. Da war die Welt ganz einfach. Es galt die Einteilung der Welt in Gut und Böse. Goethe war out, Brecht war in. Bringt eine Sache den Klassenkampf voran oder nicht? Welch wundervolle Zeit. Seitdem ist die Welt viel komplizierter geworden, oder vielleicht war die Welt damals schon so vernetzt und verquickt – nur – wir wussten es nicht!?

Durch die globale Vernetzung und den Anstieg des Informationsaustausches ist die Welt nicht einfacher geworden. Wir kennen mehr Zusammenhänge, wissen von Ökosystemen, Wetter- und Klimamodellen, Nahrungsketten und Schweinezyklen.

Natürlich steht es nicht in Ihrer Macht, und auch nicht in meiner, die Welt einfacher zu machen. Aber wir können versuchen, so zu kommunizieren, dass sie die, denen wir etwas zu sagen haben, nicht unnötig verwirrt.

Damit bin ich schon beim ersten wichtigen Punkt. Wenn jemand von vorne herein annimmt, dass er nicht verstehen wird, was Sie ihm erzählen – dann wird er oder sie es auch nicht verstehen. Das erste Signal sollte also sein: Du wirst es verstehen!"

Vom Kindergarten bis zum Abitur gegen Schulfrust und Handymanie

VON EGON BOESTEN

Der Campus der Leibniz Privatschule mit Kindergarten, Grundschule, Gymnasium und Gemeinschaftsschule ermöglicht Übergänge, ohne dass Schulwechsel das angestrebte schulische Ziel gefährden.

„Die Arbeitshaltung, die Fähigkeit, zwischen Arbeit und Privatem unterscheiden zu können: Das können immer weniger Schulabgänger heutzutage. Sie haben keinen Sinn mehr für Pünktlichkeit. Strukturen und Arbeitsabläufe zu erkennen, fällt ihnen schwer. Vielen fehlen Grundkenntnisse in Deutsch und Mathe. An oberster Stelle steht heute das Handy. Immer mehr Schüler brechen ihre Ausbildungen ab, über ein Drittel der Studenten mit Studienabschluss überstehen die Probezeit im Betrieb nicht; es fehlen ihnen soziale Fähigkeiten oder sie haben eine starke Selbstüberschätzung." Analysiert Dr. Michael Winterhoff in seinem Bestseller „Deutschland verdummt".

Die Analyse kommt hart an – aber wer sich auch nur ein wenig mit offenen Ohren und Augen durch unseren Alltag bewegt, wird nicht umhin können, dem Bonner Psychotherapeuten Recht zu geben. Im Supermarkt um die Ecke, im Restaurant nebenan, in Bus und Bahn oder in der Schule: Kinder fallen auf, so wie Dr. Michael Winterhoff es in seinem Buch beschrieben hat.

Die Leibniz Privatschule ist recht früh mit einem alternativen Konzept dem Schulfrust entgegen getreten und versucht mit einem in sich schlüssigen Programm für Kindergarten, Grundschule sowie Gymnasium und Gemeinschaftsschule diese Entwicklung aufzuhalten. Es beginnt im Kindergarten „Die Lütten" mit einem strukturierten Tagesablauf, mit dem Einüben von Regeln und setzt sich in der Grundschule mit einem strukturierten (und ritualisierten) Schulalltag fort. Die tägliche Sportstunde und der seit Kurzem eingeführte „Daily Run" sind Meilensteine gegen die Bewegungsarmut.

Die auch ihre Fortsetzung im Gymnasium und der Gemeinschaftsschule finden: Auch hier gibt es fünf Stunden Sport pro Woche in jeder Klasse, auch hier fällt kein Unterricht aus, auch hier ist der Tagesablauf stark strukturiert, angefangen vom schulischen Unterricht über das Mittagessen und den Nachmittagsablauf mit Trainingszeiten für Hausaufgaben und Arbeitsgemeinschaften mit eher spielerischem Charakter.

Schule wird so zum Lernort ohne Platzwechsel. Die Übergänge vom Kindergarten/Vorschule in die Grundschule wie der Übergang von der Grundschule in die weiterführende Schule und auch der Übergang von Schüler mit gutem Mittleren Schulabschluss in die Oberstufe geht allein deshalb schon mit weniger Einschnitten einher.

Der Übergang an die weiterführende Schule stellt für Schülerinnen und Schüler ein einschneidendes Ereignis innerhalb ihrer Schulbiographie dar und verlangt komplexe Anpassungsleistungen an die Neuerungen, die mit dem Wechsel verbunden sind. So stehen neue Schulfächer im Stundenplan, neue Lehrkräfte mit veränderten fachlichen Anforderungen und Interaktionsformen, ein oftmals längerer Schulweg, ein verändertes soziales Umfeld. Was für den Übergang an den meisten staatlichen Schulen gilt, fällt oftmals bei den Übergängen an der Leibniz Privatschule weg. Etwa die Hälfte eines neuen Einschulungsjahrgangs stammt aus der Kindertagesstätte der LPS; die Tendenz wäre wahrscheinlich noch größer, wenn die Leibniz Privatschule die Nachfrage nach Kita-Vorschulplätzen befriedigen könnte; bis dato scheiterte dies an den baulichen Voraussetzungen.

Alle wissenschaftlichen Untersuchungen zum Wechsel von der Grundschule zur weiterführenden Schule liefern Hinweise für die hohe Bedeutung dieses Ereignisses für den einzelnen – sowohl positive wie negative. Am wichtigsten sind für Grundschülerinnen und -schüler die sozialen („Wen kenne ich?"), leistungsbezogenen („Was muss ich können?" und organisatorischen Veränderungen („Wie komme ich dort am besten hin?") an den weiterführenden Schulen.

Die Untersuchungen belegen auch: Die ehemaligen Grundschüler freuen sich einerseits auf neue Freunde, neue Schulfächer, eine neue schulische Umgebung und andere Organisationsformen des schulischen Lernens. Gleichzeitig werden die Umstellung auf die neuen Lehrkräfte, die Veränderungen in Menge und Schwierigkeitsgrad der Hausaufgaben, die veränderten Leistungsanforderungen und das Knüpfen neuer Freundschaften von den Kindern oftmals als problematisch im Zusammenhang mit dem Wechsel auf die neue Schule erlebt.

All das wird durch die campus-ähnliche Organisation der Leibniz Privatschule („Vom Kindergarten bis zum Abitur") zwar nicht vollständig aufgehoben, aber immerhin bedeutsam reduziert. Es erleichtert den Übergang sowohl vom Kindergarten zur Grundschule wie auch den weiteren Wechsel von der Grundschule in die weiterführende Schule, egal ob Gymnasium oder Gemeinschaftsschule. Die Schüler sind auch mit der neuen, alten Umgebung schon vertraut.

Die Leibniz Privatschule Elmshorn ist eine IB-World School®

VON DR. STEFAN WESTER

Die Leibniz Privatschule Elmshorn ist eine IB World School. Dies sind Schulen, die eine gemeinsame Philosophie teilen – ein Bekenntnis zu hoch qualitativer Bildung, herausforderndem Unterricht, Internationalität und persönlichem Engagement.

Die Leibniz Privatschule Elmshorn bietet neben dem Abitur das International Baccalaureate (IB) Diploma Programme an. Das zweijährige Diploma Programme (DP) ist ein qualitativ hochwertiges und herausforderndes Kurssystem in englischer Sprache, welches zum Erlangen des International Baccalaureate führt.

Was ist das IB?
Die International Baccalaureate Organization bietet mit dem International Baccalaureate (IB) weltweit vier Schulprogramme mit einem internationalen Fokus an. Darunter ist auch das Diploma Programm (DP), welches in den Jahrgängen 11 und 12 der Oberstufe

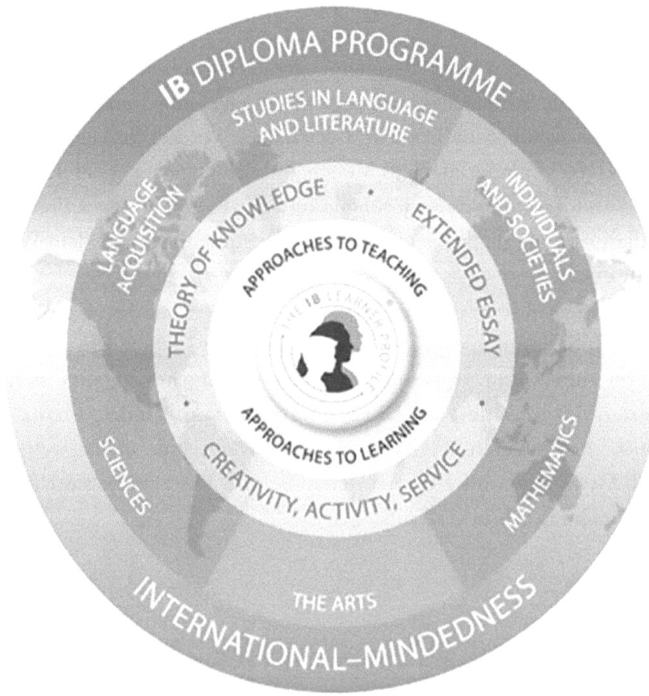

unterrichtet wird. Nach Bestehen der Prüfungen erhält der Schüler das International Baccalaureate, das zum Studium an einer Vielzahl von Universitäten weltweit berechtigt. Ziel des International Baccalaureate ist es, fragende, sachkundige und sozial engagierte junge Menschen auszubilden, die durch interkulturelles Verständnis und Respekt dazu beitragen, eine bessere und friedlichere Welt zu schaffen. Das IB ermöglicht es den Schülern, die Komplexität der sie umgebenden Welt zu verstehen und sie mit den erforderlichen Fähigkeiten und Einstellungen auszustatten, um verantwortungsvolles, zukunftsbezogenes Handeln zu ermöglichen. Das Diploma Programme bietet eine Ausbildung, die fachspezifische, kulturelle, nationale und geografische Grenzen überschreitet und sich für eine kritische Auseinandersetzung, das Stimulieren von Ideen und bedeutungsvoller Beziehungen einsetzt.

Akzeptanz des IB weltweit

Momentan erkennen mehr als 3300 Universitäten in 90 Ländern den Abschluss für den Universitätszugang an. Das IB besitzt weltweit aufgrund der Fähigkeiten der Absolventen einen guten Ruf, dazu gehören renommierte Universitäten wie Cambridge, Oxford oder die London School of Economics. Für Informationen, welche Universitäten das IB akzeptieren, kontaktieren Sie das IB Recognition Team (recognition@ibo.org). Es ist außerdem immer ratsam, den neuesten Stand über die Akzeptanz des IB direkt bei einer in die persönliche Auswahl fallenden Universität zu erfragen.

Inhalte des Diploma Programms an der Leibniz Privatschule

Mit dem Eintritt in die Oberstufe werden die Schüler in die „preparation for IB class", kurz prep-class, aufgenommen. Diese Klasse dient in Elmshorn zur Vorbereitung auf das Diploma Programme in den nächsten beiden Klassenstufen.

prep-class

Die Fächer der prep-class sind dieselben Fächer wie im gesellschaftswissenschaftlichen Profil des Abiturjahrgangs. Dies lässt dem Schüler die Möglichkeit, am Ende des Schuljahres doch noch in eine Abiturklasse zu wechseln ohne das Schuljahr wiederholen zu müssen. Außerdem ist so mit erfolgreicher Versetzung in die nächste Klassenstufe automatisch der mittlere Schulabschluss erreicht. Es kann zwischen den profilgebenden Fächern Geschichte und Geografie gewählt werden. Die Mehrheit der Schüler entscheidet über das profilgebende Fach. Profilbegleitendes Fach ist das jeweils andere und Wirtschaft/Politik. Zwei Naturwissenschaften, darunter immer Biologie, werden unterrichtet. Es gibt die Wahl zwischen Kunst oder Musik, sowie Religion oder Philosophie. Die weiteren feststehenden Fächer sind Mathematik, Deutsch, Englisch, Spanisch und Sport. Der Unterricht in einigen Fächern findet zur Vorbereitung auf das Diploma Programme in englischer Sprache oder bilingual statt. Des Weiteren werden Methoden wie essay writing, academic honesty und literature research entwickelt.

Diploma year 1 and 2

Die beiden letzten Klassenstufen beinhalten die beiden Diploma Jahre 1 bzw. 2. In ihnen werden die Inhalte des Diploma Programmes vermittelt. Jeder Schüler belegt ein Fach aus den sechs Bereichen des Diploma Programme, mindestens drei davon auf „higher level" (HL), die anderen auf „standard level" (SL). Diese „level" sind vergleichbar mit dem erhöhten und dem grundlegenden Anforderungsbereich im Abitur. Jedes HL-Fach wird über die zwei Diploma-Jahre insgesamt mindestens 240 Zeitstunden, jedes SL-Fach mindestens 150 Zeitstunden unterrichtet.

Eigenschaft	Beschreibung
Fragende	Wir fördern unsere Neugier und entwickeln Kompetenzen für Untersuchungen und Forschung. Wir wissen, wie man selbständig und zusammen mit anderen lernt. Wir lernen mit Begeisterung und erhalten uns lebenslang die Liebe zum Lernen.
Wissende	Wir entwickeln und nutzen ein begriffliches Verständnis und untersuchen Wissen in verschiedenen Fächern. Wir setzen uns mit Fragen und Ideen auseinander, die von lokaler und globaler Bedeutung sind.
Denkende	Wir setzen kritische und kreative Denkkompetenzen ein, um komplexe Probleme zu analysieren und im Hinblick auf diese verantwortungsvoll zu handeln. Wir zeigen Initiative im Hinblick auf begründete, ethische Entscheidungen.
Kommunikatoren	Wir äußern uns selbstbewusst und kreativ in mehr als einer Sprache und auf vielfältige Weise. Wir arbeiten effektiv zusammen und bedenken die Ansichten anderer Personen und Gruppen mit Umsicht.
Prinzipientreu	Wir handeln ehrlich und mit Integrität, mit einem guten Sinn für Fairness und Gerechtigkeit, und mit Respekt für die Würde und Rechte aller Menschen. Wir übernehmen Verantwortung für unser Handeln und dessen Folgen.
Vorurteilsfrei	Wir schätzen unsere eigenen Kulturen und persönlichen Lebensgeschichten in kritischer Weise, sowie auch die Werte und Traditionen Anderer. Wir befassen uns mit vielfältigen Ansichten und beurteilen diese und wir sind bereit, aus unseren Erfahrungen zu lernen.
Fürsorglich	Wir zeigen Empathie, Mitgefühl und Respekt. Wir fühlen uns dem Dienst an Anderen verpflichtet, und wir handeln, um einen positiven Einfluss auf das Leben Anderer und unsere Umwelt zu nehmen.
Risikofreudig	Wir gehen vorausschauend und entschlossen mit Unsicherheiten um; wir arbeiten selbständig und zusammen mit anderen daran, neue Ideen und innovative Strategien zu entwickeln. Wir sind einfallsreich und belastbar, wenn wir mit Herausforderungen und Veränderungen konfrontiert werden.
Ausgewogen	Wir verstehen die Bedeutung, die verschiedenen Aspekte unseres Lebens – intellektuell, körperlich und emotional – auszubalancieren, um für uns und Andere Wohlbefinden zu schaffen. Wir erkennen unsere Interdependenz mit anderen Menschen und mit der Welt, in der wir leben.
Reflektierend	Wir ergründen die Welt und unsere eigenen Ideen und Erfahrungen mit Umsicht. Wir arbeiten daran, unsere Stärken und Schwächen zu verstehen, um dadurch unser Lernen und unsere persönliche Entwicklung zu unterstützen.

Quelle: International Baccalaureate Organization 2017 „Was ist eine IB-Bildung?" www.ibo.org

Stundenplan im Diploma Programm

Die HL-Fächer werden pro Woche fünf Schulstunden (a 45 min) unterrichtet, SL-Fächer drei Stunden. Ergänzt wird das Programm durch das Fach Sport (physical education), welches aber keine Relevanz für das IB hat. Die Leibniz Privatschule verfolgt mit ihrem Unterrichtskonzept auch den Ansatz, der durch wissenschaftliche Studien untermauert ist: Bewegung fördert die kognitiven Leistungen. Daher bieten wir als Entlastung zur geistig anstrengenden und im Sitzen stattfindenden Unterrichtsarbeit die sportliche Betätigung mit insgesamt fünf Unterrichtsstunden in der Woche an. Abgerundet wird das Diploma Programme mit am Nachmittag stattfindenden Trainingsstunden. Hier kann der Schüler gezielt Fächer üben und die Hausaufgaben erledigen. Ein Lehrer steht dabei als Mentor zur Seite. Englische Fachbegriffe können ebenso gelernt werden oder die Recherche und das Schreiben am Extended Essay kann in unserer Schulbibliothek und unter Zuhilfenahme von Online-Quellen bearbeitet werden. Ebenso können hier Aktivitäten zum CAS-Projekt geplant und durchgeführt werden. Beispielsweise könnte ein Schüler als sein CAS-Projekt eine Zeit lang eine AG in unserem Grundschul-Nachmittagsangebot nach seinen Interessen planen, entwickeln und durchführen.

Das IB-Lernerprofil

Das IB-Lernerprofil stellt den Schüler in das Zentrum der IB-Bildung. Die zehn Eigenschaften stehen für einen ganzheitlichen Ansatz der IB-Bildung. Sie unterstreichen die Bedeutung der Vermittlung von Geisteshaltungen, wie z. B. der Neugier und dem Mitgefühl sowie die Entwicklung von Wissen und Kompetenzen. Sie unterstreichen außerdem, dass sich die IB-Programme neben der kognitiven Entwicklung auch mit dem sozialen, emotionalen und körperlichen Wohlergehen der Schüler befassen und sicherstellen möchten, dass die Schüler lernen, sich selbst, Andere und die Welt, in der sie leben, zu respektieren.

Aufnahmekriterien für das Diploma Programme

Zur Aufnahme in das Diploma Programme werden an den Bewerber Anforderungen über seine Eignung gestellt:

- mindestens gute Englischkenntnisse, nachgewiesen in seiner Englischnote oder einem Sprachtest im Cambridge First Certificate-Stil
- sonstige Schulische Leistungen, nachgewiesen durch das Ganzjahreszeugnis der Klassenstufe 9 und Halbjahreszeugnis der Klassenstufe 10
- persönliches Interesse am Diploma Programme, in einem Motivationsschreiben in englischer Sprache
- Lernbereitschaft, nachgewiesen aus Zeugniskommentaren d. vergangenen Schuljahren
- Engagement in schulischen und außerschulischen Bereichen

Es erfolgt ein Bewerbungsgespräch von ca. 15 min auf Deutsch und Englisch mit dem IB Coordinator.

Der Ganztagesbetrieb an der Leibniz Privatschule

VON BARBARA MANKE-BOESTEN

Die Leibniz-Schüler haben einen Acht-Stunden-Tag: Ist das nicht schrecklich? – Werden die armen Kinder nicht überfordert? Die Schulgründerin und Schulleiterin sagt mit aller Deutlichkeit: „Ich sage nein! Warum nicht?“

Vorweg erst einmal: In unserer Schule wird viel gelacht, die Kinder fühlen sich wohl und kommen gern hierher. Die Kinder haben nicht nur Unterricht, sondern essen auch gemeinsam, spielen und toben gemeinsam auf dem Schulhof, erledigen die Hausaufgaben in der Trainingszeit unter Anleitung und Hilfe gemeinsam und gehen dann ihren Hobbys in den Arbeitsgemeinschaften nach.

In der Grundschule gibt es jeden Tag fünf Stunden Unterricht, in der weiterführenden Schule sieben Stunden. Von den 25 beziehungsweise 35 Wochenstunden sind aber auch fünf Stunden Sport – in jedem Jahrgang und in jeder Klasse. In den Klassenräumen und den Lernzonen ist Platz und Zeit zum Lernen, zum Üben, zum Ausprobieren. Es ist schön, gemeinsam zum Essen zu gehen, sich selber an den Ausgaben den Teller/das Tablett zu holen und die tollen Gerichte unserer Essencrew zu genießen. Man kann mit seinen Freunden plaudern (manchmal auch Unsinn machen) und dann geht man gemeinsam in die Pause, tobt über den Rasen, benutzt die vielen Geräte und kann sich ausprobieren oder gemeinsam Bilder tauschen oder reden. Jetzt in der Corona-Zeit sind die Möglichkeiten natürlich eingeschränkt – nur abwechselnd je nach Pausenbereich zu nutzen.

Die Hausaufgaben in der Schule zu machen ist nur von Vorteil: Nach einer Stunde ist Schluss, die Schüler bekommen Hilfe und das Familienleben ist entspannter. Es gibt keinen Streit am späten Nachmittag oder Abend über die Hausaufgaben, die Zeit steht für ein schönes Familienleben zur Verfügung.

Wir haben pro Tag ein Angebot von ca. 10 Arbeitsgemeinschaften, es ist für jeden etwas dabei: musische, sportliche Angebote, Theater, Musical, Lego, Eisenbahn, der kleine Forscher, Kochen, Garten ... In Corona-Zeiten gilt leider etwas einschränkend das Kohortenprinzip.

Lernen und Freizeit werden verbunden und der Nachmittag und Abend steht zur freien Verfügung. Auch für die Lehrer ist es spannend mit den Kindern nicht nur im Unterricht zusammen zu sein. Wenn ich beim Mittagessen dabei sitze, lerne ich die Kinder ganz anders kennen, in den Hausaufgaben kann ich auf einzelne Schüler besser eingehen und wenn ich aus meinem Hobby eine Arbeitsgemeinschaft mache, kann ich vielleicht einige Schüler auch für mein Hobby begeistern und sehe wieder eine ganz andere Seite der Schüler.

Der Ganztagesbetrieb ist also nicht nur Lernen und Schule, sondern hat viele Facetten. Aus Sicht des Lernens ist schon die erste Wiederholung in den Hausaufgaben wichtig. Die Schüler erkennen auch, dass der Schulbetrieb eine große Organisation erfordert. Sie tragen mit ihren Diensten – aufräumen, fegen, Tablett wegbringen – mit zu reibungslosen Abläufen bei und lernen bestimmte Fertigkeiten fürs Leben: Wie wische ich einen Tisch, wie fege ich, wohin gehört der Müll ...

(Eine Anekdote am Rande: Ein türkischer Junge, der mit seinem Yoghurt gekleckert hatte, meinte, dies würden die Erzieher schon wegwischen und er nicht als Junge. Konsequenz: er wischte alle Tische, schließlich haben wir Gleichberechtigung.)

Es entsteht eine große Gemeinschaft, die auch zusammen feiert, wenn es erlaubt ist. Ein weiterer Vorteil ist der fast nahtlose Übergang vom Kindergarten in die Grundschule, in die weiterführende Schule, in die Oberstufe. Wir kennen die Schüler und die Schüler kennen die Abläufe, die Regeln. Es erleichtert ungemein die ersten Wochen in den neuen Klassen, natürlich werden auch neue Schüler freundlich aufgenommen. Aber der Leibniz-Schüler weiß, wie es geht und was passiert, wenn er sich nicht an die Regeln hält. Er kennt aber auch die Vorteile des Schullebens bei uns. Jeder, der in unser Gebäude kommt, staunt über die freundliche Atmosphäre und die höflichen Kinder. Es sind Kinder, die auch Unsinn machen und die soziale Kompetenz erlernen müssen, aber das ist normal.

In den Ferien ist die Schule geöffnet. Es gibt ein spannendes und abwechslungsreiches Betreuungsangebot mit Ausflügen und für die Großen, die vor den Prüfungen stehen bzw. für die Oberstufe gibt es Vorträge und Wiederholungen des Schulstoffes der Kernfächer.

Darüber hinaus gibt es an der Schule die Möglichkeit des Förderunterrichts. Wir haben zwei externe Experten z.B. für Legasthenie-Training im Haus. Die Eltern müssen nicht um 17 Uhr noch zur Therapie gehen.

Und als Letztes: Die Unterrichtsstunden und die Betreuung mit Hausaufgaben und AGs sind verlässlich, sie fallen nicht aus, auch wenn der Unterricht nicht immer 1 zu 1 fachlich ersetzt werden kann, es fällt keine Unterrichtsstunde aus. Für berufstätige Eltern ein großer Gewinn.

Das Lehrer-Schüler-Verhältnis ist geprägt von einer enormen Bindung

VON KENNETH KALUZA

Rede des Leibniz-Schülersprechers Kenneth Kaluza am 31. August 2018 anlässlich des zehnjährigen Bestehens der Leibniz Privatschule Kaltenkirchen/Bad Bramstedt:

„Sehr geehrte Damen und Herren, liebe Lehrer, liebe Mitschüler,
ich habe heute die Ehre, als Schülervertreter eine kurze Rede anlässlich des 10-jährigen Jubiläums halten zu dürfen. Vor genau einem Jahr war es für uns noch in weiter Ferne, dass wir bald in einem neuen Schulgebäude in Kaltenkirchen unterrichtet werden. Heute jedoch stehen wir hier, feiern unser 10-jähriges Bestehen. Ich finde es sehr beeindruckend, wie die Schule heute aufgestellt ist und sich präsentiert, mit mehr Schülern als je zuvor. Vor 10 Jahren hätte wahrscheinlich fast niemand geglaubt, dass wir mit so vielen Schülern und auch Angestellten diesen Tag heute feiern dürfen. Tag für Tag hat man in den letzten Wochen und Monaten gemerkt, wie die Schule wächst.

Vor allem ich weiß das, denn ich bin schon mittlerweile 9 Jahre an der Schule und weiß wovon ich spreche. Jede Herausforderung der letzten Jahre haben wir gemeinsam gemeistert. Darauf können wir finde ich sehr stolz sein. Wir haben ein neues Gebäude, mit jeglicher Ausstattung, die man sich als Schüler wie auch Lehrer nur wünschen kann.

Unserer Schule zeichnet jedoch nicht nur das neue Gebäude und eine 10-jährige Vergangenheit aus, sondern all die Dinge ums uns herum, die uns zu etwas Besonderem machen. Das Lehrer-Schüler-Verhältnis ist meiner Meinung nach geprägt von einer enormen Bindung, denn unsere Lehrer stehen uns zur Seite, kennen unsere Schwächen und Stärken, und unterstützen uns in allen unterschiedlichen Situationen. Das Konzept ermöglicht es für Jeden an unserer Schule, die Lernhinhalte zu verstehen und die zukünftigen Ziele, egal welcher Abschluss dies auch sein mag, zu erreichen. Darüber hinaus haben wir jedes Jahr eine Klassenfahrt, die den Zusammenhalt der Klasse fördert und uns Erfahrungen bringt, die wir wahrscheinlich niemals in unserem Leben vergessen werden. Und nicht zu vergessen unsere Austausch-Programme, die uns wirklich zu einer internationalen Schule werden lassen.

Wenn ich all die Besonderheiten unserer Schule erzählen würde, würde ich noch lange hier stehen. Ich möchte mich bei allen Beteiligten für die letzten Jahre bedanken und kann nur eines sagen: Wir freuen uns auf die Zukunft, hier als Gemeinschaft."

Der Raum – der dritte Pädagoge im Ganztagsschulbetrieb

VON EGON BOESTEN

„Der Raum ist der dritte Pädagoge." – Diese Erkenntnis stammt von dem norditalienischen Erziehungswissenschaftler Loris Malaguzzi (1920-1994). Danach sind die Mitschüler der erste, der Lehrer der zweite Pädagoge, gleich gefolgt vom „Raum als drittem Pädagogen".

Die Rolle, die der Raum, die Umgebung als Lernort spielt, hat in der Bildungsdebatte in Deutschland nur am Rande stattgefunden. Dabei kommt neben dem Lehrer und der Peer-Group, den Mitschülern, die räumlichen Umgebung, in der Schule stattfindet, eine besondere Rolle zu. Insbesondere dann, wenn man Schule wie an der Leibniz Privatschule als Ganztagsschule versteht. Der Raum, in dem sich Lernen abspielt, ist Lernort und Lebensort gleichermaßen. Was nichts anderes bedeutet, als dass er auch einladend sein soll, sowohl für Schüler wie auch für Lehrer. Angestrebt wird gewissermaßen eine Wohlfühl-Umgebung, in der Lernen gelingen kann. Räume und Möbel, Farbgestaltung, Lichteinfall, auch Gardinen und Frischluft wirken sich auf das Wohlbefinden von Lehrern und Schülern aus. Sie schaffen es, Schüler zum Lernen zu motivieren und reduzieren sogar Gewalt und Vandalismus, wie man in diversen Untersuchungen festgestellt hat.

Das fängt in der Leibniz Privatschule mit der Café-Haus-Atmosphäre im Eingangsbereich an, setzt sich über die Schulmensa fort, in der jede Woche frische Blumen auf dem Tisch stehen und macht auch vor Klassenräumen und Lernzonen keinen Halt. Die Lernzonen sind Zonen für ruhiges und konzentriertes Arbeiten. Es herrscht hier „Flüsterlautstärke". Es dürfen nur Schüler mit dem Ausweis Advanced Learner in die Lernzone. Im Klassenbuch wird vermerkt, wer als Advanced Learner während des Unterrichts in die Lernzone darf. In den Lernzonen stehen die Schulbücher, Lexika und andere Materialien in dafür eigens vorgesehenen und beschrifteten Regalen. Der jeweilige Fachlehrer ist dafür verantwortlich, dass die Bücher in die Klasse geholt und nach der Stunde wieder ordentlich an richtiger Stelle in die Regale eingeräumt werden. In den Lernzonen wird, wie in der Bibliothek, ruhig gearbeitet und nicht gegessen oder getrunken, kein Handy und I-Pad benutzt. Die Schüler der Grundschule und der Sekundarstufe I (5. bis 10. Klasse) halten sich in der Pause nicht in den Lernzonen auf; die Schüler der Sekundarstufe II dürfen sich in den Lernzonen aufhalten, aber dort nicht essen und trinken und nicht die I-Pads benutzen. Im Eingangsbereich, auch das ist Teil des Raum-Konzepts der Leibniz Privatschule, gibt es einladende Bereiche für Eltern, die ihre Kinder abholen. Das Café Adorno in Elmshorn und das Café Leibniz in Kaltenkirchen werden von Schülern und Eltern gleichermaßen gut angenommen.

Klassenraumgestaltung und Klassenraummanagement

VON BARBARA MANKE-BOESTEN

In diesem Kapitel geht es nicht im klassischen Sinn um classroom management, sondern es geht um die Gestaltung des Klassenraumes, um eine lernfördernde Atmosphäre zu schaffen.

Mir ist es ein Graus, wenn ich die vollgestellten und vollgeklebten Klassenräume in den meisten Schulen, vor allem Grundschulen, sehe: an den Fensterscheiben die Osterhasen, in der hinteren Ecke die Wandzeitungen mit Regeln fürs Verhalten in der Klasse und vorn schon die Herbstblätter, gebastelt im Kunstunterricht.Die Kinder werden überflutet mit Materialien und Information, sie kommen kaum zur Ruhe, deshalb sind unsere Klassenzimmer relativ „leer" und gut strukturiert und sehen alle „gleich" aus.

Zur Grundausstattung gehören folgende Dinge: Gruppentische, Pult, Tafel, Schließfächer, Regal für die Wörterbücher, für die Sportsachen. Ein Buchtausch-Regal. Material wird in den Ablagekörben der jeweiligen Fächer hinterlegt bzw. die Trainingsaufgaben werden dort hinterlegt. Das Lehrerpult ist nicht mit Papier übersät, sondern es liegen nur Klangschale, Locher und Tacker, Klassenbuch darauf.

Blaue, rote und grüne Punkte geben Hinweise, was gerade im Unterricht passiert. Der blaue Punkt an der Tafel sagt, Achtung, wenn der Lehrer hier steht, zuhören, es wird etwas erklärt, der grüne Punkt am Pult weist auf organisatorische Hinweise hin und wenn der Lehrer in der Nähe des roten Punktes steht, droht Alarm. Der Lehrer unterbricht jetzt seinen Unterricht und weist die Klasse daraufhin, dass es so nicht weitergeht und zu laut ist und alle sich wieder konzentrieren müssen. Der Vorteil ist, dass der Lehrer nicht dauernd einzelne Schüler diszipliniert und damit den Unterricht unterbricht, sondern einmal die ganze Klasse und evtl. auch einzelne Schüler darauf aufmerksam macht, dass es so nicht geht.

Die Schüler heften ihre Arbeitsblätter in einem Ordner ab, der in das Schließfach kommt, zusätzlich gibt es in den SI Klassen die sogenannten Eigentumskästen, in denen Material der Schüler wie Hefte, Tuschkästen Griffeltasche o.Ä. gelagert werden.
Die Tafel hat eine bestimmte Struktur und auch sie findet sich in allen Klassen wieder. In allen Klassen gibt es Bilder von bekannten Künstlern und Blumen. Auch die Lernzonen sind thematisch gestaltet mit Bildern und Blumen. Hier finden sich in den Regalen die Schulbücher wieder bzw. den Unterricht ergänzende Materialien.

Die Schule durchzieht eine bestimmte Gestaltung. Die Wände sind alle in einem freundlichen Apricot-Ton gestrichen, überall finden sich Blumen und Sitzgelegenheiten und Regale voller Bücher: Kinderbücher, Krimis, Belletristik.

Zum Klassenraummanagement gehört, dass die Gestaltung des Raumes den Unterricht unterstützt wie z.B. die Gestaltung der Tafel, der Gong zu Beginn der Stunde, die blauen, grünen und roten Punkte zur Orientierung. Übersichtlichkeit und Ordnung tragen auch in gewisser Weise zur Konzentration bei. Natürlich gibt es auch individuelle Klassenelemente. So hängt zum Beispiel in meiner Klasse seit einem Jahr ein Flamingo namens Pinguin Paul von der Decke.

Wenn Hausaufgaben zu Hausfriedensbruch werden

VON EGON BOESTEN

„Hausaufgaben werden, wenn überhaupt, abends unter Druck gemacht oder morgens früh schnell vor der Schule", sagt der Bremer Bildungsforscher Professor Gerhard Roth. Deshalb verfehlten sie völlig ihren Sinn. Roth empfiehlt, statt Hausaufgaben das Gelernte nach Schulschluss unter Aufsicht von Lehrern zu konsolidieren. In den Jahrgangskonferenzen haben wir uns als Lehrer ein Bild von Ihren Kindern machen können. Und wir haben ein ausgesprochen positives Bild von Ihren Kindern; wenn es wo im Einzelnen hakt, werden wir uns persönlich mit Ihnen in Verbindung setzen. Generell stellen wir fest, dass die Schüler, die es unmittelbar nach dem Unterricht – ob in der Grundschule um 12.25 Uhr oder in der Sekundarstufe um 14.35 Uhr – auf dem schnellsten Weg nach Hause zieht, mehr oder weniger Probleme haben. Hausaufgaben werden häufig nicht oder nur unzureichend gemacht; das bleibt auf dem Lernerfolg nicht ohne Folgen.

Freizeit danach sollte unaufgeregt und ruhig sein, um das das Gelernte „intuitiv und unbewusst" zu konsolidieren. So sei der „Behaltenserfolg" am größten, betont Roth. „Das ist psychologisch das Vernünftigste. Und neurobiologisch auch." An der Leibniz Privatschule sind Hausaufgaben gleich Schulaufgaben; wenn der Schüler dann zwischen 16 und 17 Uhr nach Hause kommt, dann ist wirklich Feierabend. Hausaufgaben sind Schulaufgaben, das ist unsere Formel seit 2006 in Elmshorn und seit 2008 in Bad Bramstedt und nach dem Umzug 2017 in Kaltenkirchen.

Und das aus guten Gründen: Hausaufgaben mit den Eltern – das funktioniert in der Regel nicht und endet oft in Streit und Stress aller Beteiligten. Fachleute betreuen diese Trainingszeiten, sind Ansprechpartner im Hause. Kinder gehen am Nachmittag nach Hause und haben frei, kein Vokabellernen am späten Abend, vor oder nach der Tagesschau.

En passant ist sichergestellt, dass die Heranwachsenden nicht – so wie viele andere Schüler siebeneinhalb Stunden pro Tag vor und mit elektronischen Medien verbringen, wie Untersuchungen zum Medienkonsum von Neuntklässlern belegen. Und nach 16 oder und 17 Uhr bleibt immer noch genügend Zeit für Fußball, Tennis, Sport, Musik und Co.

Wie wir unterrichten: Wie eine Schülerin den Schulalltag erlebt

VON LUISA SCHLUMBOHM

Luisa Schlumbohm kam in Klasse 5 mit Hauptschulempfehlung von ihrer Grundschule und war am Ende ihrer Schulzeit an der Leibniz Privatschule eine der Besten, schloss mit einem Einser-Abitur ab. Sie erzählt die Besonderheiten an ihrer Schule, die sowohl in der Grundschule wie auch in der Sekundarstufe gelten.

Mein Wecker klingelt morgens um 7 Uhr. Wenn ich es dann geschafft habe, mein Bett zu verlassen, suche ich mir meist erst einmal etwas zum Anziehen heraus. Allerdings gibt es da eine Besonderheit – an meiner Schule wird Schulkleidung getragen ... Ich finde, bei dem Begriff Schuluniform hat man sofort das Bild von langen Kniestrümpfen, karierten Röcken und dunklen Cordhosen im Kopf. Glücklicherweise hat dieses Klischee keine Ähnlichkeit mit der Kleidung, die ich an meiner Schule tragen muss. Es gibt sehr viele verschiedene Kleidungsstücke. Von der Collegejacke bis zum Trägertop ist fast alles dabei. Da die Uniform sehr vielfältig ist, habe ich immer noch die Möglichkeit, mich so zu kleiden, wie ich mich wohl fühle. Nachdem ich mich also angezogen habe, verschwinde ich ins Bad. Um halb acht muss ich dann auch schon los. Leider gibt es zu meiner Schule keine Busverbindungen, deswegen werde ich von meinen Eltern gefahren. Aber das ist kein großes Problem, da wir nur 13 Minuten mit dem Auto brauchen. Wenn ich dann um 10 vor 8 den Klassenraum betrete, warte ich, bis alle meine Freunde da sind, bevor wir dann gemeinsam zur Ansprache gehen.

Und da haben wir schon wieder eine Besonderheit. Montags und freitags ist Ansprache. Sie wird von unserem Schulleiter in der Kantine gehalten. Meistens spricht er kurz über neue Ereignisse, die in der Welt passiert sind, stellt neue Lehrer oder Schüler vor, ermahnt uns, dass wir Schulkleidung tragen sollen oder kündigt einen Ausflug an. Danach wird noch ein Schüler von den Schulsprechern für eine herausragende Leistung oder eine besondere Tat ausgezeichnet und ein Preis für die am besten aufgeräumte Klasse vergeben. Anschließend kehren wir alle wieder in unsere Klassenräume zurück. Jeder Schüler hat ein Fach, wo er seinen Rucksack, seine Jacke oder seinen Ordner aufbewahren kann. Zusätzlich hat jeder eine blaue Kiste, wo man seine Hefte und Unterlagen aufbewahrt. Dadurch muss ich nicht immer alles nach Hause schleppen. Streng genommen bräuchte ich auch eigentlich gar keinen Rucksack. Was meiner Meinung nach sehr angenehm ist. Wenn der Lehrer die Klasse betritt, schreibt er als erstes das Programm auf die Tafel. Das Thema, die verschiedenen Arbeitsschritte und das Material, das wir für den Unterricht brauchen. Wenn er damit fertig ist, stehen wir alle auf und warten, bis er mit der Klangschale die ersten beiden Stunden beginnt ...

Voilà, schon wieder eine Besonderheit: die Klangschale. Wie man wahrscheinlich schon aus dem Namen schlussfolgern kann, ist das eine Schale, die ein melodisches Gonggeräusch von sich gibt, wenn man mit einem Holzstab dagegen schlägt. An meiner Schule ist es ein Brauch, mit diesem Gong die Stunde zu beginnen. Nach der Begrüßung nehmen wir alle den Kinositz an. Da sind wir auch schon bei Besonderheit Nummer 4: Der Kinositz ist ein Sitz, der in der so genannten Instruktionsphase eingenommen wird. Die Stühle werden wie im Kino nach vorne zur Tafel gedreht. Die Schüler sitzen im Kinositz, und der Lehrer stellt das Programm vor, erklärt das neue Thema. Wenn er damit fertig ist, drehen wir die Stühle wieder. Darauf folgen fünf Minuten eigenständige Arbeit. In dieser Zeit darf ich mich weder mit meinem Sitznachbarn austauschen noch eine Frage an den Lehrer stellen. Mit diesem Prinzip wollen die Lehrer erreichen, dass wir uns intensiv und eigenständig mit den Aufgaben auseinandersetzen und nicht gleich fragen, was wir machen sollen. Erst, wenn die Zeit um ist und wir immer noch nicht wissen, was zu tun ist, wird sich gemeldet.

Aber auch da gibt es eine Besonderheit. An meiner Schule melden wir uns nicht mit der Hand, sondern wir benutzen die Meldeliste. Das ist ein kleiner Abschnitt an der Tafel, auf der man seinen Namen notiert, wenn man eine Frage hat. In der Grundschule wird dazu die Wäscheklammer mit Namen verwendet. Dann nimmt der Lehrer sich einen Stuhl und kommt zu meinem Platz, wo ich ihm dann meine Frage stelle und er sie mir beantwortet. Meiner Meinung nach ist das die bessere Art sich zu melden, besser als wenn alle wild durcheinander schnipsen, man vom ganzen Hochgehalte seinen Arm nicht mehr spürt. Nach den ersten beiden Stunden gibt es erst mal eine Frühstückspause. Sie geht eine halbe Stunde lang und ist meine ganz persönliche Lieblingspause, weil es da immer leckere Sachen in der Kantine zu kaufen gibt. Ich verbringe sie am liebsten, Muffin mampfend, mit meinen Freunden vor dem Fenster. Nach der Frühstückspause gibt es in der Grundschule drei weitere Stunden und die Mittagspause. Und da kommen wir zu der letzten, aber wohl auch bedeutsamsten Besonderheit. Wir können uns am Anfang des Jahres entscheiden, ob wir lieber eine Stunde früher gehen und dann die Hausaufgaben zu Hause machen, oder ob wir eine Stunde länger bleiben, die Hausaufgaben in der Schule machen und dann, wenn wir zu Hause sind, Freizeit haben, echt Feierabend haben. Ein großer Vorteil bei den Hausaufgaben in der Schule ist, dass die entsprechenden Lehrer ebenfalls vor Ort, in der Schule sind, falls wir Fragen haben. Und wenn man dann immer noch nicht genug hat, gibt es noch verschiedene AGs, an denen man teilnehmen kann. Ob die Besonderheiten und Prinzipien der Leibniz Privatschule für alle Schüler die idealen sind, muss jeder für sich selbst entscheiden. Doch bevor ich auf diese Schule kam, hatte ich eine Hauptschulempfehlung und keine Perspektive. Heute bin ich in einer Gymnasialklasse und habe einen Durchschnitt von 1,5. Vielleicht ist meine Schule nicht kostenlos, aber dafür auch nicht umsonst ... die Vielfalt der Angebote, das umfangreiche Kümmern, die Ausstattung der Schule und vieles mehr machen sie wertvoll.

Die allgemeine Unterrichtsstruktur für den Roth-Projekttag

VON GERHARD ROTH UND MICHAEL KOOP

Die Unterrichtsstruktur für ein fachliches oder fächerübergreifendes Thema pro Tag nach Verabredung im Lehrer-Team gliedert sich in zehn Abschnitte. Diese Art von Unterricht findet an der Leibniz Privatschule unter der Überschrift „Roth-Projekttag" und „Roth-Projektwochen" statt, der im Anschluss an die Darstellung der Struktur an Beispielen veranschaulicht wird.

8:00 - 8:30 Uhr Beginn des Tages mit einer Besprechung über Klassen- und Schulprobleme ca. 30 Minuten. Begründung: Die Schülerinnen und Schüler lernen auf diese Weise, dass sie mit ihren Fragen und Sorgen von den Lehrenden ernst genommen werden. Außerdem können die Lehrenden „Problemfälle" rechtzeitig erkennen.

8:30 - 9:30 Uhr Beginn des Unterrichts mit der sorgfältigen Überprüfung des Vorwissens der Lernenden aus voraufgegangenen Stunden und ggf. Wiederholung lückenhaften Wissens (30-60 Minuten). Begründung: Wenn der gegenwärtige Wissensstand der Lehrenden nicht überprüft wird, kommt es bei Wissenslücken zu einem Abriss des Verstehensprozesses auf Seiten der Lernenden. Es ist wichtig, nicht nur abzufragen „habt ihr das verstanden?", sondern durch gezielte Fragen den Wissensstand zu überprüfen.

9:30 - 9:50 Uhr, Pause

9:50 - 10:30 Uhr Einführung in den Stoff des Tages durch den Lehrenden. Dies sollte in der Regel nicht länger als 30-40 Minuten, maximal 1 Stunde betragen (falls gleich Fragen gestellt werden). Das Vorgetragene sollte in drei- bis fünf-minütigen „Spannungsbögen" gegliedert werden, um Konzentration und Arbeitsgedächtnis der Lernenden nicht zu überlasten. Beispiele und Nachfragen sind dabei sehr wichtig. Begründung: Aufmerksamkeit und Arbeitsgedächtnis sind notorisch begrenzt – niemand kann neuen und potenziell wichtigen Informationen länger als 5 Minuten konzentriert zuhören. In dieser Zeit muss das Gehirn ständig Assoziationen bilden, die für das Verständnis des Gehörten (oder Gelesenen) notwendig sind. Das ist für das Gehirn sehr anstrengend. Wenn der Lehrende ohne solche kurzen „Spannungsbögen" Wissen vorträgt, werden Aufmerksamkeit und Arbeitsgedächtnis der Lernenden schnell überlastet, und durch die neu angebotenen Informationen werden die zuvor aufgenommenen Informationen aus dem Kurzzeitgedächtnis verdrängt, ohne in das Zwischengedächtnis und dann von dort in das Langzeitgedächtnis zu gelangen. In kurzen Unterbrechungen oder bei erläuternden Beispielen kann das Arbeitsgedächtnis „Atem holen".

10:30 - 10:50 Uhr, Pause

10:50 - 13:00 Uhr Gruppenarbeit von ca. 2 Stunden, Ausgabe des Materials usw. Der Lehrende geht ständig von Tisch zu Tisch und hilft. Begründung: Gruppenarbeit ist nicht vorrangig geeignet, neues Wissen eigenständig zu erarbeiten, sondern das soeben vom Lehrenden gehörte Wissen zu vertiefen und sich anzueignen. Praktische, manuelle Tätigkeit ist dabei wichtig. Bei der Gruppenarbeit ist Ruhe absolut notwendig. Der Lehrende muss sehen, dass alle Mitglieder einer Gruppe mitarbeiten (das ist oft nicht der Fall).

13:00 - 14:00 Uhr, Mittagspause

14:00 - 15:30 Uhr Einzelarbeit mit gesonderten Aufgaben für Normalbegabte, Hochbegabte und Minderbegabte bzw. Lernende mit Lernschwierigkeiten oder sonstigen Behinderungen, unterbrochen von „aktiven Bewegungspausen“. Begründung: Auch die Einzelarbeit dient weniger dem Erwerb neuen Wissens, sondern vornehmlich der individuellen Aneignung des Gehörten. Praktische Tätigkeit ist sehr effektiv. „Aktive Bewegungspausen“ sind wichtig für die Arbeit des Zwischengedächtnisses und damit für den Prozess der Konsolidierung und Überführung ins Langzeitgedächtnis. Trotz vorliegender Begabungsunterschiede sollte der Klassenverband aus emotionalen Gründen erhalten bleiben. Den (Hoch-)begabten (in der Regel nicht mehr als 1-2 pro Klasse) sollten Zusatzaufgaben gegeben werden; sie könnten auch bei der Gruppenarbeit mithelfen. Diese „Helfer“ müssen aber eingewiesen werden, damit sie nicht arrogant auftreten. Den Lernenden mit Minderbegabung oder Lernschwierigkeiten (ebenfalls 1-2 pro Klasse) muss in jedem Fall mehr Zeit gelassen werden, indem man ihr Lernpensum verringert. Ihr Hauptdefizit liegt meist in einer stark verlangsamten Lerngeschwindigkeit, nicht so sehr in sonstigen kognitiven Defiziten (außer etwa bei Dyskalkulie oder schweren geistigen Behinderungen).

15:30 - 16:00 Uhr Knappe Wiederholung des Tagesstoffes in Form von Fragen, Antworten, Beispielen. Begründung: Nach ca. 6 Stunden hat die Konsolidierung des neuen Wissens einen ersten Abschluss erreicht, und es beginnt die Überführung ins Langzeitgedächtnis. Hierfür ist eine erste Wiederholung sehr wichtig.

16:00 Uhr, Ende des Unterrichts
Wiederholung des Stoffes nach ca. 3 Wochen und 3 Monaten in abgewandelter und verkürzter Form. Dabei Auffüllen von Verständnis- und Wissenslücken. Begründung: Nichts (außer schockierenden emotionalen Ereignissen) wird mit einem Mal gelernt, sondern neben Begabung, Motivation und Fleiß ist die Wiederholung des Stoffes das A und O des Lernerfolges. Ein Wechsel der Lernorte könnte ausprobiert werden, d.h. je nach Unterrichtsinhalt könnten bestimmte Klassenzimmer aufgesucht werden, die eine besondere Ausstattung haben und darüber motivierend wirken. Es müsste daneben aber einen echten Klassenraum geben, in dem sich die Lernenden „zuhause“ fühlen.

Grundschule: „Besser lehren – besser lernen – besser behalten“

VON HENDRIK BOESTEN

Das Roth-Projekt findet seit knapp drei Jahren in der Grundschule in einem unterschiedlichen Rahmen statt. Die Durchführung des Projektes lässt sich in drei Bereiche einteilen – die Planung, die Durchführung und die Evaluation.

Die Evaluation und Durchführung des Projektes sind eng verknüpfte Bereiche, da während der Durchführung die Evaluation einen zentralen Punkt darstellte. Im Prozess der Durchführung wurden die einzelnen Roth-Tage evaluiert, einerseits von den Schülern und andererseits von den beteiligten Lehrkräften.

Die Planung des Roth Projektes

Einzelne Fächer, bzw. Kollegen haben sich zusammengetan und gemeinsame Unterrichtseinheiten entworfen und durchgeführt. Zu Beginn des Roth-Projektes hatten die Lehrkräfte die Aufgabe, im schulinternen Stoffverteilungsplan nach Möglichkeiten zu schauen, ein Roth-Projekt umzusetzen. Anhand eines übergeordneten Themas, beispielsweise in Klasse drei, haben die Lehrkräfte Unterrichtseinheiten entwickelt. Dies bedeutet, dass zum Beispiel das Land Frankreich als gemeinsames übergeordnetes Thema ausgewählt wurde und das Land Frankreich aus unterschiedlichen fachlichen Perspektiven erkundet wurde. Im Fach Deutsch wurde das Mittelalter in Frankreich erkundet, das Fach HWS beschäftigte sich dann mit der Geographie des Landes und im Fach Mathematik wurden unterschiedliche Rechenwege erkundet und ausprobiert. Ebenso diente der Eiffelturm zur Entdeckung geometrischer 2-D-Figuren, wie dem Rechteck, dem Quadrat oder das Dreieck. Im Vorfeld dieser Unterrichtseinheiten haben die Lehrkräfte sich untereinander ausgetauscht, abgesprochen und die Unterrichtsstunden in der jeweiligen Klasse aufgeteilt.

Die Durchführung und Evaluation des Roth-Projektes

Es entstanden daraus in einer Klasse sogenannte Roth-Tage, an denen die Schülerinnen an unterschiedlichen Arbeitsaufträgen das Thema entsprechend der Projektstruktur bearbeitet haben. Zu Beginn eines solchen Tages wurden die fachlichen Inhalte vorgetragen und im Laufe des Tages wurden diese von den Kindern bearbeitet und vertieft. Am Ende eines jeden Roth-Tages wurden die zentralen fachlichen Aspekte gemeinsam wiederholt, es wurde der Arbeitsprozess evaluiert und die Kinder konnten im Roth-Tagebuch festhalten, was sie am Tag gemacht und gelernt haben. Ebenso füllten die Kinder einen sogenannten Evaluationsbogen aus, der als Rückmeldung für die Lehrer dient und eine kurze Einschätzung von Seiten der Kinder beinhaltete hinsichtlich der

Lernziele, der Motivation und des Fortschritts im Lernprozess. Am Ende einer jeden Woche trafen sich die Lehrer eines Roth-Projektes, werteten die Schülerrückmeldungen aus und gaben eine eigene Einschätzung zu dem Unterricht. Hieraus entwickelten die Lehrkräfte neue Ideen für die nächste Woche, überlegten, wo es Verbesserungen brauchte und welche Abläufe schon gut funktionierten. Durch diesen regelmäßigen Austausch unter den Lehrkräften entstand eine konstruktive Zusammenarbeit und es wurden gemeinsam Lösungen für etwaige Probleme erarbeitet. Beispielsweise hatten einige Kinder Schwierigkeiten mit der neuen Form des Unterrichts und benötigten daher eine ausführlichere Anleitung und Unterstützung. Die Rückmeldungen der Schüler waren durchweg positiv oder in Ordnung, negative Rückmeldungen gab es keine und die Kinder waren in der Mehrzahl positiv von dem Tagesablauf angetan. Durch das zentrale Thema hatten viele Aspekte der unterschiedlichen Fächer einen hohen Wiedererkennungswert und die Kinder konnten die fachlichen Inhalte leichter miteinander verknüpfen. „Das kenn ich, das hatten wir schon heute Morgen" war nur eine der zahlreichen Rückmeldungen. Die Kinder haben sich somit unabhängig von einer Lehrperson den fachlichen Inhalt erschlossen und dieser wurde in kleinen Lernzielkontrollen am Ende eines Tages abgefragt.

Projektplan zum Roth-Tag in der Grundschule

Klasse 2b, Verantwortlich sind MA und HB			
Zaubern (4x 5.2 - 5.3)	**Frühling (4x 5.3 - 26.3)**	**Bauernhof/Ernährung (9x 16.4 - 11.6)**	**Sommer (verbliebene Zeit - optional)**
• Optische Täuschungen • Die 5 Sinne • Magische Dreiecke • Zaubertricks	• Frühblüher • Wachstum • Experimente	• Tiere auf dem Land • Wasser • Kochen • Ausflug zum Bauernhof	Das Wetter Das Wasser (verschiedene Aggregatzustände)

Klasse 3a, Verantwortlich sind SW und ST			
Das Mittelalter (8x 5.2 - 28.3)	**Italien (8x 16.4 - 8.6)**	**Deutschland (4x 11.6 - 29.6)**	**Projektwoche (2. - 6.7)**
• Ritterburgen • Leben im Mittelalter • Ritter/Knappe	• Erfindungen • Pinocchio • Ernährung • Vulkane	• Sylt • Piraten • Wattenmeer • Schleswig-Holstein	• Leibniz • Geschichte unserer Schule

Klasse 4c, Verantwortlich sind MA und SK
Griechenland (5x 16.4 - 18.5)
• Götter • Olympia • Odysseus

Durchführung

Die Durchführung beginnt am 5.2. (Klasse 2b und 3a) und am 16.4. (Klasse 4c) und findet in den Klassen jeweils von der 1. bis zur 4. Stunde statt. Die 5. Stunde wird für Sport genutzt. Die Trainingsaufgaben sind ebenfalls in die Projektarbeit integriert (siehe Ablaufplan). Die Klassen führen den Roth-Tag an folgenden Tagen durch:
2b am Montag (MA/HB) und Mittwoch (VG/MA), 3a am Freitag und 4c am Freitag.

Evaluation

Eine Dokumentation findet während und im Anschluss an die Stunde statt.
Folgendes soll dokumentiert werden:

- Arbeitsblätter – blanko und von den Kindern
- Fotos – verschiedenen Arbeitsphasen
- Reflexion und Kommentare
- Ablaufpläne der jew. Tage

Es wird ein **Zwischenbericht** von MA und HB vorbereitet

- Präsentation und Absprache mit Herrn Roth am 8.3 in Kaltenkirchen

In den Osterferien findet eine weitere Auswertung statt: MA/MB/HB besprechen sich, Besprechung über eine Ausweitung auf andere Themen und Klassen

Bis zu den Sommerferien: Einbindung weiterer Kollegen, Ausweitung auf andere Fächer

Roth-Projekte: Rassismus in der Nazizeit

Deutsch	Geschichte	Englisch	Musik	Mathematik (=NaWi)	Physik (=NaWi)
Das Schulfach „Rassenkunde“	historische Ursachen für Rassismus (45 Min.)	Rassismus europaweit -> Prioritisierung von Seiten der Allierten bzgl. der jw. Verbündeten	Liedanalysen, z.B. „Ich lass mir meinen Körper schwarz bepinseln“ sowie „Der Neger hat das Kind gebissen“	Berechnung der „Rassenzugehörigkeit“ Definition einer „Rasse“	
Schrift „Der Untermensch“ (1942) Rassengesetze im Nazireich		„Negermusik“/Jazz als Phänomen im Nazireich, Teil der Jugendkultur From Potent to Popular: The Effects of Racism on Chicago Jazz 1920-1930*[1]		Kalkulation der Verbreitung „minderwertiger Rassen“ und „Auslöschung“ dieser	Physiknobelpreisträger bis zum 2. WK, Anteil „Weißer“ => Überlegenheit der „weißen Rasse“
Der heutige deutsche Wortschatz und die Reste des Rassismus (v.a. aus der Nazizeit) „Nazivokabular“	Fallbeispiel belegten Rassismus‘ im nationalsozial. Alltag				

(Spanisch)	WiPo	Medienkunde	Sport	Geographie	Kunst	Technik
9a/b Ursprünge des Kolonialismus bezogen auf die spanische Kolonialzeit	wirtschaftliche „Vorteile“ der Versklavung anderer „Rassen“	Verbreitungsformen des Rassismus in der 1. Hälfte des 20. Jhd. (Zeitungen, Radio, Fernsehen) -> Quellenanalyse	Sportgeschichte Olympische Spiele und Rassismus von 1896-1936	Verteilung der Hautfarben weltweit (vorkolonialistisch)	rassistisch motivierte „Kunst“	Architektur, Reichsparteitag als Verbreitung rassistischer Ideologie*[2]
Analyse zeitgenössischer spanischer Quellen bzgl. des Rassismus im Nazireich	heutige Gesellschaftsstruktur und Überbleibsel als Teilfolge der Naziherrschaft (s.a. Deutsch Nazivokabular)	Die Auslandsprogramme des Deutschlandsenders deutscher Rassismus in Feindesland im 2. WK	rassistisch motivierte Aussortierung beim Sport, Körperhaltung der „Rassen“ europäische/weltweite Unterschiede		Arno Breker	Die Rolle Albert Speers
Ideologie der nordischen Rasse <-> Empfinden Südeuropas ggü. „dem Norden“ heute		Körperkult im Nazireich Körperkult im Film		Willy Meller NS-Ordensburg Vogelsang Ideal einer „germanischen Festung“		

*1 https://digitalcommons.iwu.edu/cgi/viewcontent.cgi?article=1069&context=constructing
*2 https://www.spiegel.de/kultur/gesellschaft/ausstellung-von-nazi-design-design-of-the-third-reich-in-s-hertogenbosch-a-1285483.html

Kalter Krieg - Ost gegen West

Planwirtschaft gegen Marktwirtschaft - 1950er-1970er

<table>
<tr><th>Deutsch</th><th>Geschichte</th><th>WiPo</th><th>Englisch</th><th>Geographie</th><th>(Spanisch)</th></tr>
<tr><td colspan="3">Die soziale Marktwirtschaft als deutsche Erfolgsgeschichte der Nachkriegszeit</td><td colspan="3">US-amerikanische Marktwirtschaft als „Weltmodell“</td></tr>
<tr><td>Wolfgang Borchert „Dann gibt es nur eins!“ (1947) Einstieg?</td><td colspan="3">Der Vorsprung der Planwirtschaft in den Staaten des Ostblocks in den 1950er-Jahren</td><td colspan="2">Das sozialistische Südamerika der 1960er</td></tr>
<tr><td colspan="2">Jobsicherheit in einer Planwirtschaft

Arbeitswelt in der BRD/DDR im Vergleich</td><td>westliches Unternehmertum</td><td>Werbung und Glanz im Kapitalismus (s.a. Medienkunde und Kunst)</td><td colspan="2">Francistisches Spanien als Überbleibsel der 30er/40er-Jahre im Kalten Krieg</td></tr>
<tr><td></td><td>Sputnikschock (s.a. NaWi)</td><td>Das Bild des reichen Westens</td><td colspan="3">Englisch wird endgültig Weltsprache</td></tr>
</table>

<table>
<tr><th>Physik (=NaWi)</th><th>Mathematik (=NaWi)</th><th>Medienkunde</th><th>Kunst</th><th>Sport</th><th>Musik</th><th>Technik</th></tr>
<tr><td colspan="2">Jobs in der wissenschaftlichen Forschung

Vergleich Ost-West</td><td>Gründe für die Popularität des „roten Buches“, Che Guevara und „revolutionärer Helden“ im Westen (1960er/70er)</td><td>kommunistische Propaganda als Kunstform</td><td>Der Sport als Mittel im Kalten Krieg</td><td>die „Internationale“</td><td>die „Platte“ als architektonisches Charakteristium in Ost - und West</td></tr>
<tr><td>Die Atombombe

Gefahr eines Atomkrieges</td><td>Unterschiede/ Gemeinsamkeiten im Bevölkerungswachstum zwischen Ost und West</td><td colspan="2">Radio Free Europe</td><td>Sportideale innerhalb der Blöcke im Vergleich</td><td>„Go West“ (1979)</td><td>Waffensysteme Ost-West</td></tr>
<tr><td colspan="2">Waffensysteme Ost-West (s.a. Technik) (s.a. Geschichte)</td><td colspan="2">Werbung im Kapitalismus als Aushängeschild</td><td>die „Weltjugendspiele“</td><td colspan="2">das Radio als weltweite Kommunikation</td></tr>
<tr><td colspan="2">Sputnikschock
Der Weg zum Mond
(s.a. Geschichte)</td><td></td><td></td><td>die Musik der Anderen</td><td></td><td></td></tr>
</table>

Projektwoche „Das Huhn“

Das Projekt findet vom 23.10.13 bis zum 18.12.13 statt und impliziert 9 Wochentage mit jeweils 7 Ustd.; somit stehen 63 Ustd. zur Verfügung!

Schwerpunkt	Themen	geplanter Ablauf	gepl. Std.	Mentor
Deutsch	Gegenstands-, Personen- und Vorgangsbeschreibung	1. a. Eier, Hühnerrassen, Nester u.ä. beschreiben b. Personen beschreiben, z.B. Landwirte, Züchter, historische Figuren c. Vorgänge beschreiben (Bastelanleitungen für Nester, Figuren, u.ä., Bauanleitung des Hühnerstalls)	2 2 1 4	Astrid
	Argumentation	2. These, Argument, Beispiel/Beleg: etwa „Welche Hühnerrasse ist für das Projekt geeignet?“, Standort Hühnerstall	4	
	Fabeln (Wh)	3. Eine Hühnerfabel schreiben, Wiederholung der gelernten Merkmale, Welche Eigenschaften könnten einem Huhn zugeordnet werden?	2	
	Bericht	4. Sachlich berichten, Themenideen: Bildergeschichte Fuchs klaut Huhn, Unfallbericht – Hahn pickt Schüler, Bericht eines Ausfluges	4	
	Sprichwörter/ Redewendungen	5. „dummes Huhn“, „sieht aus wie im Hühnerstall“, „auch ein blindes Huhn findet mal ein Korn“, „aufgeblasener Gockel“, „Glucke“, „ungelegte Eier“: Herkunft/Bedeutung	2	
	Theater	6. Kreatives Arbeiten zum Stück „Aufregung im Hühnerstall“ (Satzzeichen der wörtlichen Rede, Schreibweise von Regieanweisungen, Dramatik)	8 **29 St.**	
Geschichte	Historischer Überblick	1. Entwicklung des Huhns zum Nutztier des Menschen: Impuls Film WDR und anschliessenes Quiz (online)	2	Nico
	Ägypten	2. Brut im Ofen: Das Huhn im alten Ägypten (Technikgeschichte, Merkmal der ägyptischen Hochkultur: Verehrung von Hühnern als Boten des Sonnengottes, Nachbau o. Zeichnung eines altägyptischen „Brutofens“)	2	
	Griechenland	3. Götter und Kampfhähne: Das Huhn als Symboltier im alten Griechenland (Griechische Götterwelt, Wandlung der Mensch-Tier-Beziehung)	2	
	Altes Rom	4. Geflügelte Alleskönner: Hühner und Vögel allgemein im alten Rom: Kapitolinische Gänse (Bedrohung Roms durch die Gallier), Hähne als Symbolfigur der Gallier (gallus-Gallien!), Zukunftsdeutung der Römer aus dem Vogelflug, Beginn der Massentierhaltung durch Römer	2	
	Mittelalter	5. „Zinshuhn“ und Perlhuhnjagd: Höfisches Leben, Jagd, Hühner als enorm wichtige Wirtschaftsgüter, Bedeutung für die Ernährung im Mittelalter	2 **10 St.**	
Sport		Sportunterricht findet regulär als Ausgleich zwischen den einzelnen Phasen statt (evtl. 2 Sportblöcke á 1 Std. täglich?) Möglicher Einbezug: „Eierlauf“ (Schüler laufen in Gruppen zu verschiedenen Läden in Bad Bramstedt, kaufen Eier und laufen zurück, siehe WiPo)	**18 St.**	

Schwerpunkt	Themen	geplanter Ablauf	gepl. Std.	Mentor
Ethik/ Philosophie	Tierschutz Logik	1. Ausgangssituation: Hühnerzucht. Jüngste Berichterstattung des Sterns/„versteckte Eier" 2. Leitfrage: Warum sollte der Mensch Tiere schützen? Altruistisches Denken 3. Geschichte des Tierschutzes 4. Internationaler Vergleich 5. Das Henne-Ei-Problem	2 2 1 1 2 **8 St.**	Astrid
Mathematik		1. Statistikumfrage 2. Statistik Auswertung 3. Analyse und Grafiken		Daniela (Begleitung)
WiPo	Wirtschaftskreislauf Unternehmensstrukturen Konsumverhalten Verbraucherschutz	1. Einführung in das Thema Wirtschaftskreisläufe am Beispiel der Geflügelindustrie in Deutschland, Leitfrage: Wie kommen die Produkte zum Verbraucher? 2. Strukuren in produzierenden Betrieben, Besuch eines Hühnerhofs in der Umgebung (Arbeitsteilung, Abläufe der Produktion, Zuständigkeiten) 3. Kaufentscheidungen und ihre Beeinflussung durch Preisbildung, Werbung, Marketing, Vergleich Wochenmarkt-Discounter 4. Was steht auf dem Ei? Lebesmittelskandal Beispiel falsch gekennzeichnete Eier aus Biobetrieben, Was bedeutet eigentlich Bio? Woher stammt mein Ei? (KAT-System, Recherche über die Herkunft der bei umliegenden Discountern angebotenen Bio-Eier (Beschaffung des Materials: siehe Sport „Eierlauf")	1 3 1 2 **7 St.**	Nico
Biologie				

Schwerpunkt	Themen	geplanter Ablauf	gepl. Std.	Mentor
Technik	Die SuS lernen, den Rohstoff Holz auf die bestimmten Begebenheiten zu überprüfen und exakte Maßarbeiten für die Erstellung eines für Lebewesen zugdachten Gebrauchsgegenstandes vorzunehmen.	1. Merkmale, Eigenschaften, Verwendung 2. Holzwerkstoffe und Witterung 3. Erste Skizzen eines Hühnerstalls 4. Exakter Entwurf eines Hühnerstalls 5. Auslaufgehege und Schutzmaßnahmen 6. Bau des Hühnerstalls (½ Klasse) 7. Bau des Auslaufgeheges (½ Klasse)	0,5 0,5 1 2 1 5 5 **10 St.**	Daniela
Kunst	Die SuS erstellen ein Comic zum „Leben im Hühnerstall". Dabei lernen sie nicht nur die Zeichnerischen Elemente des Comics zu vertiefen, sondern diese Bilder sprachlich zu untermalen und aufeinander abzustimmen (Folgen).	1. Anknüpfen an behandeltes Thema Comic 2. Erstellen eines Tagesablaufes der Hühner im Hühnerstall/Hof 3. Jedes Kind erstellt eine Folge: „Leben im Hühnerstall" 4. Letze Auflage Weihnachtsspezial	0,5 01 3,5 **5 St.**	Daniela
Hauswirtschaft	Kochen: Zubereitung von Eierspeisen evtl. gemeinsames Mittagessen als Alternative zum regulären Kantinenessen?	Pfannkuchen, Rühreier, Tortillas, Omeletts etc. (tägl. 2 St. (½ Klasse))	**18 St.**	Nico (Begleitung)
Musik	Hühnersongs	1. Performance „Ich wollt' ich wär ein Huhn" 2. Einen eigenen Hühnersong schreiben – Lyrik – der bei Gelingen auch als „Hymne" des Projekts verwendet werden kann	6 4 **10 St.**	Astrid

Der Kulturrucksack auf dem Weg ins Leben

VON EGON BOESTEN

Stellen Sie sich vor, Sie betreten eine Theatervorstellung mit einer Stunde Verspätung und wurden mit Glück gerade noch hineingelassen. Was tun Sie? – Wenn Sie das Stück nicht kennen, müssen Sie versuchen, sich aus dem, was Ihnen gerade geboten wird, die Handlung von Anfang an zu erschließen und Vergangenheit, Gegenwart, Zukunft irgendwie unter einen Hut zu bekommen. Das Dilemma einer jeden Generation. Jede Generation erbt einen Platz in einem Theaterstück, in dem sie erst einmal nur Zuschauerin ist.

Der Kulturrucksack, mit dem wir die Schüler nach zehn oder 13 Jahren aus der Schule verabschieden, ist ein wichtiger Teil auf dem Weg ins Leben. Deshalb muss er gut gefüllt werden. Die Leibniz Privatschule bemüht sich nach Kräften darum, ihn zu füllen. Frei nach dem Grundsatz, dass sowohl die Schule wie auch das Elternhaus für die Erziehung und Bildung der Kinder zuständig ist. So beginnen die ersten Theaterbesuche bereits für die Mädchen und Jungen des Kindergartens und der Grundschule. In jeder Jahrgangsstufe finden sie statt, und sie beschränken sich nicht nur auf das obligatorische Weihnachtsmärchen.

In den Klassen der weiterführenden Schulen Gymnasium und Gemeinschaftsschule schließen sich themen- und fachgebundene Ausflüge und Museumsbesuche an. In der Hamburger Kunsthalle sind Leibniz-Schüler Stammgäste, das Steinzeitdorf in Albersdorf ist inzwischen fester Bestandteil des Geschichtsunterrichts in Klasse 5. Der Besuch der Hamburger Museen (Völkerkunde, Museum der Arbeit, Planetarium) wird ebenso organisiert wie die Fahrt zum Bismarck-Museum in Friedrichsruh. Angehende Abiturienten mit dem Prüfungsfach Geschichte gehen auch gern ein zweites Mal dorthin.

Die Klassenfahrten mit der Mischung aus Kultur und Sport sind ebenfalls Bestandteil des Kulturrucks (siehe folgendes Kapitel).

Kulturrucksack von ______________________ (Geb.-Datum)

Klasse	Literatur	Theater/ Oper	Museen	Klassenfahrt – kultureller Teil	Ausflüge	Sonstiges
5 Gym						
5 Gem						
6 Gym						
6 Gem						
7 Gym						
7 Gem						
8 Gym						
8 Gem						
9 Gym						
9 Gem						
10 Gym						
10 Gem						
E Phase						
Q1 Phase						
Q2 Phase						

Wird digital geführt; Schüler erhalten mit dem Jahreszeugnis am Ende des Schuljahres eine Urkunde mit allen bis dann besuchten Veranstaltungen.

Der Theater-Knigge

Theaterbesuche sind obligatorisch in der Leibniz Privatschule – ob zum Weihnachtsmärchen in der Grundschule (und Vorschule) oder ins Schiller-Drama, nachdem im Deutsch-Unterricht Nathan der Weise auf dem Stundenplan stand. Nicht jeder Schüler weiß von zu Hause aus, wie er sich im Theater zu verhalten hat, wie er sich benehmen muss, damit der Theaterbesuch für ihn, für die anderen Zuschauer und auch für die Schauspieler zu einem unvergesslichen Erlebnis wird.

Pünktlichkeit: Kommt rechtzeitig vor Einlass ins Theater. Zum einen verfallen sonst Eure bestellten Karten, zum anderen stört es die Darsteller, wenn während der Vorstellung immer eine Tür auf- und zugeht. Bis Ihr an Eurem Sitzplatz seid, fühlen sich andere Zuschauer von der Geschäftigkeit in den Sitzreihen gestört. An der Kasse kann erfragt werden, wie lange ein Theaterstück dauert und wann die Pause ist. Entsprechend kann man vor Vorstellungsbeginn noch die Toilette aufsuchen. Der Gong erinnert vor Beginn der Vorstellung und in der Pause daran, dass es weitergeht.

Garderobe: Taschen, Rucksäcke, Schulranzen und Jacken gehören nicht in den Theatersaal und sollen vor dem Einlass an der Garderobe aufgehängt oder abgegeben werden. Im Notfall werden diese sonst zur Stolperfalle. Die Benutzung der Garderobe ist für Schülervorstellungen meist kostenfrei. Ansonsten kostet die Garderobe 1 Euro.

Essen und Trinken: Theater ist anders als Kino. Im Theater werden bei Vorstellungen keine Schokoriegel und kein Popcorn verkauft. Getränke gibt es nur in der Pause. Essen und Trinken ist im Saal nicht erlaubt. Also werden auch keine Chips, Süßigkeiten und Getränke mit in den Saal genommen.

Handy, Mp3-Player und Co.: Die Technik und drahtlose Mikrofone im Theatersaal arbeiten mit Funk. Damit das alles reibungslos funktioniert, schaltet Eure Handys aus, sobald Ihr den Theatersaal betretet. Das Handy auf „Lautlos" stellen bringt nichts, da es ja immer noch an ist und somit den Funk stört! Mp3-Player bleiben am besten daheim.

Licht aus, Spot an – und Ruhe bitte: Ihr kennt es: Man möchte sich konzentrieren, aber irgendwo wird getuschelt und geraschelt. Das stört. Deshalb verhaltet Euch ruhig, sobald das Licht im Saal ausgeht. Die anderen Zuschauer und die Schauspieler danken es Euch! Ruhe heißt nicht, dass man nicht Lachen darf, wenn etwas Lustig ist oder mit dem Atmen aufhören soll, wenn es spannend wird.

Applaus: Der Applaus ist der wohlverdiente Lohn der Schauspieler. Euch kostet er nichts, also seid großzügig damit, wenn Euch die Vorstellung gefallen hat und rennt nicht sofort aus dem Saal, wenn der Vorhang gefallen ist.

BRAUCHEN WIR EINHEITLICHE SCHULKLEIDUNG?

Ja, sagt Egon Boesten, Leiter der Leibniz Privatschulen: „Dadurch gibt es weniger Mobbing." Heinz-Peter Meidinger, Schulleiter des Robert-Koch-Gymnasiums in Deggendorf, dagegen meint: „Individuelle Kleidung ist wichtig für die Persönlichkeitsbildung."

DAFÜR

Schüler sollten sich nicht mit Kleidung in Szene setzen, sondern mit ihren Worten und Taten.

Deshalb gibt es an unseren Schulen eine einheitliche Kleidung. Dazu gehören T-Shirts, Hemden, Blusen und Jacketts mit dem Schul-Logo in Blau oder Weiß. So wird niemand wegen seiner Kleidung ausgegrenzt oder schief angesehen. Ähnlich wie bei einer Fußballmannschaft stärkt die Einheitskleidung außerdem das Gemeinschaftsgefühl der Schüler. Die meisten Kinder und Eltern bei uns an der Schule finden die Schulkleidung deshalb toll.

Gleichzeitig sorgt die Kleidung für ein gutes Arbeitsklima. Wenn Ärzte ihren Kittel anziehen, wissen sie, dass sie jetzt konzentriert arbeiten müssen. Ähnlich ist das bei unseren Schülern mit der Schulkleidung. Und weil es auch förmlicher wirkt, wenn alle die gleichen Sachen tragen, reißen sich die Kinder mehr zusammen und raufen sich zum Beispiel weniger.

Im Unterricht sollte man außerdem nicht von Nebensächlichkeiten – wie schicken Designerklamotten – abgelenkt sein, sondern sich auf den Lerninhalt konzentrieren. Mit der Schulkleidung klappt das gut. Abgesehen davon ist es viel praktischer und entspannter, wenn man sich morgens nicht ewig überlegen muss, was man anzieht.

Was denkt ihr: Ist eine einheitliche Schulkleidung sinnvoll? Schreibt eure Meinung an: deinspiegel@spiegel.de

DAGEGEN

Ich freue mich jeden Morgen über die bunt und vielfältig gekleideten Schüler an meinem Gymnasium.

Der eine trägt nur Schwarz, die Nächste zieht gern ein Fan-Shirt ihrer Lieblingsband an – jeder hat seinen persönlichen Kleidungsstil, und das ist auch gut so. Mit seiner eigenen Kleidung kann man eine bestimmte Einstellung zeigen und somit auch ein Stück seines Charakters nach außen tragen. Gerade für Schüler zwischen zehn und achtzehn Jahren ist das sehr wichtig. Denn in der Pubertät festigen sie ihre Persönlichkeit. Mit einheitlicher Schulkleidung will man verhindern, dass sich wohlhabende Kinder in den Vordergrund spielen und diejenigen ausgrenzen, die sich keine teuren Markenklamotten leisten können. Ich denke aber nicht, dass Schulkleidung diesen Markenwahn stoppen kann. Statt auf Kleidung wird er sich dann auf andere Dinge verlagern: Wer hat angesagte Schuhe, wem gehört das beste Smartphone, und wer trägt teuren Schmuck? Ich befürchte außerdem, dass Schulkleidung sogar dazu führen könnte, dass sich Schüler verschiedener Schulen streiten oder einander mobben. Denn durch die Farben oder das Schul-Logo wäre nach außen hin für jeden erkennbar, ob man nun zur Hauptschule oder aufs Gymnasium geht.

Dein SPIEGEL 10 | 2017

Die Schulmensa: Das Gottfried Wilhelm Leibniz Esszimmer

VON EGON BOESTEN

Nach den Anfangsjahren, als die Leibniz Privatschule von einem Caterer beliefert wurde, gibt es jetzt nunmehr seit 2010 in Elmshorn und seit 2018 in Kaltenkirchen eine eigene Küche, eine eigene Küchenmannschaft.

In der Schule am Ramskamp in Elmshorn und an der Werner-von-Siemens-Straße 14 in Kaltenkirchen läuft der Mensa-Betrieb tadellos – auch im Corona-Lockdown, in der fast sechs Wochen kein normaler Mensa-Betrieb möglich war. Die Leibniz Privatschule kam ohne Kurzarbeit und ohne Entlassungen durch diese Zeit. Die Kollegen um Küchenchef Davide Cibin (sowie Küchenchef Stefan Taube in Kaltenkirchen mit seinem Team) wissen es zu danken.

Trotz Abstandsregelung und sogenannter Kohortenaufteilung läuft der Mensa-Betrieb seit dem Ende der Sommerferien 2020 normal; in Fünf- bis Zehn-Minuten-Abständen kommen Klassen zum Essen in die Mensa. Fast 90 Prozent der 1050 Schüler am Ramskamp sowie der knapp 700 Schüler in Kaltenkirchen lassen sich das Mittagessen Tag für Tag schmecken. Und: 25 Prozent der Kosten trägt die Schule, Unterstützung von Stadt und Staat gibt es nicht.

Klagen über die Qualität des Mittagessens gibt es auch nicht. Es stehen täglich zwei Gerichte zur Auswahl. Die Küchen-Crew wird regelmäßig ob der Qualität des Essens von Schülern, Eltern und Lehrer gelobt. Das Essen wird per Mausklick vorbestellt. Im Durchschnitt werden in Elmshorn und Kaltenkirchen jeden Tag zwischen 1300 und 1400 Mahlzeiten an Schüler ausgegeben. Ein tägliches Salatbuffet plus Nachtisch rundet das Drei Gänge Menü ab.

Zudem gibt es den Brötchenverkauf: Während der Frühstückspausenzeit und nach dem Unterricht und vor der Trainingszeit (den „Hausaufgaben“) werden leckere Snacks verkauft: Schnitzelbrötchen, Pizza oder Hotdog.

Zweimal im Jahr laufen die Küchenmannschaften zu besonderer Hochform auf; dann laden Sie die Eltern ein zu einem Vier- bis Sechs-Gänge-Festmenü ins jeweilige Gottfried Wilhelm Leibniz Esszimer in Elmshorn bzw. Kaltenkirchen ein.

Multikulti ist bei Leibniz Alltag: „Wir sind eine internationale Schule“

VON BARBARA MANKE-BOESTEN

Ein internationales Kollegium, eine bunte Schülerschaft und viele Kontakte ins europäische Ausland und nach Übersee: Multikulturelles Zusammenleben gehört an der Leibniz Privatschule zum schulischen Alltag.

In unserer Mensa in Elmshorn hängen ca. 50 Flaggen, die die Länder repräsentieren, aus denen unsere Schüler und Lehrer kommen; in Kaltenkirchen sind die Flaggen im Eingangsbereich präsent. Wir sind stolz auf die Menschen aus diesen vielen Nationalitäten. Das macht unsere Schule bunt und bereichert das Zusammenleben. Es ist nicht eine Gruppe überrepräsentiert, sondern es sind viele Personen, die unterschiedliche Erfahrungen mitbringen, die ihren kulturellen Hintergrund einbringen und doch alle auf eine deutsche Schule gehen.

Zusätzlich zu dieser bereichernden Internationalität ermuntern wir unsere Schüler, eine gewisse Zeit im Ausland zu verbringen. An erster Stelle steht für uns Neuseeland mit unseren Partnerschulen in Dunedin, aber es sind natürlich auch die klassischen Länder für Auslandsaufenthalte wie die USA, GB aber auch Norwegen oder Spanien, die von unseren Schülern für einen Auslandsaufenthalt gewählt werden.

Seit Gründung unserer Schule haben wir eine besondere Beziehung zu der King's Highschool in Dunedin, Neuseeland, und der Queen's Highschool, ebenfalls in Dunedin. Jedes Jahr findet eine vierwöchige Reise von Neunt- und Zehntklässlern beider LPS-Standorte nach Neuseeland und Australien statt. Die Schüler besuchen eine Woche die Schulen in Dunedin, bevor sie auf die Rundreise durch das Land und einen Abschlussbesuch nach Sydney gehen. Einige Schüler bleiben ein halbes Jahr, ein oder sogar zwei Jahre für einen Schulbesuch in Dunedin.

Es findet zusätzlich ein Austausch zwischen den Leitungen der Schulen und den Lehrern statt. Die King's gehört zu den besten Schulen Neuseelands und wir haben einiges von ihr gelernt und übernommen; der Austausch ist immer bereichernd. Dan Reddiex, der ehemalige Rektor, hat unsere Schule schon oft besucht. Zusätzlich kamen neuseeländische Abiturienten als assist-teacher zu uns und begleiteten unsere Englischlehrer. Auch brachten sie ihren Nationalsport Rugby unseren Schülern bei.

Unterricht auf Englisch in der Grundschule, bilinguale Bildungsgänge im Gymnasium ab Klasse 5, internationaler Austausch auf der Ebene des ERASMUS-Programms, dazu weitere bilaterale Schüler-Austauschprogramme, das Internationale Abitur (IB) und die Möglichkeit sowohl in der englischen wie auch in der spanischen Sprache anerkannte Zertifikate zu erwerben – das alles hat das Ministerium für Bildung, Wissenschaft und Kultur veranlasst, der Leibniz Privatschule den Status einer Schule mit internationaler Ausrichtung zuzuerkennen.

Dies bedeutet, dass an den Standorten der Schule in Elmshorn und Kaltenkirchen auch ausländische Schüler, die nur für die Schulausbildung nach Deutschland kommen, den staatlich anerkannten Gymnasialabschluss oder den MSA machen dürfen. Schüler aus Ägypten und Katar besuchen bereits die Leibniz Privatschule, die Zusammenarbeit mit einem internationalen Hamburger Fußball-Internat ist im Anfangsstadium.

Eine besondere Beziehung gibt es mit Südafrika: Zum einen wird am 11. Februar eines jeden Jahres beim Mandela-Tag in Ansprachen und im Unterricht an die Befreiung von Nelson Mandela erinnert; zum anderen arbeitet die Mutter eines Kollegen an der Sekundarschule im südafrikanischen Soweto – Grund genug für die Schüler beider Standorte, mit verschiedenen Aktionen die Altersgenossen im Township von Johannesburg zu unterstützen: zum Beispiel durch einen Sponsorenlauf, der einen namhaften fünfstelligen Betrag erbrachte oder durch Sachspenden, die mit einem gesponserten Container nach Südafrika verfrachtet wurden.

Klassenfahrten: Jedes Jahr für jede Klasse Sport und Kultur

VON EGON BOESTEN UND ARNDT PELTIER

Die Leibniz Privatschule geht jedes Jahr mit jeder Klasse auf Klassenfahrt, das gehört zum Schulprogramm. Das Wochenprogramm der jeweiligen Klassenfahrt ist eine Mischung aus Kultur und Sport. Zudem sind die Klassenfahrten ein wichtiger Bestandteil des Teambuilding innerhalb der Klassengemeinschaft. Eine besondere Rolle spielt die vierwöchige Reise nach Neuseeland, für die man sich bewerben muss (siehe Lexikon im Anhang). Die Ziele und Dauer der Klassenfahrten für die jeweiligen Jahrgänge sind (Änderungen vorbehalten) aufgelistet:

Kindergarten „Die Lütten“: Eine Übernachtung in der Kita, eine Herausforderung für die Kleinen – und ihre Eltern.

1. Klasse = 3 Tage Heide/Holst.: Die erste Klassenfahrt, ohne die Eltern, nicht ganz so weit weg von zu Hause. Die Kinder erleben das Wattenmeer, knapp drei Tage den Alltag miteinander zu teilen.

2. Klasse = 5 Tage Schwimmwoche Malente: Die Klassenfahrt in die Sportschule Malente ist ein echter Schwimmsport-Lehrgang. Weil die Rahmenbedingungen fürs Schwimmlernen an den Standorten der Leibniz Privatschule nicht ausreichend sind, wird seit einigen Jahren die Schwimmwoche in Malente durchgeführt – für viele Kinder das erste Schwimmabzeichen in ihrem jungen Leben.

3. Klasse = 5 Tage Sylt: Leben in und an der Nordsee ist das Thema dieser Klassenreise zu Deutschlands berühmtester Insel.

4. Klasse = 6 Tage England: Bei der England-Tour können die Viertklässler, die vier Jahre lang in der LPS auf Englisch unterrichtet worden sind, ihr Sprachkönnen unter Beweis stellen. Das Tagesprogramm wird mit der Klasse unternommen, abends sind sie bei Gasteltern in der Region Brighton und East Sussex untergebracht. Ein London-Besuch rundet die Klassenreise ab.

5. Klasse = 7 Tage Inzell: Wintersportarten kennenlernen – In der Inzell-Woche geht es um Skilanglauf, Biathlon, Eisschnelllauf, Eisstockschießen, Rodeln und noch einiges mehr. Der Salzburg-Besuch mit einer Stippvisite im Mozarthaus und einer ausgiebigen Erkundung des Salzburger Naturkundemuseums runden die Inzell-Woche ab.

6. Klasse = 5 Tage Berlin: Ein Besuch der Hauptstadt gehört für Leibniz-Schüler im sechsten Jahrgang zum Pflichtprogramm, auf den Spuren der deutsch-deutschen Geschichte und ein Blick in den Bundestag. Der Sport findet in der Jugendherberge am Wannsee statt.

7. Klasse = 5 Tage Bad Schandau: Klettern in der Holsteinischen Schweiz lautet das anspruchsvolle Sportprogramm. Weil Bad Schandau in der Nähe von Dresden liegt, sind auch die Kulturdenkmäler der sächsischen Landeshauptstadt Ziel der Leibniz-Schüler.

8. Klasse = 5 Tage Duisburg: Der Kohlenpott als industrielles Zentrum vergangener Jahrhunderte steht im Mittelpunkt, aber auch Duisburg als Endpunkt der Seidenstraße von China nach Europa.

9. Klasse = 6 Tage Krakau/Auschwitz: Vergangenheit, die nicht vergeht – der Besuch des nationalsozialistischen Vernichtungslagers Auschwitz ist Pflicht für Leibniz-Schüler.

10. Klasse = 6 Tage München: Der Besuch der Kunstmuseen, ein Stadtrundgang und der Besuch des Deutschen Technikmuseum erwartet die Zehntklässler des Gymnasiums und der Gemeinschaftsschule.

11. Klasse = 5 Tage Weimar: Zu Beginn der Oberstufe findet die etwas andere Klassenfahrt statt – eine Studienreise nach Weimar, der Stadt von Goethe und Schiller, des Bauhauses, der Weimarer Verfassung und der Stadt mit der dunklen Vergangenheit Buchwald; auch die Auseinandersetzung mit dem früheren KZ ist Thema der einwöchigen Exkursion.

12. Klasse = 6 Tage Wien/Prag/Rom: Alternativ führt die Klassenfahrt der Zwölftklässler in eine der drei europäischen Kulturmetropolen.

13. Klasse = selbst organisiert.

Eine Botschaft aus Neuseeland – als Ansporn für eine gute Schule

VON EGON BOESTEN

In ihrem Buch „Der tanzende Direktor" beschreibt Verena Friederike Hasel den neuseeländischen Schulalltag (Kleinundaber, Zürich, 20 Euro). Die neuseeländischen Schulen belegen Platz 1 im Worldwide Educating for the future index.

Ein paar Ideen hat sie von dort mitgebracht, von denen sie auch schon bei einer Weiterbildungsveranstaltung in der Leibniz Privatschule berichtet hat. Verena Hasels Credo, das sie in ihrem Buch, aber auch in verschiedenen Zeitschriftenartikeln und Fernsehsendungen prägnant zusammenfasst, enthält elf Aufforderungen, die Mut machen für den schulischen Alltag:

- Gebt den Kindern einen Grund, zu schreiben
- Feiert den Fehler
- Zeigt Whanaungatanga
- Zieht an einem Strang
- Bringt den Kindern die Liebe zu Büchern bei
- Vermittelt den Kindern fluide Identitäten
- Seid pragmatisch, nicht ideologisch
- Gebt den Kindern Erlebnisse
- Stellt den Lehrer in den Mittelpunkt
- Schafft offene Systeme
- Bereitet die Kinder auf die Freiheit vor

Gebt den Kindern einen Grund, zu schreiben

Eine Fee als Brieffreundin? – In einer Schulklasse hängt ein kleiner Briefkasten an einer Tür, hinter der eine Fee eingezogen ist, die Briefe an die Kinder schreibt – und die Kinder schreiben zurück. Ein herrlicher Briefwechsel entsteht in dieser neuseeländischen Grundschule. In einer anderen Klasse steht eine Schatzkiste mit allerlei Gegenständen. Wem gehören sie, woher kommen sie, wie kommt man diesem Geheimnis auf die Spur? Die Kinder schreiben ihre Vermutungen und es entstehen wunderbare Geschichten:

Gebt den Kindern einen Grund zu schreiben, fordert Verena Hasel auch mit Blick auf deutsche Grundschulen.

Feiert den Fehler

In Neuseeland käme niemand auf die Idee, dass der Hinweis auf einen Fehler ein Kind entmutigen würde. Eigentlich wissen das viele in Deutschland auch – und doch hat sich die Methode „Schreiben nach Gehör" ausgebreitet, weil man befürchtet, die Kinder zu entmutigen. Verena Hasel erzählt von einer Lehrerin in Neuseeland, die als sie einen Fehler bei einem Kind entdeckte, ausrief: „Was für ein großartiger Fehler!" Hintergrund: Die Strategie, mit der das Kind zum „falschen" Ergebnis kam, äußerst interessant war – und schon verschwanden alle Radiergummis in dieser Klasse. „Und wieder wächst dein Gehirn ein bisschen", berichtet Verena Hasel von einem Lehrer, wenn ein Kind einen Fehler macht. Textkorrekturen verlaufen in Neuseeland auch anders: Alles, was richtig gemacht wurde, wird mit einem Häkchen versehen, Verbesserungen erfolgen mit einem grünen Stift – weil Rot zu sehr alles Negative symbolisiere, schreibt die Autorin.

Zeigt Whanaungatanga

Whanaungatanga stammt aus der Sprache der Maori, der Ureinwohner Neuseelands, und hat keine deutsche Entsprechung, weil die damit verbundene Vorstellung in unserer Kultur höchstens als vage Sehnsucht existiert. Bei den Maori ist Whanaungatanga ein zentraler Begriff und bezeichnet das Gefühl von tiefer Verbundenheit. Konkret bedeutet Whanaungatanga, für die anderen zu sorgen, weil ihr Geschick untrennbar mit dem eigenen verbunden ist. An neuseeländischen Schulen zeigt sich die Wirkung von Whanaungatanga jeden Tag: Schüler vertreten die Sekretärin am Telefon. Als ein Junge wegen einer Krebserkrankung seine Haare verliert, rasieren sich die Klassenkameraden ihre auch ab. Die Schulen in Neuseeland fördern „Whanaungatanga", indem sie die Schüler anhalten, sich in ihrer unmittelbaren Umgebung der Schule zu engagieren, zum Beispiel indem sie am Strand Müll sammeln oder mit den Bewohnern eines nahegelegenen Altersheims Aerobic machen.

Zieht an einem Strang

Den ersten Entwurf des aktuellen neuseeländischen Curriculums verfassten im Jahr 2004 mehr als 15.000 Schüler, Lehrer, Direktoren, Eltern, Wissenschaftler und Maori-Vertreter gemeinsam. Anschließend wurden alle Neuseeländer eingeladen, Anmerkungen zu machen. Dass eine solche Einbindung der gesamten Bevölkerung Zeit und Mühe kostet, nahm man gern in Kauf, weil man wusste, dass ein breiter Konsens auf lange Sicht Probleme erspart. Heute eint das Curriculum die Schulen Neuseelands, setzt dabei aber auf Kohärenz statt Gleichmacherei. Statt umfassender Kontrolle schaltet sich der neuseeländische Staat nur am Anfang und Ende ein, den Weg dazwischen macht er frei. Das Curriculum definiert die Lernziele, die für alle Schulen im Land bindend sind, und die Hauptaufgabe der staatlichen Beamten besteht darin, sicher zu stellen, dass eine Schule diese erreicht. Undenkbar in Deutschland angesichts der föderalen Bildungslandschaft, denkbar in einer Privatschule – was den ehemaligen Direktor der Salem-Internats, Dr. Bernhard Bueb („ Lob der Disziplin") zu der Forderung brachte: „Gründet Privatschulen!" Der Erfolg, so Verena Hasel, gibt den Verantwortlichen in

Neuseeland recht; in internationalen Vergleichsstudien schneiden die neuseeländischen Schulen in der Regel weit über dem Durchschnitt ab.

Bringt den Kindern die Liebe zu Büchern bei

Lesen lernen in Neuseeland, die erste und wichtigste Lektion: Kinder, die ungern lesen, gibt es nicht. Es gibt nur Kinder, die noch nicht das richtige Buch gefunden haben. Die Schule hilft dabei – so wie die Lehrerin, die mit einer großen Reisetasche die Klasse betritt, ihre Kinder nach Öffnen der Tasche mit irre vielen Paar Schuhen vor die Frage stellt, welche sie denn am Abend anziehen solle. Die nächste halbe Stunde probieren sich die Schüler durch den Schuhhaufen, und am Ende sagt die Lehrerin: „ Ihr seht: Es ist gar nicht einfach, Schuhe zu finden. Manchmal muss man eine Weile suchen." Sie macht eine Pause. „Mit Büchern ist es dasselbe. Das perfekte Buch muss genauso gut zu euch passen wie der richtige Schuh."

Vermittelt den Kindern fluide Identitäten

In der ersten Schulwoche eines koreanischen Mädchens, das kein Wort Englisch spricht, pinnt die Lehrerin die wichtigsten koreanischen Wörter an die Wand. So verstehen die übrigen Kinder, was dieses Mädchen zu leisten hat. In den Kulturellen Wochen, die neuseeländische Schulen regelmäßig veranstalten, kommen indische Kinder im Sari, der Junge aus Südamerika ist in die brasilianische Flagge gehüllt, die Lehrerin aus England trägt eine Krone, und am Freitag machen alle eine große Parade in ihren Kostümen. Und die morgendliche Begrüßung ist das ganze Jahr über niemals nur auf Englisch, sondern stets in vielen verschiedenen Sprachen. Dennoch ist die Herkunft eines Menschen in Neuseeland niemals das entscheidende Merkmal. Weder im Guten noch im Schlechten. In einer Klasse sollen die Kinder notieren, warum sie besonders sind. „Weil ich aus Ägypten bin", schreibt ein Junge. Das reicht der Lehrerin nicht, und so fügt er hinzu, dass er auch gut in Kunst sei. Neuseeland ist ein Einwandererland. Man lässt nicht zu, dass sich Menschen wegen ihrer Herkunft schlecht fühlen – sie dürfen sie aber auch niemals überhöhen. Deutschland entwickelt sich auch immer mehr zum Einwandererland. „Doch wo signalisiert man Migrantenkindern derart, dass man anerkennt, was sie leisten?", fragt Verena Hasel.

Seid pragmatisch, nicht ideologisch

Vor 40 Jahren hat Neuseeland sein Bildungssystem auf sehr unorthodoxe Weise umgebaut. Vom Chef einer Supermarktkette beraten, beschloss der damalige Premierminister, dass Schulen sich selbst verwalten sollen. Die Überlegung dahinter: Entscheider dürfen nie zu weit von den Folgen ihrer Entscheidungen entfernt sein. Seitdem befindet ein Kuratorium, das aus Eltern und Lehrern besteht, über alle Belange einer Schule selbst, und dementsprechend schnell ist auch Unterstützung da, egal ob es um schwierige Schüler oder renovierungsbedürftige Räume geht. Ein Hilferuf gegenüber

Menschen, die man jeden Tag sieht, verhallt eben nicht so leicht ungehört. E-Mails an Sachbearbeiter im Schulamt leider schon.

Gebt den Kindern Erlebnisse

Periodensysteme, Atlanten, Schautafeln zur Vererbungslehre – all das hat natürlich seinen Platz im naturwissenschaftlichen Unterricht in Neuseeland. Aber viel wichtiger als die pure Theorie sind Erlebnisse. So fahren Oberstufenschüler mit ihrem Lehrer Mountainbike und erfahren auf diese Weise am eigenen Leib, dass es mehr Kraft erfordert, loszufahren als bei gleichbleibender Geschwindigkeit weiterzufahren, bevor sie die Newtonschen Gesetze durchnehmen, welche die Erklärung für dieses Phänomen liefern. Eine andere Klasse, die das Thema Antarktis durchnimmt, übernachtet bei den Pinguinen im städtischen Aquarium, und Schulanfänger machen das erste Experiment ihres Lebens mit Schokobonbons, essen diese aber nicht auf, sondern stellen Hypothesen auf, wie Schokolade schmilzt. Ein Junge, der sich daran erinnert, dass er in seinem schwarzen Pulli stärker schwitzt als im weißen, legt seine Drops auf einen schwarzen Eimer in die Sonne, und ein Mädchen reibt sie, weil sie festgestellt hat, dass ihre Hände auf diese Weise warm werden. An vielen Schulen Neuseelands wurde außerdem die Geniestunde eingeführt. Immer freitags arbeiten die Kinder für einige Stunden an einem selbst gewählten Projekt.

Stellt den Lehrer in den Mittelpunkt

In Deutschland wird die Rolle von Lehrern seit einiger Zeit beständig heruntermoderiert. Mitunter sieht man sie nur noch als Unterrichtsbegleiter, und die Pädagogen selbst glauben auch nicht mehr so recht an ihren eigenen Einfluss. In einer Befragung durch das Allensbach-Institut schrieben sich lediglich acht Prozent der befragten Lehrer eine „sehr große Bedeutung" für die Entwicklung ihrer Schüler zu. In Neuseeland sieht man den Lehrer dagegen als absolut zentral für erfolgreiches Lernen an. Er ist kein Moderator oder Vermittler, sondern ganz im Gegenteil eine starke Figur, die den Unterricht klar strukturiert und steuert. Entsprechend ernst nimmt man auch die Frage, wie er sich stetig verbessern kann. In Deutschland wird kaum überprüft, ob ein Lehrer seiner Fortbildungspflicht nachkommt. Neuseeländische Lehrer müssen ihre Lehrerlaubnis dagegen alle drei Jahre erneuern – und das dürfen sie nur, wenn sie an Fortbildungen teilgenommen haben. Dafür sind diese aber auch extrem wirkungsvoll. Während Fortbildungen in Deutschland meist externe Vorträge sind, die der Lehrer nach Unterrichtsschluss besucht, obwohl so etwas nachgewiesenermaßen wenig bringt, kommen die Fortbilder in Neuseeland direkt an die einzelne Schule, geben Modellstunden und gehen auf die individuellen Probleme und Fragen des Lehrers ein.

Schafft offene Systeme

2018 verbrachte der amerikanische Pädagogikprofessor Alan Daly drei Monate in Neuseeland, um das „Ökosystem von Lehrenden" zu untersuchen. Allein diese Wortwahl ist erstaunlich, denn oft genug sind Lehrer in ihrer täglichen Arbeit sehr allein. Nicht aber in Neuseeland. „Das Besondere ist", sagt Daly, „dass man sich auf nationaler Ebene bemüht, die Zusammenarbeit zwischen Lehrern zu fördern." Und tatsächlich: Dass ein Lehrer an einer Schule etwas Tolles tut und andere es nicht bemerken, ist in Neuseeland praktisch unmöglich. Schon vor mehreren Jahrzehnten reisten so genannte Inspektoren von Schule zu Schule und organisierten Unterrichtsbesuche, wenn sie erkannten, dass zwei Lehrer etwas voneinander lernen könnten. Was für ein Gegensatz zu Deutschland, wo Schule ein geschlossener Mikrokosmos ist und Lehrer meist nur während ihres Referendariats einen zweiten Lehrer im Raum haben, der dann auch gleich alles, was sie tun, bewertet. Wen wundert es da noch, wenn Lehrer zu Einzelkämpfern werden?

Bereitet die Kinder auf die Freiheit vor

Fragt man die 18-jährige Abiturientin Julia nach dem Höhepunkt ihrer Schulzeit, muss sie nicht lange überlegen. „Das war das Solo Camp", sagt die Neuseeländerin. Das Solo Camp ist Teil des Faches Education outside the classroom, das es an vielen neuseeländischen Schulen gibt, und das geht so: Schüler verbringen 48 Stunden allein im Wald, nur mit dem Nötigsten ausgestattet, Telefon, Bücher und Musik sind verboten. Es handelt sich nicht um Überlebenstraining, die Jugendlichen müssen sich nicht von Spinnen und Mäusen ernähren, aber sie müssen etwas viel Schwierigeres tun: schweigen, meditieren, allein sein.

„Zu lernen, wie man sich selbst aushält, ist das Wichtigste überhaupt", sagt Julias Lehrer. Er hat alle Zwölftklässler, die am Solo Camp teilgenommen haben, an ihre Schlafplätze im Wald geführt, so weit voneinander entfernt, dass sie sich weder sehen noch hören konnten, hat ihnen für den Notfall eine Trillerpfeife zugesteckt und außerdem ein Buch mit leeren Seiten, über die er Fragen geschrieben hat: Wem möchtest du danken? Was hat dich geprägt? Wo möchtest du in sechs Monaten sein? Darüber sollten die Schüler während ihrer 48 Stunden allein im Wald nachdenken. Julia sagt, dass sich natürlich längst nicht alle Fragen geklärt hätten. Noch immer sei die Zukunft unsicher, aber Angst, nein, die habe sie nicht mehr. „Und wenn ich mich doch mal vor etwas fürchte, dann sage ich mir: Wenn ich 48 Stunden allein im Wald überleben kann, schaffe ich das hier auch."

Ohne Lesen kein Erfolg in der Schule

VON EGON BOESTEN

Die verschiedenen Studien belegen es und auch die Erfahrungswerte vieler Eltern, die ihren Kindern vorlesen, gehen in die gleiche Richtung: Wem viel vorgelesen wurde und wer viel liest, kommt in der Schule besser klar. Auf gut Deutsch: schneidet besser ab. Um es noch zu toppen: Wer nicht viel liest, kann auch nicht gut Mathe. Die Dortmunder Erziehungswissenschaftlerin und Schulpädagogin Franziska Schwabe sagt: „Das gilt nicht nur für Schulfächer wie Deutsch und Geschichte, sondern auch für Mathematik, Biologie und Physik."

Mindestens jedes dritte Elternpaar liest Kindern, die noch nicht selbst lesen und schreiben können, mehrmals in der Woche vor. 18 Prozent der Befragten nehmen sogar täglich ein Buch für ihre Sprösslinge zur Hand. Doch es läuft auch anders: 15 Prozent lesen ihrem Nachwuchs seltener als einmal die Woche vor, weitere 15 Prozent nie. In dieser Gruppe gibt es auch keine großen Änderungen: Schon 2014 ergab die Studie, dass rund 30 Prozent aller Eltern in Deutschland ihren Kindern selten oder gar nicht vorlesen.

Hat Vorlesen Einfluss auf den schulischen Erfolg? Zu dem Ergebnis kommt zumindest eine Studie. Die Durchschnittsnote im Fach Deutsch liegt demnach für Acht- bis Zwölfjährige, denen täglich vorgelesen wurde, um sieben Zehntel über der von Kindern, deren Eltern selten oder nie zum Buch greifen. Auch in anderen Fächern wie Biologie oder Kunst schneiden sie besser ab. 84 Prozent der fleißigen Vorleser sagten: „Mein Kind ist gut in der Schule." Bei den Nicht- oder Selten-Vorlesern gab das nur knapp jeder Dritte an. Bei den Kindern selbst hielt sich aus der ersten Gruppe jedes Zweite für schulisch erfolgreich – von den wenig Belesenen waren es 12 Prozent.

Und wer jetzt mit dem Hinweis kommt, die soziale Herkunft legt alles fest – unwahrscheinlich: Vorlesen kostet nichts.

Die Lernende Schule

Der Lehrer an der Leibniz Privatschule

VON BARBARA MANKE-BOESTEN

Bei den Vorstellungsgesprächen sagen sie alle, das ist ja toll, dass wir einen Arbeitsplatz in der Schule haben; und dann in der Realität, wenn der Arbeitstag bis 17.00 Uhr dauert und das an fünf Tagen die Woche, dann wird das Lehrerweltbild schon ein wenig erschüttert.

Aber warum halten wir an diesem in Deutschland ungewöhnlichen Rahmenbedingungen für den Beruf des Lehrers fest und wie sieht unser Lehrerbild konkret aus? In der LPS gibt es zwar einen großen Konferenzraum, aber kein großes Lehrerzimmer, sondern viele Büroräume, die mit PC (Laptop oder/und I-Pad), Internetzugang, Telefon und allen Materialien ausgestattet sind, die man in seinem Fach zum Unterrichten braucht.

Jeder Lehrer hat eine Schulmailadresse und ist damit jederzeit erreichbar. Ich persönlich habe in den vergangenen Jahrzehnten noch nie abends einen Anruf zu Hause bekommen, der sich auf Probleme der Schule, von Schülern bezog. Ich kann auf die Mails der Eltern antworten – meistens morgens als erstes – und eine schnelle Antwort, auch ohne das Problem gleich lösen zu können, sorgt für Vertrauen.

Es erleichtert die Arbeit ungemein, wenn man sich mit seinen Kollegen länger absprechen kann, sei es über Probleme in der Klasse, mit einzelnen Schülern, über fachliche Themen. Die Lehrer können sich austauschen, Erfahrungen anderer Kollegen nutzen, an einem vernünftig ausgestatteten Arbeitsplatz ihre Korrekturen und Unterrichtsvor- und Nachbereitungen erledigen. Nicht immer ist um 17.00 Uhr alles erledigt, aber immer öfter.

Wir wollen den Austausch, die Zusammenarbeit, die gegenseitige Hilfe; die Lernplattform *itslearning* erleichtert zunehmend die Unterrichtsvorbereitung, wenn die Kollegen sie denn nutzen und nicht meinen, das Rad immer wieder neu erfinden zu müssen. So wird für den Lehrer bei uns an der Schule ein ganz normaler Arbeitstag daraus, und es hat schon seine Vorteile, Arbeit am Arbeitsplatz erledigen zu können und nicht mit nach Hause nehmen zu müssen. Mir ist schon bewusst, dass dies bei der Korrektur der Klausuren in der Oberstufen oder gar den Abiturklausuren natürlich nicht möglich ist. Aber das ist eher die Ausnahme.

Damit ist schon gesagt, dass unser Lehrerbild geprägt ist von Zusammenarbeit, Austausch, Offenheit gegenüber anderen, aber auch von Bereitschaft und Offenheit, um Probleme, Fragen, Unsicherheiten zuzugeben. Wir arbeiten mit Menschen und stehen jeden Tag wieder vor einer neuen Situation, das ist natürlich anstrengend, und sich Hilfe und Unterstützung zu holen, ist nichts Schlechtes.

Wir sind als Lehrer heute nicht nur die Experten für unser Fach, das ist die Grundvoraussetzung für unsere Arbeit. Wir haben alle ein wissenschaftliches Studium abgeschlossen. Wir sind zunehmend Kümmerer und das pädagogische Wirken nimmt mehr Raum ein. Auf den Lehrer kommt es an: Wenn ich eine Beziehung zu dem Schüler, zu der Klasse habe, fällt auch das Unterrichten leichter. Natürlich brauche ich dafür mehr Zeit, muss Gespräche führen, mich interessieren, wie es zuhause aussieht, welche Proleme den Schüler gerade davon abhalten, in der Schule zu arbeiten oder sich überhaupt für den Schulstoff zu interessieren.

Mein Lieblingsschüler, nur im Nachhinein gesagt, hat in der 6. Klasse tatsächlich einen Tisch nach mir geworfen und ist dann sofort aus der Klasse gerannt. Was habe ich gemacht? Den Unterricht zu Ende geführt und dann den Schüler gesucht und lange mit ihm gesprochen. Was war der Anlass für den Tischwurf? Er hatte am Wochenende davor seinen Vater verloren und hautnah mitbekommen, wie diesem im Krankenhaus nicht geholfen werden konnte. Da er zudem mit ADHS belastet war, konnte er die Situation nicht bewältigen und explodierte einfach. Den Anlass in der Stunde weiß ich nicht mehr. Nach diesem Gespräch kam es in den darauffolgenden Jahren nicht mehr zu einer solchen Situation, wir hatten und haben ein wunderbares Verhältnis; der Schüler machte Abitur bei uns und ich hatte einen Zugang zu ihm, um ihn auf Fehlverhalten, mangelnde Konzentration oder Ähnliches hinzuweisen.

Die Erfahrung zeigt uns, dass der Anteil der erzieherischen Aufgaben zunimmt. Herr Winterhoff weist seit Jahren darauf hin, dass wir durch die neuen Medien, die Belastungen der Eltern etc. eine veränderte Situation haben, viele Auszubildende z.B. nicht mehr ausbildungsreif sind und wir finden es bestätigt, dass ein Großteil der Kinder in der 1.Klasse nicht mehr schulreif sind. Probleme gibt es nicht nur in der Fein- und Grobmotorik, sondern auch im Arbeitsverhalten, der Konzentrationsfähigkeit, dem Akzeptieren einfachster Arbeitsanweisungen. Das ist eine Tatsache; darauf müssen wir uns einstellen und wie tun wir das?

Wir denken darüber nach, Inhalte in der Vorschule und den ersten Woche der Grundschule zu verändern. Hier zeigt sich, wie gut es ist, dass wir die Kinder von der Krippe bis zum Abitur haben, wie wertvoll es in der Zukunft ist, dass Schule und Kindergarten zusammenarbeiten können und sollen und wir bestimmte Defizite früh erkennen und so versuchen können, diese zu beheben.

Und wir bilden uns weiter durch Vorträge, Seminare, Workshops. Herr Winterhoff ist genauso regelmäßig Gast für Vorträge und Schulungen der Lehrer und Erzieher wie z.B. Prof. Roth, mit dem wir gerade eine neue Weiterbildungsreihe zum Thema Gesprächsführung angefangen haben: Wie spreche ich mit den Schülern über Konflikte, Probleme? Wie kann ich ihnen helfen. Wie kommen wir an sie heran, um sie fit für das Lernen zu machen. Wie sprechen wir mit den Eltern?

Ein schwieriges Thema: Wir sind keine Psychologen, keine Therapeuten, wir beobachten nur und müssen gemeinsam im Interesse des Kindes an einem Strang ziehen. Das gelingt nicht immer, dann bleibt uns nur der Tag in der Schule und das ist relativ viel Zeit – im Idealfall von 8 bis 17 Uhr.

Unsere Lehrer haben die Verpflichtung, sich im Schuljahr 50 Stunden weiterzubilden – außerhalb der Unterrichtszeit. Die Schule holt dafür die Referenten, bezahlt diese oder ermöglicht die Teilnahme an externen Kursen.

Die Erfahrungen der Corona-Zeit haben gezeigt, wie wichtig der Lehrer ist. Alle: Eltern, Schüler und Lehrer haben übereinstimmend gesagt, ohne direkten Kontakt geht es nicht, auf den Lehrer kommt es an. Nur mit einem schwarzen Bildschirm zu reden ist frustrierend. Ich als Lehrer bekomme nicht mit, ob die Schüler meine Erklärungen verstanden haben, gibt es noch Fragen etc. Ich sehe die Schüler nicht, habe keinen direkten Kontakt, kann wenig reagieren. Dazu kommen noch die fehlenden Gespräche, die fehlende persönliche Kommunikation. Gerade schwächere Schüler und Schüler mit Problemen leiden darunter. Unterricht per Video kann auf keinen Fall den Unterricht vor Ort ersetzen, er kann ihn möglicherweise ergänzen und bei Schulschließungen Schlimmeres verhüten, aber Lernen und Lehren ist ein sozialer Prozess und dafür braucht es den direkten Kontakt. Auf den Lehrer kommt es eben an, das haben wir im Frühjahr dieses Jahres deutlich und schmerzhaft erfahren.

Leibniz-Abende mit Wissenschaftlern aus Bildung, Sport und Politik

VON EGON BOESTEN

Leibniz-Abende werden seit der Schulgründung im Jahr 2005/2006 regelmäßig veranstaltet mit dem Ziel der Weiterbildung von Lehrern und auch Eltern. Namhafte Wissenschaftler waren dort bereits zu Gast.

Der erste Leibniz-Abend überhaupt fand im Hörsaal der Fachhochschule Nordakademie in Elmshorn statt. Professor Thomas Dey hielt eine Vorlesung „Persönliches Glück – fordern statt verwöhnen". Trotz der geringen Resonanz von elf Zuhörern war eine Veranstaltungsreihe geboren. Unterrichtsentwickler Gerhard Förderer aus Hamburg erläuterte das spezielle Leibniz-Konzept und lieferte gleichzeitig die wissenschaftliche Begründung – fünf Jahre vor Hattie: „So viel Instruktion wie nötig – so viel Erarbeitung wie möglich."

Die Vorträge von der Hamburger Sonderpädagogin Bettina Marquardt zu den Themen „Grenzen setzen", „Pubertät" und „Soziale Medien" gehören seit Gründung der Schule zum obligatorischen Programm der Leibniz-Abende. Einen ganz besonderen Leibniz-Abend bestritt Professor Henning Wode in seiner Geburtsstadt Elmshorn. Der Erfinder des Unterrichts auf Englisch in der Grundschule trug seine Forschungsergebnisse aus Kiel-Altenholz im Kulturzentrum Haus 13 in Elmshorn bei einem Leibniz-Abend vor.

Professor Gerhard Roth hielt am 7. September 2011 einen Vortrag über „Bildung braucht Persönlichkeit" vor mehr als 200 Zuhörern. Deutschlands bedeutendster Neurobiologe und Hirnforscher sollte später die Zusammenarbeit der Leibniz Privatschule auf anderer Ebene fortsetzen. Die Professoren Olaf Köller und Jens Möller von der Universität Kiel bildeten Lehrer und Eltern weiter in der Frage: „Was macht guten Unterricht aus?"

Toben macht schlau ist das Credo von Deutschlands „Päpstin" in Fragen frühkindlicher Bewegungserziehung. Professor Renate Zimmer attestierte beim Leibniz-Abend der Leibniz Privatschule, sie sei die einzige mit fünf Stunden Sport im Stundenplan einer jeden Klasse. Einige Jahre später ist Professor Klaus Bös aus Karlsruhe zu Gast, der erläutert, weshalb die „Tägliche Sportstunde" schlau macht. Bös hatte dies in einer groß angelegten Untersuchung in den 1990er-Jahren herausgefunden.

Am 16. September 2020 kam mit Christoph Biemann der Macher der *Sendung mit der Maus* nach Kaltenkirchen und verriet „Buchstabenzauber – wie Sie Ihr Kind fürs Lesen begeistern“. Ein bildungspolitisches Highlight fand am 28. September in der Schulmensa in Elmshorn statt. Schulgründerin Barbara Manke-Boesten: „Wir freuen uns, wenn der Augsburger Professor Klaus Zierer die Bedeutung von John Hattie für den schulischen Unterricht erklärt, ein bisschen unter der Überschrift: „Vergessen Sie alle in Deutschland seit den 60er-Jahren gemachten Reformvorschläge; wichtig ist der Lehrer – und nicht die Klassengröße, kein offener oder jahrgangsübergreifender Unterricht oder gute Schüler helfen schwachen Schülern. Was zählt, ist der Lehrer.“ Klaus Zierer hat die berühmte Hattie-Studie in Deutschland herausgegeben und weiterentwickelt.

Der damalige Präsident des Deutschen Lehrerverbandes, Josef Kraus, stellt sein Buch „Helikopter-Eltern“ in Elmshorn vor. Adolf Timm spricht über die Grenzen und Möglichkeiten der Eltern, den schulischen Erfolg ihrer Kinder zu unterstützen. Prof. Hans-Peter Klein setzte sich bei einem Leibniz-Abend mit dem Kompetenzdschungel in der deutschen Bildungspolitik auseinander. Prof. Hans-Jürgen Schulke sprach zu den Themen „Turnvater Jahn“, „die Chancen des Sportvereins“ und diskutierte über das Phänomen „Public Viewing“ mit Eltern, Schülern und Lehrern. Prof. Franz Mönks (1932-2020), der Pionier der Begabtenforschung von der Universität Nijmegen, machte auf die Hochbegabten-Aspekte im schulischen Lernen aufmerksam.

Seine Bücher sind seit 2008 in Deutschland Bestseller. Als er 2013 zum ersten Mal bei einem Leibniz-Abend seine Thesen vorstellt, macht er der Leibniz Privatschule einen Riesen-Kompliment: „Solche Schulen wie diese sollten man flächendeckend in Deutschland einführen.“ Bei einem Leibniz-Abend in Hitzhusen schilderte Dr. Tim Aalderink die verheerenden Folgen von „Computersucht – Hintergründe und Auswege“.

Einen besonderen Stellenwert genießen die Gastvorträge der Vertreter der neuseeländischen Partnerschule. Schulleiter Dan Reddiex und die internationale Koordinatorin der King’s Highschool Lorraine Klitscher erzählen mit großer Begeisterung, wie Schule am anderen Ende der Welt gelingt – ein Vorbild für die Leibniz Privatschule. Die frühere Oberbürgermeisterin und Journalistin Susanne Gaschke hält bei einem Leibniz-Abend ein flammendes Plädoyer für „Analog statt digital“.

Fast schon Stammgast beim Leibniz-Abend ist „Deutschlands Erziehungspapst“ Jan-Uwe Rogge. Mit seinen Vorträgen fordert er zur Gelassenheit in der Erziehung auf und hält erziehungswütigen Eltern einen schelmenhaften Spiegel vor, allesamt Leibniz-Abende mit großem Unterhaltungswert und nachhaltigen Erkenntnissen.

Schulbegleitende Weiterbildungen und regelmäßiges Hospitieren

VON BARBARA MANKE-BOESTEN

Vor dem Hintergrund des Schul- und Unterrichtskonzepts der Leibniz Privatschule werden im Laufe eines Schuljahres – außerhalb der Unterrichtszeit – regelmäßig Weiterbildungsnachmittage und Workshops in der Leibniz Privatschule durchgeführt. Lehrer der Schule haben sich vertraglich verpflichtet, an 50 Weiterbildungsthemen teilzunehmen.

Neben den Leibniz-Abenden und den Inhalten des Aus- und Weiterbildungskonzeptes der Privaten Leibniz Akademie für Quereinsteiger gibt es zu den verschiedenen Themen entsprechende Schulungen, zum Beispiel:

Kindergarten und Grundschule:
- Gefahren von Facebook, WhatsApp und Co. im schulischen Alltag
- Umgang mit schwierigen Kindern in der Grundschule
- Disziplin und Disziplinierung
- Nonverbales Agieren vor der Klasse
- Vorbereitete Umgebung im Klassenraum
- Rechtschreibtraining
- Rituale im Unterricht
- Phasen der kindlichen Entwicklung

Sekundarstufe:
- Was ist gymnasiale Bildung?
- I-Pad Nutzung
- *itslearning*
- Methodentraining
- Vertrauenswürdigkeit des Lehrers
- Spaß am Wissenserwerb
- Gespräche mit Schülern
- Sinn des Lernens
- Zeitstruktur des Gedächtnisses und Konsequenzen daraus
- Motivation und Fleiß
- Anschlussfähigkeit des Unterrichtsstoffes
- Lernen ist Anstrengung
- Systematisches und aktives Wiederholen
- Vielfältige Unterrichtsformen

Hospitationsbogen/Checkliste
Was ist uns im Unterricht wichtig?

Lehrer:	Klasse:	Zeit:	Datum:	Thema der Stunde:

Vorbereitung

Pünktlich:	Schulkleidung:	Aufgeräumt:	Tafelanschrieb: ZOE + LV ja/nein

Durchführung

Begrüßung: ja/nein	Kinositz: ja/nein

Instruktion

ZOE - Erklärung:	LV: akt. Erinnern – Story;	Tafelbild/Visualisierung: ja/nein

Erarbeitung

Übergang/3 Min. ja/nein	Meldeliste: ja/nein	Hocker: ja/nein

Reflexion

Was haben wir gemacht?	ja/nein
Was war leicht, was war schwer?	ja/nein
Das merken wir uns (Visualisierung):	ja/nein

Aus- und Weiterbildungskonzept der Privaten Leibniz Akademie

Träger:	Leibniz Privatschule Fördergesellschaft mbH & Co KG in Zusammenarbeit mit der Roth Stiftung Bremen
Ziel:	Ausländischen Kollegen und anderen Hochschulabsolventen einen Quereinstieg an eine Privatschule zu ermöglichen und sie mit pädagogischem Wissen, Erfahrungen und Handwerkszeug auszustatten, damit sie „guten Unterricht“ machen können. Einzelne Module auch für Lehramtsstudenten.
Voraussetzung:	Abgeschlossenes Fachstudium – auch mit nur einem Fach
Dauer:	280 Stunden
Beginn:	01.08. bzw. 01.02. eines Jahres
Ablauf:	Zu Beginn: 1 Intensivwoche Danach: 4 Stunden in der Woche 40 bzw. 60 Stunden in den Oster-, Sommer- bzw. Herbstferien 15 Stunden eigenverantwortlicher Unterricht 5 Stunden begleiteter Unterricht, Hospitationen
Abschluss:	Ausarbeitung einer Unterrichtseinheit Abschlussgespräch über eine/zwei Unterrichtsdemonstrationen Schulleitergutachten Fachleiterbeurteilung Hospitationen durch Schulleitung und Fachkollegen Erteilung einer unbefristeten Unterrichtserlaubnis für die jeweilige Privatschule

Thema	Unterrichtsform	Dauer
Planung, Durchführung, Gestaltung und Evaluation von Unterricht	Workshop, Vortrag Übungen, Hospitationen	60
Unterrichtsmanagement Klassenraummanagement	Vorlesung, Übungen	30
Erziehung und Beratung	Vorlesung	20
Diagnostisches Training inkl. Lernpsychologie	Vorlesung, Übungen	20
Guter Unterricht	Einführungsvorlesung	30
Persönlichkeit (Lehrer) Selbstmanagement, Arbeitsorganisation, Lehrerrolle	Vorlesung, Übungen	30
Umgang mit Hochbegabung	Workshop	10
Umgang mit Störungen	Workshop	20
Unterrichtsforschung	Vorlesung	10
Recht	Workshop	20
Leistung und Bewertung	Workshop	10
Besonderheiten der Ausbildungsschule	Vorlesung, Workshop	
Digitale Medien im Unterricht	Workshop, Seminar	20

Quereinsteiger-Lehrer bereichern den schulischen Unterricht

VON BARBARA MANKE-BOESTEN

Mancherorts sind Quereinsteiger der Notnagel für den bestehenden Lehrermangel. Oftmals werden sie im Kollegium als Lehrer zweiter Klasse behandelt und gesehen. Die Leibniz Privatschule schätzt die Arbeit und die Expertise, die Quereinsteiger-Lehrer in den schulischen Unterricht und den Alltag einbringen.

Wir sind froh und stolz auf unsere Quereinsteiger. – Und warum? Die Frage lässt sich leicht beantworten. Alle haben ihr Wissen durch eine wissenschaftliche Ausbildung erarbeitet. Sie sind Experten auf ihren Gebieten. Darüber hinaus bringen sie noch vielfältige Erfahrungen aus anderen Bereichen mit. Sie kennen das Leben außerhalb der Schule und die meisten auch außerhalb der Universität. Das ist ein nicht zu unterschätzender Vorteil. Sie können den Schülern erklären, wie das Leben draußen funktioniert und sie so ein bisschen besser darauf vorbereiten. Realität kommt in die Schule.

Außerdem sind wir nicht nur von den Schülern her eine internationale Schule, sondern auch im Kollegium. Viele Kollegen bringen Erfahrungen aus den Schulen anderer Länder mit und bereichern damit unsere Arbeit. Durch unsere eigenen Kinder haben wir viel von den verschiedenen Schulsystemen und Schulen im Ausland gelernt und übernommen; die Arbeit und das Vorgehen an den neuseeländischen Schulen vor allem an der King's Highschool in Dunedin fasziniert uns immer wieder. Von anderen zu lernen ist nicht das Schlechteste.

Natürlich fehlt vielen Quereinsteigern die pädagogische Ausbildung. Dafür haben wir ein umfangreiches Programm entwickelt, das wir mit vielen inner- und außerschulischen Experten durchführen. In 280 Stunden setzen sich die Quereinsteiger damit auseinander. Vor der Prüfung durch die Schulaufsicht absolvieren sie intern – wie oben aufgeführt – eine Prüfung mit der Ausarbeitung einer Unterrichtseinheit und dem Gespräch über die Unterrichtsstunde in jedem ihrer Fächer. Zu den 50 Stunden Weiterbildung, zu denen jeder Lehrer und Erzieher der LPS verpflichtet ist, zählen kurze Weiterbildungen intern wie z.B. zu Fragen unseres Unterrichtskonzeptes – der zielorientierte Einstieg, aber auch Leibniz-Abende mit renommierten Wissenschaftlern und Experten ihres Fachs. Eine besondere Rolle nimmt bei den Weiterbildung Prof. Gerhard Roth ein. Seit Jahren hält er nicht nur vor Schülern und Lehrern Vorträge, sondern trägt auch durch seine Forschungen zur Verbesserung des Unterrichts bei. Gemeinsam haben wir überlegt und diskutiert, wie wir die Prämissen des guten Unterrichts umsetzen und unser Schulmodell weiter entwickeln. Die Umsetzung der Roth-Projekttage und Roth-Projetwochen ist nur ein Beispiel dafür.

Sie sind keine Notlösung: Quereinsteiger tun den Schulen gut

VON RAINER WERNER

Deutsche Schulen besetzen schon jede zehnte Lehrer-Stelle mit einem Seitenwechsler. Für viele Eltern klingt das bedrohlich. Dabei sind die meisten Quereinsteiger alles andere als eine Notlösung. Sie sind eine Bereicherung.

Landauf, landab wird zurzeit darüber geklagt, dass der Lehrermangel an unseren Schulen vor allem durch Quereinsteiger kompensiert wird. Je nach Temperament des Kommentators werden sie als „Anfänger", „Dilettanten" oder „Amateure" bezeichnet. Für Außenstehende erscheint die Situation an unseren Schulen bedrohlich: Laien kapern die heiligen Hallen unserer Ausbildungsstätten – zum Schaden unserer Kinder. Aus der Sicht des Lehrers halte ich diese Schelte für maßlos übertrieben.

Vor einigen Jahren trat im Bundesland Hessen ein Engpass bei der Lehrerversorgung auf. Der damalige Kultusminister warb darum, dass sich Quereinsteiger, Menschen mit akademischer Ausbildung, aber ohne pädagogisches Zertifikat, für den Lehrerberuf begeistern und sich um die Stellen bewerben sollten. In wenigen Monaten waren die Lücken gestopft. Viele der Neu-Pädagogen erhielten nur Zeitverträge. Als sie ausliefen und sie die Schule wieder verlassen sollten, protestierten Eltern und Schüler, weil sie diese „superguten" Lehrer nicht wieder gehen lassen wollten. Was war geschehen?

Die Akademiker mit Erstberuf hatten sich in der Praxis des Unterrichtens ganz schnell das Know-how angeeignet, das man für den Umgang mit Schülern benötigt. Danach unterrichteten sie erfolgreich und waren beliebt. Unter Lehrern ist es kein Geheimnis, dass sich hinter den ausgefeilten pädagogischen Theorien, die in der akademischen Ausbildung vermittelt werden, allzu oft nur der gesunde Menschenverstand verbirgt, der es einem ermöglicht, mit Kindern und Jugendlichen angemessen umzugehen.

Für Pestalozzi war die erzieherische Wirkung des Pädagogen schlicht das Ergebnis von „Liebe und Vorbild". Millionen Eltern erziehen ihre Kinder ohne pädagogische Ausbildung. Ein großes Geheimnis scheint die Erziehung von Kindern also nicht zu sein.

In meiner langen Zeit in der Schule habe ich gelernt, dass es vor allem auf die Persönlichkeit des Lehrers ankommt. Sie bewirkt, ob der Lehrer bei den Schülern „ankommt", ob er von ihnen respektiert, ja vielleicht sogar verehrt wird. Wer eigene Kinder hat, dem wird das Geheimnis erfolgreicher Lehrer nicht verborgen bleiben. Oft erzählen die Kinder zu Hause, dass sie für den Mathelehrer „durchs Feuer" gehen würden, weil er so „cool“ sei. Dem Deutschlehrer hingen sie an den Lippen, weil er „super“ über alte Zeiten und „komische“ Dichter erzählen könne. Und der neue Kunstlehrer sei „total sympathisch“ und ein echter Künstler.

Hinter diesen jugendsprachlichen Wendungen des Lobs verbirgt sich nichts anderes als „natürliche Autorität“ oder – modern gesprochen – die authentische, charismatische Persönlichkeit. Sigmund Freud, der große Seelenerkunder, schrieb in seinen Jugenderinnerungen: „Ich weiß nicht, was uns stärker in Anspruch nahm und bedeutsamer für uns wurde, die Beschäftigung mit der uns vorgetragenen Wissenschaft oder die mit den Persönlichkeiten unserer Lehrer, und bei vielen führte der Weg zu den Wissenschaften nur über die Person des Lehrers.“

Im Grunde könnte man den humanistischen Spruch „Non scholae, sed vitae discimus“ (nicht für die Schule, sondern für das Leben lernen wir) umwandeln in den Slogan: Nur für die beliebten Lehrer lernen unsere Kinder! Ich habe einen Quereinsteiger erlebt, der vom Max-Planck-Institut für Biologie an die Schule kam. Er war fachlich hoch qualifiziert, gab allerdings manchmal den zerstreuten Professor.

Die Schüler verehrten ihn als „wandelndes Lexikon“ und sahen über manche persönliche Schrulle hinweg. Wenn er davon erzählte, warum bei den Bonobo-Schimpansen die Weibchen das Sagen haben, hingen sie an seinen Lippen. Das Beispiel zeigt, dass ein Lehrer die Schüler allein durch sein immenses Fachwissen begeistern kann. Es muss ihm nur gelingen, die Schüler in die spannende Welt des Wissens mitzunehmen.

Jahrzehntelang kamen unsere Schulen ohne Quereinsteiger aus. Man müsste also annehmen, dass die professionellen Lehrkräfte – ausgestattet mit akademischem Grad und pädagogischer Lizenz – hervorragende Leistungen abliefern. Wie viele Bildungsstudien zeigen, ist dies beileibe nicht der Fall. Die Ergebnisse der Vergleichsstudien Vera 3 und 8 und des Mittleren Schulabschlusses lassen sich nämlich klassenspezifisch aufschlüsseln.

Zahl der Schulabbrecher lässt sich deutlich senken

Die Ergebnisse differieren von Klasse zu Klasse oft erheblich, was man durchaus auf das unterschiedlich erfolgreiche Wirken der Lehrkräfte zurückführen kann. Die Zahl der Schulabbrecher lässt sich, wie Studien zeigen, durch den persönlichen Einsatz der Lehrer für jeden einzelnen gefährdeten Schüler deutlich senken. Nicht alle wollen sich freilich diese Kärrnerarbeit zumuten.

Auffällig ist die hohe Zahl an Lehrkräften, die vor Erreichen des Pensionsalters wegen eines Burnouts die Schule für immer verlassen. Ihr Nervenkostüm, vielleicht die ganze Persönlichkeitsstruktur, konnte den Ansprüchen, die an Lehrkräfte heute gestellt werden, nicht länger standhalten. Oft liegt der Grund für das Ausscheiden darin, dass sich diese Lehrer von den Schülern nicht „angenommen" fühlen. Aus der Glücksforschung wissen wir, dass der Kampf um Anerkennung, wenn er erfolgreich ist, eine der nachhaltigsten Quellen des Glücks ist.

Im Umkehrschluss kann man sagen, dass der erfolglose Kampf um Anerkennung der größte Verhinderer von Glück ist. Der Grund, weshalb ein Lehrer als Person abgelehnt wird, liegt oft in seinem Charakter, in seiner Persönlichkeit begründet. Das macht Lösungen auch so schwer, ja fast aussichtslos, da es kaum noch möglich ist, im fortgeschrittenen Alter das eigene Wesen umzukrempeln.

Quereinsteiger bringen den fremden Blick von außen mit, der der Schule guttun kann. Ein Akademiker aus der freien Wirtschaft wird schnell die Mängel im System Schule erkennen, z. B. Ressourcenverschwendung oder dysfunktionale Abläufe. Mit einem PC-System, das noch mit Windows 95 läuft, wird er sich nicht abfinden. Vor dem Lehrerdasein schon einen anderen Beruf ausgeübt zu haben, ist für die Schule eher ein Gewinn. Bei den meisten Lehrern verläuft die Karriere geradlinig von der Schulbank über die Sitzbank im Hörsaal zum Lehrerpult. Etwas anderes als Lernen und Lehren haben sie nie kennengelernt, was sie ein Stück weit weltfremd macht.

Dass die Gewerkschaft Erziehung und Wissenschaft (GEW) die Anwerbung von Quereinsteigern ablehnt, ist nachzuvollziehen. Die Professionalität des Lehrerbildes bekäme deutliche Kratzer, wenn sich herausstellte, dass Akademiker mit Erstberuf das pädagogische Handwerk in Windeseile lernen und dann genauso erfolgreich unterrichten wie die Lehrer mit voller pädagogischer Qualifikation. Es ist schon eigenartig, dass die GEW hier auf Qualität pocht, wo sie doch in der Vergangenheit die Evaluation von Lehrerleistungen immer abgelehnt hat.

Nach menschlichem Ermessen werden sich unter den Quereinsteigern genauso viele pädagogische Talente finden wie unter den auf normalem Wege ausgebildeten Lehrkräften. Eine gute fachwissenschaftliche Qualifikation vorausgesetzt, können sie in ihrem zweiten Beruf als Lehrer erfolgreich sein.

Ohne Quereinsteiger ginge an vielen Schulen nichts mehr

Die Politik hat nicht für genügend Nachwuchs gesorgt. Ohne Quereinsteiger im Lehrberuf würde der Unterricht an vielen Schulen ersatzlos ausfallen. Eine pädagogische Vorqualifizierung ist oft nicht vorhanden.

Wenn sie über natürliche Autorität und Einfühlungsvermögen verfügen, werden sie bei Schülern und Eltern Anerkennung und Lob ernten. Wenn sie dann noch von gestandenen Lehrkräften an die Hand genommen werden, die ihnen die Abläufe in der Schule zeigen, werden sie über kurz oder lang nicht mehr von den alteingesessenen Lehrern zu unterscheiden sein.

Von dem Schriftsteller Klaus Mann stammt der Ausspruch, Lehrer müssten „Seelenfänger“ sein. Damit meinte er nicht, dass die Lehrer ihre Schüler manipulieren sollten. Er war vielmehr der Überzeugung, dass Lehrer dann besonders erfolgreich sind, wenn sie für ihre Sache brennen und die Gegenstände ihres Faches mit Leidenschaft und Überzeugung darbieten. Das methodisch-didaktische Rüstzeug wird ihnen dann von alleine zufliegen. Wir sollten den Quereinsteigern eine Chance geben.

Schüler bewerten ihre Lehrer

Jeweils in der Woche vor der Zeugnisausgabe werden die Lehrer durch die Schüler als Teil des Qualitätsmanagements bewertet. Die Aktion geht auf eine Untersuchung der Bill-Gates-Foundation zurück: Sieben Aspekte der Lehrerpersönlichkeit: Fürsorge, Kontrolle, Klarheit, Herausforderung, Faszinieren, Gehör verleihen und Konsolidieren werden dabei in den Mittelpunkt gestellt. Das Vorbild hierfür ist die Berliner John-Lennon-Schule. Auf einem anonymisierten Fragebogen bewerten die Schüler in drei Stufen ihre jeweiligen Fachlehrer. Die Klassensprecher werten die Umfrage aus und überreichen dem jeweiligen Lehrer die Ergebnisse auf einem Extra-Formular; sie werden aber nicht der Schulleitung mitgeteilt. Für die Grundschule wird der Fragebogen redaktionell leicht abgewandelt.

Schüler bewerten ihren Lehrer / Sekundarstufe		
Mag euch euer Lehrer?		
☐ ja, sehr	☐ es geht so	☐ eher nicht
Wie viel habt ihr im Unterricht gelernt?		
☐ viel	☐ einiges	☐ wenig
Welche Anforderungen stellt die Lehrkraft an die Schüler?		
☐ hohe	☐ mittlere	☐ eher niedrige
Wie hat der Lehrer den Unterricht gestaltet?		
☐ sehr interessant/spannend	☐ weniger interessant	☐ langweilig
Hat der Lehrer unterschiedliche Methoden angewendet?		
☐ ja	☐ eher nicht	☐ nein
Ist der Lehrer immer optimal vorbereitet?		
☐ ja	☐ es geht	☐ oft icht
Wie hat euch der Lehrer auf Klassenarbeiten und Klausuren vorbereitet?		
☐ sehr gut	☐ befriedigend	☐ schlecht
Ist der Lehrer bei der Zensierung gerecht?		
☐ ja	☐ weniger	☐ nein
Ist der Lehrer offen für Kritik?		
☐ ja	☐ es geht	☐ nein
Was sollte der Lehrer in seinem Unterricht ändern?		
....		
....		
....		

Schüler bewerten ihren Lehrer / Grundschule

Ich bewerte meinen Lehrer

Mag dich dein Lehrer?
☐ ja ☐ es geht so ☐ eher nicht

Hast du viel gelernt?
☐ viel ☐ einiges ☐ wenig

Wieviel Aufgaben gibt der Lehrer?
☐ viele ☐ mittel ☐ wenig

Wie hat der Lehrer den Unterricht gestaltet?
☐ sehr interessan/spannend ☐ weniger interessant ☐ langweilig

Hat der Lehrer unterschiedliche Methoden angewendet?
☐ ja ☐ eher nicht ☐ nein

Ist der Lehrer immer gut vorbereitet?
☐ ja ☐ es geht ☐ oft nicht

Wie hat euch der Lehrer auf Klassenarbeiten und Tests vorbereitet?
☐ sehr gut ☐ befriedigend ☐ schlecht

Gibt der Lehrer faire Noten?
☐ ja ☐ weniger ☐ nein

Ist der Lehrer offen für Kritik?
☐ ja ☐ es geht ☐ nein

Was sollte der Lehrer in seinem Unterricht ändern?

....

....

....

Lehrer-Bewertungen durch Schüler machen Schulen besser

VON RAINER WERNER

Für Arztpraxen oder Restaurants ist es normal, dass sie auf Online-Portalen bewertet werden. Lehrer hingegen sträuben sich gegen das Feedback durch ihre Schüler, weil sie sich vor unsachlicher Kritik fürchten. Der Widerstand ist aber fehl am Platz.

Im Jahr 2007 wurde Deutschlands Lehrerschaft aufgeschreckt, als drei Kölner Studenten die Plattform „spickmich.de" ins Netz stellten, auf der Schüler ihre Lehrer mit Kommentaren und Noten anonym bewerten konnten. Es ging um Motivation und fachliche Kompetenz, persönliches Auftreten und Kleidungsstil.

Da die Betreiber keinerlei Filter eingebaut hatten, häuften sich spaßhafte Bewertungen und rachegetriebene Verunglimpfungen. Als Lehrer wegen Verletzung ihrer Persönlichkeitsrechte gegen die Plattform klagten, bekamen die Schüler vor den Gerichten recht: Ihre Kommentare seien keine Tatsachenbehauptungen, sondern Werturteile. Und die seien gesetzlich erlaubt. 2009 wurden die Klagen der Lehrer gegen „spickmich.de" vom Bundesgerichtshof höchstrichterlich abgewiesen. 2014 wurde die Internetseite ohne Begründung abgeschaltet.

Die neueste Variante der Lehrerbewertung hat der 17-jährige Österreicher Benjamin Hadrigan mit seiner App „Lernsieg" geschaffen. Sie startete fulminant. Schon nach drei Tagen zählte sie mehr als 70.000 Downloads. Für Schulen gab es 16.513 Bewertungen, für Lehrkräfte über 172.000. Die meisten sollen positiv gewesen sein.

Bald wurde das Portal jedoch wieder offline gestellt, weil der Initiator mit einer Flut an Hassmails bombardiert worden war. Solche Attacken sind die offene Flanke der Bewertungsportale für Lehrer. Selbst wenn man wie auf „Lernsieg" nur Bewertungspunkte vergeben und keine Kommentare schreiben kann, finden böswillige Nutzer einen Weg, den Betreiber des Portals auf seinem Mail-Account mit einem Shitstorm zu überziehen. Keine Schulbehörde in Deutschland hat deshalb Bewertungsportale externer privater Anbieter offiziell zugelassen. Sie erfüllen weder datenschutzrechtliche Vorgaben, noch bieten sie die Gewähr, die Lehrkräfte vor ungebührlichen Schmähungen zu schützen.

Das erste Bundesland, das ein eigenes „amtliches" Evaluationsportal für Lehrer eingeführt hat, ist Berlin. Dort sind Lehrkräfte seit 2011 verpflichtet, sich alle zwei Jahre von ihren Schülern bewerten zu lassen. Das Ergebnis ist ernüchternd. Von den 29.000 Berliner Lehrern ist bislang nur eine kleine Minderheit der Verpflichtung nachgekommen.

Schüler fühlen sich von Lehrern nicht ernstgenommen

Viele Schüler beklagen, dass sie von ihren Lehrern nicht ernst genommen werden. Das ist das Ergebnis einer Studie im Auftrag der Bertelsmann-Stiftung. Nur 34 Prozent der 14-Jährigen können demnach aus ihrer Sicht in der Schule mitbestimmen.

Konsequenzen drohen den Verweigerern keine. Kritiker verweisen darauf, dass Zwang auf diesem sensiblen Gebiet eher kontraproduktiv sei. Erst wenn sich an einer Schule eine Feedback-Kultur etabliert habe, würden die Lehrer ihre Scheu überwinden, sich dem Urteil ihrer Schüler zu stellen.

Bewertungen durch Schüler kratzen am Selbstverständnis von Lehrern, die in der Vergangenheit stets darauf vertrauen konnten, dass man ihre pädagogische Kompetenz nicht hinterfragt. Die öffentliche Meinung gab ihnen lange recht: Wer ein akademisches Studium absolviert und dann noch eine pädagogische Ausbildung hinter sich gebracht hat, sollte das Metier eigentlich beherrschen.

Dem ist leider nicht so, wie jeder Schulleiter weiß. Er kennt die Kollegen genau, die einen eher bescheidenen Unterricht abliefern, aber auch diejenigen, die die Schüler durch ihre Leidenschaft für die Sache mitreißen.

Lehrer-Bewertung fördert Schülerleistung

Der neuseeländische Bildungsforscher John Hattie hat in seiner großen Studie „Lernen sichtbar machen“ (2013) nachgewiesen, dass das Feedback der Schüler an ihre Lehrer zu den stärksten Einflüssen auf die Leistung der Schüler zählt. Die Bill-und-Melinda-Gates-Stiftung hat eine Studie vorgelegt, die belegt, dass der Lernerfolg der Schüler in erster Linie von der Lehrerpersönlichkeit abhängt. Deren Wirkung auf den Lerneffekt bei den Schülern sei „signifikant“. Hattie spricht von „dramatischen Unterschieden“ zwischen guten und schlechten Lehrkräften.

Weil dem so ist, hat die Gates-Stiftung einen Fragebogen zur Lehrerbewertung ausgearbeitet, der die wichtigsten Aspekte des Lernprozesses erfasst. Da geht es um Emotionales („Die Lehrperson behandelt die Schüler mit Respekt“), um Faszination („Die Lehrperson kann die Schüler für den Lernstoff begeistern“) und um nachhaltiges Lernen („Die Lehrperson vergewissert sich, dass die Schüler den Lernstoff verstanden haben“). Außenstehende mögen solche Kriterien für selbstverständlich halten. Kenner der Schulrealität wissen freilich, dass dem nicht so ist.

Vor Jahren hat das Max-Planck-Institut für Bildungsforschung anhand von Unterrichtsbeobachtungen herausgefunden, dass bis zur Hälfte aller Konflikte im Unterricht von den Lehrkräften verursacht werden: durch konfrontatives Verhalten, wo Augenmaß und Konzilianz gefragt wären, und durch verbale Entgleisungen. Kinder können unter der latenten Aggressivität von Lehrern so leiden, dass sie die Lust am Lernen verlieren.

Auch der begeisternde Unterricht ist nicht jedem Lehrer gegeben. Viele tun sich schwer damit, das spannende Potenzial, das ihrem Unterrichtsfach innewohnt, zu erkennen und den Schülern vor Augen zu führen. Wenn der Schriftsteller Klaus Mann davon sprach, ein Lehrer müsse ein „Seelenfänger" sein, meinte er die Fähigkeit, die Schüler mit Leidenschaft für die Lerngegenstände zu begeistern. Schüler lieben solche Motivationstalente und schwärmen zu Hause von ihnen in den höchsten Tönen.

Ich habe an einem Berliner Gymnasium unterrichtet, das zu den Pionieren der Feedback-Kultur zählt. Von Klasse sieben bis zum Abitur dürfen die Schüler dieser Schule in altersgerechten Fragebögen ihre Lehrkräfte bewerten. In den unteren Klassen geht es neben der Qualität des Unterrichts („Ist der Lehrer optimal vorbereitet?") vor allem um emotionale Aspekte („Mag euch euer Lehrer?").

Man muss nur einmal einen Elternabend erlebt haben, um die Berechtigung dieser Frage zu verstehen. Ein Elternpaar berichtet, dass sein Sohn an den Tagen, an denen Mathematik auf dem Stundenplan steht, morgens Bauchschmerzen hat. Nachfragen ergeben, dass der Lehrer ihn mehrfach vor der Klasse wegen seiner „unterirdischen" Rechenkünste heruntergeputzt habe.

Eine alleinerziehende Mutter erzählt, dass ihre Tochter ständig von ihr verlange, sie vom Sportunterricht zu befreien. Der Sportlehrer, der ein verhinderter Leistungssportler sei, habe ihre Tochter des Öfteren wegen ihrer unsportlichen Figur gehänselt.

In der gymnasialen Oberstufe sind die Fragebögen anspruchsvoller. Sie nehmen die didaktische Qualität des Unterrichts in den Blick: „Ist der Unterricht motivierend und abwechslungsreich gestaltet?"

Ich habe mich – auch bei den Bewertungen meines eigenen Unterrichts – immer wieder gewundert, wie präzise und aussagekräftig die Urteile der Schüler sind. Wenn man jahrelang die Schulbank drückt, können einem Stärken und Schwächen von Lehrern gar nicht verborgen bleiben.

Die treffendste Bewertung von Unterricht nützt nichts, wenn die Lehrkräfte daraus keine Konsequenzen ziehen. Schulen, die es ernst mit der Verbesserung der Unterrichtsqualität meinen, haben deshalb festgelegt, dass der bewertete Lehrer die Ergebnisse des

Schülerfeedbacks mit einem Kollegen seines Vertrauens besprechen muss. Gemeinsam legen sie eine Strategie fest, die dem Lehrer hilft, seine Defizite zu beheben.

Hilfreich sind gegenseitige Besuche im Unterricht mit anschließender „Manöverkritik". Aber auch der Besuch von Fortbildungen führt ans Ziel. Wichtig ist, dass der bewertete Lehrer mit der Klasse bespricht, wie er die kritischen Punkte zu beheben gedenkt. Das schafft Vertrauen, weil die Schüler erkennen, dass es der Lehrer mit der Verbesserung seines Unterrichts ernst meint.

John Hattie begreift in seiner Studie den Beruf des Lehrers als Handwerk, das professionell ausgeübt werden muss. Dabei stehen dem pädagogischen „Handwerker" viele Stellschrauben zur Verfügung, an denen er drehen kann, um die Wirksamkeit seiner Tätigkeit zu erhöhen. Jede Kleinigkeit ist dabei wichtig, weil auch sie zum Lernerfolg beitragen kann.

Wenn es die Lehrkraft nicht schafft, eine ruhige Arbeitsatmosphäre herzustellen, rauscht der Lernstoff an den unkonzentrierten Schülern vorbei. Gelingt es ihr nicht, die Stofffülle in fassliche Lernschritte zu gliedern, fehlt den Schülern am Stundenende das „geistige Band". Nimmt man Hattie ernst, müsste die Aus- und Fortbildung der Lehrer vor allem das Handwerkszeug des Unterrichtens vermitteln.

Unser Land, dessen wichtigster Rohstoff das Bildungswissen seiner Menschen ist, kommt gar nicht umhin, den Unterricht der Lehrkräfte auf den Prüfstand zu stellen. 50.000 Schulversager jährlich – das entspricht der Einwohnerschaft einer mittleren Stadt – können wir uns nicht länger leisten. Sinnvoll wären deshalb digitale Evaluationsverfahren, die von den Schulbehörden im geschützten Bereich der Schulen eingerichtet werden.

Dort können Schüler ihre Fachlehrer mit altersgerecht formulierten Kriterien anonym bewerten. Solche Verfahren verhindern, dass frustrierte Schüler ihren Unmut in unflätigen Kommentaren abreagieren. Dem friedlichen Miteinander in der Schule, einer wichtigen pädagogischen Produktivkraft, täte ein solches Verfahren gut.

Leibniz Privatschule: Überzeugend professionelle Weiterbildung

VON UWE HAMEYER

Prof. Dr. Uwe Hameyer, Direktor am Institut für Pädagogik der Christian-Albrechts-Universität zu Kiel, Inhaber des Lehrstuhls Schulpädagogik, hat während eines Leibniz-Abends seine Vorstellungen zum Thema „Lernende Schule" erläutert – und im Nachhinein nach Inaugenscheinnahme der Leibniz Privatschule seine Eindrücke in einer Expertise hinterlassen. Wir dokumentieren sie in Auszügen.

„Mich beeindruckt die Schule in ihrer pädagogischen Konzeption und Strukturiertheit auch im Wissen über und im Vergleich zu anderen (Privat-)schulen, die mir vertraut sind beziehungsweise an denen ich selbst mitwirke.

Blickpunkt Kollegium

Überzeugend ist der Grundansatz professioneller wissenschaftlicher Weiterbildung. 50 Stunden sind pro Person jährlich angesetzt, wobei ein wesentlicher Teil der Weiterbildung innerhalb des Hauses stattfindet. Ich bin neugierig, wie der Ertrag solcher Weiterbildungsinvestitionen von verschiedenen Seiten eingeschätzt wird. Sonderveranstaltungen, Vorträge und andere Weiterbildungsformate sind sehr gut besucht. Auf Einhaltung des Weiterbildungsmandats wird konsequent geachtet. Die Schule sieht sich als Weiterbildungszentrum ähnlich wie Langenfeld, wo eine Schul- und Lehrerakademie gegründet wurde.

Bei der Erstbegehung des Schulgeländes um 17.30 Uhr ist mir aufgefallen, dass fast alle Arbeitszimmer der Lehrenden besetzt sind. Eine Schule, in der die Lehrenden bis 17 Uhr verlässlich erreicht werden können und auch ihren Vorbereitungsarbeiten nachgehen – das ist an dieser Schule auffallend.

Das Kollegium setzt sich aus grundständig ausgebildeten Lehrpersonen, aus Quereinsteigern und internationalen Fachexperten zusammen. Für das deutsche Schulsystem mag diese Komposition eher ungewöhnlich sein, von Ausnahmen abgesehen. An den meisten anderen Privatschulen, die mir in Deutschland bekannt sind, ist das die Regel. Schwedische Schulen, teils auch niederländische Schulen, machen von dieser Mischkonstruktion ebenfalls Gebrauch. Es ist daher nicht ungewöhnlich, auch wenn die Frage besteht, wie Quereinsteiger auf ihre Aufgaben vorbereitet werden. Dazu hat die Privatschule ein eigenes Modell ausgearbeitet.

Festzuhalten ist: in der Schule besteht offensichtlich kein Elitedünkel oder ein Geist des negativen Denkens über staatliche Schulen. Die Leibniz Privatschule arbeitet an eigenen Profilen und nutzt Wissen, wenn es um das Lernen von anderen Schulen und pädagogischen Ansätzen geht. Sie ist aufgeschlossen und in professioneller Hinsicht neugierig auf das, was anderswo gelingt, ohne solche Erkenntnisse einfach abzulichten. Neues Wissen und Erfahrungen aus der Praxis anderswo sind Teil eines Prozesses gemeinsamen, teils durchaus organisational ausgerichteten Lernens.

Blickpunkt Informationsarbeit

Die Schule veröffentlicht eine eigene Publikations- und Zeitschriftenserie. Die Ausgaben bieten ein Forum für Erfahrungsberichte, neues Wissen, Pläne, Ereignisse, Ideen, Beiträge und dergleichen. Die Serie hat auch aufgrund der stetigen, verlässlichen Erscheinungsweise ein erhebliches Ansehen, nicht nur innerhalb der Schule, sondern auch im Umfeld, vor allem wenn es um Eltern und Öffentlichkeit geht. Zugute kommt der Schule eine journalistische Expertise, die hervorragend eingesetzt und genutzt wird. Ich kenne nur wenige Schulen, die sich diese Mühe machen und in aller Beständigkeit ein Informations- und Wissensorgan aufbauen, das ein Forum für neue Ideen ist ebenso wie für gelungene Praxis, für die next practices. Obendrein ist die Zeitschrift ansprechend gestaltet und lesbar für alle Interessenten unterschiedlicher Altersklassen.

Blickpunkt Räume

Die Räume und Gebäudekomplexe sind an pädagogischen Grundsätzen und Parametern architektonisch ausgerichtet. Der Wunsch, über weitere kleine Arbeitsräume und Lernräume zu verfügen, ist nachzuvollziehen. Gleichwohl bietet die Schule eine sinnvolle Kombination von Klassen- und Fachräumen auf der einen Seite und Lernzonen in Flur-Arealen sowie Nischen auf der anderen Seite. Das räumliche Erscheinungsbild der Schule ist tadellos und zeichnet sich unter anderem dadurch aus, dass viele Kunstwerke ausgehängt sind. Die Kunstwerke und Fotogalerien stehen in Verbindung mit pädagogischen Arbeitsschwerpunkten, die in der Schule epochal eingerichtet sind. Sie sind Spiegel der Themen, die in der Schule bearbeitet werden und zugleich Impuls für neue Themen und Ideen. Ausgestellt sind diese Werke auf Flurzonen, die alle einen Straßennamen besitzen (Bertold-Brecht-Straße, Picasso-Straße).

Der Erst- und Gesamteindruck ist, was die Räumlichkeiten dieser Schule angeht: einladend, freundlich, konsequent im pädagogisch begründeten Design, offen und sehr gepflegt. Was oft an Schulen nicht gelingt, ist die Verfügbarkeit und Steuerung von ausreichend Licht. An dieser Schule scheint das Lichtkonzept hervorragend gelöst zu sein.

Übrigens kann man auch gesundheitliche Erziehungsaspekte „sehen" – beispielsweise dort, wo ein Wasserzapfautomat steht. In der Schule sind mitgebrachte Getränke untersagt. Alle Schülerinnen und Schüler können sich an diesem Wasserautomaten gratis bedienen. Dieses Angebot wird offensichtlich gut genutzt und vermeidet eine Verunzierung von Raumflächen durch Dosen, leere Flaschen und sich ausbreitenden Fleckenwelten im Teppich.

Blickpunkt Curriculum und Lernmaterialien

Die Schule entwickelt eigene Materialien und Curriculum-Einheiten wie das auch andere Schulen tun; die Materialien zeichnen sich, soweit mir diese bekannt sind, durch eine Umsetzung der pädagogischen Leitideen im Curriculum-Design aus. Lernmaterialien sind mir noch zu wenig aus dieser Schule bekannt. Die Literatur, das Buch: diese Quellen sind zugänglich und in bibliotheksähnlichen Lesezonen als Angebot vorhanden.

Blickpunkt Expertise und Wissen

Die Schule arbeitet mit renommierten Persönlichkeiten aus der Forschung zusammen, darunter mit Prof. Dr. Mönks von der Universität Münster (Begabungsforschung und Begabtenförderung) sowie Prof. Dr. Roth von der Universität Bremen, dem aus meiner Sicht kompetentesten, undogmatischen, klugen Spezialisten in diesem Feld. Kontakte zu anderen Fachleuten und Wissenssystemen werden gesucht und ausgebaut. Soweit meine „Fundsachen“ aus einem kurzen Besuch und einem Vortragsanlass.

Digitalisierung im Unterricht

Digitale Medien sind Hilfsmittel in der Schule – mehr aber auch nicht

VON HENDRIK BOESTEN

Digitale Bildung ist keine Alternative zur humanistisch geprägten Pädagogik. Im Mittelpunkt hat der Mensch zu stehen, seine Urteilskraft, seine Entscheidungsstärke und sein Elan. Digitale Medien ersetzen nicht den Lehrer, sondern sind Hilfsmittel, mehr nicht.

Was haben wir in diesen Tagen gemacht, als Corona den normalen Unterricht förmlich auf Eis gelegt hat? – Arbeitsaufträge und Aufgaben an die Kinder wurden regelmäßig verschickt und korrigiert. In Video-Konferenzen („Teams“) haben wir Fachliches und Organisatorisches und Persönliches (Geburtstage und Grundschulversammlung) besprochen und gefeiert. YouTube-Videos haben wir zum Teil als Lehrervortrag erstellt. Basteln mit interessanten Themenschwerpunkten kam auch nicht zu kurz; wir haben Schritt-für-Schritt-Anleitungen verschickt, dazu Sportideen für Zuhause. Die Ergebnisse können sich sehen lassen. Die Schüler- und Eltern-Rückmeldungen kamen unterschiedlich: mal reichlich, mal aber auch selten. Den Schulalltag zu organisieren war für viele eine Mammutaufgabe, das muss man klar und nüchtern analysieren. Video-Konferenzen mit Gruppen von vier Kindern erfordern ein hohes Maß an Einhaltung der Sprechregeln: Wann sage ich etwas – wann bin ich absolut still?

Wenn es im Vorfeld klare Aufgaben gibt, der Lehrer genau sagt, wer „dran“ ist, funktionieren Video-Konferenzen ungleich besser. Man muss aber auch sagen, dass die Videokonferenzen hauptsächlich dem zwischenmenschlichen Kontakt, dem sozialen Miteinander dienen, das gerade den jüngeren Schülern sehr zu fehlen scheint. Die inhaltliche Vermittlung von neuen Inhalten stößt an ihre Grenzen, wenn es nur digital möglich ist. Aber, so unsere Erfahrungen aus den Corona-Monaten vor den Sommerferien 2020: Es läuft unkomplizierter als wir erwartet haben.

So sehr uns die Nutzung der digitalen Möglichkeiten weitergebracht hat und viele schon das Hohe Lied der digitalen Bildung anstimmen: Nichts ersetzt den unmittelbaren Kontakt Schüler – Lehrer. Was am Ende – ob Grundschule oder weiterführende Schule – bleibt, sei allen ins Merkheft geschrieben: Medien sind, egal ob analog oder digital, Hilfsmittel im Unterricht. Entscheidend für den Lernerfolg – Hattie lässt grüßen – sind der Lehrer und seine Professionalität. Kurz gesagt, wie es der Augsburger Professor Klaus Zierer, Herausgeber der berühmten Hattie-Studie in Deutschland, es in einem Kommentar für die Neue Zürcher Zeitung zusammenfasst: „Pädagogik vor Technik!“

Digitalisierung als Herausforderung für die Schulen der Zukunft

VON BARBARA MANKE-BOESTEN

In diesem Beitrag geht es darum, wie die Leibniz Privatschule Elmshorn & Kaltenkirchen die Digitalisierung in den schulischen Alltag einsetzt und vor dem Hintergrund der Corona-Krise angewendet hat.

Die seit 2006 bestehende Leibniz Privatschule verfügte bereits in den Anfangsjahren in ihren Gebäuden über ein voll funktionierendes WLAN-Netz. Jeder Lehrer der Schule hatte an seinem Arbeitsplatz einen Telefonanschluss und einen PC mit Internet-Zugang sowie eigener Schulmailadresse. Für die Schüler der Sekundarstufe gab es und gibt es verschiedene Laptop-Klassensätze, die nach Bedarf im Unterricht zu Recherchezwecken eingesetzt werden. Im Fach Medienkunde geht es um das Arbeiten mit dem PC und den bekannten Office-Programmen zur Vorbereitung von Präsentationen. Es geht auch um den kritischen Umgang mit Medien und vor allem in den social medias.

Seit drei Jahren arbeiten die Schüler der Oberstufe auch mit ihren eigenen I-Pads, die von der Schule bezuschusst werden. In jedem Klassenraum der Sekundarstufe des Gymnasiums und der Gemeinschaftsschule stehen inzwischen Nahdistanz-Beamer, die dem Lehrer das Unterrichten und die Vorbereitung des Unterrichts enorm erleichtern. Die Lernplattform *itslearning* wird bereits seit mehr als zwei Jahren anfangs nur in der Oberstufe, seit Kurzem sukzessive auch in den Klassen 5 bis 10 der Sekundarstufe eingesetzt. Die Lehrkräfte, die an der Leibniz Privatschule von 8 bis 17 Uhr in der Schule sind, werden mit einer Weiterbildungsverpflichtung von 50 Stunden pro Schuljahr eingestellt. Die Umstellung mit den I-Pads und der Lernplattform gelang deshalb auch relativ unkompliziert, weil Schulungen und Hilfen untereinander schnell und unkompliziert in den Lehrerbüros möglich waren.

Die Situation bei der Schulschließung durch den Corona-Lockdown vor den Osterferien bestand darin, dass die Lehrer per E-Mail mit den Schülern, bzw. ihren Eltern kommunizierten. Rückmeldungen an die Schüler erfolgten ebenfalls meist mit Mails oder durch deponierte Aufgaben und entsprechende Korrekturen. Vereinzelt begannen internetaffine Kollegen mit Video-Konferenzen. Das Vorgehen insgesamt aber war nicht einheitlich.

Die Osterferien des Jahres 2020 nutzten Schulleitung und Geschäftsführung der Leibniz Privatschule zu prinzipiellen Entscheidungen für alle Kollegen. Die Nutzung von Microsoft Teams als Kommunikationsmittel mit den Schülern wurde geschult und nach den Ferien angewandt. Erste Videoclips als Lehrervortrag entstanden vor allem in der Grundschule an beiden Standorten. Ganz besonders wichtig war uns hier das einheitliche Vorgehen.

Die Lernplattform *itslearning* ist seit 2018 Bestandteil des schulischen Unterrichts in der Oberstufe. Die Schüler besitzen ihr eigenes, von der Schule bezuschusstes I-Pad. Damit haben sie jederzeit in der Schule und auch zu Hause die Möglichkeit auf die Unterrichtsmaterialien zugreifen. *itslearning* ist insofern auch eine Kommunikationsplattform, da die Schüler von ihrem Lehrer auch darüber entsprechende Rückmeldungen erhalten.

Die Unterrichtsstruktur wird in den einzelnen Kursen und Plänen der Lernplattform abgebildet: das Thema der Unterrichtsreihe, die Themen der einzelnen Stunden mit dem jeweiligen Programm der Stunde, den Zielen, dem Lehrervortrag und den Arbeitsblättern und Arbeitsaufträgen. Über das bei *itslearning* integrierte Video-Konferenzprogramm Teams können Lehrer und Schüler miteinander kommunizieren.

Nach den Oster-Ferien erfolgte an der Leibniz Privatschule der Unterricht nach Stundenplan. Jeder Lehrer wandte sich entsprechend seines Stundenplans an die jeweilige Klasse. Auch hier bestand der Unterricht aus Instruktion, Erarbeitung und Reflexion – eine Struktur, die den Schülern aus dem Präsenzunterricht geläufig ist. Der Lehrer hält einen Lehrervortrag – die Schüler sehen ihn bei *itslearning* oder der Vortrag wird als Folie dargestellt, Youtube-Videos eingefügt und Lehrervorträge per Video aufgenommen werden. Nach dem Lehrervortrag können die Schüler Fragen stellen.In der Erarbeitungsphase können die Schüler die Arbeitsaufträge zu Hause bearbeiten; im Idealfall können sie in Teams zurückkommen und Fragen stellen. In der Grundschule wurden dazu für Kleingruppen Zeiten vereinbart. Den Lehrern war es wichtig, den Kontakt aufrecht zu erhalten. Zum Beispiel einfach nur den sozialen Kontakt herzustellen, zu quatschen oder Geburtstage zu feiern.

In der Reflexionsphase sollten wieder alle Schüler ihre Erfahrungen mit den Aufgaben rückmelden und, wenn es nicht in der Erarbeitungsphase geschehen ist, Fragen stellen. Warum war das so schnell möglich? – Zum einen liegt es am besonderen Engagement unserer Lehrer (Krankmeldungen gab es in der Zeit des Lockdown kaum), der Zusammenarbeit in der Schule und der gegenseitigen Hilfestellung. Zum anderen lag und liegt es an der digitalen Ausstattung der Schule sowie der frühzeitigen Einführung der Lernplattform *itslearning* bereits 2018.

In der Auswertung der Erfahrungen des Unterrichts per Videokonferenz von Lehrern und Schülern steht ganz obenan: „Auf den Lehrer kommt es an!“ Das war die einhellige Meinung. Alle Schüler waren letztendlich froh, wieder in der Schule zu sein.

Aber:

- Viele Schüler verstecken sich in den Videokonferenzen (Bildschirm wird schwarz und sie schalten ihr Mikro aus).
- Für den Lehrer ist es sehr schwierig einzuschätzen, ob der Lehrervortrag angekommen ist und verstanden wurde: schwarzer Bildschirm, wenige Schüler trauen sich, in der großen Runde vor allen Mitschülern Fragen zu stellen.
- Dadurch entstehen Lücken, werden Schüler abgehängt, Hilfen werden schwieriger.
- Aktives Erinnern zu Beginn der Stunde und zum Schluss nur mit wenigen Schülern.
- Eigenleistungen schwer zu erkennen, *itslearning* oder Mails bleiben notwendig.
- Geringere Aufmerksamkeitsspanne.
- Menge der Aufgaben passte nicht immer, keine Angaben, bis wann die Aufgaben zu erledigen sind – v.a. in der Grundschule mit Lernplänen
- Absprache der Lehrer untereinander ist komplizierter.
- Alltag zu Hause: es fehlt oftmals die Struktur, keine Ruhe, keine Kontakte, Eltern als „Ersatzlehrer", störende Geschwister

Wenige Schüler meinen:

- Zu Hause ist es gemütlicher und ungezwungener.
- Individuelles Arbeitstempo, individuelle Pausen.
- Mehr Ruhe und Konzentration.
- Ich kann dabei essen

Bleibt am Ende als Zusammenfassung festzuhalten: Da den Schülern ein strukturierter und rhythmisierter Tagesablauf fehlt, ist der genaue Stundenplan notwendig. Die Eltern sind meist überfordert. Die Verfügbarkeit der Lehrer für Erklärungen fehlt; das ist problematisch und belastet die Schüler, der soziale und emotionale Kontakt zum Lehrer fehlt den Schülern. Ihnen fehlt der Kontakt zum Lehrer, die Erklärungen und Hilfen durch die direkte Kommunikation. Zu viel Zeit wird vor dem Bildschirm verbracht, Probleme verstärken sich, Bewegung fehlt.

Die Schlussfolgerungen, die wir als Schule daraus ziehen:

- intensive Schulung aller Mitarbeiter in der Nutzung aller technischen Medien
- Einstellung von weiteren Unterrichtseinheiten bei *itslearning* durch die Fachgruppen
- Ausstattung aller Räume mit Nahdistanz-Beamern und aller Kollegen mit I-Pads und der Integration von Apple-TV
- kein Einsatz von digitalen Medien im Kindergarten und in der Grundschule, sonst verstärken sich die jetzt schon beobachteten Probleme wie geringe Aufmerksamkeit, Probleme in der Fein- und Grobmotorik
- digitale Medien ab der weiterführenden Schule, Klasse 5, als ein Instrument im Unterricht zur Unterstützung und unter Anleitung der Lehrer
- Videokonferenzen nach Stundenplan und fester Struktur, wenn notwendig
- Professionalität des Lehrers in der Gestaltung seines Unterrichts stärken

Erste Überlegungen zum Hybridunterricht

Digitale Medien sind da einzusetzen, wo sie mehr Nutzen bringen für das Lernen, mehr Veranschaulichung, mehr Herausforderungen, mehr Feedback, mehr Motivation. Der Lehrer steht an erster Stelle:

- Einsatz digitaler Medien zur Veranschaulichung beim Lehrervortrag
- Nutzung von Apps, Videos, Youtube, Einladung von Experten per Video in die Klasse zu bestimmten Themen
- Aber: Verknüpfung Lehrervortrag – Video – Tafelbild (Was lernen wir daraus?)
- Kontrollierte, angeleitete Recherche durch den Lehrer
- Angeleitete Speicherung
- Darstellung eigener Arbeitsergebnisse der Schüler in digitaler Form
- Digitale Gruppenarbeit
- Wiederholungen: Nutzung von Apps zum Vokabellernen, Fachwortlernen
- Fachgruppen überlegen Projekte für das Distanzlernen: Facharbeiten, Buchpräsentationen, fächerübergreifende Themen (Roth-Projekt)

Hybridunterricht braucht:

- eine Verknüpfung von Präsenzunterricht und Fernunterricht, den angeleiteten Umgang mit digitalen Medien und der Nutzung der Vorteile der digitalen Medien
- Erkennen der Grenzen der digitalen Medien, deshalb Einbettung in ein umfassendes Unterrichtskonzept mit guter Instruktion – Erarbeitungsphase und Reflexion
- Lehren und Lernen ist ein sozialer Prozess
- Der Lehrer und seine Professionalität sind das Wichtigste. Er muss den Stoff anschaulich darstellen, auf das Wichtigste reduzieren, Schwerpunkte setzen, wiederholen, konstruktives Feedback geben, eine Beziehung zu den Schülern haben

Digitaler Unterricht: Ergebnisse einer Umfrage in der Grundschule

VON HENDRIK BOESTEN

Nachdem alle Grundschüler nach der Corona-Zwangspause wieder komplett am Präsenzunterricht teilnehmen durften, hat die Leibniz Privatschule die Grundschüler der ersten bis vierten Klasse nach ihren Eindrücken befragt. Aus der Umfrage lassen sich folgende Schlüsse ziehen:

Die meisten Grundschulkinder besitzen kein eigenes Gerät.
Die Einrichtung des Arbeitsplatzes macht kaum ein Kind selbstständig.

30 % der Befragten fanden die Aufgabenstellung der Lehrer nur teilweise verständlich.
50 % der Grundschüler kommunizieren zwischen einem Mal und mehrere Male am Tag mit dem Lehrer.
50 % nutzen Teams/*itslearning* zwischen einem und mehreren Malen am Tag.
20 % hatten Schwierigkeiten, dem Unterricht zu folgen
80-90 % der Schülerfragen wurden am selben Tag beantwortet. Nur ca. **10 %** nach mehreren Tagen. Der Kontakt zu den Mitschülern leidet unter Homeoffice.
75 % der Befragten haben immer bis oft eine Rückmeldung erhalten zu Ihren erledigten Aufgaben, die anderen nur selten.
90 % der Schüler fehlen ihre Mitschüler.
Fast 70 % haben Probleme mit der räumlichen Distanz zu Lehrern und Kindern.
Die meisten Schüler (85 %) lernen lieber in der Schule
60 % der Befragten können sich auch in der Schule besser konzentrieren.
Die Klassengemeinschaft leidet in der Corona-Zeit deutlich.

Kurzes Resümee:
Bei der Beantwortung der offenen Fragen sehen wir, wie sehr die Kinder unter dem Social Distancing leiden. Vielen tat es gut, einfach mal wieder ihre Mitschüler und Lehrer zu treffen. Wir konnten den Kindern einen Rahmen, Alltagsrythmus und eine gewisse Sicherheit in der unsicheren Zeit geben. Vor allem werden Videos, Vorlesungen und weitere Gestaltungsweisen des Unterrichts sehr gelobt und bedeuteten eine willkommene Ablenkung in der ungewöhnlichen Situation.

Homeschooling nach Stundenplan wie in der Schule

VON BARBARA MANKE-BOESTEN

Die Auswertung der Videokonferenzen, des Homeschooling, an der Leibniz Privatschule ergibt folgendes Bild: In der aktuellen Situation hilfreich und wichtig, ersetzt aber nicht den Regelschulbetrieb im Klassenraum.

Nach anfänglichen Schwierigkeiten haben fast alle Lehrer mit ihren Schülern Kontakt per PC und Internet gehabt und zwar nicht nur einmal in der Woche für eine Stunde, sondern regelmäßig nach dem Stundenplan. Nachdem vor den Osterferien die Aufgaben und Rückmeldungen überwiegend per Mail erfolgten, begann in und nach den Osterferien der Unterricht per Microsoft-Teams und noch besser über die Lernplattform *itslearning* mit Teams.

Unsere Erfahrungen:

1. Onlineunterricht nur über Mails ist ineffektiv.

2. Onlineunterricht mit Videokonferenzen hat dazu beigetragen, dass nicht zu große Lücken bei den Schülern entstanden, die in Corona-Zeiten gezwungenermaßen zu Hause bleiben mussten; der Kontakt zwischen Schülern und Lehrern blieb bestehen.

3. Die Abgabe und Korrektur der Aufgaben ist wichtig, muss über *itslearning* noch verbessert werden (qualifiziertes Feedback)

4. Für den Onlineunterricht ist wichtig, dass er sich nach dem Stundenplan richtet, damit auch für die Schüler eine Struktur vorgegeben ist. Es sollten die Mikrophone und Kameras eingeschaltet sein, dies zwingt zu einer gewissen Disziplin.

5. Eine Struktur – analog dem normalen Unterricht – ist für den Onlineunterricht zwingend notwendig. Arbeitsblätter, Arbeitsaufträge ohne vorherige Instruktion bringen nichts. Das Thema, die Aufgabe muss erklärt werden. Deshalb ist unsere Unterrichtsstruktur mit dem Erklären des Themas und Ziels der Unterrichtsstunden, der darauf folgenden Instruktion und der Erklärung der Arbeitsaufträge dringend erforderlich. Danach bearbeiten die Schüler die Aufgaben, der Lehrer bleibt online und die Schüler können sich mit Fragen wieder an ihn wenden. Zum Schluss der Stunde fassen die Schüler die Ergebnisse zusammen, reflektieren ihre Vorgehensweise und der Lehrer formuliert die Dinge, die man sich merken soll. Die letzte Phase ist die schwierigste, weil die Schüler in großer Runde sich scheuen zu reden oder gar Fragen zu stellen, Unklarheiten zuzugeben. Dies ist im Klassenverband einfacher.

Das Onlinelernen kann nicht den Präsenzunterricht ersetzen. John Hatties „Auf den Lehrer kommt es an“ hat sich bestätigt. Mimik und Gestik können am Computer nicht erfasst werden, der Lehrer kann nicht einschätzen, ob und bei wem von der Klasse die Erklärungen angekommen sind. Das aktive Wiederholen gestaltet sich schwierig.

Für gute bzw. sehr gute Schüler ist das selbstständige Lernen zu Hause kein Problem, aber auch sie haben sich gefreut, wieder in der Schule und im direkten Kontakt mit dem Lehrer und den Mitschülern zu sein. Schwächere Schüler haben Lücken und diese müssen aufgefangen werden. Nur wenigen Schülern hat die Ruhe zu Hause gefallen.

Videokonferenz Grundschule: Das soziale Miteinander im Vordergrund

VON HENDRIK BOESTEN

Der Lockdown im Frühjahr betraf auch die Grundschüler; hier war es spannend zu sehen, wie die Kinder und auch Lehrer auf die neuen Anforderungen reagierten. Der Unterricht an der Grundschule wurde entzerrt, dies bedeutet, dass der Stundenplan nicht eins zu eins umgesetzt wurde. Grundsätzlich fanden während des Lockdowns für die Kinder drei Videokonferenzen statt, die sich vordergründig um das soziale Miteinander drehten und offene Fragen zu fachlichen Inhalten thematisierten, beispielsweise wurde ein Geburtstag gemeinsam in einer Videokonferenz gefeiert oder es wurde erzählt, was die Kinder am Tag erlebt hatten. Eine Klasse in der Grundschule wurde in mehrere kleine Gruppen aufgeteilt, damit jedes Kind die benötigte Aufmerksamkeit genießen konnte. Dadurch gab es für die Lehrkräfte einen organisatorischen Mehraufwand, aber die Schüler und insbesondere die Eltern waren dankbar für das gesteigerte Engagement der Lehrkräfte, wie sich in einer Online-Umfrage im Anschluss an den Lockdown zeigte. Das Problem der sozialen Distanz konnte durch die Videokonferenz gemildert werden und die Kinder freuten sich über die Gelegenheit mit den Klassenkameraden oder der Lehrkraft sich auszutauschen.

90 Prozent der Kinder gaben an, dass sie in der Schule zwar besser lernen könnten, auf der anderen Seite gaben nur 20 Prozent der Kinder an, Schwierigkeiten mit der neuen Unterrichtsform zu haben. Ein wichtiger Baustein dieser neuen Unterrichtsform war die Kommunikation zwischen den Lehrkräften und den Kindern, bzw. den Eltern. Die Eltern schickten die Lösungen ein und erhielten ein Feedback von dem jeweiligen Fachlehrer. Die Eltern gaben an, dass 90 Prozent am selben Tag eine Rückmeldung über die Leistung ihres Kindes erhielten, lediglich 10 Prozent sagten, dass diese erst am nächsten Tag erfolgte. Anhand der Rückmeldungen durch die Lehrkräfte und Eltern lässt sich festhalten, dass die Videokonferenzen funktionierten, die Trennung von anderen Kindern weniger problematisch war und wenige Kinder Schwierigkeiten bei der neuen Unterrichtsform hatten. Abschließend ist aber auch festzuhalten, dass diese neue Unterrichtsform zahlreiche Anforderungen an die Beteiligten stellt und das Lernen auf Distanz gerade bei den Kleinsten Schwierigkeiten verursacht. Den Kindern fehlt der soziale Kontakt und dieser lässt sich auch nicht durch Videokonferenzen ersetzen. 90 Prozent der Kinder gaben an, dass sie in der Schule besser lernen können, sich eher konzentrieren können, der Arbeitsplatz besser eingerichtet ist und ihnen der Kontakt zu gleichaltrigen, bzw. der Lehrkraft fehlt.

Drei Gründe für Schulerfolg: Eltern, Bücher und Handyverbot

VON EGON BOESTEN

Diese drei Faktoren entscheiden wirklich über den Erfolg Ihrer Kinder. Aus Versehen formuliert die Vodafone-Stiftung eine perfekte Anleitung zum Schulerfolg. Hören Sie auf die Macher der digitalen Welt: „Wir lassen unsere Kinder nicht an Bildschirme.“

Digitalisierung der Bildung ist die unentwegte formulierte Aufforderung an die Schule – nur es funktioniert nicht. Was vor Jahren ein Hamburger Versuch ermittelte, dass die Smartphone-Nutzung in der Schule keineswegs zu mehr digitaler Kompetenz führte, unterstreicht nun eine Studie der Vodafone-Stiftung. Das Gesamtergebnis: Die besten digitalen Schulen zeichnen sich dadurch aus, dass ihre Schüler aus bücherreichen Haushalten kommen. Wer digital bestehen will, muss analog bestens darauf vorbereitet sein.

Die Paderborner Forscherin Birgit Eickelmann wollte wissen, was digitale Schulen, die im internationalen Vergleich oben stehen, besser machen. Ein Ergebnis ist für Schulen beschämend: Sie tragen selbst am wenigsten dazu bei. Was für Schulerfolg zählt, sind erstens die Eltern, zweiten Bücher und drittens Handyverbot.

Gute digitale Schulen haben eine exzellente IT-Administration. Erst beim vierten Faktor kommen langsam die Lehrer ins Spiel – aber seltsamerweise nicht als Onlinepioniere. Was die Forscher in den digitalen Vorzeigeschulen am häufigsten antrafen, war: digitaler Frontalunterricht. Man kann auch mit sehr modernen Technologien sehr alten Unterricht machen.

Unverzichtbar für die Grundausbildung ist – die Handschrift. Schreiben und lesen sind die Grundlage unserer intellektuellen Kultur. Ohne flüssig verbundene Handschrift keine Weiterentwicklung der Feinmotorik und des Gehirns der Schüler.

Die Mitschrift einer Vorlesung wiederum, die Studierende mittels Laptop und Tastatur festhalten, macht sie zu stupiden Kopisten, Stenografen quasi. In handschriftlichen Notizen aber halten Studenten Zusammenhänge fest – und erkennen sie dadurch erst.

Die Bedeutung des Schreibenlernens ist gar nicht hoch genug einzuschätzen. In der WELT AM SONNTAG wird die bayerische Schulrebellin und Autorin Sabine Czerny mit ihrer Forderung zitiert, in den Lehrplänen der Grundschule aufzuräumen – aber nicht um Platz fürs Digitale zu schaffen, sondern: „Für Erstklässler ist erst einmal wichtig, überhaupt lesen und schreiben zu lernen." Das ist übrigens in der Leibniz Privatschule ein Kernsatz, trotz sehr guter digitaler Ausstattung seit Schulgründung 2006 ist der PC als Schreibgerät in der Grundschule tabu.

Eltern tun zunächst gut daran, genau das zu befolgen, was die Vodafone-Studie ihnen in Wahrheit für ihren Nachwuchs rät: Bücher, Bücher, Bücher. Dafür gibt es als Beleg nicht nur die berühmten Pisa-Untersuchungen, bei denen den Forschern notfalls ein einziger Parameter reicht, um die Kompetenzwerte der Schüler vorherzusagen: der Wert des Buches im elterlichen Haushalt.

Und wenn das nicht überzeugt, sollten Eltern den Machern der digitalen Erlebniswelt zuhören. Die sagen, wie zum Beispiel der ehemalige Facebook-Manager Tim Kendal: „Wir lassen unsere Kinder nicht an die Bildschirme." Und ein Chefingenieur verbietet seinen Kindern die Nutzung sozialer Medien. Durch die Überschrift ihrer Studie wollte die Vodafone-Stiftung am Ende doch noch die Kurve kriegen und titelte: „Technik und Pädagogik". Die Überschrift „Eltern, Bücher und Handyverbot" hätte es besser getroffen.

Der Einsatz digitaler Medien und die Einführung eines „Hybridunterrichts“

VON GERHARD ROTH

Kein anderes Thema beschäftigt seit einigen Jahren und jetzt verstärkt durch die Corona-Pandemie die Bildungslandschaft unserer Gesellschaft wie die Einführung bzw. Nutzung digitaler Medien wie Computer, Laptops, Smartphones, Tablets und interaktive Whiteboards in der Schule.

Diese Situation ist nur mit dem Ausrufen des „Bildungsnotstands“ bzw. der „Bildungskatastrophe“ Mitte der 60er Jahre des vorigen Jahrhunderts durch den Philosophen und Pädagogen Georg Picht vergleichbar. Damals wie heute geht es darum, dass massive Wettbewerbsnachteile der deutschen Wirtschaft drohen („die deutsche Industrie wird abgehängt!“) und dass Kindern aus sozial benachteiligten Familien mehr Chancengleichheit vermittelt werde.

Deutschland scheint inzwischen – so die Befürchtung – den „digitalen Anschluss“ zu verlieren, mit gleichen Gefahren für die Chancen der deutschen Wirtschaft, die soziale Benachteiligung vieler Kinder ist ein großes Problem und hat sich in den Augen vieler Beteiligten sogar noch verstärkt, und die Frage nach der „guten Schule“ bzw. dem „guten Unterricht“ ist so kontrovers wie ehedem.

Allerdings ist der Auslöser ein Umstand, der vor 50 Jahren überhaupt noch kein Thema war und sein konnte, nämlich der ungeheure Einfluss der digitalen Medien in unserem Privatleben ebenso wie im öffentlichen Leben und der Wirtschaft. Kaum jemand kann es sich noch leisten, nicht ständig vernetzt und erreichbar zu sein, seine Präsenz in den sozialen Medien zu zeigen und auszubauen! Entsprechend befinden sich hinsichtlich der Nutzung digitaler Medien im Privatleben die Deutschen international im guten Mittelfeld.

Dem steht die in den internationalen Umfragen der vergangenen Jahre immer wieder bestätigte Tatsache gegenüber, dass sich das deutsche Bildungssystem hinsichtlich der Nutzung digitaler Medien in den Schulen auf einem der unteren internationalen Plätze befindet. Die Gründe hierfür sind schnell genannt: Die entsprechende „digitale Ausstattung“ der deutschen Schulen ist nach Expertenmeinung immer noch defizitär, die Lehrkräfte sind in den öffentlichen Schulen bisher wenig auf die Einführung digitaler Medien vorbereitet und werden in ihren Kompetenzen von den Schülern in der Regel weit übertroffen. Insbesondere gibt es keinerlei allgemein akzeptiertes pädagogisch-didaktisches Konzept für die Nutzung der digitalen Medien im Unterricht.

Vielmehr findet sich bei den unterschiedlichsten vorhandenen Konzepten, von einer mehr oder weniger strikten Fortsetzung des klassischen lehrerzentrierten Unterrichts bis hin zu radikal-konstruktivistischen Ansätzen die Hoffnung, die Einführung der digitalen Medien könnte der jeweiligen Ausrichtung zum Ziel verhelfen.

Fast überhaupt nicht wurden und werden in diesem Zusammenhang die Bedingungen guten Unterrichts diskutiert, in denen wie von mir an anderer Stelle dargelegt das Vertrauensverhältnis zwischen Lehrenden und Lernenden und eine gute Strukturierung des Unterrichts als maßgebliche Erfolgsfaktoren herausgestellt werden. D.h. die zentrale Frage, ob sich diese erst einmal kaum anzuzweifelnden empirischen Befunde mit der geplanten forcierten Einführung digitaler Medien in die Schulen verträgt, wurde vielfach angemahnt, aber noch nicht hinreichend berücksichtigt.

Begleitet wird der komplexe Prozess der „Digitalisierung der Schule" durch medial breit angelegte warnende oder gar die digitalen Medien verteufelnde Veröffentlichungen von denen das Buch des Ulmer Psychiaters und Populär-Neurobiologen Manfred Spitzer „Digitale Demenz. Wie wir uns und unsere Kinder um den Verstand bringen", erschienen erstmals 2012, immer noch diskutiert wird. Der beruft sich damals wie heute auf angeblich harte naturwissenschaftlich-neurobiologische Fakten, die es leider bisher nicht gibt.

Im Folgenden möchte ich diesen Fragen nachgehen:
(1) Welchem Zweck soll die Einführung digitaler Medien dienen? Wo stehen wir dabei?
(2) Welche nachgewiesenen Effekte hat die Einführung digitaler Medien im Unterricht?
(3) Was lernen wir daraus für die Unterrichtspraxis?
(4) Wie berechtigt sind die populären Warnungen vor den schädlichen Einflüssen der digitalen Medien auf Psyche, Gehirn und Unterricht?

Gründe für die Einführung digitaler Medien in den Schulunterricht

Die Ziele für die Einführung digitaler Medien in den Schulunterricht sind erwartungsgemäß sehr unterschiedlich. Ein erstes und am häufigsten genanntes Ziel ist die Vermittlung von computerbezogenen Schlüsselkompetenzen wie Computer- und Informationskompetenz, häufig zusammengefasst „Medienkompetenz" genannt. Hierbei soll sichergestellt werden, dass die Schülerinnen und Schüler „fit" gemacht werden für ihre berufliche Zukunft, insbesondere die durch Globalisierung, „Arbeit 4.0", „agiles Arbeiten" usw. gekennzeichneten neuen Herausforderungen der Arbeitswelt (vgl. Roth, 2019). Dies soll möglichst früh in der Schule geschehen.

Ein zweites ebenfalls oft genanntes Ziel ist der Einsatz von Laptops, Smartphones, Tablets und Internet zur Verbesserung des herkömmlichen fachbezogenen lehrerzentrierten Unterrichts, der immer noch der an deutschen Schulen am meisten verbreitete Unterrichtstypus ist. Dem steht ein drittes Ziel deutlich gegenüber, nämlich eine Veränderung der Unterrichtskultur hin zu einer Stärkung des eigenverantwortlichen, kooperativen Lernens mithilfe digitaler Medien. In eine sehr ähnliche, aber noch radikalere Richtung geht die Absicht, mithilfe der digitalen Medien eine deutliche Entlastung oder gar „Entthronung" des Lehrers und einen Übergang zum selbstbestimmten bzw. selbstorganisierten Lernen. Ein solches Ziel wird besonders im Zusammenhang mit konstruktivistischen Didaktikmodellen vertreten.

Ein ganz anders gelagertes Ziel ist der Ausgleich sozialer Nachteile und mangelnder kommunikativ-kognitiver Kompetenzen mithilfe des vermehrten Einsatzes digitaler Medien. Dieses Ziel wird gegenwärtig von bildungspolitischer Seite häufig genannt, insbesondere aufgrund der jüngsten und ziemlich negativ ausgefallenen Erhebungen zur Schreib-Lesekompetenz deutscher Schüler, die mit einer Herkunft aus „bildungsfernen" Familien mit, aber auch ohne Migrationshintergrund eng zusammenzuhängen scheint.

Anwendungsbereiche digitaler Medien im herkömmlichen Unterricht

Digitale Medien sollen im Unterricht eingesetzt werden (1) zum Üben und Trainieren eines definierten Lernstoffs, d.h. als Lernprogramme, (2) als elektronische Bücher zur Ergänzung des Unterrichts, (3) als Simulationsprogramme für ein modellhaftes Erkunden und Ausprobieren, (4) als Werkzeuge für das Schreiben, Rechnen, Präsentieren und für das Erstellen und Bearbeiten audio-visueller Medien, (5) als Informationsquelle in Form des Internets, (6) als Lern-Management-Systeme (LMS) bzw. Lernplattformen zur Bereitstellung, zum Abruf, Austausch und zur Bearbeitung von Informationen und zur (a)synchronen Kommunikation.

Die wenigen bisher seriösen auffindbaren Einschätzungen zur Wirksamkeit der Einführung digitaler Medien im Unterricht lassen sich wie folgt zusammenfassen: (1) Deutsche Metaanalysen zur Wirksamkeit von digitalen Medien bzw. multimedialem Lernmaterial zeigen in der Regel Effektstärken um $d \approx 0.30$, die statistisch als gering und oft nicht signifikant anzusehen sind. (2) Schülerinnen und Schüler, die bereits über ein stärkeres Vorwissen verfügen, profitieren von digitalen Medienangeboten auch am stärksten. Besonders kritisch ist der Einsatz digitaler Medien bei den schwächeren Lernenden. (3) Motivation und Interesse der Lernenden sind anfangs hoch, flachen aber mit der Zeit ab. Insgesamt ist bisher kein deutlicher Gewinn für den Lernerfolg sichtbar.

Inzwischen liegen weitere nationale und internationale Umfragen zur Einführung und Nutzung digitaler Medien vor. Wichtig sind die Ergebnisse der ICILS-Studie 2018, ausgewertet durch die Schulpädagogen Birgit Eickelmann und Julia Gerick (2020), die folgende Zusammenfassung liefern: (1) Die „digitale Kompetenz" der Lehrpersonen ist im Durchschnitt gering, wird aber von ihnen selbst als sehr hoch eingeschätzt. (2) Es gibt große Unterschiede in den „digitalen Kompetenzen" zwischen den Schülerinnen und Schülern abhängig vom sozio-ökonomischen Status der Familie und insbesondere von der Sprachkompetenz. Der vermehrte Einsatz digitaler Medien wird diese Unterschiede vergrößern statt verkleinern. (3) Die Ausstattung der Schulen mit Geräten zum digitalen Unterricht ist immer noch mangelhaft (Einweisung, Verfügbarkeit und Wartung). (4) Der Einsatz digitaler Medien im Fachunterricht ist gering, insbesondere in den Fächern Deutsch und Mathematik. (5) Die Möglichkeit bzw. Bereitschaft zur Teilnahme an spezifischen Fortbildungsmaßnahmen ist bei Lehrpersonen gering

Trotz dieser eher mäßigen Erfolge träumen Personen aus Politik und Wirtschaft mit und ohne Sachkompetenz davon, dass die jetzt im Zuge der Corona-Pandemie verbreitete Kombination von „Homeschooling" und Präsenzunterricht mit massiver Beteiligung digitaler Medien die Unterrichtsform der Zukunft werden könne.

„Hirngerechter Unterricht" und digitale Medien

Um solche Aussagen besser einordnen zu können, möchte ich hier die propagierten Unterrichtsformen mit den Rahmenbedingungen vergleichen, die auf der Grundlage wissenschaftlicher Erkenntnisse den Lernerfolg bestimmen. Diese sind:

- Kompetenz, Vertrauenswürdigkeit und Feinfühligkeit des Lehrenden und ein respektvolles Verhältnis zu den Schülern
- Anschlussfähigkeit des Stoffes an die Lebenswelt und die Vorerfahrung der Schüler
- Aufmerksamkeit, Anstrengung und Fleiß
- „Gedächtnisgerechte" Aufbereitung des Stoffes durch den Lehrenden
- Vielfalt der Unterrichtsformen
- Wiederholung des Stoffes
- Eine lernförderliche Umgebung

Zum ersten geht es um diese Eigenschaften des Lehrers: (1) Fachliche Kompetenz: Macht der Lehrer bei der Wissensvermittlung einen fachlich überzeugenden Eindruck oder „schwimmt" er manchmal, erscheint er oft unvorbereitet? (2) Vertrauenswürdigkeit: Vermittelt der Lehrer den Eindruck, dass das, was er sagt, ehrlich gemeint ist, und die Schüler ihm vertrauen können. (3) Feinfühligkeit: Kann sich der Lehrer in die Lage der Schüler versetzen, ihre Potenziale und Defizite erkennen und entsprechende Hilfe leisten? Zeigt er den Schülern gegenüber genügend Wertschätzung?

Wie sieht es damit in Hinblick auf die Einführung und Nutzung digitaler Medien aus? – Die Beziehung zwischen der Lehrer- und der Schülerpersönlichkeit hängt wie hochgradig von paraverbaler und nonverbaler Kommunikation ab, also der Art, wie etwas gesagt wird („Prosodie") und wie etwas über Gestik, Mimik, Augenbewegung und Körperhaltung mitgeteilt hat. Diese Kommunikationsarten erfordern ein möglichst direktes Gegenüber der beiden Personen. Hier liegt ganz offensichtlich ein klarer Nachteil bei der Nutzung der digitalen Medien vor, indem dieser Faktor aufgrund ihrer „verarmten" Präsentation nahezu unmöglich gemacht wird. Bei Video-Konferenzen kommt es oft zu einer mangelnden Synchronisation zwischen Lippen und Wort, der direkte Augenkontakt ist meist nicht gegeben, die Lehrperson wird meist nicht zur Gänze gezeigt, die Stimme ist durch Mikrofon und Lautsprecher verfremdet, die direkte Ansprache ist fast unmöglich.

Deshalb erscheint der persönlichkeitszentrierte Teil kaum durch ein digitales Format ersetzbar, am wenigsten in einer Video-Konferenz. Dies zeigt sich etwa bei der von Experten als zwingend angesehenen Überprüfung des Vorwissens und damit der Anschlussfähigkeit erfordert oft einen engagierte persönlichen Einsatz der Lehrperson, um das anfängliche Schweigen zu brechen. Wie dies „digital" gelingen kann, ist derzeit schleierhaft.

Die Lehrperson ist weiterhin angehalten, einen Unterricht zu gestalten, der das Interesse der Lernenden weckt und die Motivation für das zu vermittelnde Wissen hochzuhalten. Er muss zu diesem Zweck seine eigene Motivation und Begeisterung herüberbringen. Auch dies gelingt am besten durch einen Unterricht, der das direkt erfahrbare persönliche Engagement des Lehrenden sichtbar werden lässt. Dies ist digital schwer zu vermitteln, erst recht per Video-Konferenz.

Wenn im Unterricht inhaltliche Schwierigkeiten auftauchen, ist ein sofortiger Kontakt zwischen Lernenden und der Lehrperson wichtig. Dies wird von fast allen Schülerinnen und Schülern, mit denen ich gesprochen habe, im Homeschooling dramatisch vermisst. Es ist ganz unklar, auch im Präsenzunterricht, dass hierbei digitale Medien eine Hilfe sein könnten.

Anstrengung und Fleiß sind unerlässliche Faktoren für den Lernerfolg. Ist durch die Lehrperson neben dem Herstellen der Anschlussfähigkeit neuen Wissens ein ausreichendes Maß an Interesse und Motivation erreicht, so kann ein wirksames Maß an Leistungswillen und „Einsatz" durchaus durch digital präsentierte und leistungskontrollierte digitale Aufgaben hergestellt werden. Dies ist relativ leicht sowohl in der Gruppenarbeit als auch in der Einzelarbeit zu erreichen.

Die geforderte Vielfalt der Unterrichtsformen kommt dem Einsatz digitaler Medien sehr entgegen. Während der Frontalunterricht bzw. der Lehrerzentrierte Unterricht, abgesehen von einer rein sachlichen Instruktion, nur schwer durch digitale Präsentationen ersetzbar sind, erscheint dies sowohl in der Gruppenarbeit und der Einzelarbeit leichter. Jedenfalls können sie leicht besser sein als das beliebte Verteilen von Arbeitsblättern.

Im Rahmen der gebotenen Methodenviel ist eigenständiges bzw. selbstreguliertes Lernen ein wichtiger Unterrichtsbestandteil zur weiteren Vertiefung des vorher im Lehrervortrag und in der Gruppenarbeit behandelten Stoffes und ein erster Schritt zu dessen Konsolidierung. Dies muss jedoch nach einem genau festgelegten Programm erfolgen, wofür es teilweise schon gute digitale Versionen mit Selbstüberprüfungsfunktionen gibt. Die Lernenden brauchen unbedingt eine Rückmeldung über das Ausmaß der Lernfortschritte. Als alleinige Unterrichtsmethode ist „selbstorganisiertes" bzw. „selbstbestimmtes" Lernen nachweislich ungeeignet, denn es überfordert auch die ansonsten lernstarken Schülerinnen und Schüler.

Schließlich sind digitale Formate ausgezeichnet einsetzbar für die unabdingbare Wiederholung als das A und O der langfristigen Verankerung von Wissen im Gedächtnis. Außer stark emotionalen Erfahrungen wird nichts mit einem Mal gelernt. Jeder Stoff sollte in etwas abgewandelter und zunehmend komprimierter Form in zunehmenden Intervallen (Tagen, Wochen, Monaten) wiederholt werden. Die beste Form der Wiederholung ist das aktive Erinnern auf Seiten der Schüler. Dies trägt besonders stark zur Konsolidierung des Wissens bei.

Insgesamt erfordert die Einführung und Nutzung digitaler Medien „hirngerechte" und auf die individuelle Lernfähigkeit der einzelnen Schülerinnen und Schüler abgestimmte digitale Formate, bei denen die Lehrperson mitwirken sollte. Auch wichtige Teile der Wiederholung und der Überprüfung lassen sich „digital" gut durchführen. Jedoch ist bei der abschließenden Beurteilung der Leistung und des Leistungsstandes die persönliche Mitwirkung der Lehrperson wichtig.

Die Lernumgebung und die Raumgestaltung sollten die notwendige Vielfalt der Unterrichtsformen (Lehrervortrag, Gruppenarbeit, Einzelarbeit) unterstützen. Beim Lehrervortrag sollten die Schüler einen ungehinderten kommunikativen Zugang zum Lehrer haben im Sinne der drei Kommunikationsarten verbal-paraverbal-nonverbal. Ruhe ist dabei unabdingbar. Die Gruppenarbeit sollte genügend Platz und Möglichkeiten für Gruppenaktivitäten bieten, z.B. Zugang zum Internet und anderen Medien. Die Gruppen (am besten nicht mehr als vier Schüler) sollten sich nicht gegenseitig stören, der Lehrer sollte für Hilfe und Kontrolle einen leichten Zugang zu den Gruppen haben. Für die Einzelarbeit ist ein hohes Maß an Abschirmung von den anderen Schülern notwendig. Lernkabinen sind besser als ihr Ruf – sie ermöglichen gute Formen selbstüberwachten Lernens.

Digitale Medien sind kein Ersatz für Präsenzunterricht

Die Nutzung digitaler Medien im Präsenzunterricht hat Vor- und Nachteile. Die Verwendung digitaler Medien kann nicht die direkte Wirkung der Persönlichkeit des Lehrenden und ihren Einfluss auf die Beziehung zu den Lernenden ersetzen. Auch in

Hinblick auf die Überprüfung des Vorwissens und der Anschlussfähigkeit sowie auf das Schaffen von Interesse und Motivation sind Defizite zu erwarten. Schließlich ist das Schaffen von Bindungserfahrungen im Klassenverband unter massivem Einsatz digitaler Formate schwer möglich.

Hingegen erweist sich der Einsatz digitaler Medien in der Gruppenarbeit und Einzelarbeit und im Zusammenhang mit der Überprüfung des Lernerfolgs sehr gut geeignet. Der größte Vorteil des Einsatzes digitaler Medien liegt vermutlich in der Förderung selbstregulierten Lernens. Dies alles spricht für eine sorgfältig entwickelte Mischung zwischen person-zentrierten und digitalen Anteilen des Unterrichts.

John Hattie hat in seiner großen Meta-Studie (2009/2013) bereits die Wirksamkeit der Einführung digitaler Medien diskutiert. Diese Wirksamkeit schätzt Hattie so ein, dass sie in etwa dem entsprechen, was eine Lehrperson im Laufe eines Jahres an Lernerfolg auch ohne digitale Medien erzielen könnte. Höhere Effektstärken sind seiner Meinung nach allerdings möglich, wenn: (1) Lehrende durch Fortbildung auf den Medieneinsatz vorbereitet werden, (2) das Lernangebot vielfältige Möglichkeiten zum Lernen bietet, (3) die Lernenden durch digitale Medien den eigenen Lernprozess kontrollieren, z.B. im Hinblick auf die Auswahl von Aufgaben, die Bestimmung der Lerngeschwindigkeit, Wiederholungsmöglichkeiten, Peer Learning unterstützt wird, und (4) Feedbackmöglichkeiten vorgesehen sind, d. h. wenn Lernende vom Medium Hinweise auf Lernstande, Fehler oder Lernwege erhalten.

„Beim Homeschooling kommt es sehr auf den Lehrer an“

Homeschooling und digitales Lernen sind während der Corona-Krise zu einem festen Bestandteil des Schulalltags geworden. Privatschulleiterin Barbara Manke-Boesten berichtet bei einer Bremer Tagung darüber, wie digitales Lernen an ihrer Schule funktioniert (Auszüge) Die Fragen stellte Sara Sundermann.

Sie wollen den Bremerinnen und Bremern an diesem Samstag bei einer Tagung berichten, wie digitales Lernen an Ihrer Schule funktioniert. Was ist bei Ihnen so besonders?
Barbara Manke-Boesten: Bei uns haben alle Lehrkräfte ein Tablet und eine Email-Adresse. Jede Email an einen Lehrer soll von diesem innerhalb von 24 Stunden beantwortet werden. Mit digitalem Lernen beschäftigen wir uns schon seit der Gründung der Schule im Jahr 2006. Und nach dem ersten Lockdown haben wir in den Osterferien alle Lehrer für den Umgang mit der digitalen Lernplattform *itslearning* geschult, die Plattform haben wir seit drei Jahren.

***itslearning* – das dürfte den Bremern bekannt vorkommen, denn zu genau dieser Plattform hatten alle Bremer Schulen schon vor Corona Zugang ... Aber bei der technischen Infrastruktur können sicher die wenigsten Schulen hier mithalten. Wie sieht es denn bei Ihnen mit WLAN aus – das gibt es bei uns an einigen Schulen weiter nur im Lehrerzimmer ...**
WLAN gibt es bei uns überall. Und jeder Klassenraum hat einen Nahdistanz-Beamer. Unsere alten Overhead-Projektoren haben wir gerade an eine Schule in Südafrika gespendet. Alle unsere Oberstufenschüler haben seit ein paar Jahren ein I-Pad, das ihnen gehört, und das von der Schule mit 150 Euro bezuschusst wird. Für die jüngeren Schüler haben wir I-Pad-Koffer mit 22 Geräten, die wir dann nutzen, wenn wir sie brauchen. In der Grundschule möchten wir nicht, dass die Kinder mit dem Tablet arbeiten. Denn es ist erwiesen, dass sie durch das Schreiben mit der Hand viel besser lernen, als wenn sie etwas eintippen.

Sie können Ihre digitalen Werkzeuge jetzt gut gebrauchen. Ihre Schule, die etwa 1000 Kinder besuchen, ist ja derzeit wieder geschlossen.
Ja, wir haben insgesamt 19 positiv getestete Schüler und Schülerinnen, die Schule ist bis auf die Oberstufe in dieser und der nächsten Woche geschlossen. Aber für die Klassen eins bis zehn ist der Übergang ins Homeschooling reibungslos verlaufen.

Wie sieht für Ihre Schüler ein Tag aus, wenn die Schule zu ist?
Der Tag beginnt zur gleichen Zeit wie sonst, um 8 Uhr mit einer Videokonferenz. Die Schüler haben Unterricht nach ihrem normalen Stundenplan. Wir haben meist Doppelstunden, so eine Doppelstunde beginnt mit einer Videokonferenz der ganzen Klasse: Der Lehrer hält zuerst eine Art Vortrag und führt in das Thema ein. Danach kommt eine Phase, in der die Schüler Aufgaben bearbeiten, während der Lehrer weiter online und für Fragen ansprechbar ist. Wir wissen aber nicht, ob die Schüler dabei noch im Schlafanzug sind oder nebenbei ihr Nutella-Brot essen.

Stoßen Sie auch mit einer guten technischen Ausstattung an Grenzen beim Distanzunterricht?
Auf jeden Fall. Gute Ausstattung ist schön, aber gerade beim Homeschooling kommt es sehr stark auf den Lehrer an. Der Lehrer bleibt unverzichtbar, das haben wir auch durch die Zusammenarbeit mit dem Bremer Hirnforscher Gerhard Roth immer wieder bestätigt bekommen. Der Lehrer braucht eine Struktur, muss sich gut vorbereiten. Ein Problem bleibt: Wenn ich in einer Videokonferenz ein Thema erkläre, weiß ich nicht, ob die Schüler zuhören. Die meisten schalten ihre Kamera aus, und ich kann nicht sehen, wann sie abgelenkt sind oder nicht mehr mitkommen. Und viele unserer Schüler trauen sich digital weniger, Fragen zu stellen als im normalen Unterricht.

Online-Unterricht: Schüler müssen eine gewisse Disziplin aufrecht erhalten

VON KENNETH KALUZA

„Es ist zu hoffen, dass der Online-Unterricht in Zukunft als eine neue Ressource seitens der Schule angesehen wird“, bewertet der angehende Abiturient Kenneth Kaluza in einem Kommentar den Online-Unterricht an seiner Schule, der Leibniz Privatschule Kaltenkirchen.

Der Online-Unterricht, den wir in den letzten Wochen wahrnehmen durften, hat sowohl sehr positive als auch verbesserungsfähige Resultate aufgezeigt. In der ersten Woche des Homeschoolings lief der Online-Unterricht noch etwas ineffizient ab, da sich einige Lehrer noch nicht so gut mit den verwendeten Programmen auskannten. Dies änderte sich allerdings schnell, da sich auch die Lehrer sehr schnell über die verwendeten Programme und deren Funktionsweise informiert haben. Zu erwähnen ist aber leider trotzdem, dass sich einige Lehrer nicht ausreichend mit dem Programm auseinander gesetzt haben, dadurch funktionierte der Unterricht in einigen Fächern nicht so effizient wie von der Schulleitung geplant. Dies waren aber zum Glück nur die Ausnahmen.

Gerade in den Hauptfächern war der Online-Unterricht sehr hilfreich und hat dazu beigetragen, dass die Schüler keine allzu großen Einschnitte beim Unterrichtspensum erfahren mussten. Zu beobachten war, dass sich ein Teil der Lehrer anscheinend noch nicht vorstellen konnte, den gewohnten Ablauf des Unterrichts auf die verwendete Lernplattform *itslearning* zu übertragen. Umso interessanter war dagegen zu beobachten, dass dies tatsächlich möglich ist. Was häufig beim Online-Unterricht nicht sehr stark oder überhaupt nicht beachtet worden ist, war die an unserer Schule sehr geschätzte, ausgiebige und effiziente Reflexionsphase. Diese hilft vielen Schüler dabei ihre erarbeiteten Ergebnisse zu vergleichen, zu vervollständigen und sich zu verbessern. Wenn diese Schlüsselelemente des Konzeptes der Schule entfallen, ist das Konzept nicht mehr vollständig und garantiert somit nicht mehr den Fortschritt, den die Schüler durch das Konzept eigentlich erzielen sollten.

Die Abgabe der Aufgaben lief aufgrund des Programmes nicht immer reibungslos ab, da dies entweder nicht korrekt eingerichtet war oder einige Schüler Komplikationen mit dem Programm hatten. Dies konnte aber immer durch die Abgabe der Aufgaben per E-Mail ersetzt werden. Die Video-Konferenzen liefen in der Regel strukturiert ab.
Ich bin davon überzeugt, dass es effizienter wäre, wenn sich die Schüler während der Videokonferenzen mit einem Video dazu schalten müssten, da die Online-Konferenz ohne Bild und nur mit Ton die Schüler nicht dazu verleitet werden, sich morgens zu-

recht zu machen und somit eine gewisse Disziplin aufrecht zu erhalten. Dadurch dass dies nicht der Fall war und sich kaum einer der Schüler per Bild dazu geschaltet hat, ist anzunehmen, dass die fehlende Struktur und Selbstdisziplin einige Schüler dazu verleitet hat, die Aufgaben nicht ausreichend und gewissenhaft zu erledigen.

In einigen Fächern, insbesondere den Hauptfächern, ist aufgefallen, dass der Online-Unterricht den realen Unterricht nicht ersetzen kann, da die reale Lehrperson im persönlichen Kontakt in der Schule bestimmte Aufgaben deutlich effizienter und vor allem auch effektiver erklären kann, da komplexe Themen und einige Fragestellungen im Online-Unterricht nicht ganz klar kommuniziert werden können.

Abschließend kann ich sagen, dass der Online-Unterricht von der Schule sehr effizient und effektiv umgesetzt worden ist, da er die Bearbeitung des Unterrichtsstoffes während des Lockdown ermöglicht hat. Es ist zu hoffen, dass der Online-Unterricht in Zukunft als eine neue Ressource seitens der Schule angesehen wird, da sich mit dieser z.B. auch der Unterricht für erkrankte Kinder über diese Plattformen ersetzen lässt. Unter Betrachtung des Lernfortschritts während der Zeit, in der wir per *itslearning* zu Hause unterrichtet wurden sind, ist der Online-Unterricht als ein Erfolg zu werten.

Die Besonderheiten der Leibniz Privatschule

Werte-Vermittlung und Erziehung als Aufgabe der Schule

VON BARBARA MANKE-BOESTEN

Eine Schule muss eine Schulphilosophie vermitteln. Die Schulphilosophie der Leibniz Privatschule basiert auf der Freude am Lernen, der Verantwortung für sich und seinen Lernprozess, der Neugierde auf die Welt und dem Willen zur Leistung. Wir haben die Vision, Menschen Bildung zu vermitteln und Charaktere für das Leben zu formen.

Persönliche Excellence, immer das Beste wollen streben wir für alle im schulischen, kulturellen und sportlichen Bereich, in der Verantwortung für sich und die Gesellschaft und die Umwelt an. Internationalität als Kennenlernen fremder Kulturen, Länder und Menschen und Respekt davor gehört ebenso dazu.

Internationalität:	Wir interessieren uns für Menschen in aller Welt, ihr Zusammenleben, ihre Kultur, ihre Werte
Excellence:	Wir geben unser Bestes in allem, was wir tun
Respekt:	Wir achten uns selbst, alle anderen und unsere Umgebung/Umwelt
Integrität:	Unsere Werte sind in unserem Handeln zu erkennen
Fairness:	Wir handeln so, dass wir niemanden in seinem Handeln stören
Verantwortung:	Wir übernehmen Verantwortung für unser Handeln, für die Gesellschaft und die Umwelt
Challenge:	Wir nehmen Herausforderungen für uns an und organisieren sie
Engagement:	Wir geben unser Bestes in allen Bereichen auch außerhalb der Schule

Schulkleidung spielt eine große Rolle im Zusammenhang mit der Wertevermittlung steigert das Zusammengehörigkeitsgefühl. Es ist uns wichtig, dass sich unsere Schülerinnen und Schüler untereinander als gleichwertig sehen und schätzen. Ein ordentliches Auftreten mit der Schulkleidung ist ein wichtiger Schritt in diese Richtung. Es kann aus einem breiten Angebot von verschiedenen Oberteilen eine freie Kombination wählen können. Regel: Jedes Teil der Oberbekleidung ist Schulkleidung. Die Schuhe und Hosen dürfen frei gewählt werden. Bei Kälte sind natürlich auch Jacken gestattet. In der MSA-Abschlussklasse und in der gymnasialen Oberstufe ab der 11. Klasse besteht zudem Jackett- und Krawattenpflicht. Übrigens auch für unsere Lehrer. Ansonsten sind verschiedenste T-Shirts, Hemden, Blusen, Pullover u.v.m. aus dem Schulkleidungsangebot zu tragen.

Unsere Schülerinnen und Schüler haben das Recht

- ohne Störung zu lernen
- auf eine saubere und sichere Umwelt

- Hilfe für Bestleistungen zu bekommen
- selber das Beste zu tun
- sich zu Träumen inspirieren zu lassen
- Engagement zu entfalten

Unsere Schülerinnen und Schüler haben die Pflicht
- für eine ruhige Lernatmosphäre/ Lernumgebung für alle zu sorgen
- zur Unterstützung aller, das Beste zu geben
- zur Rücksichtnahme aufeinander
- zum Respekt gegenüber anderen und deren Hab und Gut
- zur Sorgsamkeit gegenüber Umgebung und Umwelt

Anforderungen an das Verhalten im Unterricht: Wir erwarten Anstrengungsbereitschaft, Fragen, Mitarbeit, Aufmerksamkeit. Nicht gewünscht sind: Störungen, lautes reden, herumlaufen, schlafen. In den Pausen auf der Schultreppe, in der Schulmensa oder auf den Toiletten und vor dem Wasserspender soll es ruhig zugehen, ohne drängeln und toben, Sauberkeit wird großgeschrieben.

1. Für den Unterricht gilt
- In der Instruktionsphase aufmerksam dem Lehrervortrag zuzuhören und Fragen zu stellen
- In der Erarbeitungsphase die entsprechenden Aufgaben zu lösen, mit dem Partner konzentriert zu arbeiten, Hilfe beim Lehrer zu holen
- In der Reflexionsphase über das Lernen nachzudenken, Fragen zu formulieren, das Gelernte zusammenzufassen
- Nicht herumzulaufen, sich und andere zu stören, laut zu reden etc.

2. In den Pausen gilt
- Auf der Treppe, vor der Mensa, in den Foyers nicht zu drängeln
- Die Toiletten nicht zu verschmutzen
- Die Wasserspender ordnungsgemäß zu bedienen
- Sich im gesamten Schulgebäude ruhig zu verhalten
- Den Tisch in der Mensa ordentlich zu verlassen
- Müll in die Papierkörbe zu entsorgen
- Die Handys auszustellen

3. Im Umgang miteinander gilt
- Höflich
- Respektvoll
- Rücksichtsvoll

4. Im Umgang mit Materialien gilt
- Sorgfältig und schonend
- Nicht verschwenderisch
- Nicht zerstörend

Um das sicherzustellen, gibt es auch ein Regelwerk, das bestimmt, was passiert, wenn etwas passiert ist, was nicht passieren soll – die Konsequenzen:

Die Konsequenzen

Im Folgenden sind nicht alle Eventualitäten und Verstöße aufgelistet, die in der Schule und im Kindergarten auftreten können. Die Schulleitung behält sich vor, auch bei nicht aufgeführten „Vergehen" Konsequenzen zu verhängen. Ebenso werden je nach Situation auch Stufen übersprungen – es gilt die Einschätzung, ob die „Tat" bewusst, regelmäßig, wiederholt o. ä. begangen wurde.

Stufenlegende

Stufe 1 = einmal	Stufe 4 = bewusst
Stufe 2 = wiederholt	Stufe 5 = wiederholt bewusst
Stufe 3 = regelmäßig	Stufe 6 = regelmäßig wiederholt bewusst

Zu jedem funktionierenden Zusammenleben gehört ein Werte-Tableau. In der Leibniz-Schule heißt dieses Werte-Tableau Kodex und listet penibel auf, was folgt, wenn sich ein Schüler danebenbenimmt. Vom Benutzen von Schimpfwörtern über Müll wegwerfen bis hin zur Einnahme von Drogen. Die Maßnahmen reichen von Gespräch bis Ausschluss ... jeder Schüler weiß, was ihn erwartet und kann sein Handeln entsprechend danach richten. Und wenn er zuwiderhandelt, muss er sich nicht wundern.

Respektvoller Umgang

Respektloser Umgang	Stufe 1	Stufe 2	Stufe 3	Stufe 4	Stufe 5	Stufe 6	Stufe 7
Gewaltanwendung	Gespräch			schriftliche Verwarnung	schriftlicher Verweis	Beurlaubung	Schulausschluss
Respektloser Umgang gegen SuS oder Mitarbeitern	Gespräch	schriftliche Stellungnahme	Verhaltenstagebuch	Verhaltenstagebuch	schriftliche Ermahnung	Beurlaubung	Schulausschluss
Zerstörung von Schuleigentum	Gespräch	einmaliger Dienst	eine Woche Dienst	zwei Wochen Dienst	Ermahnung und zwei Wochen Dienst	schriftliche Verweis	
Cybermobbing	Gespräch und Elternmail			Elterngespräch mit Kind und Schulleitung	schriftliche Verwarnung	Verweis	Schulausschluss
Mitführung/ Verkauf von Waffen							Schulausschluss
Diebstahl	Ersetzen, Elterngespräch				schriftliche Verwarnung	schriftliche Verweis	Schulausschluss

Sauberkeit und Ordnung

Sauberkeit und Ordnung	Stufe 1	Stufe 2	Stufe 3	Stufe 4	Stufe 5	Stufe 6	7
Müll wegwerfen	Gespräch	Müll wegbringen	eine Woche Dienst	zwei Wochen Dienst	drei Wochen Dienst		
Kaugummi	Gespräch	Entfernen	mehr Entfernen	mehr Entfernen	Mülldienst	Verweis	
Tischmanieren	Gespräch	Tischdienst	eine Woche Dienst	zwei Wochen Dienst	drei Wochen Dienst	schriftliche Verwarnung	

Ziel und Leistungsabsprachen

Ziel- und Leistungsabsprachen	Stufe 1	Stufe 2	Stufe 3	Stufe 4	Stufe 5	Stufe 6	Stufe 7
Unterricht/ Trainingsaufgaben stören	Gespräch	Dienst	Verhaltenstagebuch	Dienst und Verhaltenstagebuch	schriftliche Verwarnung	Verweis	Schulausschluss
Nichttragen von Schulkleidung	Elternmail	Elternmail, alte Kleidung*	Elternmail, zusätzlicher Dienst	Gespräch mit Eltern, Kind und Schulleitung			
Nichteinhaltung der Dienste	Gespräch	zusätzlicher Dienst	eine Woche Dienst	zwei Wochen Dienst	schriftliche Verwarnung	Verweis	Schulausschluss
Verlassen des Schulgeländes	Gespräch	Dienst	eine Woche Dienst	zwei Wochen Dienst	schriftliche Verwarnung	Verweis	Schulausschluss
Rauchen/ Alkohol auf dem Schulgelände	Gespräch mit Eltern	Dienst			schriftliche Verwarnung	Verweis	Schulausschluss
Konsum/ Handel mit berauschenden Substanzen							Schulausschluss
Benutzung elektronischer Geräte	Abgabe im Sekretariat	Abholung bei der Schulleitung durch Eltern	Elterngespräch				

Das Stufenmodell

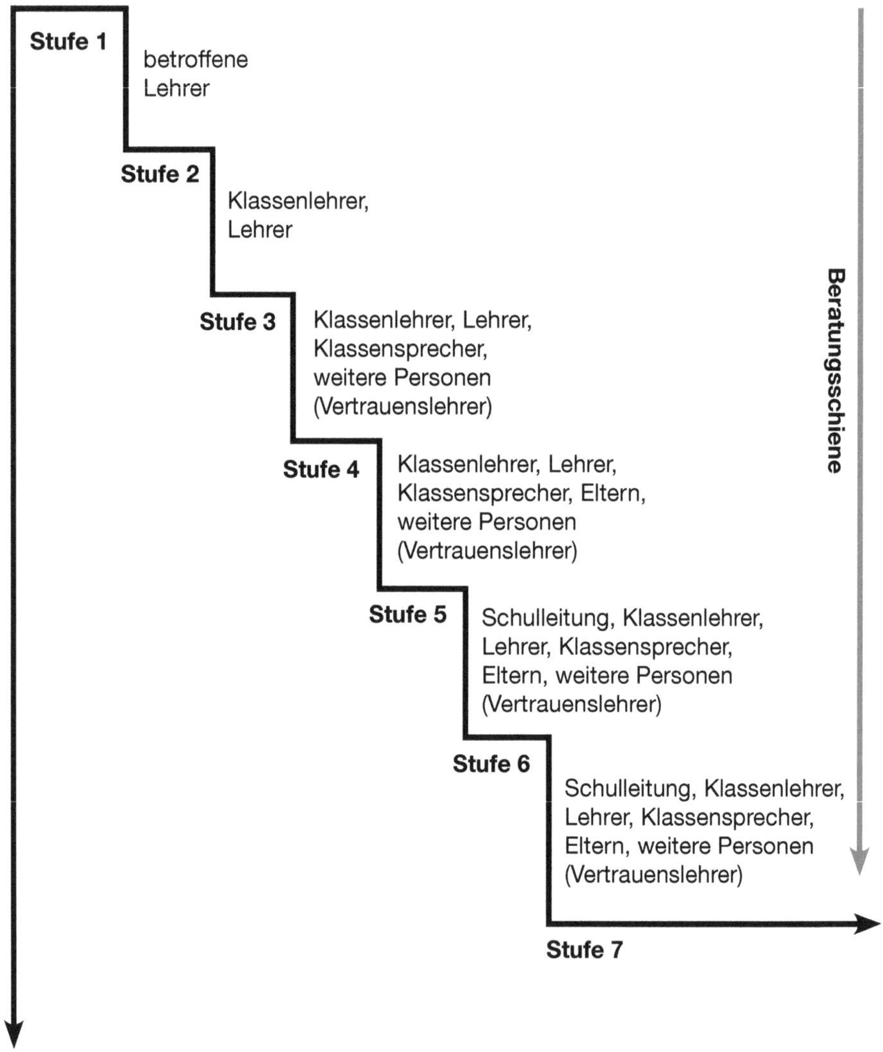

Wie führe ich als Lehrer ein Lehrer-Schüler-Gespräch?

Auf der Basis der Persönlichkeitsforschung von Prof. Roth wird in Zusammenarbeit mit dem Bremer Neurobiologen an der Leibniz Privatschule ein Modell für das Lehrer-Schüler-Gespräch praktiziert, das im schulischen Alltag dann bedeutsam wird, wenn was passiert ist, was nicht passieren soll.

Die Anlässe für ein Lehrer-Schüler-Gespräch können aufgrund von Beschwerden oder eigenen Beobachtungen vielfältiger Natur sein; die fünf zuerst genannten Verhaltensweisen verursachen etwa 80 Prozent der Verhaltensprobleme und Konflikte in der Schule. Gerhard Roth: „Diese Verhaltensweisen sind sehr stabil und kündigen sich meist sehr früh an."

1. Aggressiv-impulsives Verhalten, Schikanieren der Mitschüler
2. Mobbing, verbale Aggressionen
3. „Vorlautes" Verhalten und sonstige Störungen des Unterrichts
4. Schulvermeidung („Schwänzen"), häufiges Fehlen aus unbekannten Gründen
5. Delinquentes Verhalten (Stehlen, Lügen, Tierquälen), Bandenzugehörigkeit
6. Drogenkonsum
7. Leistungsverweigerung
8. Plötzlicher Leistungsabfall (mündlich/schriftlich)
9. Verdacht auf individuelle oder familiäre Konflikte
10. Verdacht auf psychische Erkrankungen (depressive Episoden, Selbstverletzung, Angstzustände)

Das multifaktorielle Störungsmodell nennt als Hintergrund für die genannten Verhaltensweisen: Genetisch-epigenetische und vorgeburtliche Belastungen, frühkindliche negative Erfahrungen, psychische Störungen und/ oder Delinquenz eines Elternteils (oder beider Eltern), finanzielle Probleme der Familie, Arbeitslosigkeit, familiäre Konflikte, unsteter Lebenswandel der Eltern, prekäre Wohnverhältnisse, delinquente Nachbarschaft, Geschwisterrivalität, Trennungsängste oder inkonsequente Erziehung.

Wie unterscheidet man die drei Typen des aggressiven Verhaltens?

Instrumentell-gewalttätige Schüler können sich oft gut auf unterschiedliche Situationen einstellen und in Gesprächen mit Lehrern „verständig" und „reuevoll" wirken, setzen aber ihr Verhalten in der Klasse unvermindert fort. Reaktiv-impulsive Schüler geben sich unschuldig und rechtfertigen ihr Verhalten durch Beschuldigung anderer, die sie angeblich provoziert haben. Sie sind sehr empfindlich gegenüber (vermeintlichen) Bedrohungen und Zurücksetzungen. Proaktiv-psychopathische Schüler spielen sich oft gegenüber dem Lehrer auf und prahlen mit ihren Taten. Sie zeigen gegenüber den Mitschülern Verachtung („sie sind selber schuld, dass sie leiden müssen ...“). Sie machen einen unbelehrbaren Eindruck.

Wie erkennt man familiäre Probleme und Konflikte?
Schüler mit familiären Problemen oder Schüler, die zu Hause familiäre Konflikte austragen, lassen dies unbewusst durch plötzliche Leistungseinbrüche erkennen. Weitere Anzeichen sind Unkonzentriertheit, Niedergeschlagenheit, Verstummen, Kontaktlosigkeit, häufiges Fehlen, Spuren körperlicher Gewalt, Anzeichen für mangelnde Fürsorge der Eltern und Verwahrlosung. In diesen genannten Fällen ist ein Gespräch des (Klassen-) Lehrers mit dem Schüler bzw. der Schülerin auf jeden Fall angesagt. In minderschweren Fällen kann der Lehrer die Eltern um ein Gespräch bitten. Führt dies zu keinem positiven Ergebnis, sollte unbedingt die Schulleitung informiert werden, die eventuell das Jugendamt informiert, bzw. informieren muss.

ADHS und störendes Verhalten
ADHS ist ein Konglomerat von Hypermotorik, Unaufmerksamkeit und Impulsivität. Inwieweit es eine innere Verbindung zwischen diesen drei Bestandteilen gibt, ist in der Wissenschaft umstritten. Viele Schülerinnen und Schüler sind hyperaktiv-impulsiv ohne Aufmerksamkeitsdefizite. Auch geht es vielen scheinbaren ADHS-Kindern lediglich um das Erreichen von Aufmerksamkeit der Lehrer und Mitschüler („Aufmerksamkeitssucht“). Das Erscheinungsbild von ADHS und störendem Verhalten überdeckt oftmals im Hinblick auf starke motorische Unruhe, „vorlautes“ Verhalten und Impulsivität. Man schätzt, dass fast die Hälfte der sogenannten ADHS-Kinder in Wirklichkeit unter aggressiv-oppositionellem Verhalten leiden. Ein in der Praxis brauchbarer Test, um diese Zustände im schulischen Alltag zu unterscheiden, ist es, Störenfriede für eine Auszeit vor die Klassentür zu schicken. „Aufmerksamkeitssüchtige“ Kinder werden in der Regel die Auszeit abwarten. Sie empfinden den Ausschluss aus der Klassengemeinschaft als Strafe. ADHS-Kinder werden aufgrund ihrer inneren Unruhe und Impulsivität immer wieder an der Tür klopfen oder sie öffnen. Kinder mit externalisierendem Verhalten werden gegen die Tür treten, Lärm machen oder weg rennen.

Depressive Tendenzen und Auffälligkeiten sollten unbedingt der Schulleitung gemeldet werden, die mit den Eltern und Fachleuten (Psychologen, Psychotherapeuten spricht. Anzeichen für depressive Tendenzen können sein:

- Schlechte Schulleistungen
- Unkonzentriertheit
- Arbeits-und Spielunlust
- Rückzug von Bezugspersonen
- Appetitlosigkeit
- Müdigkeit, Passivität
- Phantasielosigkeit
- Einschlafstörungen
- Gewichtsverlust

Die drei Ebenen der Kommunikation
Bei diesem Gespräch ist durch den Lehrer zu beachten: die Ebene der verbalen Kommunikation (was der Schüler über sich erzählt); die Ebene der paraverbalen Kommunikation (in welcher Weise der Schüler spricht) und die Ebene der non-verbalen Kommunikation (Körperhaltung, vegetative Reaktionen, Mimik, Gestik, Stimmlage und Verhalten.

Inhalte der verbalen Kommunikation können in einem beliebigen Verhältnis zu den tatsächlichen Eigenschaften eines Menschen stehen. Sie können sich im Extremfall beliebig von dem unterscheiden, was er tatsächlich denkt und fühlt. Schüler haben wie alle Menschen keinen verlässlichen Zugang zu ihrem Unbewussten, zu denjenigen Eigenschaften, die ihre tiefe Persönlichkeit ausmachen, und denjenigen Motiven, die sie tatsächlich antreiben. Auch ihre „ehrliche" Selbstwahrnehmung ist letztendlich nur eine Vermutung über die ihr unzugänglichen Anteile ihrer Persönlichkeit. Hinzu kommt, dass Kinder und pubertierende Jugendliche aus unterschiedlichen Gründen Schwierigkeiten damit haben, sich selbst zu verstehen.

Die paraverbale Kommunikation umfasst die Art und Weise, wie sich der Schüler ausdrückt – ob er glatt und schnell antwortet, ruhig oder eher aufgeregt, lange mit der Antwort zögert, konfus redet, sich wiederholt, um Dinge herum redet. Gerhard Roth: „Während die verbale Kommunikation überwiegend von der linken Großhirnhemisphäre gesteuert wird, bestimmt die rechte Hemisphäre den emotionalen Gehalt der Mitteilung und den Sprachduktus." Unausgesprochene Gedanken und Empfindungen lassen sich in der Regel deshalb nicht vollständig verbergen. Entsprechend kann man aus der paraverbalen Kommunikation Rückschlüsse auf den tatsächlichen emotionalen Gehalt der Mitteilung ziehen.

Die non-verbale Kommunikation über Mimik, Stimmführung, Gestik und sonstige Körperbewegungen ist viel älter als die sprachliche Kommunikationsform. Diese Kommunikationsform ist verlässlicher, weil sie großenteils unbewusst von den unteren limbischen Ebenen gesteuert wird und entsprechend nicht oder nur teilweise der willentlichen Kontrolle unterliegt. Im Lehrer-Schüler-Gespräch sollte der Lehrer entsprechend genau die Mimik, Gestik, Stimmführung und die sonstigen körperlichen Reaktionen des Schülers beobachten und dies mit den verbalen Äußerungen vergleichen.

Konsequenzen für das Lehrer-Schüler-Gespräch
1. Der Lehrer sollte sich sorgfältig auf Inhalt und Art des Gesprächs vorbereiten.
2. Während des Gesprächs sollte der Lehrer genau auf das achten, was der Schüler sagt, wie er es sagt, und welche nonverbalen Signale er aussendet (Gestik, Mimik, Stimmführung, Körperhaltung, motorische Reaktionen).
3. Der Lehrer sollte keine „geschlossenen" Fragen stellen, auf die der Schüler leicht antworten kann, sondern ihn durch gezielte Nachfragen zum Nachdenken anregen.

4. Er sollte sich auf keinen Fall aus der Ruhe bringen lassen und stets sachlich bleiben – weder unwillig werden noch ein vorschnelles Verständnis aufbringen.
5. Am Ende muss er immer eine Perspektive (Maßnahmen, weiteres Gespräch) entwickeln.

Beispiel: Hans (15 Jahre) ist oft rüpelhaft gegenüber bestimmten Mitschülern, die ihm körperlich unterlegen sind. Oft machen auch weitere Schüler dabei mit.
Fragen: Stimmt es, dass du häufiger allein oder mit anderen Ernst und auch andere Klassenkameraden ärgerst, sie anrempelst, ein Bein stellst usw.?

- Wie fängt das an? Erzähl mal genau, wie das passiert?
- Warum tust du das? Gibt es einen konkreten Grund dafür?
- Wie fühlst du dich dabei? Macht es dir Spaß?
- Wie fühlt sich wohl Ernst dabei, von dir drangsaliert zu werden?
- Wie verhalten sich die nicht beteiligten Klassenkameraden dabei? Feuern sie dich an, kritisieren sie dich, ignorieren dein Verhalten?
- Machst du das auch außerhalb der Schule? Bei welchen Gelegenheiten?
- Wie geht es bei dir zuhause zu? Wie behandeln dich dein Vater, deine Mutter, deine Geschwister (soweit vorhanden)? Wie gehen sie mit den Beschwerden über dein Verhalten um?
- Bist du dafür schon einmal bestraft worden (Eltern, Schule, Polizei)?
- Was müsste passieren, damit du das nicht mehr tust?

Beispiel: Irene (14) bleibt seit einiger Zeit weit hinter ihren früheren mündlichen und schriftlichen Leistungen zurück.
Fragen: Irene, du warst bis vor wenigen Monaten eine ganz gute Schülerin. Jetzt aber haben deine schriftlichen Leistungen sehr nachgelassen. Im Unterricht machst du einen schweigsamen und abwesenden Eindruck.

- Gibt es dafür Gründe, die du mir nennen kannst?
- Leidest du unter einem bestimmten Verhalten deiner Mitschüler/innen?
- Wie sieht es bei dir zuhause aus? Läuft da alles gut? Hast Du ein gutes Verhältnis zu deinen Eltern? Kümmern sie sich um dich? Wie sieht es mit deinen Geschwistern aus?
- Hast du einen guten Freund oder eine gute Freundin? Was sagen sie?
- Hast du kürzlich eine große Enttäuschung erlebt?
- Mir fällt auf, dass du oft müde in die Schule kommst. Kriegst du nicht genügend Schlaf? Schaust du lange Fernsehen oder chattest mit Freundinnen?
- Musst du dich um jemanden in deiner Familie sehr kümmern?
- Bist du öfters ohne ersichtlichen Grund niedergeschlagen? Grübelst du oft über dich, deine Gefühle, deine Situation?
- Wer oder was würde dir am meisten helfen?

Fünf Stunden Sport in der Woche in jedem Jahrgang

VON EGON BOESTEN

Die tägliche Sportstunde ist an der Leibniz Privatschule keine Forderung mehr; es gibt sie seit dem Bestehen der Schule in Elmshorn im August 2006. Die Vorgeschichte beginnt allerdings mit einem Gespräch mit dem damaligen Landesvorsitzenden des Deutschen Sportlehrerverbandes in Schleswig-Holstein, Hauke Ramm.

Während dieses Gesprächs für einen großen Beitrag zum Thema Schulsport in den Elmshorner Nachrichten erzählte mir Hauke Ramm mit großer Begeisterung vom Wert des Sportunterrichts an Schulen. Der Fachseminarleiter Sport am inzwischen aufgelösten Landesinstitut Schleswig-Holstein für Praxis und Theorie der Schule (IPTS) und machte mich im gleichen Zug auf die von Professor Klaus Bös durchgeführte Untersuchung zu den Folgen der täglichen Sportstunde aufmerksam. Das über den Zeitraum von einem Jahr durchgeführte Projekt in Daun (Eifel) belegte mit aller Deutlichkeit, dass die tägliche Sportstunde wichtig ist fürs kognitive Lernen in anderen Schulfächern. Prof. Renate Zimmer erweiterte dies später in einem Beitrag für die ZEIT zur These „Toben macht schlau". Was Hauke Ramm damals im EN-Gespräch am meisten aufregte, war: Man wisse um den Wert des täglichen Sportunterrichts, wolle oder könne dies aber nicht in der Schule umsetzen.

Wissen, dass es anders besser geht, es aber nicht umzusetzen – das hat mich persönlich über die Jahre hinweg geärgert. Mit der Gründung unserer Leibniz Privatschule in Elmshorn war das Vergangenheit. Neben dem Unterricht auf Englisch in der Grundschule und vielen anderen wichtigen schulischen Aspekten haben wir ab dem ersten Jahr unseres Bestehens die tägliche Sportstunde eingeführt. Genau genommen nicht immer die tägliche Sportstunde, weil nicht immer die logistische Möglichkeit dazu bestand und dadurch Sport öfter in Doppelstunden unterrichtet werden musste und muss. Aber: Fünf Stunden Sport pro Woche in jeder Klasse von Klasse 1 bis 13 – das ist schon was, damals wie heute. Der untersuchende Professor der bekannten Sportstudie aus den 90er-Jahren, Klaus Bös aus Karlsruhe, bescheinigt denn auch: „Fünf Stunden Sport sind von Klasse 1 bis Klasse 13 im Stundenplan fest verankert, das ist vermutlich einmalig in Deutschland." Selbstverständlich galt das auch für den Unterricht an unserem zweiten Standort Hitzhusen/Bad Bramstedt mit fünf Stunden Sport pro Woche – die wir auch nach unserem Umzug nach Kaltenkirchen seit 2018 dort durchführen, obwohl wir dort drei Jahre lang über keine Sporthalle verfügten. Dass es im Kindergarten inzwischen zwei (!) Sportstunden am Tag neben den normalen Bewegungspausen gibt, erscheint uns mehr als konsequent.

Der Deutsche Motorik Test: Schüler begleiten und unterstützen

VON CHRISTIAN SCHMUCK UND EGON BOESTEN

Seit vielen Jahren führen wir in den Klassen der Grundschule sowie Sekundarstufe (ab Klasse 5 aufwärts) den Deutschen Motorischen Test durch, um den motorischen Leistungsstand unserer Schüler und Schülerinnen zu erfassen und Entwicklungsverläufe festzuhalten. Das frühe Schulkindalter gilt als besonders günstige Phase der motorischen Lernfähigkeit. Unser Ziel mit der motorischen Testung ist es, unsere Schüler und Schülerinnen in ihrer motorischen Entwicklung zu begleiten und zu unterstützen.

Was ist der Deutsche Motorische Test?

Der Test besteht aus folgenden Aufgaben:

• 20 Meter Sprint

• Seitliches Hin- und Herspringen

• Standweitsprung

• Liegestütz

• Rumpfbeuge

• Balancieren rückwärts

• Sit-ups

• 6 Minuten Ausdauerlauf

Die Testaufgaben repräsentieren die motorischen Fähigkeiten Kraft, Ausdauer, Schnelligkeit, Koordination und Beweglichkeit, die zusammenfassend als körperliche Leistungsfähigkeit bezeichnet werden.

Warum wir eine motorische Testung im Kindesalter für wichtig erachten

Der Deutsche motorische Test liefert uns Aussagen über die allgemeine sportmotorische Leistungsfähigkeit und damit den Fitnesszustand unserer Schüler und Schülerinnen. Es gilt als bewiesen, dass ein guter Fitnesszustand einen positiven Einfluss auf die physische als auch mentale Gesundheit haben und vielfältige Anpassungen im kardiovaskulären oder metabolischen Bereich auslösen kann.

Welche Ziele verfolgen wir mit der Testung?

Die Erfassung der sportmotorischen Leistungen der Schüler/innen im Rahmen des Sportunterrichts an der LPS erfolgt aus folgenden Gründen:

1. Mit Hilfe des Tests können statistisch gesicherte Informationen über den aktuellen Trainingszustand der Schüler/innen gewonnen werden (Querschnittuntersuchung). Anhand der Auswertung der einzelnen Testaufgaben können wir feststellen, in welchen Bereichen die Klasse bzw. Schüler und Schülerinnen Ihre Stärken und Schwächen haben und so methodisch-didaktische Konsequenzen für die Unterrichtsplanung und -durchführung gezogen werden.

2. Durch die Wiederholung des Tests im nachfolgenden Schuljahr kann die individuelle Entwicklung der sportmotorischen Leistungsfähigkeit der Schüler/innen festgestellt werden (Längsschnittuntersuchung).

3. Wir händigen jedem Kind nach Auswertung der einzelnen Ergebnisse eine Urkunde aus, aus der die Schüler und Schülerinnen einen Überblick ihres Leistungsstands in den einzelnen Bereichen bekommen. Den Kindern eine Rückmeldung über erbrachte Leistungen sowie über Leistungszustände zu geben halten wir für äußerst wichtig, um sie zum einen in Ihrer eigenen Wahrnehmung zu stärken und zum anderen sollen sie auf diese Weise erfahren, dass bestimmte motorische Grundlagen für ein Erleben der Vielfalt und des Reichtums der Bewegungswelt in der Schule, in der Freizeit und damit für die Lebensqualität erforderlich sind.

Auswertung der Ergebnisse
Die Bewertung der einzelnen Testergebnisse erfolgt mittels alters- und geschlechtsspezifischer Normwerte.

Studien an insgesamt 25 Millionen Kindern zwischen 9 und 17 Jahren weltweit zeigen, dass Jungen und Mädchen heute bis zu 15% weniger ausdauernd und schnell als Ihre Eltern es noch waren. Aus den Ergebnissen der motorischen Testung erkennen wir, dass die meisten unserer Schüler/innen weit überdurchschnittliche Ausdauerergebnisse erzielen. Ein guter Ausdauerzustand bei Heranwachsenden ist von zentraler gesundheitlicher Bedeutung. Kinder und Jugendliche haben die besten energetisch-physiologischen Voraussetzungen und sind damit prädestiniert für ein Ausdauertraining, um Ihr Herzkreislaufsystem zu stärken, die allgemeine Belastbarkeit zu erhöhen und um vielseitige Bewegungserfahrungen zu sammeln. Mit dem für alle Klassen verbindlichen Lauftag wollen wir dieser Relevanz Rechnung tragen und die Kinder in ihrer Ausdauerentwicklung bestmöglich unterstützen. Mit Ausnahme des Standweitsprungs weisen in allen Disziplinen über 50 Prozent unserer Schüler/innen über- bzw. weit überdurchschnittliche Ergebnisse auf. Somit lässt sich festhalten, dass 5 Stunden Sport in der Woche nicht nur für Begeisterung bei unseren Schülern sorgt, sondern auch in Bezug auf ihren Fitnesszustand ihre Spuren hinterlässt.
(Stand Dezember 2015)

Deutscher Motorik Test

dmt 6-18
Deutscher Motorik-Test

URKUNDE

für

Herzlichen Glückwunsch !
Du hast am Motorischen Test teilgenommen.
Zur Erinnerung erhältst Du die Ergebnisse für alle 8 Aufgaben. Die Smilies helfen Dir bei der Bewertung Deiner Testergebnisse.

20m-Sprint

Sit-Ups

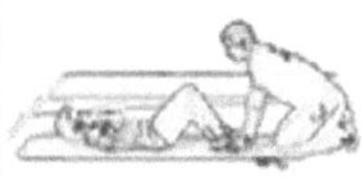

Balancieren rw.

Seitlich hin u. her

Rumpfbeuge

Standweitsprung

Liegestütz

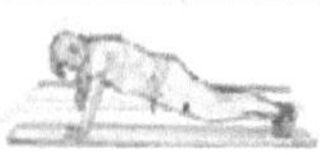

6-Min Lauf

☺☺☺ Du bist klasse !
☺☺ Du bist gut !
☺ Hier weiterüben !

www.deutscher-motorik-test.de

Schule kann funktionieren – auf Basis von Wissenschaft

VON KLAUS BÖS

Bei einem persönlichen Besuch der Leibniz Privatschule in Elmshorn habe ich einen ausgezeichneten Eindruck gewonnen. Ich habe bei meinem Besuch an der Schule zu dem Thema referiert, welche positiven Auswirkungen täglicher Sport auf die Persönlichkeitsbildung von Kindern und Jugendlichen haben kann. Die Leibniz-Privatschule ist eine der wenigen Schulen, die das Konzept „täglicher Sportunterricht" realisiert.

Fünf Stunden Sport sind von Klasse 1 bis Klasse 13 im Stundenplan fest verankert, das ist vermutlich einmalig in Deutschland. Einmal pro Woche ist die Sportstunde als Lauftag definiert. Auch motorische Tests zur regelmäßigen Leistungsbeurteilung und zur Beratung bei motorischen Stärken und Schwächen gehören zum Unterrichtskonzept.

Die Schule optimiert auch beständig ihr Konzept. Seit mehr als einem Jahr wurde die Idee des täglichen Sportunterrichts auch auf die Kindergärten in den Standorten Elmshorn und Kaltenkirchen ausgedehnt; dort gibt es in den jeweiligen Kindergartengruppen zwei Stunden Sport pro Tag.

Aus meiner Sicht als Motorikforscher, der sich insbesondere mit der motorischen Entwicklung von Kindern und Jugendlichen sowie den langfristigen Folgen von kindlichem Bewegungsmangel beschäftigt, hat die Leibniz-Schule eine Vorbildfunktion, die möglichst viele Nachahmer verdient.

Professor Klaus Bös ist Universitätsprofessor für Sportwissenschaft und Leiter des Instituts für Sport- und Sportwissenschaft am Karlsruher Institut für Technologie (KIT); Forschungsschwerpunkte u.a. Diagnostik und Sportberatung sowie Schulsport.

Diese Schule bleibt in Bewegung

VON HANS-JÜRGEN SCHULKE

Die Leibniz-Schule in Elmshorn und Kaltenkirchen legt in ihrem jetzt 14jährigen Bestehen eine Erfolgsgeschichte vor, die Respekt verdient. Dabei war das kein leichter Weg: Bedenken gegen eine vermeintlich elitäre Privatschule, Fragen zu dem neuartigen Konzept, in den Medien geführte Diskussionen um die Finanzierung, Kritik an Schulkleidung. Das ist Vergangenheit.

Wer heute durch die Schule geht, spürt sofort die besondere Atmosphäre durch Architektur und Ausstattung: Sie lädt zum Lernen ein, nimmt Schüler- und LehrerInnen ernst, strahlt Werte wie Respekt und Zuwendung aus. Man ist gerne an diesem Ort der Bildung von heranwachsenden Menschen. Eltern und Schüler bestätigen das gerne.

Zur Schule gehört die selbstverständliche Praxis des täglichen Sports – andernorts ein Wunsch, der immer wieder an der Dominanz vermeintlich wichtiger Fächer scheitert. Sportunterricht – besser vielfältige Bewegungsgelegenheiten – ist hier keine Auswahl und Training künftiger Spitzensportler, kein stereotypes Einüben vorgegebener Bewegungsformen. Dafür steht eine angstfreie Schwimmlernwoche in Malente, Läufe von Gruppen im freien Gelände, selbstbestimmtes Lernen von Spielen, die Kooperation mit örtlichen Vereinen, sportliche Schulfeste. Diese Schule bleibt in Bewegung.

Prof. Hans-Jürgen Schulke ist der Erfinder des Public Viewing in Deutschland und initiierte die Hamburger Olympia-Bewerbung 2002/3 unter Beteiligung von Elmshorn.

Ein nachahmenswertes Beispiel

VON RENATE ZIMMER

Ich kenne die Leibniz Privatschule seit vielen Jahren durch persönliche Besuche und durch Vortragsveranstaltungen. Mich hat dabei immer das über alle Klassenstufen hinweg erkennbare Engagement der Schulleitung und des Kollegiums für den Bereich Bewegung und Sport im Rahmen des Bildungsauftrags der Schule überzeugt. Die Schule hat durchgängig über alle Klassen hinweg. Fünf Stunden Sport pro Woche auf dem Stundenplan. Mir ist keine Schule bekannt, die von Klasse 1 bis Klasse 13 die tägliche Sportstunde umsetzt.

Die Schule hat auch einen Kindergarten eingerichtet – ein ganz besonderes Novum in der Schullandschaft. Im Kindergarten wird Bewegung noch mehr Wert beigemessen, es gibt täglich zwei Stunden Sport/Bewegung pro Tag, das ist außergewöhnlich und wird sogar bei ausgewiesenen Bewegungskindergärten selten so realisiert.

Insgesamt kann ich bestätigen, dass die Schulleitung ein herausragendes Engagement bei der Profilierung der Schule im Hinblick auf den Stellenwert von Sport, Spiel und Bewegung zeigt und dabei innovative Projekte für einen aktiven, gesunden Lebensstil aller Kinder und Jugendlichen ins Leben ruft. Die Leibniz-Schule kann für andere Schulen ein nachahmenswertes Beispiel sein.

Prof. Dr. phil. Renate Zimmer, Sport- und Erziehungswissenschaftlerin, leitete bis 2016 das Institut für Sport- und Bewegungswissenschaft an der Universität Osnabrück und ist Gründerin der Initiative „Bewegte Kindheit".

Eintauchen in eine Sprache: Die beste Methode, sie zu lernen

VON EGON BOESTEN UND SUSANNE MARTI

Die WELT AM SONNTAG schrieb schon am 8. Juli 2007: „Die Leibniz-Schule in Elmshorn ist eine der wenigen Lehranstalten in Deutschland, die ihren Schülern nicht bloß ein, zwei Stunden Englisch in der Woche einpaukt, sondern in der Grundschule einen komplett zweisprachigen Unterricht bietet." Mathematik, Sachunterricht – alles in englischer Sprache. Im Interview erklärt Professor Henning Wode das Eintauchen in eine Fremdsprache.

Die nach Ansicht von Linguistik-Experten effektivste Methode des Spracherwerbs ist die Immersionsmethode, wobei Immersion das Eintauchen in eine Sprache meint. Bei dieser Methode ist die neue Sprache die Arbeits- und Umgangssprache, nach dem Prinzip „Eine Person – eine Sprache". Alles, was der fremdsprachliche Lehrer sagt, verstärkt er allein durch Mimik, Gestik oder Zeigen, aber niemals durch Übersetzung – er redet mit Händen und Füßen. Dem Kind erschließt sich damit die Sprache eigenständig Stück für Stück aus dem Zusammenhang der Situation, was die natürlichste Art bildet, wie Kinder Sprachen lernen, gleichgültig, ob als erste oder zweite Sprache. Immersion verfährt daher kindgerechter als jede andere Methode, denn sie macht von Anfang an Spaß, motiviert und kommt in der Regel ohne Zwang und ohne Leistungsdruck aus. Wissenschaftlich nachgewiesen ist, dass sich mit der Immersion ein beträchtlich höheres Niveau in einer Fremdsprache erreichen lässt als mit traditionellem Unterricht.

Dabei entwickeln sich Muttersprache und Sachinhalte genauso gut oder besser als bei einsprachigen Kindern. Immersion (von lat. immersio) wird als das Eintauchen in eine fremde Sprache bezeichnet. Oftmals wird auch der Begriff „Sprachbad" verwendet. Immersion als ein didaktisches Konzept betrachtet, geht davon aus, dass „Fremdsprachen im Klassenzimmer am besten gelernt werden, wenn man nicht so sehr auf die Sprache – ihre Form und Struktur – abhebt, sondern eher auf die Inhalte, mit Hilfe derer die Sprache vermittelt wird" (Wolff, 2006, S.143, zit. nach Stebler, Maag Merki, 2010, S.21). „Englisch ist für die Kinder bei uns kein eigenes Fach", sagt die aus der Schweiz stammende „Mrs Marti", die auch auf dem Pausenhof ausschließlich Englisch mit den Schülern spricht. „Sie nehmen die Sprache spielerisch auf. Das funktioniert ganz selbstverständlich, unabhängig von der Sprachbegabung." Die Anfänge sind zunächst banal und unspektakulär. Doch gemessen am Status quo der meisten anderen Schulen gehören die Leibniz-Schüler schon frühzeitig zu einer privilegierten Minderheit im deutschen Bildungssystem: Sie lernen richtig Englisch.Nur durch die frühzeitige und umfassende Begegnung mit Sprachen im Alltag können Kinder für die Anforderungen einer globalisierten Welt fit gemacht werden, sagt der Sprachwissenschaftler aus Kiel. Um das generell zu schaffen, müsste jedoch die Lehrerausbildung umgebaut werden. Henning Wode: „In Stellenausschreibungen wird schon heute sehr oft „verhandlungssicheres Englisch" verlangt. Doch so, wie in den meisten Schulen unterrichtet wird, sind selbst Abiturienten weit davon entfernt, diesen Anforderungen zu entsprechen. Mit dem gegenwärtigen Schulsystem vergehen wir uns an den Zukunftschancen unserer Kinder."

Der Englisch-Unterricht, den es an vielen Grundschule in Deutschland schon gibt, ist viel zu wenig: „Durch diesen lehrgangsorientierten Sprachenunterricht kommen die Kinder viel zu kurz und auf die falsche Weise mit der Sprache in Kontakt. Wie es besser geht, können Sie in Kiel-Altenholz und Elmshorn sehen – diese Schüler sind mit ihren Leistungen Weltspitze. Schon wenn die Kinder mit drei Jahren in die Kita kommen, haben sie es je zur Hälfte mit Englisch und Deutsch sprechenden Erzieherinnen zu tun. Die englischsprachigen Betreuerinnen verstehen zwar auch gut Deutsch. Doch sie antworten den Kindern aus Prinzip immer nur auf Englisch. So lernen die Kinder sehr schnell, die ersten Begriffe zu verstehen. „Und wie funktioniert dies ohne Grammatik und Regeln? Der Kieler Professor, der die Leibniz Privatschule seit Gründung mit seiner wissenschaftlichen Expertise begleitet hat, sagt dazu: „Es gehört zur genetischen Ausstattung des Homo sapiens, dass wir mehrere Sprachen lernen können und uns deren Struktur eigenständig erschließen - das gilt nicht etwa nur für besonders begabte Menschen. Die immersive Methode entspricht schlicht der Art und Weise, wie Kinder auch ihre Muttersprache erlernen. Eltern pauken mit ihren Kleinkindern ja auch nicht Vokabeln oder Grammatik.

Der herkömmliche Fremdsprachenunterricht bringt gerade deshalb so wenig, weil das Insistieren auf Korrektheit von Anfang an, auf Üben, Erklären, Korrigieren und Lehrstoffprogression nicht der Funktionsweise der menschlichen Sprachlernfähigkeiten entspricht. Es blockiert eher die Entfaltung dieser Fähigkeiten." Vehement wehrt Wode Vorwürfe ab, darunter leide die deutsche Sprache, der Schrifterwerb und das Lesen deutscher Texte: „Nein. Die überwiegende Mehrzahl der Kinder auf der Welt - wie etwa in Afrika oder Asien - wächst mehrsprachig auf. Das einsprachige Abendland ist da eher die Ausnahme. In den 70er-Jahren glaubte man noch, dass unter einem frühzeitigen Kontakt zu einer Fremdsprache die Muttersprache leiden könnte - doch Untersuchungen haben längst belegt, dass dies nicht der Fall ist. Im Gegenteil: Sie profitiert eher." Die Erfahrungen aus Elmshorn und Kaltenkirchen haben in den vergangenen 15 Jahren gezeigt, dass die Leibniz-Grundschülermit oft mit überdurchschnittlichen Deutsch-Kenntnissen in die weiterführende Schule gehen. Und: Die Rückmeldungen der Eltern und Schüler sind positiv. Die sprachliche Beherrschung der englischen Sprache reicht – obwohl in der Sekundarstufe hauptsächlich auf Deutsch, zum Teil bilingual unterrichtet wird – bis in die internationalen Austauschprogramme. Leibniz-Schüler können sich mit ihren Altersgenossen aus dem englischsprachigen Ausland sehr gut verständigen.

Zwei Sprachen lernen – das sagt die Hirnforschung

VON GERHARD ROTH

Das Sprechen von zwei Sprachen, etwa innerhalb der Familie und einer in der Schule bzw. in anderen Institutionen, gehört für viele Kinder und Jugendliche inzwischen zum Alltag.

Die Frage, wie eine Zweitsprache bzw. weitere „Fremdsprachen" erworben werden, beschäftigt Wissenschaftler schon lange. Eine Modellvorstellung geht davon aus, dass die Muttersprache, L1 genannt, „implizit-prozedural", also nebenbei, gelernt wird, eine Fremd- bzw. Zweitsprache (L2) hingegen „explizit-deklarativ", also absichtlich-bewusst. Entsprechend werden für L1- und L2-Erwerb unterschiedliche neurobiologischen Mechanismen angenommen. Eine andere Hypothese geht indes davon aus, dass L2 mithilfe derselben neurobiologischen Grundmechanismen erlernt wie L1. Allerdings können sich Unterschiede in diesen Mechanismen ergeben durch den Zeitpunkt des Erwerbs, den Grad der Beherrschung und vom Sprachangebot von L2

Allgemein gilt, dass der Fremdsprachenerwerb einer phonologischen, also lautbezogenen, und einer syntaktisch-grammatischen „kritischen Periode" in der Entwicklung des Gehirns eines Kindes unterliegt, die beide offenbar mit der bekannten abnehmenden Fähigkeit zum Zweitsprachenerwerb zusammenhängt. Diese ist bis zum 7. Lebensjahr hoch, nimmt bis zum 15. Lebensjahr auf die Hälfte ab und sinkt danach weiter bis ins Alter.

Ebenso gilt es heute als gesichert, dass der Erwerb von L1 und L2 über dieselben neurobiologischen Grundmechanismen stattfindet. Allerdings werden zusätzliche Bereiche des Gehirns in Abhängigkeit vom Zeitpunkt des Erwerbs von L2, dem Grad der Beherrschung von L2 und dem Ausgesetztsein von L2. Dies betrifft vornehmlich Hirnzentren und –funktionen der „kognitiven Kontrolle". Dabei gilt, dass die Zweitsprache umso besser beherrscht wird, je früher sie erworben wird, Je später L2 erworben wird und je geringer die Beherrschung ist, desto stärker werden die zusätzlichen Kontrollmechanismen nötig, und dies behindert den Gebrauch der Zweitsprache.

Lange Zeit war man der Ansicht dass Bilingualität kognitiv schade, denn der gleichzeitige oder aufeinander folgende Erwerb von L2 gehe auf Kosten von L1. Heute ist man der Meinung, dass ein negativer kognitiver Effekt des Zweitsprachenerwerbs nicht zu erwarten ist, wenn der Erwerb früh genug erfolgt.

Das ist Professor em. Henning Wode

VON EGON BOESTEN

Als gerade mal 16-Jähriger gehörte der Elmshorner Bismarckschüler Henning Wode zu den 96 Jugendlichen aus Westdeutschland, die am Fullbright-Austausch-Programm teilnehmen durften. Der einjährige Aufenthalt in den USA sollte deutsche Jugendliche mit anderen Jugendlichen der Welt zusammen bringen. Ein Auswahlverfahren brachte Wode, dessen Vater Landwirtschaftslehrer war, in das landwirtschaftlich orientierte Programm und für ein Jahr in eine US-Familie. „Familie und Schule gaben mir einen fantastischen Einblick in den amerikanischen Alltag", schwärmt der heutige Sprachwissenschaftler Henning Wode noch heute.

Henning Wode bedauert noch heute, dass er damals nicht in den USA bleiben durfte. Wode gehörte zu der Generation Kinder, die nach dem Krieg ein Jahr lang keine Schule hatte, dann zur damaligen Volksschule an der Hafenstraße gingen, um anschließend aufs Gymnasium zu wechseln. Also machte Wode dann sein Abitur am Bismarck-Gymnasium. Danach jobbte er ein halbes Jahr in Paris, studierte danach in Hamburg, Freiburg und Edinburgh – und kam 1969 als Professor für englische Sprachwissenschaft nach Kiel. Einschneidendes Erlebnis für sein späteres Lebenswerk war ein Forschungssemester, das Henning Wode 1975 mit seiner Familie nach Kalifornien USA führte. Seine vier Kinder im Alter von 4 bis 10 Jahren lernten innerhalb kürzester Zeit ohne speziellen Fremdsprachenunterricht Englisch zweite Sprache. „Das war für unsere vier (Heiko, Birgit, Lars und Inga) ein Riesengeschenk", sagt Wode im Gespräch mit dieser Zeitung. „Ab da habe ich mich mit dem Sprachenlernen beschäftigt, insbesondere mit Immersion." Sprachenlernen ohne Vokabelpauken, Eintauchen in eine fremde Sprache – das sollte zu seiner zentralen Forschungsarbeit werden.

Nach mehreren vergeblichen Versuchen, in Elmshorn eine Kindertagesstätte zu finden, die auf Englisch Unterricht und Kindergartenbetrieb gestaltet würde, wurde Wode in Kiel-Altenholz fündig. Seitdem weiß man auch in Deutschland, dass Unterricht auf Englisch, d.h. Englisch als Arbeits- und Umgangssprache einsetzen und nicht als Fach, die beste Methode ist, die Sprache zu lernen, so wie übrigens „überall auf der Welt", wie Wode sagt. Heute hat Wode, dessen Bruder Heiko Wode (ehemaliger Vorsitzender des Lawn-Tennis-Clubs) in Elmshorn lebt, darüber hinaus noch immer Kontakt zu ehemaligen Mitschülern – und seit ihrer Gründung zur Leibniz Privatschule. Sie soll mit Wodes Know-how zur Ausbildungsschule für Immersion im Kindergarten und in der Grundschule ausgebaut werden. Elmshorn hatte er eigentlich schulisch längst abgehakt, „bis zu dem Tag als Frau Manke-Boesten anrief". Sie sei die erste gewesen, die vor allem viel zuhörte und nicht gleich alles besser wusste, erinnert sich der 74-Jährige heute noch an den ersten Kontakt mit der Leibniz Privatschule im Sommer 2005.

Unterricht auf Englisch (Immersion)

Die grundlegenden Prinzipien des Unterrichts auf Englisch hat Susanne Marti, die den Immersionsunterricht an der Leibniz Privatschule vom Kindergartenjahr seit 2006 nach Maßgabe von Professor Wode angeleitet hat, in Stichworten zusammengefasst.

Erfolgsfaktoren von Immersion:
- Alter des Lernbeginns
- Dauer des Sprachkontakts
- Intensität des Sprachkontakts

Umsetzung
- Die Fremdsprache wird als Unterrichtssprache und als Arbeitssprache verwendet.
- Sachfächer, Aktivitäten und Anlässe in der Fremdsprache
- 70 Prozent des Unterrichts in der Fremdsprache

Sachfachkompetenz
- Keine Nachteile gegenüber anderen Schülern, die nicht in der Fremdsprache unterrichtet werden
- Interkulturelles Lernen
- Positive Haltung gegenüber der Kultur der Fremdsprache
- Kognitive Vorteile
- Höhere Kompetenz in verbalen und nonverbalen
- Problemlösungsstrategien, kreativem Denken und Sprachbewusstsein

Lernzuwachs in der Grundschule
- Bis zur vierten Klasse durchlaufen die meisten Kinder alle Stadien des Zweitsprachen-Erwerbs
- Niveau vergleichbar mit Kindern aus natürlichem Zweitsprachen-Erwerbs
- Die Lese-und Rechtschreibfähigkeiten im Deutschen leiden nicht

Verständlicher Input

Den Stoff mit Hilfe von Mimik und Gestik, Bildern, Fotos, Gegenständen anschaulich präsentieren,

Kind stellt eine Beziehung zwischen dem gerade Gesagten und dem Gezeigten sowie dessen Bedeutung bzw. Funktion her

Pädagogische Prinzipien

- Wichtig bei der Sprache: Jede Handlung wird sprachlich begleitet!
- Zeitliche und organisatorische Gerüste: Routinen (Themen, Aufräumen, Morgenkreis, Essen); Signale für Routinen (Glocke, Bilder, Symbole, Zeichen)

Sprachliche Gerüste:

- Formeln, formelhafte Redewendungen, Lieder, Reime, Spiele etc.

Methodenwechsel

- Handlungsorientierter Unterricht: mit Sprache handeln
- Die Sprachproduktion der Kinder fördern: eigener Output erleichtert das Lernen

Vermeiden:

Folgende Verhaltensweisen haben negative Auswirkungen auf den Spracherwerb der Kinder:

- Übersetzen
- Explizite Verbesserungen (stattdessen das Gesagte aufnehmen und korrekt wiedergeben: recast)
- Kinder zwingen, die Zweitsprache zu benutzen
- In die Erstsprache wechseln

Wie Schüler den Unterricht auf Englisch sehen: „I love this school!"

Vor einigen Jahren wollten wir von unseren auf Englisch unterrichteten Schülern wissen, wie es bei ihnen mit dem Englischen steht – hier eine kleine Auswahl der Grundschulkinder.

Kim (9): „Am Anfang war das ziemlich doof. Ich habe ein bisschen verstanden. Inzwischen verstehe ich das, was die Lehrer auf Englisch sagen, ganz gut. In Mathematik habe ich die wenigsten Probleme zu folgen. In der Schule in HSU machen wir das oft, dass wir uns auf Englisch unterhalten."

Jan-Henrik (8): „Ich dachte, die würden auf Deutsch unterrichten. Ich habe mich aber auch jetzt daran gewöhnt. In HSU und Mathe habe ich gar keine Probleme. Im Sport habe ich manchmal Schwierigkeiten, weil ich nicht alle Sportarten auf Englisch kenne. Ich habe auch schon viel gesprochen. Die Ausdrücke in Mathe oder HSU kenne ich hauptsächlich auf Englisch. Ich selbst würde mir in Englisch, gäbe es das in der Grundschule als Fach, die Note 3 geben; wir haben drei Schüler in der Klasse, die sind einfach supergut."

Anna (9): „Als in der ersten Stunde der Lehrer immer nur Englisch gesprochen hat. In Sport, Mathematik, eigentlich in allen Fächern verstehe ich das meiste. Also, ich verstehe alles. Selbst gesprochen habe ich auch schon; ich war mit meiner Familie in Kanada, da musste man Englisch sprechen. Das hat gut geklappt, ich konnte ja schon Englisch. Ich glaube, ich hätte, gäbe es im Englischen eine Note, die Note 1. Untereinander in den Pausen sprechen wir immer Deutsch, während der Unterrichts mit dem Lehrer Englisch."

Sixten (8): „In der Vorschule hatten wir auch schon Englisch. Arbeitsblätter mit englischen Aufgabenstellungen haben wir bearbeitet und englische Lieder gesungen. In der Grundschule wurde es dann schwierig. Das Reden war schwerer, wir hatten ja auch viel mehr Fächer. Als ich in der zweiten Klasse kam, wurde es ganz, ganz leicht. In allen Fächern klappte das ganz gut, auch in der Hausaufgabenstunde sprechen wir Englisch.

Franziska (Klasse 4b): „Ich finde, dass Englisch eine tolle Sprache ist, weil sie mit die meist gesprochene Sprache auf der Welt ist. So kann ich mich in anderen Ländern gut verständigen. Auf der Leibniz Privatschule habe ich von Anfang an den Unterricht auf Englisch erlebt und dadurch viele Wörter wie Farben und Zahlen gelernt. Englische

Lieder kenne ich auch. Als ich von Berlin nach Elmshorn gezogen bin und ich erfahren habe, dass hier alles auf Englisch ist, dachte ich nur: „Oh mein Gott, das schaffe ich nie“. Doch jetzt in der vierten Klasse kann ich das meiste verstehen und vieles auch sprechen. Dieses Jahr fährt unsere Klasse für eine Woche nach London. Dort wohnen wir in Gastfamilien, mit denen wir Englisch sprechen müssen. Das finde ich aufregend und freue mich schon sehr. Have a nice day.“

Halil (9): „Ich finde, dass Englische eine gute, aber auch komplizierte Sprache ist. Anfangs, besonders in der ersten Klasse, war die Sprache für mich schwer zu verstehen. Mittlerweile habe ich die Sprache Englisch gut im Griff. Meistens verstehe ich es, jedoch antworte ich oft auf Deutsch. Sehr gern hätte ich Englisch als Schulfach, weil ich es gerne sprechen möchte. Die Sprache bringt mir sehr viel Spaß, deswegen möchte ich diese lernen und nie vergessen.“

Moritz (9): „Ich finde es gut, dass die Leibniz Privatschule viel mit Englisch macht. Am Anfang fand ich Englisch schwierig, aber da die Lehrer viel Englisch sprechen, wird es immer leichter. In der Vorschule haben wir oft Tierbezeichnungen auf Englisch gelernt. In der ersten Klasse konnte ich noch fast gar kein Englisch und musste noch sehr viel üben. In der zweiten Klasse konnte ich schon gut Englisch schreiben und reden. In der dritten Klasse haben wir richtig viele neue Wörter gelernt.“

Hanna (9): „Ich finde es toll, dass die Lehrer seit der Vorschule nur auf Englisch mit uns reden. Man versteht zwar nicht immer sofort alles, aber man gewöhnt sich daran. Ich fand es am Anfang ganz schön komisch, dass die Lehrer alle in einer anderen Sprache gesprochen haben. Ich singe gerne englische Lieder. I love this school!“

Jette (9): „In der ersten Klasse wusste ich nicht, was die Lehrer meinen, aber irgendwann kann man es verstehen! In der zweiten Klasse ging es schon besser. Aber man bekommt schwerere Aufgaben. In der dritten Klasse kann man Englisch richtig gut verstehen und etwas sprechen und schreiben. Aber in der vierten Klasse kann man alles lesen, sprechen und schreiben. Ich finde Englisch sehr gut, weil ich es gut kann.“

Janne (9): „Ich finde es gut, dass wir den Unterricht auf Englisch haben und nicht nur das Fach Englisch. Da wir den Unterricht auf Englisch haben, lernen wir viel mehr als wenn wir nur vereinzelt Englisch hören würden. Dadurch verstehen wir viel mehr. Englisch ist ja auch die Weltsprache, deshalb ist es sehr wichtig, dass man Englisch kann. Darum ist es gut, dass wir das schon in der Schule lernen. Es ist auch gut, dass alles auf Englisch erklärt wird. Es gibt ja auch welche, die denken, dass sie Englisch nicht sprechen und auch nicht verstehen. Aber da alles auf Englisch erklärt wird, lernen diese es auch bald.“

Karl Anton (9): „Ich bin jetzt das dritte Jahr auf der LPS. Am Anfang war es schwer für mich, die Lehrer gut zu verstehen, da sie alle bis auf meine Deutschlehrerin englisch mit mir gesprochen haben. Ich habe mich sehr schnell daran gewöhnt und jetzt ist es normal für mich. Manchmal versuche ich selber englisch zu sprechen, was gar nicht so einfach ist. Aber im Urlaub bemerkte ich, wie toll ich mich schon auf Englisch verständigen kann. Mein Bruder und ich konnten im Flugzeug mit der Stewardess sprechen und ein Getränk bestellen, im Kennedy Space Center habe ich einige Texte, die erzählt wurden, verstanden und ich konnte auch englische Texte lesen. Im Restaurant konnte ich fragen, wo die Toilette ist. Ich finde es toll, dass ich schon so viel Englisch gelernt habe, weil viele Menschen in verschiedenen Ländern auch diese Sprache sprechen können und wir uns in der Sprache dann verständigen könnten.“

Gabor (9): „My school - In the first class it is not too difficult to do English. In the second class it is good too, with the help of a good class teacher. In the third class I learned well for my new school. Not good were the changing of the class teacher."

Shelly (9): „My school – I like English. In the first class i found it difficult. In the fourth class I like English. In the second and third class I learned English."

Naturwissenschaften – eine der sieben Säulen der Leibniz-Schule

VON DR. STEFAN WESTER

Naturwissenschaften stellen eine Säule der Pädagogik der Leibniz Privatschule dar. Wir legen großen Wert darauf, dass die Schülerinnen und Schüler sich frühzeitig mit den Zusammenhängen in der Natur auseinandersetzen. In Grundschule, weiterführender Schule und Oberstufe wird das Konzept durchgeführt und regelmäßig überprüft.

In jeder Schulstufe setzen die Schülerinnen und Schüler sich mit Themen auseinander, die ihrem Erfahrungshorizont entsprechen. Dabei werden die grundlegenden Prinzipien und Prozesse der Naturwissenschaften erlernt und vertieft.

In der Grundschule stehen im Fach Heimat-, Welt- und Sachkundeunterricht (HWS) naturkundliche und gesellschaftliche Themen auf dem Programm. Dabei wird eine grundlegende, wissenschaftsorientierte Bildung vermittelt. Hauptsächliches Ziel ist es, den Schülern beim Aufbau eines Weltbildes zu helfen und methodisch die Welt zu erkunden, um sich darin zu orientieren. So beschäftigen sich die Grundschüler beispielsweise mit dem menschlichen Körper, der Natur und ihren Lebewesen, aber auch mit aktuellen und komplexeren Themen, wie den Ursachen und Folgen des Klimawandels.

In der weiterführenden Schule in Klasse 5 und 6 unterrichten wir das Fach Naturwissenschaftlicher Basisunterricht mit jeweils fünf Schulstunden pro Woche. Dabei ist genügend Zeit für Versuche, denn der praktische Umgang mit Materialien steht hier im Vordergrund. Chemische, physikalische und biologische Themen werden verknüpft und Bereiten auf das Verstehen von komplexeren Themengebieten und den folgenden Schuljahren vor. Mathematische Grundlagen, wie das Umrechnen von einfachen und zusammengesetzten Maßeinheiten, werden praktisch erfahren und erlernt.

So versenken wir schon mal die Goldkrone des Königs Hieron von Syrakus in Archimedes Badewanne, um das Prinzip der Verdrängung und unterschiedlichen Dichte von Körpern zu begreifen. Das wissenschaftliche Arbeiten wird so anschaulich thematisiert und angewandt. Dazu gehören die Aufstellung von Hypothesen, das methodische Testen und das Führen eines Versuchsprotokolls. Die Analyse der Ergebnisse wird unter anderem als grafische Umsetzung in Form von Diagrammen geübt. Dieses stellt einen wichtigen Schritt für das Verständnis von naturwissenschaftlichen Zusammenhängen und deren Interpretation dar.

In der Oberstufe erhalten alle Schülerinnen und Schüler bis zum Abitur weiterführende Fähigkeiten in mindestens einer Naturwissenschaft. Im naturwissenschaftlichen Profil werden Biologie, Chemie und Physik bis zum Abitur unterrichtet. Die anderen Profile führen in der Regel Biologie als Naturwissenschaft in ihrem Curriculum bis zu den Abiturprüfungen weiter. Im naturwissenschaftlichen Profil sind verschiedene Themenbereiche definiert, die den Stoff des Lehrplans einordnen.

Dabei arbeiten die drei Wissenschaften Biologie, Chemie und Physik thematisch zusammen. Der Tabelle kann man die verschiedenen Inhalte entnehmen. Die theoretischen Inhalte werden dabei in praktischen Übungen, Versuchen und Exkursionen vertieft und anschaulich von den Schülerinnen und Schülern erfahren. So veranstalten wir im naturwissenschaftlichen Profil Exkursionen an außerschulische Lernorte wie dem Leibniz Forschungszentrum Borstel, wo die Profilklassen das Verfahren des genetischen Fingerabdrucks praktisch erlernen und verstehen können.

Biologie ist die populärste Naturwissenschaft nicht nur im Abitur, auch im Diploma Programme. Dieses ist ein englischsprachiges Schulprogramm, welches die Leibniz Privatschule Elmshorn anbietet. Der Abschluss nennt sich International Baccalaureate und wird Schülerinnen und Schülern empfohlen, die ein Studium an einer ausländischen Universität beginnen wollen. Der Biologieunterricht in diesem Diploma Programme soll die Schülerinnen und Schüler dazu bringen, die Vernetzung des Lebens in der Biosphäre zu erkennen, und wertschätzen zu lernen. Mit dem Schwerpunkt auf dem Verständnis des wissenschaftlichen Denkens können sie mit dem Biology-Kurs ein Niveau an wissenschaftlicher Kompetenz entwickeln, das sie sehr gut darauf vorbereitet, auf Fragen von lokalem und globalem Interesse zu reagieren und den wissenschaftlichen Standpunkt vollständig zu verstehen. Das wissenschaftliche Arbeiten mit Daten und argumentieren der Resultate steht hier im Vordergrund. Wie im Abitur der früheren Jahrzehnte wird im Diploma Programme ein breites Fachwissen vermittelt und in den Prüfungen abgefordert. Über das Lernen von Fachwissen hinaus werden auch ethische Aspekte und das richtige akademische Arbeiten vermittelt. Am Ende der zwei Jahre in diesem Programm haben die Schülerinnen und Schüler ihre erste eigene experimentbasierte Facharbeit geschrieben, die den Charakter eines akademischen Aufsatzes hat.

Das NaWi-Profil auf dem Weg zum Abitur

Diese Aspekte werden in diesem Profil berücksichtigt. Die Vernetzung der Fächer in diesem Profil bereitet auf Studiengänge insbesondere im naturwissenschaftlich, medizinischen Bereich vor.

Halbjahre	Biologie	Chemie
E-I Strukturen des Lebens	**Die Zelle:** Grundlagen des Aufbaus und der Funktion der Zelle, Enzyme als Biokatalysatoren Wie entstanden Zellen? Wie werden Stoffe transportiert? Wie erschaffen Enzyme etwas, was sonst in hunderten von Jahren nicht passiert?	**Moleküle:** Grundlagen des Molekülbaus, Bindungsarten Warum reagieren Stoffe? Wie laufen chemische Reaktionen ab?
E-II Energie, die uns am Leben hält	**Stoffwechselphysiologie:** Grundlagen des Stoffwechsels in Lebewesen Was ist die Grundlage allen Lebens? Was geschieht in unserem Körper bei sportlichen Belastungen?	Energiegewinnung: Alternative Formen der Energiegewinnung in Zellen: Alkoholische Gärung
Q1-I Chancen und Risiken – Forschung und Verantwortung	**Molekulargenetik:** **Vererbung und Gesundheit** Vom Gen zum Merkmal, Mutationen und Erbkrankheiten, Methoden der Gentechnik, Chancen und Risiken der Gentechnik Ist ein Jurassic Park möglich? Wie funktioniert der genetische Fingerabdruck? Was darf die Gentechnik?	**Bausteine des Lebens:** Wasserstoffbrücken Peptidbindungen Struktur von Proteinen
Q1-II Struktur und Nachhaltigkeit – Der Mensch in seiner Umwelt	**Ökologie:** Lebensgemeinschaften und Ökosysteme Strukturen von Ökosystemen Stoffkreisläufe und Prozesse Beeinflussung durch den Menschen	**Modifikation von Kohlenstoff:** Kohlenstoff und fossile Energieträger
Q2-I Schritte durch die Zeit – Woher kommen wir?	**Evolution:** Theorien und Beweise zur Entstehung von Merkmalen und Arten Wie entstand Leben auf der Erde? Warum sind 99% aller bisherigen Lebewesen ausgestorben? Verändert sich der Mensch weiter?	**Kulturelle Evolution in der Chemie am Beispiel** Textilien und Waschen
Q2-II Einwirkung und Antwort – Wahrnehmung der Umwelt	**Neurophysiologie** Was sind Sinne? Grundlagen des neuronalen Netzes und Reaktion auf die Umwelt.	**Arzneimittelchemie** Wirkung von psychoaktiven Substanzen.

Halbjahre	Physik	Methodenerwerb
E-I Strukturen des Lebens	**Atome:** Struktur der Materie Woraus bestehen wir?	**Grundlegende Arbeitstechniken** Protokollführungen Praktische Arbeiten zur Untersuchung von Enzymreaktionen
E-II Energie, die uns am Leben hält	**Energieversorgung:** Sonnenenergie und Kraftwerke	**Grundlegende Arbeitstechniken** Praktische Arbeiten zur Untersuchung von Photosynthese
Q1-I Chancen und Risiken – Forschung und Verantwortung	**Chancen und Risiken:** Technische Entwicklungen und ihre Folgen	**Grundlegende Arbeitstechniken** Genetisches Laborpraktikum in Kooperation mit dem Leibniz Forschungszentrum Borstel
Q1-II Struktur und Nachhaltigkeit – Der Mensch in seiner Umwelt	**Klima und CO2:** Treibhausgase beeinflussen die Umwelt	**Grundlegende Arbeitstechniken** Exkursion in ein Ökosystem und praktische Untersuchungen der Systemparameter
Q2-I Schritte durch die Zeit – Woher kommen wir?	**Atomphysik** Atome, Anregung von Atomen, Wirkung von Strahlung	**Grundlegende Arbeitstechniken**
Q2-II Einwirkung und Antwort – Wahrnehmung der Umwelt	**Festkörperphysik** Klassifizierung von Leiter, Halbleiter, Isolator	

„Wirtschaften“ ist auch für Kinder etwas Konkretes und Erfahrbares

VON GERHARD TOLKMIT

Wirtschaftliches Handeln ist also nicht etwas Abstraktes, sondern auch für Kinder schon etwas Konkretes und Erfahrbares. Wenn sie schon früh lernen, grundlegende Fragestellungen der Wirtschaft zu begreifen, dann wird es ihnen in ihrem späteren Leben leichter fallen, sich kritisch mit Fragen der Wirtschaft auseinanderzusetzen.

Vanessa und Carola grübeln: „Was kann ich mit 15 € am besten anfangen?“ Drei verschiedene Güter mit drei verschiedenen Preisen stehen zur Auswahl. Allerdings verringert sich mit jedem zusätzlich gekauften Gut dessen zusätzlicher Nutzen. „Ja, das ist im Leben wirklich so. Wenn ich zwei Kugeln Eis gegessen habe, dann habe ich auf die dritte Kugel nicht mehr so viel Appetit,“ meint Carola. Nach mehrmaligem Probieren schaffen es die beiden, ihren Nutzen zu maximieren: 2 Monde, 4 Dreiecke und 1 Smiley: Ein Lehrgang der Volkswirtschaftslehre? Nein – Wirtschaftskunde in der 5. Klasse der Leibniz Privatschule.

Spiel: Wer kauft sich die nützlichsten Güter

Du hast einen Betrag von 15 Euro. Dafür darfst du dir verschiedene Güter einkaufen. Jedes der Güter hat einen Preis. Jedes der Güter hat für dich auch einen Nutzen, der in Punkten bewertet wird. Je mehr Stück du allerdings von deinem Gut kaufst, desto geringer wird der Nutzen für dich.

Versuche mit 15 Euro verschiedene Güter einzukaufen und dabei so viel „Nutzenpunkte“ zu sammeln, wie möglich. Die Güter sind als Symbole dargestellt. Male die Symbole, die du „einkaufst“, mit Bleistift auf dein Arbeitsblatt. Achte darauf, dass du nicht mehr als 15 Euro ausgibst. Zähle nachher zusammen, wie viel Nutzenpunkte du gesammelt hast.

Gut	Preis / Stück	Nutzenpunkte für das							
		Erste	**Zweite**	**Dritte**	**Vierte**	**Fünfte**	**Sechste**	**Siebente**	**Achte**
△	2 €	10	9	8	7	6	5	4	3
☺	5 €	20	10	5	0	0	0	0	0
☾	1 €	8	5	3	1	1	0	0	0

Notiere dir, wie du zu deiner Lösung gekommen bist.

Was hat uns schon in unserem ersten Schuljahr 2006 bewogen, mit Wirtschaftsthemen bereits in der 5. Klasse zu beginnen, während laut Lehrplan der Wirtschaft- und Politik-Unterricht (WiPo) erst in der 7. Klasse beginnt?

Unser aller Leben wird in hohem Maße durch die Wirtschaft beeinflusst. Tagtäglich sind wir mit wirtschaftlichen Fragestellungen konfrontiert; und das betrifft auch schon die Kinder. Die Notwendigkeit mit begrenzten Mitteln umzugehen – und das ist Wirtschaften – ist für alle Menschen tagtäglich spürbar. Wirtschaftliches Handeln ist also nicht etwas Abstraktes, sondern auch für Kinder schon etwas Konkretes und Erfahrbares. Wenn sie schon früh lernen, grundlegende Fragestellungen der Wirtschaft zu begreifen, dann wird es ihnen in ihrem späteren Leben leichter fallen, sich kritisch mit Fragen der Wirtschaft auseinanderzusetzen oder sich vielleicht auch beruflich mit diesen Themen zu befassen.

Kann man das schon mit Fünftklässlern machen? Ja, wenn man an die Erfahrungswelt der Kinder anknüpft und viele spielerische Elemente einbringt. Wir beginnen mit dem Taschengeld. Was kann man damit machen? Welche Wünsche kann man sich damit erfüllen? In dem oben erwähnten Beispiel beschäftigen sich die Kinder mit dem Grenznutzen, ohne dass dieser Begriff bereits erwähnt wird.

Die Kinder lernen, dass die Güter, die zum Kauf zur Verfügung stehen, erst einmal hergestellt werden müssen. In einem kleinen Wettbewerb stellen sie Papierschlangen her, die sie ausschneiden, zusammenkleben und anmalen. Die Gruppe, die in einer bestimmten Zeit am meisten schafft, hat gewonnen. Dann wird die Arbeit in der Gruppe aufgeteilt, eine schneidet, einer klebt, eine malt an. Und siehe da, der Output ist plötzlich viel größer: Arbeitsteilung steigert die Produktivität.

Aber wenn die Menschen sich spezialisieren, müssen sie ihre Produkte ja austauschen – nur von Schuhen (oder wie in unserem Spiel: Papierschlangen) kann niemand leben. In einem weiteren Spiel stellen die Schülerinnen und Schüler verschiedene Produkte her. Anschließend müssen sie diese zum Tausch anbieten und dabei selbst angemessene Tauschäquivalente ermitteln – nach dem Prinzip Try and Error.

Und schon sind wir mittendrin in der Geschichte von der Entstehung des Geldes. Im Rahmen eines Spiels erfahren sie auch, wie durch Kreditvergabe Geld geschaffen wird. Ein Besuch im Geldmuseum ist für die Kinder ein großes Erlebnis.

Nachdem sie den einfachen Wirtschaftskreislauf kennengelernt haben, befassen sich die Kinder im Unterricht auch mit Unternehmen. Dabei ist meistens auch der Besuch eines Unternehmens am Ort vorgesehen.

In einem weiteren Spiel werden Gruppen gebildet, die jeweils ein Unternehmen darstellen. Sie müssen nichts weiter als einen Preis für das Produkt und den Betrag, den sie für Werbung ausgeben wollen, festlegen. Nach jeder Runde teilt der Spielleiter den Gruppen die Ergebnisse mit: den Umsatz, den Gewinn und die Preise, die von den anderen Gruppen festgelegt wurden. Die Kinder sind mit Eifer und Ehrgeiz dabei – sie merken sehr schnell: ist der Preis zu hoch, wird zu wenig verkauft, ist er niedrig, so fällt der Umsatz zu schwach aus. Die Kinder erkennen, dass sich auf einem Wettbewerbsmarkt die Verkaufspreise einander angleichen.

Auch praktische Dinge des täglichen Lebens lernen die Kinder kennen: Was dürfen sie in ihrem Alter, welche Rechte haben sie und welche Bedeutung haben Kaufverträge?

Abschließend wird in einem Planspiel eine kleine Volkswirtschaft simuliert, in der Nahrungsmittel und Kleidung hergestellt werden. Die einzelnen Produzenten müssen dafür sowohl Rohstoffe als auch Nahrungsmittel und Kleidung für den Eigenbedarf kaufen.

Die Begabtenförderung an der Leibniz Privatschule

VON BARBARA MANKE-BOESTEN

Natürlich ist nicht jeder Mensch hochbegabt, wie es ein Schriftsteller vor einigen Jahren behauptete – aber: jeder Mensch hat etwas, das ihn antreibt. Dies herauszufinden ist Teil der Begabtenförderung an der Leibniz Privatschule.

Schon in der Vorbereitung der Schulgründung gab es einen intensiven Kontakt zur Klärung einer der sieben Säulen – der Förderung begabter Kinder mit Dr. Miriam Bachmann aus Hamburg. Dr. Bachmann hat am Universitätsklinikum (UKE) in Hamburg gearbeitet und das Hochbegabten-Zentrum aufgebaut und sich danach mit einer kinder- und jugendpsychiatrischen Praxis selbstständig gemacht, die den Schwerpunkt Hochbegabung hat. In Gesprächen mit ihr wurde das Konzept entwickelt und wurden vor allem regelmäßige Weiterbildungen der Lehrer vereinbart und durchgeführt.

Seit 2018 ist die Leibniz Privatschule eine von zehn Schulen in Schleswig-Holstein, die zu dem vom Bund geförderten Lemas-Projekt (Leistungsstarke Kinder in der Schule) gehört. Nur kurz dazu: Viel Geld wird vom Ministerium ausgegeben, bei uns an der Schule ist bis jetzt nichts davon angekommen – außer zweimaliger Teilnahme von zwei Lehrern an einem Kongress. Das Geld fließt in die Ministerien und Universitäten. Das nützt der schulischen Praxis relativ wenig.

Konkret ist das Problem der Förderung der besonders begabten und leistungsstarken Schüler im Unterricht; die Diskussion um den Begabungsbegriff bringt dies so gut wie gar nicht weiter. Ein gut ausgebildeter Lehrer erkennt besondere Fähigkeiten von Schülern und wir haben uns als Schule darauf geeinigt: Für die Hochbegabung reicht uns ein IQ-Test, und wenn der über 130 ist, ist das Kind hochbegabt und wenn es knapp darunter ist, ist es besonders begabt, was ja kein großer Unterschied ist. Das Problem der Lehrer ist meist der Umgang mit diesen Schülern: „Was tun, wenn diese Schüler bei den Basics nicht machen wollen? Wie kann man ihnen das Lernen nahe zu bringen.“

Was unternehmen wir nun konkret an der Leibniz Privatschule?

Das Grundlegende ist eine ständige Weiterbildung der Lehrer: „Was ist Hochbegabung, wie kann sie sich zeigen und wie gehe ich damit um?“ Leistungsstarke, hochbegabte Kinder müssen nicht bestimmte Aufgaben wiederholt üben, es reicht, wenn man erkennt, dass sie sie verstanden haben und lösen können und dann brauchen sie andere, anspruchsvollere Aufgaben. Hört sich relativ einfach an, ist aber für viele schwierig. Sie brauchen Knobelaufgaben, kreative Aufgaben etc. Das motiviert sie.

Aber eins dürfen wir dabei nicht vergessen, auch leistungsstarke Schüler müssen fleißig und motiviert sein und sich bestimmte Methoden des Lernens aneignen. Es reicht eben nicht mehr in der Oberstufe, sich die Vokabeln, Aufgaben einmal anzugucken, dazu wird der Stoff zu komplex und ich muss Lernmethoden verinnerlicht haben. Ich hatte mal einen hochbegaben Schüler in der Klasse, dem wirklich immer alles zugeflogen ist und der letztendlich auch das (extrem schwierige) externe Abitur mit 1,5 bestanden hat. Das reichte nicht für ein sofortiges Medizinstudium. Eine noch bessere Abi-Durchschnittsnote hat er dadurch verspielt, dass er in einer mündlichen Prüfung zwar alles gut darstellen konnte, aber nicht darlegen konnte, wie er zu dieser Einschätzung gekommen war.

Dieses Thema muss permanent mit den Lehrern besprochen werden. Es gibt eine Gruppe von Lehrern bei uns an der Schule, die sich des Themas angenommen haben und den Kollegen helfen. Sie haben Aufgaben gesammelt, geben sie weiter und helfen bei Gesprächen. Das Thema ist auch bei der Schulleitung angesiedelt, die im Notfall eingreifen kann, mit den Lehrern und Schülern spricht.

Darüber hinaus fassen wir leistungsstarke Schüler – früher nach Interessen, jetzt nach Kohorten – zusammen und nehmen sie wie im Drehtürmodell aus den Klassen; sie erarbeiten sich mit einer Lehrkraft die verschiedensten Themen, die nicht im Lehrplan stehen. Markus Arendt (nächster Beitrag) erzählt davon.

Diese Kinder werden im Unterricht besonders gefördert, haben Extrakurse und können dann auch noch an den verschiedensten AGs wie Theater, Elektronik, Lego etc. teilnehmen. Aber das Wichtigste sind die Lehrer, die Geduld haben müssen, die die Probleme dieser Kinder erkennen und ihnen helfen und sie ernst nehmen und fördern, damit auch hochbegabte Kinder an ihr Potenzial kommen.

Begabtenförderung: Zwischen Aktienhandel und Pilotentraining

VON MARKUS ARENDT

Begabtenförderung und das Projekt „Leistung macht Schule" (LemaS) scheitert nicht an der Themenvielfalt, sie ist praktisch unbegrenzt. Seit Januar 2018 sind 80 Schüler in elf Gruppen einmal pro Woche beim Projektleiter Markus Arendt aktiv.

In Zusammenarbeit mit den Teilnehmern besprechen wir die Themen. Die SchülerInnen wählen gerne Projekte, für die sonst im Schulalltag keine Zeit bleibt. Jedes Thema steht auch immer unter dem Motto: Steigerung des EQ – die Emotionale Intelligenz ist für mich mindestens genauso wichtig, wie die Intelligenz, die sich durch den IQ bemisst. Mit Menschen umgehen können, ihre Sicht der Dinge verstehen. Mit Umsicht und Einfühlungsvermögen sich in der Gesellschaft zu bewegen sind grundlegende Fähigkeiten, die jeder Mensch haben sollte. Diese neben den intellektuellen Begabungen zu fördern sehe ich als meine Aufgabe in jedem Projekt.

Aktienhandel: Die Aufgabenstellung ist einfach. Die SchülerInnen bekommen eine Menge virtuellen Geldes und dürfen am Aktienmarkt einkaufen gehen. Welches Unternehmen wird in der nächsten Zeit von wirtschaftlichen Veränderungen profitieren? Welche Aktie wird es eher schwer haben und warum? Wann verkaufe ich, wann sollte ich lieber abwarten? Das Thema Risikomanagement ist in diesem LemaS-Projekt wesentlich. Am vorher festgelegten Schlusstag werden alle Aktien verkauft. Wer hat sein Kapitel mehren können? Wer nicht?

Pilotentraining: Pilot zu werden ist der Traum vieler junger Menschen. In diesem Projekt lernen die SchülerInnen nicht nur die physikalischen Grundlagen der Fliegerei, sondern erfahren auch einiges über die menschlichen Fähigkeiten, die ein Pilot haben muss und wie man einen Airbus fliegt. Viel Zeit investieren wir in die sogenannten Pilotentests. Wir haben die offizielle Software für Pilotenanwärter. Multi-Monitoring, Orientierung, Merkfähigkeit und technisches Verständnis werden hier intensiv trainiert. Am Ende des Projektes steht ein Besuch eines Flugsimulators. Von den dortigen Fluglehrern höre ich jedes Mal, wie erstaunt sie sind, was unsere SchülerInnen gelernt haben.

Psychologie: Wir sind, wie wir sind. Aber warum? Von den genetischen Grundlagen des Menschen hin zur Erziehung in Gesellschaft und Familie. Als Grundlagen benutzen wir die Bücher von Dale Carnegie „Sorge Dich nicht, lebe" und „Wie man Freunde gewinnt". dieses ist eines der Lieblingsthemen der höheren Klassenstufen. Man erkennt seine eigenen Verhaltensweisen und lernt viel über den Umgang mit anderen Menschen. Außerdem besprechen wir unter dieser Überschrift die Themen: Traum, Psyche, Depression.

„Gegen das Vergessen“: Eine Veranstaltungsreihe in Zusammenarbeit mit der Stadt Elmshorn und fünf weiteren Elmshorner Schulen. Am Gedenktag zur Befreiung von Ausschwitz findet eine öffentliche Veranstaltung zu Themen rund um den Nationalsozialismus statt. Jedes Jahr schreibe ich mit den SchülerInnen ein kurzes Theaterstück. Im Laufe der Entstehung sprechen wir viel über das Dritte Reich. Die SchülerInnen werden zu Kindern, Jugendlichen oder auch Soldaten dieser Zeit und bekommen dadurch einen direkten Zugang. Ein sehr emotionales Projekt mit realem geschichtlichem Hintergrund.

Spiele: Man sagt, dass der Mensch erst beim Spielen seinen wahren Charakter offenbart. Also spielen wir verschiedene Spiele. TOPJOB ist ein Karrierespiel. Es geht um Ausbildung, Geld und Karriere. MEISTERWERKE ist ein Kunstauktionsspiel. Man lernt, wie Auktionen funktionieren. Ganz nebenbei erfährt man auch Interessantes über Kunstwerke. POKER fordert das Gehirn in Bezug auf Wahrscheinlichkeitsrechnung und Psychologie.

Musik/Film: Die Kinder leben in der heutige Zeit mit Youtube und Instagram. Das LemaS-Musikprojekt hat zum Ziel, am Ende ein Musikvideo zu einem selbstgewählten Song zu inszenieren und zu produzieren. Die Schüler und Schülerinnen lernen, wie aufwendig es ist, eine kurze Geschichte filmisch darzustellen.

Steuern & Versicherungen: Jeder Schulabsolvent wird über kurz oder lang mit diesem Thema konfrontiert. Meist wird dieses Projekt von Zehntklässlern gewählt. Was ist „brutto“? Welche Abzüge gibt es und warum? Welche Versicherungen brauche ich nicht. Bei diesem Projekt arbeiten wir mit den Original-Einkommenssteuerformularen.

Mietverträge: Man glaubt gar nicht, worauf man überall achten muss. Aufgaben und Pflichten von Vermieter und Mieter. Wie kann ich den Mietvertrag gestalten? Worauf muss ich achten? Immer wieder ein spannendes Thema für 3-4 Stunden.

Energie: Nicht erst seit dem fortschreitenden Klimawandel ist dieses Thema bei den Fünft- und Sechstklässlern angesagt. Wir schauen uns die verschiedenen Arten der Energiegewinnung an. Bilden Interessengruppen, die dann in einer Diskussionsrunde für „ihre Energie“ plädieren. Wie soll die Energiewende funktionieren – ohne Kohle und Kernenergie? Das Ende des Themas bildet ein Besuch in einem Windpark mit Besichtigung einer Mühle.

Rhetorik: Mit Worten überzeugen konnten schon die alten Griechen. Wer mit dem Wort umgehen kann, ist klar im Vorteil. Es werden Grundstrukturen der Rhetorik, Aufbau von Reden und Analysen von berühmten Reden bearbeitet. Am Ende des Kurses schreibt und hält jeder seine eigene Rede.

Tutorials: Eines meiner Lieblingsthemen bei LemaS. Hier lerne ich selbst eine Menge von den SchülerInnen. Jeder kann etwas besser als die meisten. Die SchülerInnen schlüpfen für 1-2 Stunden in die Rolle des Lehrers. Lernen für sich, wie schwierig es ist Dinge, die einem sehr leicht fallen, anderen zu vermitteln. Eine kleine Auswahl, welche Tutorials wir bisher hatten: Arabisch, Chinesisch, Türkisch, Schlagzeug, Klavier, Kochen, Backen, Kernphysik, Fussball, Tischtennis, Bodenturnen und binärer Zahlencode

Jura: Musterprozesse werden spielerisch nachgestellt. Jeder ist mal Anwalt, Staatsanwalt, Beklagter oder Richter. Es wird das Strafgesetzbuch in Teilen gelesen. Abläufe bei Gericht erklärt. Und wir lernen, dass unterschiedliche Personen unterschiedliche Urteile zu gleichen Tatbeständen fällen. Das Ende wird durch einen Besuch von „echten" Gerichtsverhandlungen markiert. Meist haben wir das Glück, hinterher mit dem Richter noch persönlich zu sprechen.

Fotografie: Jeder macht heutzutage eine Menge Fotos. Meist fürs Internet oder zur persönlichen Freude. Wie schön wäre es, wenn wir die Qualität der Bilder steigern. Und genau das schaffen wir in diesem Projekt. Es beginnt mit Kameratechnik, hin zur Bildkomposition. Schließlich werden jede Menge Fotos gemacht und besprochen. Am Ende gibt es einen Shooting-Tag im Studio, um das Gelernte umzusetzen.

Verschwörungstheorien: Zu Beginn eines neuen Tatbestandes werden zwei Teams gebildet: Pro und Kontra. Dann erfolgen die Recherche und schließlich die Diskussion. Folgende Mythen der Geschichte haben wir bearbeitet: „Waren die Amerikaner wirklich auf dem Mond?" – „Wer ist wirklich auf der Mona Lisa dargestellt?" – „Wie konnte Shakespeare ROMEO UND JULIA schreiben, ohne jemals in Verona gewesen zu sein?" – „Wer hat die Pyramiden wirklich gebaut?" – „Wer sitzt neben Jesus beim letzten Abendmahl?"

Außerdem: Verhaltenslehre HUND, Rätselgeschichten Edgar Allen Poe, Gedächtnistraining. Wenn es die Zeit erlaubt und die SchülerInnen es wollen, mache ich auch immer einen Begabungstest (gem. Uni Graz), um festzustellen, wo die wahren Talente unserer SchülerInnen liegen. – Die Teilnahme aller SchülerInnen ist sehr regelmäßig. Ich habe das Gefühl, dass diese „besondere Stunde" einen hohen Stellenwert bei den Kindern hat.

Stärkung der Urteilskraft steht beim Fach Medienkunde im Vordergrund

VON CHRISTIAN SCHMUCK UND EGON BOESTEN

Das Fach Medienkunde ist an der Leibniz Privatschule ab den Grundschulklassen Bestandteil des wöchentlichen Unterrichts. Dabei geht es nicht darum das Handling der Geräte zu thematisieren. Es geht vielmehr um den richtigen Umgang mit den verschiedenen Medien und die Stärkung der Urteilskraft.

So geht es zum Beispiel in den fünften Klassen unter anderem um (Auszüge):

Begriffserklärung von Medien
- Definition von Medien
- Von Höhlenmalerei über Bücher zu elektronischen Medien
- Unterscheidung zwischen alten und neuen Medien
- Unterscheidung zwischen Mediengerät und Medieninhalt
- Medienvergleich
- Erstellen von Informationen
- Informationstransport und Informationsaustausch
- Mediennutzungsverhalten

Cybermobbing
- Wie Handys uns beherrschen
- Netiquette im Klassenchat
- Merkmale von Cybermobbing und der Umgang damit

Printmedien
- Das Buch – Verwendung von Lexikon, Sach- und Wörterbuch
- Aufbau und Funktion d. Tageszeitung

Werbung
- Print und Online
- Werbeplakat

Der PC
- Wie funktioniert der Computer
- Begrifflichkeiten
- Tastatur und Sonderzeichen
- Textverarbeitung

Internet
- Sicher durchs Internet
- Wie schreibe ich eine E-Mail
- Regeln in sozialen Netzwerken

Ansichtssachen

„Es war die beste Entscheidung im Sinne unseres Sohnes“

VON CHRISTIAN SCHMUCK UND EGON BOESTEN

Die Leibniz Privatschule nimmt nicht nur Kinder in die erste Klasse oder in die 5. Klasse des Gymnasiums oder der Regionalschule auf, es gibt auch viele Quereinsteiger – ob in die Klassen 2 oder 3 oder in die Klassen 6 bis 9. Eltern von Quereinsteigern erzählen, wie sie den Schulwechsel ihres Kindes zur Leibniz Privatschule empfinden. Die schriftlichen Stellungnahmen aller Eltern liegen vor, sind aber aus Datenschutzgründen anonymisiert.

„Seit dem Sommer besucht unsere Tochter die Leibniz-Schule in Elmshorn. Wir wollten den Wechsel, weil die Anzahl der Schüler in der neunten Klasse des vorherigen Gymnasiums auf 32 Schüler erhöht wurde. Sie hat schnellen Anschluss gefunden und bezeichnet die Schule als ihr zweites Zuhause.“

„Bis jetzt nicht einen Tag bereut“

„Die Kinder kommen doch meist mit einer positiven Grundstimmung aus der Schule heim. Der für die Quereinsteiger gesondert gegebene Spanisch-Unterricht wird durch die betroffenen Schüler mit Freude angenommen und ist außerordentlich lerntechnisch erfolgreich. Ebenso sind gute Lernfortschritte in Deutsch und Mathe zu nennen. Doch wo Licht, da auch Schatten. Was nicht so gut ist: Keine fachkompetenten Lehrkräfte in Biologie und Chemie (Bio hat sich nun ja Gott sei Dank mit dem Lehrerwechsel erledigt).

„Unser Sohn Justus, Klasse 8a, geht im März seit zwei Jahren auf die LPS und hat den Wechsel bis jetzt nicht einen Tag bereut. Was uns an der LPS besonders gefällt ist: kein Stundenausfall, 5 Stunden Sport in der Woche, jederzeit Ansprechbarkeit der Lehrkräfte und die Hausaufgabenbetreuung.“

„... kommt sie fröhlich und ausgeglichen nach Hause“

„Unsere Tochter Lea ist von der Grundschule mit der Realschulempfehlung entlassen worden. In dem Gespräch mit Herrn Tolkmit wurde deutlich, dass Lea mit dem guten Grundschulzeugnis das Gymnasium auf der Leibniz-Privatschule besuchen kann. Obwohl der Schultag von 8 Uhr bis 16 Uhr geht, kommt sie fröhlich und ausgeglichen zu Hause an.“

„Wir sind wirklich froh, dass unser Sohn Sebastian, die Möglichkeit hatte von der Realschule Bad Bramstedt in die Leibniz Privatschule zu wechseln. Zwar musste er ein Schuljahr wiederholen, da seine Klassenstufe in Hitzhusen noch nicht verfügbar war, aber dieses war für uns nicht ausschlaggebend. In der alten Schule saß Sebastian täglich mehrere Stunden an seinen Hausaufgaben in verschiedenen Fächern. Dieses war sehr belastend für die ganze Familie. Seit er auf der Leibniz Schule ist, kommt Sebastian ohne Hausaufgaben entspannt nach Hause und hat dann auch FREIZEIT. Es war die beste Entscheidung im Sinne unseres Sohnes.

„... geht seit Oktober wieder gern zur Schule“

„Ich bin Ihnen sehr dankbar, dass der Schulwechsel sowie das Organisatorische problemlos verliefen. Lina geht seit Oktober wieder sehr gerne in die Schule und fühlt sich akzeptiert.“

„An der alten Schule hatten wir massive Probleme mit Leo. Er hat seine Hausaufgaben unregelmäßig oder auch gar nicht gemacht, ist mit den Lehrern aneinander geraten und bei uns zu Hause hing dadurch der Haussegen schief. Seit Leo auf der Leibnizschule ist, haben wir alle unseren Seelenfrieden wiedergefunden. Es gibt auch keine Probleme mehr mit den Lehrern.“

„Wir haben innerhalb von sieben Jahren mit zwei Kindern ausreichend negative Erfahrungen mit staatlichen Schulen gemacht, um zumindest für unseren Wohnort die Zustände für katastrophal erklären zu können. Ganz anders als wir es bis dahin kennengelernt hatten, begegneten wir einer Schulleiterin, die interessiert war, die sofort erkannte, dass das Selbstwertgefühl des vor ihr sitzenden Kindes zunächst wieder aufgebaut werden musste und die sofort bereit war in dieser Notsituation zu helfen. Inzwischen ist unser größeres Kind selbstbewusst, erkennt Grenzen an, benimmt sich fair, ist aufrichtig, lernt.“

„Krankheiten sind lästig, weil sie am Schulbesuch hindern“

„Der Besuch der Schule ist das Alltagshighlight, auf das nicht freiwillig verzichtet wird. Krankheiten sind lästig, weil sie am Schulbesuch hindern. Die Verantwortung für das eigene Handeln wird mehr und mehr erkannt und übernommen.“

„Dass der Schultag um 16.30 Uhr komplett abgeschlossen ist, ist eine tolle Sache und bringt mehr Ruhe in unser Familienleben. Der kontinuierliche Schulalltag im kleinen Klassenverband der Leibniz-Privatschule hilft dabei sich auf das Lernen zu konzentrieren.“

„Jule hört über ihre ehemaligen Mitschüler, wie chaotisch es auf staatlichen Schulen zugeht: wirre Stundenpläne mit Freistunden, viele Ausfallstunden, Hausaufgaben bis spät abends; Lehrern ist es egal, ob Schüler im Unterricht mitkommen; teilweise findet der Unterricht an verschiedenen Schulstandorten statt. Für uns war die Wahl der Leibniz-Privatschule auf jeden Fall die richtige Entscheidung.

„Vanessa spricht nur noch von meiner Schule“

„Wir die Eltern sind sehr froh, dass wir Vanessa auf Ihre Schule schicken können. Vanessa spricht nur von ‚meiner‘ Schule und freut sich, wenn die Ferien vorbei sind. Ihre Leistungen haben sich sehr stark verbessert und sie fühlt sich sehr wohl an der Schule.“

„Unser Sohn Leonard besucht seit diesem Sommer die 5. Klasse der LPS Elmshorn. Leonard ist getesteter Legastheniker und hatte in der Grundschule erhebliche Schulprobleme. Er wurde fast zum Schulverweigerer und „hasste“ alle möglichen Unterrichtsfächer (besonders Deutsch und HSU). Er wollte eigentlich gar nicht mehr zur Schule gehen. Dann kam Leibniz. Zurzeit ist Leos absolutes Lieblingsfach Deutsch, er schreibt, ohne dass wir mit ihm üben müssen, eine 1 in Mathe (Fr. Kapinski) und hält begeisterte Vorträge über naturwissenschaftliche Themen.“

„Lehrer jederzeit ansprechbar“

„Mein Sohn Christopher ist seit Mai auf der Leibniz Privatschule. Er wurde sehr freundlichen von den Schülern und Lehrern aufgenommen. Christopher erfuhr zum ersten Mal, dass eine Klasse zusammenhält, dass man sich gegenseitig hilft und die Lehrer auch jederzeit ansprechbar sind.“

„Ich versuche Ihnen die Erfahrungen der ersten Woche an der LPS Elmshorn unseres Sohnes, 10 Jahre, zu erzählen. Als sehr positiv sei die einheitliche Kleidung zu bewerten, da Philipp sich sofort in die „Mitte“ genommen fühlte. Desweiteren hat er sich sehr gefreut, dass Frau Manke-Boesten ihn mit Namen am Montagmorgen der ganzen Schule vorgestellt hat.“

„Ich als Mutter habe mich sehr darüber gefreut, egal mit welchem Lehrer gesprochen wurde: man wusste über meinen Sohn Bescheid. Also kann ich an der LPS voraussetzen, dass wichtige Informationen über ein Kind im Kollegium weitergegeben werden.“

„Das gemeinsame Essen (das ihm sehr schmeckt) sowie auch die gemeinsamen Hausaufgaben in der Gruppe genießt unser Sohn sehr – ich natürlich auch, da Hausaufgaben am Nachmittag bisher immer eine Tortur waren! Da er an der vorhergehenden Schule ein Außenseiter war, wundert mich, dass er nun schon etliche Kinder seine Freunde nennt!“

„Man kann sich auf die Schule verlassen"

„Der Wechsel hat für meinen Sohn viel gebracht, die Zensuren wurden besser. Er geht wieder gerne zur Schule. Hänseleien gibt es sehr wenig, und man kann sich auf die Schule verlassen. Unterricht fällt nicht aus. Und sie kommen immer um die gleiche Zeit nach Hause. Ebenso gefallen uns die Schuluniformen, die man eigentlich in allen Schulen einführen sollte."

„Jedes Kind hat ein Recht auf eine vernünftige Schulausbildung, Die Schule kann man sich leisten alleine im Monat nur von dem Kindergeld. Was ja auch für die Kinder da ist. Und wenn es nicht reicht, müssen die Eltern mal auf was verzichten. Und wer diese Schule nicht zu würdigen weiß, der war noch nie auf einer staatlichen Schule. – Ein ganz dickes Lob für die Schule und für das Konzept."

„Hätten unsere Tochter schon eher bei Leibniz anmelden sollen"

„Um das Wichtigste gleich vorab zu bemerken: Wir haben uns sehr geärgert, dass wir unsere Tochter nicht schon eher bei Leibniz angemeldet haben. Nachdem sie ein paar Tage in der Leibniz-Schule war, kam sie nach Hause und berichtete, dass ihr der Unterricht richtig Spaß bereitet, die Lehrer wären alle super engagiert und man merkt, dass sie Freude am Lehren und im Umgang mit den Schülern haben. An dieser Aussage hat sich bis heute nichts geändert.

„Die Kommunikation zwischen Ihnen und uns klappt hervorragend. Ihr E-Mail-Service ist „einfach Spitze!" Wir erhalten von Ihnen in einem Monat mehr Informationen als im früheren Gymnasium in den 4,5 Jahren seiner dortigen Schulzugehörigkeit."

„Auch haben wir das Gefühl, dass die Schüler untereinander viel mehr Respekt haben und sich gegenseitig akzeptieren. Letztlich wird es ihnen im Berufsleben nicht anders ergehen. Dann also lieber jetzt schon „üben".

„Ein Koch, der einen guten Kontakt zu den Schülern hat"

„Eigentlich eher Nebensache, aber doch hervorzuheben: Das Essens-Angebot kann nicht besser sein (ich glaube da wären manche Firmen froh, wenn sie so ein Angebot hätten). Wenn Phil an Wochenende auf den Plan schaut, um sich auszusuchen, was er gerne essen möchte, dann werde ich immer ganz neidisch. Auch das Angebot an Obst und Getränken ist toll. Und dazu noch ein Koch, der nicht nur sehr gut kochen kann, sondern auch noch einen guten Kontakt zu den Schülern hat. Herzlichen Glückwunsch!"

„An der alten Schule gab es massiven Unterrichtsausfall, der nur dadurch aufzuholen war, indem die Eltern eingespannt wurden. Ich kam mir schon wie eine Lehrerin vor, was dem Klima zu Hause nicht unbedingt gut tat. Oft musste ich mich in den Stoff einarbeiten (denn den Kindern wurde kein selbstständiges Lernen beigebracht); das erforderte Zeit, die ich für andere Dinge brauchte, man wurde zunehmend nervöser und brachte nicht mehr die Geduld auf, die angebrachter gewesen wäre. Das ist auf der Leibniz Privatschule ganz anders: kein Unterrichtsausfall, den Kindern wird das selbstständige Lernen beigebracht, so dass sich die Atmosphäre zu Hause schlagartig verbesserte."

„Der tägliche Sportunterricht war ein ganz ausschlaggebender Grund"

„Anfangs kam es mir total komisch vor, weil ich kaum noch mit schulischen Angelegenheiten zu tun hatte. Wir empfinden das heute alle als sehr erholsam."

„Der tägliche Sportunterricht war ein ganz ausschlaggebender Grund für den Schulwechsel. Er tut ihm so gut, dass wir letztendlich sogar den Mut hatten, die Medikamentengabe zu reduzieren und seit knapp einem Dreivierteljahr ganz einzustellen."

„Während auf der alten Schule nach Gutdünken der Lehrer auf Fehlverhalten reagiert wurde, finden wir die Idee, einen einheitlichen Kodex aufzustellen, einfach genial. An der Umsetzung hapert es zwar noch hier und da, trotz allem, wir sind überzeugt, dass der Kodex maßgeblich zu einer entspannten Schüler-Lehrer-Eltern-Beziehung beiträgt."

„Wieder eine motivierte, lebensfrohe Tochter, die viel Spaß am Lernen"

„Unsere Tochter hatte Angst zur Schule zu gehen (Hänseleien wg. guter Noten durch Mitschüler, Konflikte zwischen den Schülern wurden von den Lehrern nicht ernst genommen), der Unterrichtsstoff wurde dem Leistungsniveau der Klasse angepasst, in diesem Fall nach unten. Schon nach kurzer Zeit auf der LPS hatten wir wieder eine motivierte, lebensfrohe Tochter, die viel Spaß am Lernen hatte und auch wieder lachen konnte."

„Seitdem nie mehr Zweifel gehabt, dass wir an der richtigen Schule sind“

VON EGON BOESTEN

Für Familie Kampling begann der Einstieg mit den beiden Kindern Lennart und Marten an der Leibniz Privatschule Bad Bramstedt, die in Hitzhusen beheimatet war, im Jahre 2009 mit Anlaufschwierigkeiten. Im zweiten Schuljahr des Bestehens der Schule am Weddelbrooker Damm im Bad Bramstetdter Vorort hatten die Aufnahmegespräche auf Langelohe in Elmshorn stattgefunden.

Während andere Familien aus der Region Bad Bramstedt bereits für ihr Kind einen Schulplatz zugesichert bekommen hatten, gab es keine Post für die Kamplings in Hitzhusen. Kurzfristig stellte sich aber heraus: Die Unterlagen waren noch da, Sonderpädagogin Bettina Marquardt, die das Aufnahmegespräch mit Andrea und Ingmar Kampling und den Kindern geführt hatte, machte sich stark („Dieses Kind müssen wir unbedingt nehmen“) – und Lennart konnte in der Vorschulgruppe starten. Im Nachhinein resümiert Andrea Kampling: „Die Zeit in der Vorschule war toll.“

Andrea Kampling ertappte ihren zweiten Sohn Marten, der später Lennart in der Vorschulgruppe folgte, mehr als einmal dabei, wie der selbstverständlich als kleines Kind in einem Gespräch von Deutsch auf Englisch wechselte. Dass ihre Kinder sich in der Leibniz Privatschule bewegungsmäßig austoben konnten – sowohl in der Vorschule wie auch später in der Grundschule bei fünf Stunden Sport im Stundenplan weiß die im Hitzhusener Sportverein engagierte Mutter heute noch zu schätzen.

Andrea Kampling ist aber auch ehrlich, wenn sie sagt, dass vor einigen Jahren – als unsicher zu sein schien, wie es mit der Schule baulich weitergehen sollte – sie und ihr Mann auch gezweifelt haben, sich eine andere Schule beim Übergang ihres ersten Sohnes von der Grundschule in die weiterführende Schule angesehen haben. „Wir wurden durch meine frühere Lehrerin durchs Gebäude geführt, bekamen alle Errungenschaften zu sehen“, sagt Andrea Kampling zurückblickend. Sie erinnert sich auch an den hochmodernen Fernsehschirm im Foyer. Der sendete permanent die Infos aus, welche Stunde des Tages vertreten werden musste an dieser Schule, welche Stunden insgesamt ausfielen.

Der Entschluss von Familie Kampling im Hinblick auf ihre beiden Söhnen stand in diesem Augenblick fest: „Das müssen wir nicht haben.“ Die Entscheidung fiel eindeutig für die Leibniz Privatschule aus, wo eben kein Unterricht ausfällt und wo sowohl Lennart wie auch Marten, wenn alles klappt, demnächst ihr Abitur machen wollen.

Unsere Marke heißt: „Wir kümmern uns“

VON EGON BOESTEN

Vor einigen Jahren fragte uns eine im Geschäftsleben erfolgreiche Frau – und brachte uns zum Nachdenken: „Sie machen so vieles und so viel anders als das, was man von staatlichen Schulen kennt; aber wenn Sie Ihr Hauptanliegen in einem Satz formulieren müssten, wie würde der lauten?“

Die Frage beschäftigte uns noch lange, bis ich eine Eltern-Notiz fand, die wir vor einigen Jahren (nachdem die Halbjahreszeugnisse ausgeteilt waren) zugesandt bekamen. Ein Vater schreibt dort im Stile eines Gutachters:
„Die Zeugnisse unserer beiden Kinder betreffend, teile ich Ihnen mit:

- Die Beschreibung der Lernstile und des sozialen Verhaltens sind sehr gut getroffen – die Reflexion der unterschiedlichen Charaktere durch die zeugnisausstellende Lehrkraft ist so klar, dass auch ohne Namensnennung beide Kinder identifiziert werden könnten
- Die Hinweise von pädagogischer Seite auf Stärken und Schwächen beider Kinder sind positiv formuliert, durch die Kinder selbst erreichbar und für sie motivierend
- Die Zeugnisse werden nach unserer Meinung ein überdurchschnittliches Engagement der Aussteller auf, die Eltern über den Wissensstand, die Reifestufe und das Sozialverhalten der Kinder in ihrer Peergroup umfassend zu informieren.“

Nachdem wir das wieder gelesen und aufgesogen hatten, wussten wir, wie man unsere Schulphilosophie in einem Satz formulieren kann: „Wir kümmern uns.“

Der größte Pluspunkt ist: Man sieht sich und tauscht sich aus“

VON NINA SCHLICK

Nina Schlick ist seit dem Schuljahr 2019/20 Fachlehrerin für Geschichte, Deutsch und Latein an der Leibniz Privatschule in Kaltenkirchen und leitet eine Gymnasialklasse. Hier wagt sie einen Vergleich.

Mit gemischten Gefühlen betrat ich im Juli 2019 das erste Mal die Leibniz Privatschule in Kaltenkirchen zum Bewerbungsgespräch. Im Referendariat hatte man dafür gesorgt, dass das Selbstbewusstsein und der Wunsch, Lehrerin zu sein, dahinschwanden. So ergeht es vielen, vielleicht sogar den meisten Lehramtsstudenten im Referendariat. Wöchentliche Seminare, wöchentliche Unterrichtsbesuche, jeder Schritt wird beurteilt, bewertet und vor allem kritisiert, Stress, Selbstzweifel, Arbeit bis zur Erschöpfung – so sahen meine letzten Monate aus. Die Angst als Lehrerin in Vollzeitarbeit an der Leibniz Privatschule zu versagen, war groß. Herr Boesten empfing mich freundlich und versicherte mir, die Arbeit hier wird nicht so sein, wie im Referendariat. Er hatte recht.

Vollzeitarbeit bedeutet dennoch für jeden Anfänger einen Sprung ins kalte Wasser. Man muss sich schließlich alles erst erarbeiten, was die Lehrerin, die seit 20 Jahren im Dienst ist, schon zigmal unterrichtet hat. Meine Erfahrung an staatlichen Schulen war es, dass auch dort die Lehrer freundlich und hilfsbereit sind, aber leider nie vor Ort. Denn dort bleibt kein Lehrer länger in der Schule, als er muss. Das liegt unter anderem auch daran, dass die Lehrerzimmer zum Verweilen, aber nicht zum Arbeiten geeignet sind.

In Kaltenkirchen hatte ich seit dem ersten Tag einen eigenen Schreibtisch, einen eigenen Computer und ein eigenes Büro, das ich mir mit drei anderen Lehrern teile. Auf die Frage, ob es Unterrichtsmaterial gibt, wurde mir prompt mit vielen Ordnern geantwortet, die in den einzelnen Büros stehen.

Man braucht schnell ein Arbeitsblatt zur Übung von „das oder dass“, weil man merkt, dass die Schülerinnen und Schüler das nicht so gut beherrschen? Kein Problem. Die Deutschkollegen zwei Büros weiter haben sicherlich etwas. Jeder der Lehrerinnen und Lehrer gibt gern weiter, was er schon einmal erarbeitet hat.

In kurzer Zeit habe ich alle Lehrerinnen und Lehrer kennengelernt, konnte alle Namen und war mit allen per Du. Das kannte ich von staatlichen Schulen nicht. Dort bildeten sich meist feste Gruppen, je nach Fach und sie blieben gern unter sich. Das hat mich oft an meine Schulzeit auf dem Pausenhof erinnert.

Das ist wohl der größte Pluspunkt an der Leibniz Privatschule: Man sieht sich, man tauscht sich aus in der Kaffeeküche, beim Mittag, in den Pausen, beim wöchentlichen Treffen. Oft geht es natürlich auch um die Schülerinnen und Schüler. Ich weiß genau, welche Schülerinnen und Schüler meiner Klasse gut in Mathe oder Englisch sind, wie sie sich bei anderen Lehrerinnen und Lehrern im Unterricht benehmen, in welchen Gruppen sie in der Pause stehen, welches Liebespaar sich gerade streitet. Das kann ich als Klassenlehrerin nur wissen, wenn ich mich mit den anderen Lehrerinnen und Lehrern austausche über Erfolge, über Schwierigkeiten und über soziale Gegebenheiten. Aus fremden Kindern, die man unterrichtet, wurden schnell die eigenen Schülerinnen und Schüler. Nicht jede Unterrichtsstunde ist perfekt, aber keiner steht mehr mit gezücktem Stift und gerunzelter Stirn da und notiert ein Minus auf die Beurteilung.

Ich habe mein Selbstwertgefühl wieder entdeckt, da ich für meine Arbeit wertgeschätzt und nicht mehr pausenlos kritisiert werde. Ich habe zu vielen Schülerinnen und Schülern ein sehr gutes Verhältnis, das ich an einer staatlichen Schule nie aufbauen konnte.

Mit der Übernahme einer Klassenleitung kamen neue Herausforderungen, aber auch neue Möglichkeiten hinzu. Sie wurden alle meine Kinder, um die man sich sorgt, über die man sich manchmal ärgert und für die man versucht, das Beste zu machen. Der Lehrerberuf wurde trotz der vielen Arbeit zu dem, was ich mir gewünscht habe.

Das Konzept der Leibniz Privatschule ist durchdacht und gefällt mir. Dennoch passen Theorie und Praxis auch dort nicht immer reibungslos zueinander. In jedem Klassenraum soll es Gruppentische geben, aber nicht jede Schülerin oder jeder Schüler ist in der Lage, sich dann noch zu konzentrieren. Die Meldeliste an der Tafel soll für eine ruhige Unterrichtatmosphäre sorgen, doch wann die Lerneifrigen sie zu benutzen haben oder nicht, daran muss man sie gelegentlich dran erinnern, aber das gehört natürlich dazu.

Die Lehrerinnen und Lehrer sollen auch für die Eltern erreichbar sein, in mindestens 24 Stunden auf E-Mails antworten, aber einige wenige Eltern haben über die Maßen Redebedarf. Am Ende ist jede Schülerin und jeder Schüler doch ein Individuum, auf das man oft auch individuell eingehen muss. Doch an der Leibniz Privatschule bleibt man im Austausch und bis zuletzt kennen wir unsere Pappenheimer und bemühen uns alle sehr um sie.

Nach zwei Jahren staatliche Schule wieder zurück zur Leibniz Privatschule

VON MARIE HOLM

Dirk Coppens war neun Jahre lang Sportlehrer der Leibniz Privatschule Elmshorn und wechselte anschließend für zwei Jahre nach Sachsen an eine staatliche Schule. Es hat ihn nun jedoch zum Schuljahresbeginn 2020/21 wieder zurück an die Privatschule in Elmshorn geführt.

Der Elmshorner Lehrer, der auch wieder seine Tätigkeit im Leibniz-Sportclub aufgenommen hat, absolvierte in Belgien sein Sportlehramtsstudium. Doch – wie es vielen ausländischen Lehrer-Kollegen in Deutschland ergeht – wird eine ausländische Universitätsausbildung meistens nicht anerkannt. Trotz des Bologna-Abkommens (Anerkennung der EU-Ausbildungen innerhalb der EU) wurde auch Dirk Coppens nicht so einfach „genehmigt".

Dirk Coppens, der in Belgien in der Wirtschaft gearbeitet und später in Deutschland in einem Fitness-Studio tätig war, wollte sich verändern. Er stieß auf die Leibniz Privatschule in Elmshorn. Dort gab es für ihn die Möglichkeit sich über Weiterbildungsmaßnahmen für den Lehrerberuf in Schleswig-Holstein zu qualifizieren.

Nach einer befristeten Lehrtätigkeit an der LPS – vor mehr als elf Jahren noch im Containerdorf - bestand er die obligatorische Lehrprobe beim Kieler Bildungsministerium und erhielt eine unbefristete Unterrichtserlaubnis. Dirk Coppens heute im Rückblick: „Eine Privatschule war vorerst die einzige Möglichkeit, da staatliche Schulen eine Festanstellung untersagen und lediglich Zeitverträge anbieten."

Seine Familie stammt aus Bayern nahe der sächsischen Landesgrenze und die große Entfernung bis nach Schleswig-Holstein war der Grund für seine Entscheidung, eine Lehrerstelle im Bundesland Sachsen anzunehmen. Somit hatte er die Möglichkeit seiner Familie näher zu sein und erhielt gleichzeitig die Chance, Erfahrungen an einer staatlichen Schule zu sammeln.

Erfahrungen, die unterschiedlicher im Vergleich zur Arbeit an der Leibniz Privatschule nicht sein konnten: In den letzten zwei Jahren in Sachsen hatte Dirk Coppens keine flexiblen Möglichkeiten mehr, den Sportunterricht zu gestalten. Es fehlte an räumlicher Ausstattung sowie an ausreichendem Sport-Material. Die Anforderungen des sächsischen Sportlehrplans umzusetzen war schier unmöglich. Dieser Plan hat fünf bis sechs Wochen pro Thema vorgesehen. Allerdings hatten die Klassen lediglich zwei Stunden

Sportunterricht die Woche. Ausreichende Übungen und Tests zum Thema vernünftig durchzuführen war nicht einfach.

Der Vergleich zu „seiner" alten Schule drängte sich förmlich auf: An der Leibniz Privatschule steht der Sportunterricht fünfmal pro Woche auf dem Stundenplan, oft täglich, in der Regel immer fünf Stunden. Hinzu kommt, so Dirk Coppens gegenüber der Leibniz-Post, „dass es in Elmshorn in der Leibniz Privatschule keinen Unterrichtsausfall gibt". An den staatlichen, die der Belgier in seinem Berufsleben kennengelernt hat, sei der Unterrichtsausfall jedoch immens.

Ein weiterer Vorteil der Leibniz-Schule seien die kleinen Schulklassen. Diese ermöglichen es, den Unterricht wesentlich personenbezogener, individueller zu gestalten. Die gesamte Ausstattung der Schule in Elmshorn und auch in Kaltenkirchen, beispielsweise die Medienverfügbarkeit, erleichtert den Unterricht sowie die Unterrichtsvorbereitung. Dirk Coppens diplomatisch im Rückblick auf seine Zeit in Sachsen an einer staatlichen Schule: „Den Unterricht mit jeweils einem Computer pro Lehrerzimmer und überlastetem Internetanschluss vorzubereiten verursacht einige Schwierigkeiten."

Das Angebot des bilingualen Unterrichts, der auch an der Leibniz Privatschule im Sportunterricht stattfindet, ist ein großer Gewinn für jeden Schüler. Sie erlangen wesentlich bessere Englischkenntnisse als auf einer einsprachigen Schulen, was Dirk Coppens nicht nur für seinen Sportunterricht auf Englisch gelten lässt.

Auch die Neuseelandreise, die der Lehrer bereits mehrere Male miterleben durfte, zeigt welchen Nutzen die Schüler aus dem bilingualen Unterricht ziehen können. Der Aufenthalt in Neuseeland war für ihn etwas ganz Besonderes, was er immer mit der Leibniz Privatschule in Verbindung bringen wird.

In Elmshorn ist aber nicht nur die Freude über die Rückkehr des Belgiers in der Schule sehr groß, sondern auch im Leibniz Sportclub. LSC-Vorsitzender Egon Boesten und Sportkoordinator Till Cyrenius nahmen den Rückkehrer mit offenen Armen wieder auf. Coppens leitete einige Sportstunden im Angebot des LSC und ist wieder Vorstandsmitglied im Elmshorner Breitensportverein, der in der Michael-Stich-Sporthalle zu Hause ist.

„Herausragende Zusammenarbeit zwischen Schülern und Lehrern"

VON MARIE HOLM UND EGON BOESTEN

Leyla Kempf (17) ist ehemalige Leistungsschwimmerin und war trotz dieses Trainingspensums immer eine besonders gute Schülerin. Sie ist Schülerin der Leibniz Privatschule Kaltenkirchen und wird voraussichtlich dieses Schuljahr ihr Abitur absolvieren.

Seit der ersten Klasse besucht Leyla Kempf die Schule – zuerst in Hitzhusen, dann in Kaltenkirchen – mit kurzer Unterbrechung durch den Besuch eines staatlichen Gymnasiums. Sie schätzt die „herausragende Zusammenarbeit zwischen Schülern und Lehrern. Dieses „familiäre Zusammensein" wurde ihr während des Besuchs eines anderen Gymnasiums nicht vermittelt, was der Grund für ihre schnelle Rückkehr war.

Auch bei der Frage nach ihrem schönsten Erlebnis während ihrer Schulzeit hat sie keine spezielle Antwort, sondern lobt die Schule ganz allgemein. Leyla schwärmt von einer guten Klassengemeinschaft, die vor allem durch die jährlichen außergewöhnlichen Klassenfahrten und Ausflüge gestärkt wurde.

Die Schülerin erzählt von dem hohen Anforderungsniveau, das sie bewältigen konnte, da sie sehr gut von der Schule auf die Klausuren und folgenden Schulklassen vorbereitet worden ist. Sie hat beispielsweise den Wechsel von der Grundschule in die Sekundarstufe durch den konsequenten und zielstrebigen Unterricht als leicht empfunden ebenso wie den Wechsel in die Oberstufe. Leyla sagt: „Die Lehrer haben uns trotz ihrer Strenge optimal vorbereitet."

Der Unterricht auf Englisch in der Grundschule hat sie richtig weitergebracht. Das betrifft nicht nur die Verständigung auf Englisch, sondern auch die Bereitschaft, Hemmungen zu überwinden und sich zu trauen Englisch zu sprechen.

Die Lehrer nehmen sich Zeit für ihre Schüler, auch nach Schulschluss, und erklären ihnen die Themen bis sie tatsächlich verstanden wurden und die Lehrer wurden als große Vorbilder gesehen. Die Schülerin schwärmt von „Frau Schollenberg, die ihre Freizeit geopfert hat, um mir Themen genauer zu erklären".

Trotz häufiger Lehrerwechsel vor allem in der Anfangsphase der Schule, wurde der Unterrichtsstoff immer vollständig vermittelt und Leyla hat keinerlei Nachteil empfunden.

Leyla Kempf war Leistungsschwimmerin während der Schulzeit an der Leibniz Privatschule. Das Schwimmen hat sie eine lange Zeit zu einer ehrgeizigen Person gemacht, was großen Einfluss auf ihre Schulleistung hatte. Ihr tägliches Training hat ihr geholfen, klare Gedanken zu fassen und abzuschalten, um sich besser auf die Schule zu konzentrieren.

Den Hin- und Rückweg zum Training hat sie jederzeit genutzt, um zu lernen. Nicht nur im Schwimmen wollte Leyla zu den Besten gehören, sondern auch in der Schule; lange Zeit war sie nicht zu Unrecht Klassenbeste. Körperliche Beschwerden führten allerdings dazu, dass sie mit dem Schwimmsport aufhören musste. Eine Entscheidung, mit der sie inzwischen gut klarkommt. Jetzt wartet mit dem Abitur die nächste Herausforderung.

Das Abitur – nicht in die Wiege gelegt

Dass er in seinem 20. Lebensjahr an der Leibniz Privatschule das im Vergleich zum staatlichen Abitur schwerere Externe Abitur bestehen würde, war Joachim Krüger aus Tornesch nicht in die Wiege gelegt – eine etwas andere Abiturienten-Biografie.

Die Johannes-Schwennesen-Grundschule in Tornesch verließ er vor neun Jahren mit einer klassischen Realschul-Empfehlung. Von Gymnasium und Abitur war 2007 bei Joachim Krüger noch nicht die Rede. Der Gedanke an den gymnasialen Abschluss entwickelte sich erst mit dem Realschulabschluss an der Kooperativen Gesamtschule Tornesch.

„Der Wechsel in die Oberstufe ist mir nicht leicht gefallen", sagt er am Abend, als er das Abi-Zeugnis in Händen hielt überreicht von Schulleiterin Barbara Manke-Boesten. „Das Umdenken von Realschule auf Abitur gelang nicht immer", räumt er ein; nach dem Vorabi 2014 sei er ein Jahr zurückgegangen.

Ein Gewinn für den Sohn eines Berufskraftfahrers und einer Lederfabrik-Arbeiterin. Für ihn lassen sich die Besonderheiten der Elmshorner Privatschule auf einen Punkt bringen: „Man hat das Gefühl, dass man sich dort viel mehr um den Einzelnen kümmert." Dass das nicht überall selbstverständlich ist, weiß Joachim Krüger von seiner Freundin. Neben seinem schulischen Engagement, das in den vergangenen Monaten den Großteil seines Tagesablaufes in Beschlag genommen hat, vergisst Joachim Krüger sein soziales Engagement nicht. „Ich bin seit zehn Jahren bei der Tornescher Freiwilligen Feuerwehr und ich bin gern bei der Feuerwehr."

„Abi – nicht so wichtig wie ein Menschenleben“

Malte Kriegers Abiturvorbereitung wurde kurz vor den entscheidenden Prüfungen unterbrochen: In Köln ging er zu Knochenmarkspende. Seine Haltung: „Ein Leben retten geht vor.“ Das Abitur gelang ihm ebenfalls.

Mitten in den Abiturvorbereitungen machte sich Malte Krieger auf den Weg nach Köln, um sein Knochenmark bei der Deutschen Knochenmarkspenderdatei zu spenden. Eine sehr anstrengende Maßnahme, die einen Menschen, der sein Knochenmark spendet, stark beansprucht. Malte Krieger: „Ich wusste, dass mich das behindern wird. Aber wenn die griechische Mutter ohne mein Knochenmark gestorben wäre, hätte ich mir ewig Vorwürfe gemacht.“ Angefangen hat es mit einer Typisierungsaktion an der Leibniz Privatschule, von einer ehemaligen Abiturienten initiiert. Der Sponsorenlauf der Schüler der Leibniz Privatschule Elmshorn erbrachte ein Spendenaufkommen von 8642,77 Euro für die DKMS (Deutsche Knochenmarkspenderdatei), dazu wurden 71 Registrierungen für die DKMS-Datenbank vorgenommen. Malte Kriegers Werte stimmten mit seinem „genetischen Zwilling“ irgendwo in Europa überein. Malte Krieger: „Jeder Mensch hat zwei bis drei genetische Zwillinge auf der Welt.“ Damals wurde mit einem Wattestäbchen eine Stammzellenprobe.

Vor der Fahrt nach Köln zur Knochenmarkspende musste Malte Krieger das notwendige Procedere mitmachen. 12 Blutproben nahm ihm sein Hausarzt ab. Nach einigen Wochen Warten hieß es für ihn auf einmal: „Es passt!“ Diese Nachricht ereilte ihn zweieinhalb Wochen vor der ersten von vier mündlichen Prüfungen. Malte Krieger war sich vornherein sicher: „Die Prüfung ist nicht so wichtig wie ein Menschenleben.“ Er fand, es war wichtig, diesem Menschen dringend zu helfen.

Im Vorfeld seiner Zwei-Tage-Tour nach Köln musste Krieger sich selbst täglich zwei Spritzen setzen, um die Produktion von weißen Blutkörperchen zu stimulieren. Statt einer Operation des Knochenmarks entschied sich der Leibniz-Abiturient für die Apherese, genau genommen eine Blutwäsche. Nebenwirkungen: Müdigkeit, Unkonzentriertheit – Dinge, die seine persönliche Abi-Vorbereitung nicht gerade förderten. „Ich habe ziemlich viel geschlafen.“ Aber Malte Krieger hatte sich entschieden. Heute weiß er, dass seine Knochenmarkspende einer 54-jährigen griechischen Mutter zugutekommen wird. Er darf ihr einen Brief schreiben, sie darf anonymisiert antworten. Erst nach zwei Jahren wird diese Anonymisierung aufgehoben. Seit der siebten Klasse besucht Malte Krieger die Leibniz Privatschule. Sein Klassenlehrer Tobias Gißler, Oberstufenleiter der Leibniz Privatschule, schätzt die „starke Persönlichkeit Malte Krieger“. Und das nicht nur wegen seiner robusten Gestalt, wie seine Lehrer und Mitschüler spätestens seit der Knochenmarkspende wissen. Das Abitur beendete er übrigens trotz Müdigkeit von der Knochenmarkspende ausgezeichnet.

„Constantin – der weiß einfach alles"

Knapp 36 Kilometer beträgt die Entfernung von seinem Heimatort Hohenaspe bei Itzehoe bis zur Leibniz Privatschule in Elmshorn am Ramskamp. Eine Entfernung, die der damals 18-jährige Constantin Ahrens gern an fünf Tagen in der Woche, in 40 Wochen im Schuljahr, gern zurücklegt. Seit dem fünften Schuljahr. Der Lohn: das Abitur-Zeugnis am Ende von G8.

Sein Resümee nach acht Jahren auf dem Leibniz-Gymnasium in Elmshorn: „Hier gibt es eine gute Ausstattung, eine gute Struktur des Unterrichts, kleine Klassen. Und da ich meine Hausaufgaben immer in der Schule machen konnte, hatte am Ende des Schultages wirklich Feierabend."

Es habe ein enges Verhältnis nicht nur unter den Schülern gegeben, sondern auch mit den Lehrern. „Die Lehrer kümmern sich um die Schüler", lobt er das Lehrerkollegium, das er in den acht Jahren kennen gelernt hat. Er war auch der erste Schüler, der sich schon am Donnerstagabend bei Schulleiterin Barbara Manke-Boesten für die „tolle Schulzeit" bedankte. Die persönlichen Highlights für Constantin Ahrens waren die Reise nach Neuseeland und der Skilanglauf in Inzell. Der Abiturient der Leibniz Privatschule mit vielen Lieblingsfächern (Nawi, Chemie, Geographie und Sprachen) wird an der Fachhochschule Westküste in Heide ein duales Studium BWL, kombiniert mit einer Ausbildung zum Steuerfachangestellten beginnen. Das größte Kompliment für Constantin Ahrens kam vor einigen Jahren von einem Mitschüler: „Constantin – der weiß einfach alles."

Mit 1,0 die Beste im Leibniz-Abi 2016

Sie musste nicht lange überlegen, wie es weitergehen sollte: ein Studium in Politikwissenschaft oder Jura – das ist das Ziel der 17-jährigen Larissa Wiedemann, die an der Leibniz Privatschule ihre vier schriftlichen und vier mündlichen Prüfungen im externen (!) Abitur abgeschlossen hat. Mit ihrem Notendurchschnitt von 1,0 kann sie sich mit großer Wahrscheinlichkeit die Universität aussuchen.

Auch hier muss die gebürtige Hamburgerin, die im Bad Bramstedter Ortsteil Bissenmoor wohnt, nicht lange nachdenken. „Mannheim steht im Ranking der deutschen Hochschulen für meine Fächer ganz hoch, vielleicht dahin und dann später eine Tätigkeit im Auswärtigen Amt." Ihre Zukunftspläne sind sehr stark mit dem Ausland verbunden. Ob

Deutsch, Mathematik, Englisch, Spanisch, Geographie, Geschichte, Biologie oder Wirtschaftspolitik – in jedem Fach gab es für Larissa Wiedemann Top-Ergebnisse. Bei ihren herausragenden Leistungen in allen acht Teilen des so genannten Externen Abiturs stellt sich für den außenstehenden Beobachter die Frage nach einem Leben außerhalb des Abiturs, außerhalb der Schule. „Das gibt es natürlich, aber nicht in den letzten Wochen und Monaten vor dem Abi." Die Bad Bramstedterin beendete nach dem Abi-Ball mit ihren Schulfreundinnen aus Elmshorn und Bad Bramstedt ihre Schulzeit mit einer einwöchigen Abschlusstour auf Kreta. Dort wurde auch ihr 18. Geburtstag gefeiert.

Ihre Einstellung zur Schule „war eigentlich immer so wie vor dem Abitur". Seit der fünften Klasse – dem Jahr, in dem die Leibniz Privatschule in Hitzhusen gegründet wurde – besucht Larissa Wiedemann die LPS, seit 2012 die LPS in Elmshorn. Ihr Lieblingsfach ist nach wie vor Mathematik. Neben dem Hobby Standardtanz gehört das Laufen zu ihrem Lieblingssport. An der Privatschule schätzt sie die Unterstützung durch die Lehrkräfte, die auch an Wochenenden oder in den Ferien in vielen Fächern Hilfe anbieten.

Nach dem Schulwechsel: in Mathe von 5 auf 1

Nach ihrem Abitur 2017 begann Celine Fritz eine Ausbildung zur Erzieherin im dualen Studium: ein langer Arbeitstag und viel Lernarbeit. Dinge, die sie aus ihrer Schulzeit an der Leibniz Privatschule kennt und nicht scheut.

In der neunten Klasse war sie von ihrem alten Gymnasium zur LPS gewechselt; dort an ihrer alten Schule hatte sie wenig Unterstützung bei den Lehrern gefunden. In Hitzhusen machte Celine Fritz ganz andere Erfahrungen: „Frau Dethloff hat mich in Mathe so unterstützt, dass ich innerhalb kurzer Zeit von der Note 5 auf die Note 1 gekommen bin."

Das Ganze fand dann noch unter den deutlich schwierigeren Bedingungen der externen MSA-Prüfung statt. Für Celine Fritz setzte sich diese positive Entwicklung schließlich bis zum Abitur im Sommer 2017 fort. „Ich bin immer gern zur Schule gegangen; auch die Unterbringung in den Containerklassen in Hitzhusen hat mir überhaupt nichts ausgemacht." Die Unterrichtsstruktur und die betreuten Hausaufgaben haben ihr am besten gefallen. Natürlich kamen ihr aus dem Bekanntenkreis viele Vorurteile entgegen, die Celine in Gesprächen mit ihren Freunden immer wieder mit dem Hinweis gekontert hat: „Ich hatte den Vergleich, ich war auf einem staatlichem Gymnasium und konnte das, was bei Leibniz passiert, mit dem, was an einer anderen Schulen passiert, beurteilen." Am Ende des Schultages sei sie aus der Schule rausgegangen und hatte ein gutes Gefühl. Ein noch besseres, als sie im Sommer 2017 ihr Abiturzeugnis in der Hand hielt.

Leibniz-Schach-Akademie: Schach als Fach und für die Spezialisten

VON HELGE DELION

Schach fördert Konzentration und strategisches Denken und ist zudem ein Spiel, bei dem Glück und Zufall fast keine Rolle spielen. Schach als Schulfach und als Zusatz-Angebot für die Spezialisten hat einen festen Platz in der Leibniz Privatschule.

Als Ergänzung zur „Leibniz-Schach-Akademie", einer ambitionierten Schach-AG in Zusammenarbeit mit dem Elmshorner und Kaltenkirchener Schachklubs unter Leitung der früheren Junioren-Weltmeisterin Natasa Strizak, gehört seit Sommer 2018 Schach zum regulären Fächerkanon der Leibniz-Privatschule in Kaltenkirchen und wird verpflichtend in einigen Klassen der Klassenstufen 3 bis 6 unterrichtet. Das Programm wurde von einem schachkundigen „normalen" Lehrer gemeinsam mit einem DSB-zertifizierten Schachlehrer entwickelt und von beiden selbst im Unterricht angewendet. Der Unterricht gliedert sich in vier Unterrichtseinheiten, an deren Ende jeweils ein „Schachdiplom" von den Schülerinnen und Schülern erworben werden konnte.

In der ersten Phase erlernen die Kinder die Schachregeln, auch die komplizierteren wie die Rochade und die en passant-Regel, und deren konkrete Anwendung an Fallbeispielen. Diese Phase wird mit dem „Bauerndiplom" abgeschlossen. In der zweiten Phase stehen typische spieltaktische Motive wie Fesselung, Gabeln, Bauernumwandlungen und Mattmotive - wie beispielsweise das „erstickte" Matt - im Mittelpunkt. Diese Phase wird mit dem „Springerdiplom" beendet. Bei der dritten Phase, an deren Ende das „Läuferdiplom" steht, geht es um grundlegende taktische und strategische Motive im Endspiel.

Abgeschlossen wird das Ganze mit dem „Turmdiplom" nach dem Erlernen wichtiger Eröffnungsprinzipien und -varianten. Je nach Unterrichtshäufigkeit dauert diese vierphasige Ausbildung ein bis zwei Schuljahre, und am Ende sind die Kinder in der Lage, Schach nicht nur einfach zu „spielen", sondern die dem Spiel zugrunde liegende Logik und seine strategischen Ideen zumindest im Ansatz zu verstehen. Auf dieser soliden Basis aufbauend, ist es möglich, die Kenntnisse immer weiter zu vertiefen und auch weiter von den erwünschten Nebenwirkungen des Schachunterrichts zu profitieren. Zunächst einmal haben die Kinder fast alle Spaß daran, im Unterricht zu spielen und verstehen auch, dass sie bei diesem Spiel erst einige grundlegende Dinge lernen müssen, bevor sie in diesem Spiel gut sind. Wenn man den Schülerinnen und Schülern ein Motiv erläutert und dann relativ knifflige Aufgaben dazu stellt, erlebt man das typische kindliche „Rätselfieber" und jeder möchte nicht nur die richtige Lösung finden, sondern das auch noch besonders schnell.

Anhang

Das sagt die Wissenschaft

Nicht erst seit den Veröffentlichungen des neuseeländischen Forschers John Hattie wird in pädagogischen Arbeiten und Veröffentlichungen über verschiedene Lehr-Lernphilosophien gestritten und diskutiert (Wang 1992).

Mandl: Das Konzept der Problemorientierung
Bereits 1998 bündelte Professor Dr. Heinz Mandl in einem Gutachten für die Bund-Länder-Kommission zur Vorbereitung des Programmes „Systematische Einbeziehung von Medien, Informations- und Kommunikationstechnologien in Lehr- und Lernprozesse" die Auffassungen von Lernen und Lehren in, wie er es formulierte, „ zwei Extrempositionen (…) die zum einen die traditionelle und zum anderen die konstruktivistische Lehr-und Lernphilosophie bilden" (S. 12).

Daraus leitet er „pädagogische Grundannahmen für die Entwicklung einer Lernkultur" (ders. S. 13) ab. Mandl versucht dabei die beiden Extrempositionen zu vereinbaren und definiert „Problemorientierung als ein Leitkonzept für die Gestaltung von Lernumgebungen, das eine Balance zwischen Instruktion und Konstruktion einfordert" (ders. S. 15). Als Instruktion definiert er alle anleitenden und unterstützenden Aktivitäten des Lehrers und als Konstruktion die Eigen- und Gruppeninitiative der Schüler.

Der Begriff Problemorientierung ist etwas verwirrend und wird bzw. wurde für eine andere Art Unterricht benutzt. Interessant sind von ihm die Aussagen zur Balance von Instruktion und Konstruktion. Ausgehend hiervon wird in dieser Untersuchung Instruktion in erster Linie bezogen auf die erste Phase des Unterrichts, in der der Lehrer erklärt, vorführt, vormacht und anschreibt. Natürlich greift er auch in der darauf folgenden Phase ein, aber nicht in dem Sinne der reinen Instruktion; er versucht, den Schüler zu verstehen, ihm zu helfen, sein Denkpartner zu werden und ihm bei seinem Lernprozess zu begleiten.

Aebli: Systematisches Lernen
Hans Aebli stellt sich in seinem Buch „Über die geistige Entwicklung des Kindes" (Aebli 1971) die Aufgabe zu untersuchen, „welche Rolle das systematische Lernen, so wie es Schule und Unterricht erzeugen, in der Entwicklung des Kindes spielen und wie sie demzufolge konzipiert werden müssen" (S. 88). In Auseinandersetzung mit Piagets Entwicklungspsychologie und der seiner Meinung nach daraus entstehenden Ratlosigkeit der Pädagogen sind seine Schlussfolgerungen für einen systematischen Unterricht interessant. So formuliert er als erste Aufgabe, das Problem der Stunde „auf klare und

deutliche Weise" zu stellen, sodass der „neue Lerngegenstand dem Kind zuerst einmal zum lebendigen Problem wird" (S. 91). Die Schlussfolgerung, die er daraus zieht, ist auch heute aktuell und wird als Anschlussfähigkeit bezeichnet. Er verlangt, dass die Problemstellung und das Material an praktische Lebenssituationen anknüpft" (S. 95). Der Lehrer muss die Leistungsmöglichkeiten seiner Schüler kennen und entsprechend seine Aufgaben auswählen, neue Aufgaben an bekannte anknüpfen und langsam die obere Leistungsgrenze der Kinder erreichen. Dann muss das neue Wissen durch Üben und Wiederholen gefestigt werden. Diese Elemente verweisen schon auf Wygotskis Zone der nächsten Entwicklung (Wygotski, 1985/7).

Catherine Braun schlägt zum Beispiel in ihrem Aufsatz „Die Harmonie zwischen Instruktion und Entdecken lassen" (Freiburg 2012) als Lösung zwischen diesen beiden sich gegenüberstehenden Lehrtheorien Wygotskis „Bekenntnis zur proximalen Entwicklung" (S. 6) vor. Sie meint, durch „gelenkte Partizipation" einen interessanten Unterricht zu gestalten, denn „in Wygotskis Worten ist für den Menschen interessant, was sich auf dessen nächster Entwicklungsstufe befindet" (S. 7). Auch sie sieht die neue Aufgabe des Lehrers darin, die Klasse, die sie als Zielgruppe definiert, genau zu „analysieren, um deren aktuellen Entwicklungsstand zu ermitteln". (S. 9)

Beide Autoren sehen den Lehrer als eine entscheidende Person, die das systematische Lernen erzeugt. Nach Aebli lenkt und erklärt der Lehrer und versucht die Kinder zum Nachahmen zu bewegen, ausgehend von einer genauen Kenntnis des Leistungsstandes und der Leistungsfähigkeit der Kinder. Für ihn aber ist noch ergänzend die Konsolidierung durch das Üben wichtig.

Clark/Kirschner/Sweller: Explizite Instruktion

In ihrem Aufsatz „Putting Students on the Path to Learning" von 2006 weisen die amerikanischen Unterrichtsforscher Richard E. Clark, Paul A. Kirschner und John Sweller darauf hin, dass explizite Instruktionen effektiver sind als partielle Instruktionen. Sie erinnern an die jahrzehntelangen Dispute darüber: „They have been on going for more than a half century." (S. 5) Die Autoren listen verschiedene Untersuchungen auf, die nachgewiesen haben, dass minimale Anleitung im Klassenzimmer zwar bei den klügsten und besten Lernenden zu Entdeckungen führt, aber bei vielen zu Frustration, zu falschen Lösungen oder gar zu einem messbaren Verlust an Lernleistung: „The past half century of empirical research has provided overwhelming and unambiguous evidence, for everyone but experts, partial guidance during instruction is significantly less effective than full guidance." (S. 7) Die Ergebnisse der empirischen Unterrichtsforschung hätten im letzten halben Jahrhundert „überwältigend" bestätigt, dass eine nur teilweise Anleitung signifikant weniger effektiv im Hinblick auf den Lernerfolg sei als eine vollständige Anleitung.

F. E. Weinert: Die Bedeutung von Wissen
In seinem kurzen Thesenpapier, vorgelegt auf der Gesprächsrunde der Kultus- und Wissenschaftsminister in Tutzingen 1994, beantwortet Weinert die Frage, wie man Schlüsselqualifikationen erwirbt. Im Zusammenhang mit dieser Arbeit sind die dritte und vierte These interessant:

„Intelligentes inhaltliches Wissen ist eine notwendige Voraussetzung für die Lösung schwieriger Probleme und für den Erwerb neuer Kompetenzen in anspruchsvollen Inhaltsgebieten." (dritte These)

Er setzt sich damit aus Sicht der kognitiven Psychologie von dem Vorwurf ab, Wissen sei „blinder, mechanischer, unverstandener Gedächtnisballast". Für ihn dient Lernen zum „tiefe(n) Verstehen des wichtigsten Wissens, ... der Verbindung von Wissen und Können, der Automatisierung und Flexibilisierung „... der Reflexion über das Wissen und seiner Nutzungsmöglichkeiten." (a.a.O. Anlage 1)

Die Frage der Bedeutung von Wissen und seiner Vermittlung unterstützt die Relevanz von strukturiertem Unterricht. Es geht um durch den Lehrer angeleitetes Lernen und Wissensvermittlung, was Weinert hier aber nicht erwähnt.

„Je mehr jemand über sein Wissen weiß, umso mehr kann er es nutzen; je mehr jemand über sein Lernen, Denken und Arbeiten weiß, umso besser kann er neue Probleme lösen oder das notwendige Wissen dafür selbständig erwerben (metakognitive Kompetenzen). (vierte These)

Schon in der Grundschule kann in der Reflexionsphase mit gezielten Fragen über das Vorgehen oder das Verständnis der Aufgaben zur Metakognition angeregt und die metakognitive Kompetenz aufgebaut werden. Altersgemäß lernen die Kinder, sich über ihr Vorgehen und die Aneignung neuen Wissens Gedanken zu machen.

Wellenreuther: Direkte Instruktion ist kein Frontalunterricht
In dem Kapitel „Lernarrangements gestalten" geht Wellenreuther von einer Definition von F. E. Weinert zur direkten Instruktion aus: „Die zweckmäßigste Lehrstrategie zur Steuerung des systematischen Lernens ist die `direkte Instruktion`; eine Methode, die fälschlicherweise mit dem zu Recht kritisierten Frontal- oder Paukunterricht verwechselt wird. Das Gegenteil ist der Fall: Direkte Instruktion wird zwar vom Lehrer gesteuert, ist aber schülerzentriert! Der Lehrer legt unter Berücksichtigung der in seiner Klasse verfügbaren Vorkenntnisse die Lernziele fest. Er (oder sie) stellt Fragen unterschiedlicher Schwierigkeit, organisiert, strukturiert, kontrolliert, korrigiert und evaluiert die Lernfortschritte der Schüler beständig und sorgt dafür, dass Fehlinformationen und Wissenslücken vermieden oder schnell beseitigt werden." (Wellenreuther, S. 285.)

Die Rolle des Lehrers wird betont, er muss unter Kenntnis des Wissensstandes seiner Klasse die Ziele, Fragen und Arbeitsaufträge auswählen und sich folglich die Struktur des Unterrichts bewusst machen.

In einem Vergleich zwischen direkter Instruktion und „borniertem" Frontalunterricht nach Aebli wird auch indirekt eine Strukturierung des Unterrichts deutlich, wenn einzelne Phasen des Vorgehens vor einer Klasse beschrieben werden. Nach einer Wiederholungsphase werden neue Inhalte eingeführt; der Unterschied zwischen modernem und traditionellem Unterricht ist nicht die Erklärung des neuen Sachverhaltes durch den Lehrer – womöglich auch mit einem Tafelbild – , sondern das Anknüpfen an die Lebenswelt der Schüler, an das Vorwissen und das Erreichen eines Verständnisses durch die Interaktion mit dem Lehrer in der Instruktionsphase. Die danach skizzierte Phase der Aufgaben findet auch in der Konstruktionsphase im Unterricht an der Leibniz Privatschule statt, das Feedback in der Reflexionsphase. Die einzelnen Phasen werden hier nicht explizit erwähnt, jedoch lassen sich die einzelnen Aspekte in diesem Schema wiedererkennen.

Wellenreuther betont ebenfalls, dass „die Wirksamkeit direkter Instruktion (...) durch eine breite und tiefe Forschungsbasis belegt (wird)" (S. 291). Die Instruktion differiert, wenn ein neues Thema eingeführt wird oder wenn in der Stunde bekannte Inhalte nur gefestigt werden sollen.

Wellenreuther erklärt die Überlegenheit, „neues Wissen am schnellsten durch Vormachen, durch explizite Erklärungen und durch die strukturierte Anleitung von Experten" (S. 57) zu erwerben mit der „Gedächtnisarchitektur" und stimmt dadurch mit zahlreichen Neurowissenschaftlern überein. „Wissenserwerb bedeutet die Integration neuen Wissens in vorhandene Schemata oder die Bildung neuer Schemata im Langzeitgedächtnis. Eine Überlastung des Arbeitsgedächtnisses durch vorzeitige Aufforderungen zu selbstständigem Problemlösen verlangsamt den Lernprozess" (S. 291f.).

Dies spricht nicht nur für einen strukturierten Unterricht, sondern auch für gut vorbereitete und überlegte Lehrervorträge als Einführung neuen Wissens und für eine intensive Auseinandersetzung des Lehrers mit dem Kenntnisstand seiner Schüler und ihrer Lebenswelt.

Es bleibt zu erwähnen, dass direkte Instruktion nicht die Lösung sämtlicher Schwierigkeiten, jedoch ein wichtiger Baustein zur Förderung des Lernprozesses ist. Effektive Klassenführung lässt sich durch strukturierten Unterricht sicherlich erleichtern, aber dabei spielt auch die Persönlichkeit des Lehrers eine große Rolle. In der Konstruktionsphase haben differenzierte Aufgaben, die dem jeweiligen Niveau des Schülers entsprechen und ihn auf die nächste Zone der Entwicklung führen, ebenfalls eine enorme Bedeutung.

Verstehen der Lösungen, aktives Aneignen der neuen Wissensinhalte durch Auseinandersetzung mit dem vom Lehrer dargestellten Inhalten und Verstehen der Wege und der Lösungen führen zu effektivem Lernen. Die Überprüfung, der Transfer und die Wiederholung sind dabei nicht zu vernachlässigen. Zusammenfassend lässt sich sagen, dass Wellenreuther die Wirksamkeit der direkten Instruktion durch viele empirische Untersuchungen bereits seit vielen Jahrzehnten nachweist. Sie ermöglicht effizientes Klassenraum-Management, wenn der Lehrer die Instruktion an die Vorkenntnisse der Klasse anpasst und diese den Schülern erläutert. Natürlich haben auch Formen wie Stationsarbeit, Gruppenarbeit oder Partnerarbeit ihren Platz in der Struktur des Unterrichts und ergänzen die Instruktionsphase, wenn die Schüler die Themen aufarbeiten, vertiefen, anwenden oder üben. In der Reflexionsphase wird der Lernfortschritt besprochen, Fehler werden genutzt, um Inhalte erneut zu verdeutlichen und Schülern wird ein Feedback darüber gegeben, wie weit sie gekommen sind.

Reusser: Angebot von Lerngelegenheiten
In dem Beitrag „Interaktive Lehr-Lern-Umgebungen: Didaktische Arrangements im Dienste des gründlichen Verstehens“ von Kurt Reusser stehen speziell die Ergebnisse der Metakognitionsforschung im Vordergrund. Seiner Meinung zeigen die Ergebnisse dieser Forschung, inwiefern die didaktische Arrangements das gründliche Verstehen beeinflussen. „Lernen ist dann am erfolgreichsten, wenn der Schüler das Ziel kennt, auf das er hinarbeitet (zielgerichtet), und sein Vorgehen kompetent überwacht und steuert (selbstreguliert)“ (vgl. Simons, 1992). Nach diesem erweiterten kognitionspsychologischen Verständnis von Wissenserwerb ist Lernen ein aktiver, konstruktiver, kumulativer und zielorientierter Prozess, der in Lerngemeinschaften und in bestimmten Kontexten abläuft und metakognitiv gesteuert wird“ (S. 232). Interessant ist, dass er mit Lehr-Lernarrangements „die speziellen Arrangements der äußeren Lernbedingungen und Instruktionsmaßnahmen“ meint, die „zielorientiertes Lernen ermöglichen oder erleichtern“ (S. 232).

Am Beispiel der kognitiven Berufslehre verdeutlicht er die Bedeutung des angeleiteten Übens. Der Schüler lernt am besten, wenn etwas vorgemacht wird, er gezielt Hinweise bekommt, er korrigiert und bewertet wird, welches auch unter den Begriffen modeling, scaffolding oder coaching bekannt ist. Die Schüler erwerben dabei durch Beobachten und angeleitetes Üben „kognitive und metakognitive Strategien“. Sie können dadurch ihre eigenen Ergebnisse überdenken, von anderen lernen und weiterarbeiten.
Diese Strategien bilden den Kern der Reflexionsphase.

Der Schweizer Pädagoge Kurt Reusser schreibt darüber hinaus: „Unterricht wird nach diesem Modell als mehr oder weniger qualitätsvolles Angebot von Lerngelegenheiten (bezogen auf die drei didaktischen Kulturen der Stoff-, Lern- und Interaktionsqualität) verstanden, das von den Lernenden in mehr oder weniger qualitätsvoller Weise verarbeitet und genutzt wird. Das heißt, die zu einem bestimmten Zeitpunkt vorhandenen Kompetenzvoraussetzungen von Schülerinnen und Schülern (z. B. ihr Vorwissen und ihre Lernstrategien) bestimmen darüber, welche Teile eines Lernangebots wie wahrgenommen und auf welche Weise (gründlich, selbstmotiviert, autonom, durch Nutzung zielführender Strategien) verarbeitet werden." (Reusser 2009, S. 302)

Krapp, Weidenmann: Pädagogische Psychologie

Wiederum in Auseinandersetzung mit Extrempositionen zur Gestaltung von Lernumgebungen setzen sich die im Standardwerk zur „Pädagogischen Psychologie" von Andreas Krapp und Bernd Weidemann aufgeführten Autoren Gabi Reinmann und Heinz Mandl mit den technologischen und konstruktivistischen Positionen auseinander und formulieren als Kompromiss eine „praxisorientierte Position", die als Lernumgebung so zu gestalten ist, „dass aktiv-konstruktive, situative, selbstgesteuerte und soziale Prozesse des Lernens angeregt und gefördert werden, ohne dass man dabei auf instruktionalistische Unterrichtsanteile wie Anleiten, Darbieten und Erklären verzichtet." (Krapp, Weidenmann, 2001, S. 656)

Die direkte Instruktion wird hier nicht explizit genannt, die aufgeführten instruktionalistischen Inhalte lassen sich in jeder Phase des Unterrichts umsetzen, wichtig ist jedoch die Strukturierung des Unterrichts in die bereits beschriebenen drei Phasen der Instruktion, der Konstruktion (Erarbeitung) und der Reflexion. Deutlich wird aber auch in diesem Ansatz, dass in der Praxis nicht auf Anleitung und Darbietung verzichtet werden kann.

Helmke: Gesteuertes Lernen durch den Lehrer

In einem der Standardwerke zur Unterrichtsqualität und Unterrichtsentwicklung formulieren Andreas Helmke und Franz Emanuel Weinert zur Steuerung des Unterrichts durch den Lehrer: „Sie (die direkte Instruktion) ist zwar – im Gegensatz zu manchen kritischen Einwänden – das Gegenteil eines bornierten Paukunterrichts, doch wird das Lernen der Schüler in der Tat sehr stark durch den Lehrer gesteuert. Er gibt die Ziele vor; zerlegt den Unterrichtsstoff in kleine, überschaubare Einheiten; vermittelt das notwendige Wissen; stellt Fragen unterschiedlicher Schwierigkeit, sodass der einzelne Schüler die richtige Lösung mit großer Wahrscheinlichkeit finden kann; er sorgt für ausreichende Übung; kombiniert in zweckmäßiger Weise Klassen-, Gruppen- und Individualarbeit; kontrolliert beständig die Lernfortschritte der einzelnen Kinder und hilft in möglichst unauffälliger Art bei der Vermeidung oder Überwindung von Lernschwierigkeiten." (Helmke & Weinert, 1997, S. 136)

In einem klar strukturierten Lehrervortrag vermittelt der Lehrer in der Instruktion zu Beginn der Unterrichtsstunde neues Wissen, verknüpft es mit vorher Gelerntem und verhilft dem Schüler damit zur nach Wygotski „Zone der nächsten Entwicklung" im

Deutschen oftmals ZNE abgekürzt, im Englischen ZPD: Zone of proximal development). Das Wissen muss in der nächsten Phase des Unterrichts vertieft und angewandt werden. Dazu dienen im Unterrichtsmodell der Leibniz Privatschule in der Konstruktionsphase der jeweiligen Stunde die Arbeitsaufträge, die in verschiedenen Sozialformen bearbeitet werden, und die Hausaufgaben am Nachmittag. Der von Meyer verlangte „rote Faden" ist vorher in dem sogenannten zielorientierten Einstieg an die Tafel geschrieben worden und für die Kinder neben dem Tafelbild, das den Lehrervortrag begleitet, jederzeit während des Unterrichts visuell wahrnehmbar und präsent.

Vor dem Unterricht muss sich der Lehrer nicht nur über die Inhalte der Stunde im Klaren sein, sondern auch über die Ziele, die die Schüler erreichen sollen, über das neue Wissen, das erworben wird und das am Ende der Stunde von den Kindern zusammengetragen und mit den zu Beginn der Stunde an der Tafel vermerkten Zielen verglichen wird. Gibt es hier Abweichungen, sind die Ziele nicht verstanden bzw. erreicht worden, ist der Lehrer angehalten, dies in der Unterrichtsplanung der nächsten Unterrichtsstunde zu berücksichtigen.

Auf die Bedeutung des Übens hat Prof. Roth aus Sicht des Neurobiologen vehement hingewiesen. Jahrelang sei das Üben und das Wiederholen vernachlässigt worden, dies hatte zur Folge, dass viel Wissen sich nicht festigte und das Hauptaugenmerk habe sich auf einen Erwerb unterschiedlichster Kompetenzen verlagert. Die Schüler sollten wissen, wo etwas steht, aber der Umgang mit diesen Informationen sei vernachlässigt worden (vgl. Roth, 2011, S. 45)

Geübt wird in der Konstruktionsphase mit Aufgaben, die zum Thema passen und bei denen der Lehrer hilft und gegebenenfalls Lösungszettel zur Verfügung stellt. Somit kann eigenständig kontrolliert werden, ob richtig gearbeitet wurde; gegebenenfalls kann der Lehrer hinzu gezogen werden. Die Schüler benötigen dafür Zeit, Zeit auch zum Nachdenken und Überprüfen. Zu Übungsrhythmen gibt es unterschiedliche Angaben, Roth beispielsweise nennt eine Zeitspanne von 3 bis 4 Stunden, 3 bis 4 Tage, 3 bis 4 Wochen und 3 bis 4 Monaten, damit effektiv gelernt wird, der Stoff im Langzeitgedächtnis ankommt. Verschiedene Autoren (u. a. Michael Nicolas) bringen dies auf die Formel: „Es ist wichtiger, dass der Stoff beim Schüler ankommt, als dass der Lehrer mit dem Stoff durchkommt." (Nicholas, 2013, S. 109)

Es ist also wichtig, dass der Stoff bei den Schülern ankommt und nicht durchgezogen wird. Ein Blick in die Lehrpläne, vor allem der Sekundarstufe I, wäre hier im Sinne der Reduktion wichtig. Beispielsweise beschreibt Wellenreuther, dass es kleine, erreichbare Lernziele für die Grundschule gibt, wie z.B. das Lesen von Texten in einer bestimmten Zeit. (Wellenreuther 2015 S. 141, Beispiele für die Grundschule)

Literaturverzeichnis

LEIBNIZ PRIVATSCHULE - EIN MODELL FÜR SCHULE

Achermann, Edwin; Gehrig, Heidi (2012): Altersdurchmischtes Lernen – auf dem Weg zur Individualisierenden Gemeinschaftsschule, Primarstufe, Bern: Schulverlag, 2. Auflage

Ackermann, H. (2006): Neurobiologische Grundlagen des Sprechens. In: Karnath, H.-O. und P. Thier (Hrsg.), Neuropsychologie. Springer, Heidelberg, S. 333–339.

Aebli, Hans:Über die geistige Entwicklung des Kindes, Klett 1971

Ainsworth, M. D. S. (1964): Pattern of Attachment behavior shown by the infant in interaction with his mother. Merrill-Palmer Q 10: 51–58.

Amelang, M. und D. Bartussek (2001): Differentielle Psychologie und Persönlichkeitsforschung. Kohlhammer, Stuttgart

Anand, K. J. S. und F. M. Scalzo (2000): Can adverse neonatal experiences alter brain development and subsequent behavior? Biology of the Neonate 77: 69–82.

Artelt, C. (1999): Lernstrategien und Lernerfolg. Eine handlungsnahe Studie. Zeitschrift für Entwicklungspsychologie und Pädagogische Psychologie 31: 86–96.

Asendorpf, J. B. und F. J. Neyer (2012): Psychologie der Persönlichkeit. Springer, Heidelberg u.a.

Aston-Jones, G. und J. D. Cohen (2005): An integrative theory of locus coeruleus-norepinephrine function: adaptive gain and optimal performance. Ann. Rev. Neurosci. 28: 403–450.

Bauer, J. (2005): Warum ich fühle, was du fühlst: intuitive Kommunikation und das Geheimnis der Spiegelneurone. Hoffmann und Campe, Hamburg

Baumert, J. und O. Köller (1996): Lernstrategien und schulische Leistungen. In: Möller J. und O. Köller (Hrsg.), Emotionen, Kognitionen und Schulleistung. Beltz, Weinheim, S. 137–154

Becker, N. (2006): Die neurowissenschaftliche Herausforderung der Pädagogik. Verlag Julius Klinkhardt, Bad Heilbrunn.

Berridge, C. W. (2008): Noradrenergic modulation of arousal. Brain Res. Rev. 58: 1–17.

Beywl, Wolfgang, Spiewak, Martin, Zierer, Klaus:Schaut hin!, in: http://www.zeit.de/2013/19/schulforscher-john-hattie, 14. Mai 2013, aufgerufen am 21. Mai 2017, 13.43 Uhr

Boekaerts, M. (1996): Self-regulated learning at the junction of cognition and motivation. European Psychologist 1: 100–112

Boekaerts, M. (1999): Self-regulated learning: where we are today. International Journal of Educational Research 31: 445–457

Bohl, Thorsten; Kucharz, Diemut (2010): Offener Unterricht heute, Konzeptionelle und didaktische Weiterentwicklung, Beltz, Weinheim und Basel

Bönsch, M. (2009): Selbstgesteuertes Lernen. Zu einer sehr aktuellen Entwicklungsaufgabe im Unterricht heute. Schulmagazin 12: 51–55

Borkenau, P. und F. Ostendorf (2008): NEO-Fünf-Faktoren Inventar nach Costa und McCrae (NEO-FFI). Manual (2. Aufl.). Hogrefe, Göttingen.

Brown, J. W. und T. S. Braver (2007): Risk prediction and aversion by anterior cingulate cortex. Cognitive, Affective & Behavioral Neuroscience 7: 266–277

Brown, S. M., S. B. Manuck, J. D. Flory und A. R. Hariri (2006): Neural basis of individual differences in impulsivity: Contributions of corticolimbic circuits for behavioral arousal and control. Emotion 6: 239–245

Brügelmann, H. (2013): Die Hattie-Studie: Der heilige Gral der Didaktik?, Metaanalysen: Nutzen und Grenzen von Allgemeinaussagen in der Bildungsforschung, in: Grundschule aktuell, H. 121, 25-26

Butterworth, B. (1992): Origins of self-perception in infancy. Psychological Inquiry 3: 103–111

Canli, T. und K.-P. Lesch (2007): Long story short: the serotonin transporter in emotion regulation and social cognition. Nature Neuroscience 10: 1103–1109

Carle, Ursula/Lassek, Maresi: Jahrgangsübergreifendes Lernen, in: Akademie des Deutschen Schulpreises: Grundschulforum Bremen am 30. Mai 2013, http://www.grundschulpaedagogik.uni-bremen.de/archiv/Carle/2013/Carle+Lassek20130530JueL_Forschung+Praxis(HB).pdf, aufgerufen: 01.10.17, 14.00 h

Caspi A., K. Sugden, T. E. Moffitt, A. Taylor, I. W. Craig, H. Harrington, J. McClay et al. (2003): Influence of life stress on depression: moderation by a polymorphism in the 5-HTT gene. Science 301: 386–389

Christiani, Reinhold, Hrsg., (2005): Jahrgangsübergreifend unterrichten, Cornelsen, Berlin

Gräsel, Mandl, Manhart, Kruppa: Das BLK-Programm Systematische Einbeziehung von Medien, Informations-und Kommunikationstechnologien in Lehr- und Lernprozesse 12

Costa, P. T. Jr. und R. R. McCrae (1992): Normal personality assessment in clinical practice: The NEO Personality Inventory. Psychological Assessment 4: 5–13.

Dalton-Education: Das Konzept, http://dalton-education.eu/konzept, aufgerufen am 25. Mai, 12.05 Uhr

Davis, E. P., L. M. Glynn, C. Dunkel-Schetter, C. Hobel, A. Chicz-Demet, A. und C. A. Sandman (2005): Corticotropin-releasing hormone during pregnancy is associated with infant temperament. Developmental Neuroscience 27: 299–305

De Boer, Heike; Burk, Karlheinz; Heinzel, Friederike, Hrsg., (2007):Lehren und Lernen in jahrgangsgemischten Klassen, Frankfurt: Grundschulverband

De Florio-Hansen, I. (2014): Lernwirksamer Unterricht. Eine praxisorientierte Anleitung. Wissenschaftliche Buchgesellschaft, Darmstadt

Dilthey, W. (1910/1970): Der Aufbau der geschichtlichen Welt in den Geisteswissenschaften. Suhrkamp, Frankfurt a.M.

Dollase, R. (2015): Was ist guter Unterricht? Antworten der internationalen empirischen Unterrichtsforschung. In: G. Roth (Hrsg.), Zukunft des Lernens. Schöningh, Paderborn, S. 27–36

Eichhorn, Christoph (2017): Classroom-Management", Reinbek, 9. Aufl.

Ekman, P. (2004): Gefühle lesen. Wie Sie Emotionen erkennen und richtig interpretieren. Spektrum-Elsevier, München

Eliot, L. (2001): Was geht da drinnen vor? Die Gehirnentwicklung in den ersten fünf Lebensjahren. Berlin Verlag, Berlin

Eliot, L. (2010): Wie verschieden sind sie? Die Gehirnentwicklung bei Mädchen und Jungen. Berlin-Verlag, Berlin

Fecteau, S., A. Pascual-Leone und H. Théoret (2008): Psychopathy and the mirror neuron system: Preliminary findings from a non-psychiatric sample. Psychiatry Research 160: 137–144

Felten, Michael/Stern, Elsbeth, Lernwirksam unterrichten. Im Schulalltag von der Lernforschung profitieren, 3.Auflage, Cornelsen Scriptor Berlin

Fingerhut, N. (2013): Kritische Untersuchung selbstregulierten Lernens als Wegweiser für eine zukunftsorientierte Entwicklung von Schule und Unterricht. Bachelorarbeit im Fach Biologie, Universität Bremen

Förderer, Gerhard:Unterrichtsverfahren Instruktion – Konstruktion – Reflexion, Hamburg/Elmshorn, diverse Folien, o. J.

Förstl, H. (Hrsg.) (2012): Theory of Mind – Neurobiologie und Psychologie sozialen Verhaltens. Springer, Heidelberg

Friederici, A. D. (2006): Neurobiologische Grundlagen der Sprache. In: Karnath, H.-O. und P. Thier (Hrsg.), Neuropsychologie. Springer, Heidelberg, S. 346–355

Friederici, A. D. und A. Hahne (2001): Neurokognitive Aspekte der Sprachentwicklung. In: H. Grimm (Hrsg.), Enzyklopädie der Psychologie, Themenbereich C, Serie III, Bd. 3 Sprachentwicklung. Hogrefe, Göttingen, S. 273–310

Gardner, H. (1983): Frames of Mind. The Theory of Multiple Intelligences. Basic Books, New York

Gardner, H. (2002): Intelligenzen. Die Vielfalt des menschlichen Geistes. Klett-Cotta, Stuttgart

Goschke, T. (1996): Gedächtnis und Emotion: Affektive Bedingungen des Einprägens, Erinnerns und Vergessens. In: D. Albert und K.-H. Stapf (Hrsg.), Enzyklopädie der Psychologie. Themenbereich C, Serie II, Bd. 4 Gedächtnis. Hogrefe, Göttingen, S. 603–692

Götz, T. (2006): Selbstreguliertes Lernen. Förderung metakognitiver Kompetenzen im Unterricht der Sekundarstufe. Auer, Donauwörth
Gray, J. A. (1990): Brain systems that mediate both emotion and cognition. Cognition and Emotion 4: 269–288
Grimm, H. (1995): Sprachentwicklung – allgemeintheoretisch und differentiell betrachtet. In: R. Oertner und L. Montada (Hrsg.), Entwicklungspsychologie. Psychologie-Verlags-Union, Weinheim, S. 705–759
Grinder, Michael (1995): Ohne viel Worte: Nonverbale Muster für erfolgreiches Unterrichten, Freiburg: VAK
Grittner Frauke; Hartinger, Andreas; Rehle, Cornelia (2013): Wer profitiert beim jahrgangs-gemischten Lernen?, in: Zeitschrift für Grundschulforschung. Bildung im Elementar- und Primarbereich 1/2013, 102-113
Gunnar, M. R. und K. Quevedo (2007): The neurobiology of stress and development. Annual Review of Psychology 58: 145–173
Hattie, J. G. (2013): Lernen sichtbar machen. Schneider Verlag Hohengehren GmbH, Baltmannsweiler
Hattie, John (2008): Visible Learning. A synthesis of over 800 meta- analyses relating to achievement, Routledge, London & New York
Heilmann, K. (1999): Begabung, Leistung, Karriere. Hogrefe, Göttingen.
Heimann, P., G. Otto und W. Schulz (1965): Unterricht – Analyse und Planung. Schroedel, Hannover
Helmke, A. (1992): Bedingungsfaktoren der Schulleistung. In: K. H. Ingenkamp, R. S. Jäger, H. Petillon und B. Wolff (Hrsg.), Empirische pädagogische Forschung 1970–1990 in der BRD. Deutscher Studienverlag, Weinheim, S. 592–602
Helmke, A. (2015). Unterrichtsqualität und Lehrerprofessionalität. Diagnose, Evaluation und Verbesserung des Unterrichts, 6. überarbeitete Auflage. Klett-Kallmeyer, Seelze
Helmke, A. und F. E. Weinert (1997): Bedingungsfaktoren schulischer Leistungen. In: F. E. Weinert (Hrsg.) Psychologie des Unterrichts und der Schule Bd. 3. Hogrefe, Göttingen, S. 71–176
Helmke, Andreas, Weinert, Franz Emanuel (1997). Unterrichtsqualität und Leistungsentwicklung: Ergebnisse aus dem SCHOLASTIK-Projekt. In F. E. Weinert & A. Helmke (Hg.),, Entwicklung im Grundschulalter (S. 241-251), Psychologie Verlagsunion,Weinheim
Helmke, Andreas, Weinert, Franz Emanuel (1997):Bedingungsfaktoren schulischer Leistungen, in: F. E. Weinert (Hrsg.), Enzyklopädie der Psychologie, Band 3 (Psychologie der Schule und des Unterrichts) (S. 71-176). Göttingen
Hennig, J. und P. Netter (2005): Biopsychologische Grundlagen der Persönlichkeit. Elsevier-Spektrum Akademischer Verlag, München, Heidelberg
Herrmann, U. (2009a): Neurodidaktik – die Kooperation von Neurowissenschaften und Didaktik. In: P. Gasser und M. Schratz (Hrsg.), Neurowissenschaften in der LehrerInnenbildung. Journal für LehrerInnenbildung 9: 8–21.
Herrmann, U. (Hrsg.) (2009b): Neurodidaktik. Grundlagen und Vorschläge für ein gehirngerechtes Lehren und Lernen. Beltz, Weinheim
Hinz, Renate (2009): Altersgemischtes Lernen, in: Hinz, Renate; Walthes, Renate (Hrsg.):Heterogenität in der Grundschule. Den pädagogischen Alltag erfolgreich bewältigen. Beltz, Weinheim und Basel: 133-142.
Hüther, G. und U. Hauser (2012): Jedes Kind ist hoch begabt: Die angeborenen Talente unserer Kinder und was wir aus ihnen machen. Knaus, München
Jank, W. und H. Meyer (2009): Didaktische Modelle. Cornelsen, Berlin
Killus, Dagmar; Graf, Gertrud (2009): Was ist selbstreguliertes Lernen?, Vortrag anlässlich der 26. Pädagogische Woche (Oldenburg) am 23. September 2009
Klafki, W. (1963): Studien zur Bildungstheorie und Didaktik. Beltz, Weinheim
Klafki, W. (2006): Die bildungstheoretische Didaktik im Rahmen kritisch-konstruktiver Erziehungswissenschaft. In: H. Gudjons, R. Winkel (Hrsg.), Didaktische Theorien. Bergmann und Helbig Verlag, Hamburg. S. 13–34

Klafki, Wolfgang (1998): Selbsttätigkeit als Grundprinzip des Lernens in der Schule - Wiederaufnahme und Weiterentwicklung einer reformpädagogischen Idee und ihre Verwirklichung in der Schule, Marburg, http://archiv.ub.uni-marburg.de/sonst/1998/0003/k08.html
Koch, I. (2002): Konditionierung und implizites Lernen. In: J. Müsseler und W. Prinz (Hrsg.), Allgemeine Psychologie. Spektrum Akademischer Verlag, Heidelberg, Berlin, S. 387–431
Kringelbach, Morten L. und E. T. Rolls (2004): The functional neuroanatomy of the human orbitofrontal cortex: Evidence from neuroimaging and neuropsychology. Progress in Neurobiology 72: 341–372
Kucharz, Diemut; Wagener, Matthea (2009): Jahrgangsübergreifendes Lernen. Eine empirische Studie zu Lernen, Leistung und Interaktion von Kindern in der Schuleingangsphase, Schneider, Hohengehren, 3. Auflage
LeDoux, J. (1998): Das Netz der Gefühle. Wie Emotionen entstehen. Carl Hanser Verlag, München, Wien
Lehrerinnen- und Lehrerbildung 23 (2005) 2, S. 159-182 - URN: urn:nbn:de:0111-pedocs-135703
Loman, M. M. und M. R. Gunnar (2009): Early experience and the development of stress reactivity and regulation in children. Neuroscience and Biobehav. Rev. 34: 867–876.
Ludwig, Harald (2012): Altersgemischtes Lernen in der Reformpädagogik, in: Journal für Begabtenförderung. Für eine begabungsfreundliche Lernkultur, 2/2012, 9-21
Ludwig, Harald (Hrsg.)(2003): Erziehen mit Maria Montessori, Freiburg, 5. Auflage
Lupien, S. J., B. S. McEwen, M. R. Gunnar und C. Heim (2009): Effects of stress throughout the lifespan on the brain, behaviour and cognition. Nature Reviews Neuroscience 10: 434–445
Mager, Robert F. (1994): Lernziele und Unterricht, Weinheim
Markowitsch, H.-J. (2002): Dem Gedächtnis auf der Spur. Vom Erinnern und Vergessen. Wissenschaftliche Buchgesellschaft, Darmstadt
Marshall, E. (2014): An experiment in zero parenting. Science 345: 752–754
Marshall, L. und J. Born (2007): The contribution of sleep to hippocampus-dependent memory consolidation. Trends Cog. Sci. 11: 443–450
Marsolek, Therese (2003): Empirische Studien zum jahrgangsübergreifenden Unterricht, in: Heyer Peter, Sack Lothar, Preuss-Lausitz (Hrsg.):Länger gemeinsam lernen, Grundschulverband, Frankfurt am Main, 67-74
Maturana, H. R. (1982): Erkennen: Die Organisation und Verkörperung von Wirklichkeit. Vieweg, Braunschweig.
Meltzoff, A. N. und A. Gopnik (1993): The role of imitation in understanding persons and developing a theory of mind. In: S. Baron-Cohen, H. Tager-Flusberg und D. J. Cohen, (Hrsg.), Understanding Other Minds: Perspectives from Autism. Oxford University Press, Oxford, S. 335–366
Meltzoff, A. N. und M. Moore (1992): Early imitation within a functional framework: The importance of person identity, movement, and development. Infant Behavior and Development 15: 379–505
Menzel, R. und G. Roth (1996): Verhaltensbiologische und neuronale Grundlagen von Lernen und Gedächtnis. In: G. Roth und W. Prinz (Hrsg.), Kopfarbeit. Kognitive Leistungen und ihre neuronalen Grundlagen. Spektrum Akademischer Verlag, Heidelberg, Berlin, S. 239–277
Messner, R. (2004): Selbstreguliertes Lernen. Mehr Schüler-Selbständigkeit durch ein neues Konzept. Praxis Schule: 6–8
Meyer, Hilbert L (2001) : Leitfaden zur Unterrichtsvorbereitung, 1. Aufl. Scriptor Königstein /TS. 1980; 12. Aufl. Cornelsen Scriptor Berlin 1993; dritter Nachdruck
Meyer, Hilbert L. (1994): Trainingsprogramm zur Lernzielanalyse, Fischer-Athenäum Taschenbuch 3101, 1. Aufl. Frankfurt 1974, 12. Aufl. Hain Verlag Frankfurt 1991; 13. Aufl. Beltz Athenäum Weinheim 1994
Meyer, Hilbert L. (2004): Was ist guter Unterricht?, Berlin: Cornelsen Scriptor, Berlin, 5. Aufl.
Meyer, Hilbert L. (2007): Unterrichtsmethoden, Bd. 2: Praxisband, 1. Aufl. Scriptor Frankfurt / M. 1987, 12. Aufl. Cornelsen Scriptor Berlin
Meyer, Hilbert L. (2008): Unterrichtsmethoden, Bd. 1: Theorieband, 1. Aufl. Scriptor Frankfurt/M. 1987, 12. Aufl. Cornelsen Scriptor Berlin

Miller, G. A. (1955): The magical number seven, plus or minus two. Some limits on our capacity for processing information. Psychological Review 10: 343–352
Möller, Kornelia: Konstruktion vs. Instruktion oder Konstruktion durch Instruktion? – Konstruktionsfördernde Unterstützungsmaßnahmen im Sachunterricht, in: Giest, H. (2012): Lernen und Lehren im Sachunterricht - Zum Verhältnis von Konstruktion und Instruktion. In: Giest, H., Heran-Dörr, E. & Archie, C. (Hrsg.), Lernen und Lehren im Sachunterricht, S. 15-36. Bad Heilbrunn: Klinkhardt. (Probleme und Perspektiven des Sachunterrichts, Bd. 22)
Müller, Andreas (2001): Lernen steckt an, h. e. p., Bern
Müller, Andreas (2004): Lernen – und wie?! – Gebrauchsanweisungen für den Lernerfolg, h. e. p., Bern
Müller, Andreas (2007): Erfolg! Was sonst? – Generierendes Lernen macht anschlussfähig, h. e. p., Bern
Neubauer, A. C. und E. Stern (2007): Lernen macht intelligent – Warum Begabung gefördert werden muss. DVA, München
Nicolas, Michael (2013): Allgemeine Unterrichtsprinzipien im Kontext professionellen Lehrerverhaltens, Akademische Verlagsgesellschaft, München
Pascalis, O., M. de Haan und C. A. Nelson (2002): Is face processing species-specific during the first year of life? Science 296: 1321–1323
Pauen, M. (2001): Grundprobleme der Philosophie des Geistes und die Neurowissenschaften. In: M. Pauen und G. Roth (Hrsg.), Neurowissenschaften und Philosophie. UTB/W. Fink, München, S. 83–122
Pauen, S. (2000): Wie werden Kinder selbstbewusst? Frühkindliche Entwicklung von Vorstellungen über die eigene Person. In: K. Vogeley und A. Newen (Hrsg.), Selbst und Gehirn: Menschliches Selbstbewußtsein und seine neurobiologischen Grundlagen. Mentis, Paderborn
Peña, Henry González (2012): Gehirngerechtes Lehren und Lernen, Mainz
Ray, R. D. und D. H. Zald (2012): Anatomical insights into the interaction of emotion and cognition in the prefrontal cortex. Neuroscience and Biobehavioral Reviews 36: 479–501
Reich, K. (2008): Konstruktivistische Didaktik. Weinheim, Beltz
Reusser, Kurt (2009): Von der Bildungs- und Unterrichtsforschung zur Unterrichtsentwicklung – Probleme, Strategien, Werkzeuge und Bedingungen, BEITRÄGE ZUR LEHRERBILDUNG, 27 (3), 2009, S. 295-312
Reusser, Kurt: Problemorientiertes Lernen.– Tiefenstruktur, Gestaltungsformen, Wirkung, in: Beiträge zur Lehrerinnen- und Lehrerbildung 23 (2005) 2, S. 159-182 - URN: urn:nbn:de:0111-pedocs-135703
Rizzolatti, G. und L. Craighero (2004): The mirror-neuron system. Annual Rev. Neurosci. 27: 169–192
Rizzolatti, G. und M. Fabbri-Destro (2008): The mirror system and its role in social cognition. Curr. Opinion Neurobiol. 18: 179–184
Rochat, P. (1989): Object manipulation and exploration in 2-to-5-month-old infants. Developmental Psychology 25: 871–884
Rogalla, Marion; Mönks, Franz J. (2012): Altersgemischtes Lernen, in: Journal für Begabtenförderung. Für eine begabungsfreundliche Lernkultur, 2/2012, 4-8
Ross, H. E. und L. J. Young (2009): Oxytocin and the neural mechanisms regulating social cognition and affiliative behavior. Frontiers in Neuroendocrinology 30: 534–547.
Rost, D. H. (2009): Intelligenz. Fakten und Mythen. Beltz, Weinheim
Rost, D. H. (2013): Handbuch Intelligenz. Fakten und Mythen. Beltz, Weinheim.
Roth, G. (1996): Das Gehirn und seine Wirklichkeit. 2. veränderte Aufl., Frankfurt a.M., Suhrkamp
Roth, G. (2003): Fühlen, Denken, Handeln. Wie das Gehirn unser Verhalten steuert, Frankfurt a.M., Suhrkamp
Roth, G. (2007/2015): Persönlichkeit, Entscheidung und Verhalten. Warum es so schwierig ist, sich und andere zu ändern, Stuttgart, Klett-Cotta
Roth, G. (2010): Wie einzigartig ist der Mensch? Spektrum Akademischer Verlag, Heidelberg, Berlin.

Roth, G. und M. Koop (2015): Besser lehren, besser lernen. Schulpraxis und Hirnforschung im Tandem. Raabe-Verlag, Stuttgart
Roth, G. und N. Strüber (2014): Wie das Gehirn die Seele macht. Klett-Cotta, Stuttgart.
Roth, G. und U. Dicke (2006): Funktionelle Neuroanatomie des limbischen Systems. In: H. Förstl,
Roth, Gerhard (2007): Persönlichkeit, Entscheidung und Verhalten, Stuttgart: Klett-Cotta
Roth, Gerhard (2011): Bildung braucht Persönlichkeit – Wie Lernen gelingt, Stuttgart: Klett-Cotta
Roth, Gerhard (2011): Der erste Eindruck zählt, Interview im Deutschlandfunk, http://www.deutschlandfunk.de/der-erste-eindruck-zaehlt.680.de.html?dram:article_id=38616, aufgerufen am 01.10.15, 12.30 h
Roth, Gerhard (2014): Roth-Projekttag, in: Leibniz-Blätter, Elmshorn, 11/2014, S. 52ff.
Roth, T. L. und J. D. Sweatt (2008): Rhythms of memory. Nature Neurosci. 11: 993–994.
Rothbarth, M. K. (1989): Temperament and development. In: G. A. Kohnstamm, J. E. Bates und Rothbarth (Hrsg.), Temperament in Childhood. John Wiley & Sons, Chichester, S. 187–248
Ruppert, W. (2012): Selbstreguliertes Lernen im Biologieunterricht. Unterricht Biologie 36: 2–9
Sarter, M., M. E. Hasselmo, J. P. Bruno, J. P. und B. Givens (2005): Unraveling the attentional function for cortical cholinergic inputs: interactions between signal-driven and cognitive modulation of signal detection. Brain Res. Rev. 48: 98–111
Sauer, J. und E. Gamsjäger (1996): Ist Schulerfolg vorhersehbar? Hogrefe, Göttingen
Schulmeister, Rolf & Loviscach, Jörn (2014): Kritische Anmerkungen zur Studie ‚Lernen sichtbar machen' (Visible Learning) von John Hattie. SEMINAR 2/2014, S. 121-130
Schultz, W. (2007): Multiple dopamine functions at different time courses. Ann. Rev. Neurosci. 30, 259–288
Schulz, W. (2006): Die lehrtheoretische Didaktik. In: H. Gudjons und R. Winkel (Hrsg.), Didaktische Theorien. Bergmann und Helbig Verlag, Hamburg, S. 35–56
Singer, T., B. Seymour, J. O'Doherty, H. Kaube, J. D. Dolan und C. Frith (2004): Empathy for pain involves the affective but not sensory components of pain. Science 303: 1157–1162
Sonntag, Miriam (2012): Jahrgangsübergreifender und inklusiver Unterricht in der Praxis, Inklusion-Online 1/2012 URL am 26.07.2013: http://www.inklusion-online.net/index.php/inklusion/article/view/153/145
Spiewak, Martin (2013): Hattie-Studie – Ich bin superwichtig, in: DIE ZEIT vom 3. Januar 2013, http://www.zeit.de/2013/02/Paedagogik-John-Hattie-Visible-Learning, aufgerufen: 01.10.17, 14.00 h
Spitz, R. (1967): Vom Säugling zum Kleinkind. Klett-Cotta, Stuttgart
Spitzer, M. (2002): Lernen. Gehirnforschung und die Schule des Lebens. Spektrum Akademischer Verlag, Heidelberg, Berlin
Spörer, N. und J. C. Brunstein (2006): Erfassung selbstregulierten Lernens mit Selbstberichtsverfahren. Ein Überblick zum Stand der Forschung. Zeitschrift für Pädagogische Psychologie 20: 147–160
Steins, Gisela (2006): Evaluation eines Schulversuchs zum jahrgangsübergreifenden Unterricht der Albert-Schweitzer-Grundschule in Essen, ein Bericht, https://www.uni-due.de/biwigst/evaluationen/Gesamtbericht.pdf, aufgerufen: 01.10.17
Stern, E. (2004): Rezepte statt Rezeptoren. Die Zeit, Nr. 40
Strauß, B., A. Buchheim und H. Kächele (2002): Klinische Bindungsforschung. Theorien, Methoden, Ergebnisse. Schattauer, Stuttgart
Strüber, N., D. Strüber und G. Roth (2014): Impact of early adversity on glucocorticoid regulation and later mental disorders. Neuroscience und Biobehavioral Reviews 38: 17–37
Terhart, E. (2000): Lehr-Lern-Methoden. Eine Einführung in die Probleme der methodischen Organisation von Lehren und Lernen. Juventa, Weinheim, München
Terhart, E. (2002): Fremde Schwestern. Zum Verhältnis von Allgemeiner Didaktik und empirischer Lehr-Lehr-Forschung. Zeitschrift für Pädagogische Psychologie 16: 77–86.
Terhart, E. (Hrsg.) (2014): Die Hattie-Studie in der Diskussion. Klett-Kallmeyer, Seelze.
Thomas, A. und S. Chess (1980): Temperament und Entwicklung. Enke, Stuttgart
Tomasello, M. (2002): Die kulturelle Entwicklung des menschlichen Denkens. Suhrkamp, Frank-

furt a.M.
Tyrka, A. R., L. H. Price, J. Gelernter, C. Schepker, G. M. Anderson und L. L. Carpenter (2009): Interaction of childhood maltreatment with the corticotropin-releasing hormon receptor gene: effects on hypothalamic-pituitary-adrenal axis reactivity. Biol. Psychiatry 66: 681–685
van Goozen, S. H. M und G. Fairchild (2006): Neuroendocrine and neurotransmitter correlates in children with antisocial behavior. Hormones and Behavior 50: 647–654.
Vester, F. (1975): Denken, Lernen, Vergessen. DVA, Stuttgart
Weiner, B. (1994): Motivationspsychologie. 3. Aufl., Beltz, Weinheim
Weinert, Franz Emanuel (1998):Vermittlung von Schlüsselqualifikationen, in: Matalik, S. /Schade, D. (Hrsg.): Entwicklungen in Aus- und Weiterbildung. Anforderungen, Ziele, Konzepte. Baden-Baden 1998, S. 23-43
Weinert, Franz Emanuel (2001). E.: Vergleichende Leistungsmessung in Schulen – eine umstrittene Selbstverständlichkeit, in: Weinert, F. E. (Hrsg.): Leistungsmessungen in Schulen. Weinheim und Basel 2001, S. 17-31
Wellenreuther, M.(2015): Lehren und Lernen – aber wie?, Empirisch-experimentelle Forschungen zum Lehren und Lernen im Unterricht. Grundlagen der Schulpädagogik, Band 50., Hohengehren: Schneider
Werner, Rainer (2014): Lehrer machen Schule. Warum gute Lehrer so wichtig sind, Berlin: Verlag Auriga
Werner, Rainer (2016): Auf den Lehrer kommt es an, in: Leibniz-Blätter 21/2016, Elmshorn
Werner, Rainer: Den größten Einfluss auf Lernerfolg hat der Lehrer, in: DIE WELT vom 5. April 2014 (https://www.welt.de/debatte/kommentare/article115043391/Den-groessten-Einfluss-auf-Lernerfolg-hat-der-Lehrer.html, aufgerufen am 21. Mai 2018, 14.34 Uhr
Wild, E. (2003): Lernen lernen: Wege einer Förderung der Bereitschaft und Fähigkeit zu selbstreguliertem Lernen. Unterrichtswissenschaft 31: 2–5
Wygotski, L. S. (1931, 1992): Geschichte der höheren psychischen Funktionen, LIT, Münster
Wygotski, L. S. (1985/1987): Ausgewählte Schriften (Bde. 1–2), Pahl-Rugenstein, Köln
Zierer, Klaus (2014): Hattie für gestresste Lehrer, 2. Aufl., Hohengren, Schneider

Die Leibniz Privatschule von A bis Z – ein kleines Nachschlagewerk

Abitur: Am Ende der neun Jahre dauernden Gymnasialzeit an der Leibniz Privatschule (G9) steht das Abitur, seit 2016/17 staatlich anerkannt. Gute Realschüler können nach ihrem Realschulabschluss am Ende von Klasse 10 in die Oberstufe (Obersekunda) einsteigen und in drei Jahren ihr Abitur machen, bzw. das Fachabitur. Daneben gibt es in Elmshorn auch die Möglichkeit, das Internationale Abitur zu machen (IB® World School).

Advanced Learner: Schüler, die in der Lage sind selbstständig zu lernen, erhalten auf Antrag und/oder Empfehlung der Lehrer einen sogenannten Advanced-Learner-Ausweis. Damit dürfen sie (maximal sechs pro Klasse) außerhalb des Klassenraums in der Lernzone während der Konstruktionsphase lernen und arbeiten. Dieser Ausweis kann auch entzogen werden.

Alter-in-Minuten-Lauf: Bei fünf Stunden Sport im Stundenplan einer jeden Klasse und in jeder Altersstufe ist eine dieser Stunden vorgesehen als Lauf-Tag, bei dem außerhalb der Sporthalle eine dem Alter entsprechende Laufstrecke absolviert wird – entweder im Lauftempo, im Jogging-Tempo (Laufen ohne zu schnaufen) oder aber im Walking. Am Ende eines jeden Schuljahres soll jeder Schüler in der Lage sein, sein Alter in Minuten ausdauernd und ohne Verschnaufpause laufen zu können.

Ansprache: Zur Ansprache um 8.00 Uhr am Montag, Mittwoch (Oberstufe) und am Freitag (Grundschule) erwartet die Schule von den Schülern einen Dress-Code; das heißt: Jackett, Hemd und/oder Bluse sowie Krawatte. Bei der Ansprache gibt es einen Vortrag zur Allgemeinbildung, wird an besondere Ereignisse oder Persönlichkeiten erinnert, werden besondere Leistungen von Schülern herausgestellt, aber auch Schwerpunkte der schulischen Arbeit benannt. Diese Veranstaltung hat die Leibniz Privatschule von der Partnerschule in Dunedin/Neuseeland, der King's High School, übernommen.

Arbeitsgemeinschaften: Die Arbeitsgemeinschaften in der Grundschule und in den weiterführenden Schulen der Sekundarstufe sind integraler Bestandteil des Ganztagsprogramms. Angebote aus Sport, Theater, Musik, Werken und Lesen/Vorlesen sind die Themenbereiche.

Arbeitshaltung vs. mündliche Beteiligung: Die klassische mündliche Beteiligung – „Herr Lehrer, Herr Lehrer, ich weiß was!" – gibt es nicht. Bewertet wird die Arbeitshaltung innerhalb der Erarbeitungsphase im Unterricht, sodass auch weniger extrovertierte Schüler zu ihrem Recht und guten Noten kommen können.

Aufnahmegespräch: Vor der Aufnahme in die jeweiligen Schulformen und Schulstufen einschließlich Kindergarten/Vorschule gibt es ein ca. einstündiges Aufnahmegespräch mit den Eltern und dem Schüler. Hierbei geht es darum zu klären, inwieweit die Erziehungs- und Bildungsauffassungen von Eltern und Schule miteinander zu vereinbaren sind.

Ausflüge: Es gibt an der Leibniz Privatschule ein umfangreiches Ausflugsprogramm; fast schon obligatorisch ist für Grundschüler der Besuch der Weihnachtsmärchen und für alle der Besuch des Elmshorner Eisvergnügens. Darüber hinaus gab es bisher Ausflüge zur Landesgartenschau, zur Autostadt Wolfsburg, zum Planetarium in Hamburg oder zur Phänomenta nach Flensburg. Für die Mädchen und Jungen der weiterführenden Schulen kommen Theaterbesuche in Hamburg, Altona, Elmshorn oder Kaltenkirchen dazu. Die Kosten für die Ausflüge sind in der jährlichen Materialpauschale enthalten.

Bewegung: Neben der täglichen Sportstunde gibt es in der Leibniz Privatschule ausgiebig Möglichkeiten sich zu bewegen. Schulkinder sollten sich täglich mindestens 60 Minuten mit mittlerer Intensität bewegen. Dabei sind sie besser zehn Minuten oder mehr am Stück aktiv. Das wirke sich positiv auf die Fettverteilung im Körper und den Fettanteil am gesamten Körpergewicht aus, erläutert Hermann-Josef Kahl vom Berufsverband der Kinder- und Jugendärzte (BVKJ).

Biathlon: Seitdem es im Jahre 2008 die erste Klassenfahrt nach Inzell gab, gehören die Schüler der Leibniz Privatschule zu den Biathlon-Fans in Deutschland – weil sie es selbst bereits einmal ausprobiert haben. Seit 2018 ist Biathlon (ohne Schnee) auch Bestandteil des Sportunterrichts.

Bibliothek: Lesen wird an der Leibniz Privatschule groß geschrieben. Deshalb gibt es im Kindergarten/Vorschule, in der Grundschule und in der weiterführenden Schule umfangreiche Bibliotheken, die zum Teil aus Privatbesitz stammen. Neben der Bibliothek mit allgemeinwissenschaftlicher Literatur sind die Fachbibliotheken Sport (in Elmshorn) und Geschichte (in Kaltenkirchen) zurzeit die größten Büchersammlungen; andere Fachbereiche befinden sich im ständigen Ausbau. Die Lernzonen beispielsweise sind neben den klassischen Schulbüchern mit einer umfangreichen Sammlung von Sachbüchern und Belletristik ausgestattet.

Bilingual: Im Unterricht werden zwei Sprachen gesprochen, Englisch und Deutsch wahlweise je nach Fakultas der Lehrer in den Fächern Geschichte, Sport, Geographie und WiPo ab Klasse 5 in der Sekundarstufe. Dazu muss kein Schüler vorher die Grundschule der Leibniz Privatschule besucht haben; hier können auch externe Schüler einsteigen – ob ab Klasse 5 oder später in anderen Jahrgangsstufen (6 bis 9).

Cinema-Seat: Damit gemeint ist die Ankündigung des Lehrers in der Grundschule für die Schüler zu Beginn der Stunde, sich entweder vor die Tafel auf den Boden zu setzen oder den eigenen Stuhl so in Richtung Tafel zu drehen, dass die Aufmerksamkeit sichtbar nach vorn gerichtet ist. Der Kino-Sitz wird in allen Jahrgangsstufen und Klassen der Leibniz Privatschule umgesetzt, wenn es darum geht, etwas Neues anzukündigen oder zu erklären (siehe auch: Lehrervortrag).

Computer: Die Ausbildung am Computer gehört zum Lehrinhalt des Faches Medienkunde in der weiterführenden Schule. Für alle Jahrgangsstufen gab es bisher einen Laptopsatz, der Einsatz von I-Pads wird erweitert und neben der Oberstufe auch in der Sekundarstufe I (Klassen 10 bis 5) eingeführt. Der Computer ist allerdings kein Werkzeug für alles und jedes; Internetsurfen ist kein Bestandteil des Unterrichts. Rechercheaufträge werden präzise mit Angabe der zu besuchenden Websites erstellt.

Daily Run: Kinder bewegen sich zu wenig und leiden immer öfter an Übergewicht. The Daily Mile, eine in Großbritannien erfolgreiche Fitness-Initiative, wird daher auch in der Leibniz Privatschule populär. Die Idee: Grundschüler sollen täglich während der Schulzeit 15 Minuten laufen. Die Leibniz Privatschule hat diesen Gedanken kreativ übersetzt. Das funktioniert so: Alle Grundschulklassen versammeln sich nach der großen Pause auf dem Schulhof und der jeweilige Fachlehrer gibt den Startschuss zum „Daily Run". Einmal im Jogging-Tempo ums Schulgelände. Den Einfall dazu hatte 2012 eine schottische Schulleiterin und setzte ihn mit ihren Klassen um.

Disziplinierung: „Hans, sei jetzt endlich ruhig!" – „Lisa, schau bitte zur Tafel!" – Marco, du sollst dich nicht mit deinem Nachbarn unterhalten!" Keine Originalzitate, aber nichts Ungewöhnliches im schulischen Alltag. Diese Art von Disziplinierung wollen wir in der Leibniz Privatschule vermeiden. Hat der Lehrer etwas zu meckern, stellt er sich vor den roten Punkt, eine außerhalb des Tafelsichtbereichs markierte Stelle. Ist ein Schüler ganz und gar nicht ins Unterrichtsgeschehen einzubeziehen, geht der Lehrer mit ihm vor die Tür und bespricht das Problem. Gibt es weiteren Handlungsbedarf, greift der Kodex der Leibniz Privatschule.

Dokumentation: Die von den Lehrern erstellten Unterrichtseinheiten und Unterrichtsstunden werden in der für alle Lehrer zugänglichen Internetplattform *itslearning* dokumentiert; sie gehören zur normalen Unterrichtsvorbereitung einer jeden Stunde/Doppelstunde in allen Schulformen und Schulstufen der Leibniz Privatschule.

Doppelstunde: Anfangs von anderen belächelt arbeitet die Leibniz Privatschule seit Bestehen (2006) mit Doppelstunden. In der Regel besteht der Unterricht aus 90-Minuten-Einheiten. Der Grund: Es geht viel Zeit für Organisatorisches verloren, wenn in

45-Minuten-Stunden gearbeitet wird. Der Lehrer beendet den Unterricht mit der Klangschale – genauso wie er ihn damit auch beginnt.

Dresscode für Lehrer: Die Schule sei kein Freibad, sagt ein erfahrener Pädagoge. Trotzdem gibt es Schüler und auch Lehrer, die sich so kleiden, als gingen sie zum Strand oder zum Fußballtraining. Sie unterliegen einem Missverständnis. Der Unterricht ist nicht Teil der Freizeit, er ist für alle Beteiligten verbindlich und hat ein klar definiertes Ziel: das Lernen. Dementsprechend zählen nicht nur die eigenen, sondern auch die Belange der anderen und die Frage, wie sie mit dem Lernziel zu vereinbaren sind. Mit Blick auf das spätere Berufsleben ist es geradezu die Pflicht der Pädagogen, auf die Bedeutung vermeintlicher Äußerlichkeiten hinzuweisen. Wenn ein Jugendlicher mit Jogginghose zu Vorstellungsgesprächen geht, ist es jedenfalls zu spät. Selbst in der Freizeit ist es nicht bei allen Gelegenheiten angebracht, im Unterhemd zu erscheinen. Bei einer Umfrage unter Schülern stellte sich übrigens heraus, dass die jungen Leute „sich bei nachlässig gekleideten Lehrern mehr herauszunehmen". Lehrer zu sein, sagen sie, sei ein Beruf, und man solle es den Lehrern ansehen, dass sie in der Schule etwas anderes trügen als daheim auf dem Sofa.

Eigentumsfach: Jeder Schüler hat ein Eigentumsfach und einen Ordner, der auf dem Regal der Eigentumsfächer steht; ab Klasse 5 gibt es zudem für jeden Schüler im Klassenraum ein abschließbares Fach.

Elternvertretung: In jeder Klasse wird zu Beginn eines jeden Schuljahres die Elternvertretung, bestehend aus drei Sprechern gewählt. Aus der Elternvertretung der einzelnen Klassen wird der Gesamtelternbeirat gewählt, der zwei bis drei Mal im Jahr zusammenkommt und mit der Schulleitung die anstehenden Fragen und Probleme bespricht.

England: Vier Jahre werden die Grundschüler an der Leibniz Privatschule auf Englisch unterrichtet; am Ende der Grundschulzeit steht die Klassenfahrt nach England auf dem Programm. Hier können die Mädchen und Jungen im britischen Alltag ihre erworbenen Sprachkenntnisse anwenden. Untergebracht sind sie bei englischen Gasteltern. Seit 2010 steht diese Klassenfahrt auf dem Programm für alle Viertklässler, eine unbezahlbare Erfahrung.

Englisch bei den Lütten: Wenn eine englischsprechende Erzieherin in die Gruppe kommt, wird auf Englisch gespielt und gelernt; jeden Tag zwei Stunden. In Englisch werden die Buchstaben eingeführt und kennengelernt. Jeder Buchstabe ist in einer Geschichte eingebunden. Geschichten handeln von Themen, die mit dem direkten Umfeld der Kinder zu tun haben (Heimat-und Sachunterricht). Die englische Sprache wird den Kindern mit der Immersionsmethode vermittelt; gemeint ist das Eintauchen in die Sprache. Die Kinder kommen mit der englischen Sprache auch in Alltagssituationen in Berührung (z. B. Morgenkreis, Frühstück, Mittagessen, Ausflüge, Spielzeiten ...)

Erarbeitungsphase: Der Unterricht in der Leibniz Privatschule läuft in allen Jahrgangsstufen und Schulformen in drei verschiedenen Phasen ab. Die Erarbeitungsphase wird dabei umschlossen von der Instruktionsphase zu Beginn einer Stunde/Doppelstunde und dem Rückblick am Ende der Stunde (Reflexionsphase). In der Erarbeitungsphase, die etwa 65 Prozent der Zeit des Unterrichts in Anspruch nimmt, erarbeiten sich die Schüler selbstständig, mit dem Partner oder in der Gruppe das Unterrichtsthema, das der Lehrer in der Instruktionsphase vorgestellt und erläutert hat. Während der Lehrer in der Instruktionsphase der Input-Geber für alle Schüler der Klasse ist, wird er in der Erarbeitungsphase zum Mentor und individuellen Begleiter.

Erreichbarkeit der Lehrer: Die Lehrer der Leibniz Privatschule haben ihren Arbeitsplatz in der Schule in ihrem Lehrerbüro und sind dort per Telefon oder per E-Mail zu erreichen; die Kontaktdaten werden im schulinternen Intranet veröffentlicht. Die Lehrer sind angehalten E-Mails innerhalb von 24 Stunden zu beantworten; Eltern-Gespräche sollen, wenn gewünscht, innerhalb einer Woche zustande kommen. Einen gesonderten Elternsprechtag gibt es nicht.

Faustlos: Durch das ganze Jahr begleitet das Faustlos-Programm die Kinder im Kindergarten. Das Kindergarten-Programm umfasst 28 Lektionen. Bei der Vermittlung der Inhalte spielen die zwei Handpuppen „Wilder Willi“ und „Ruhiger Schneck“ eine wichtige Rolle. Sie unterstützen die Kinder dabei, spielerisch und kleinschrittig eine breite Palette sozialer und emotionaler Kompetenzen zu erlernen und so ihr gewaltpräventives Verhaltensrepertoire zu erweitern. Faustlos ist ein für Schulen und Kindergärten entwickeltes, hochstrukturiertes und wissenschaftlich evaluiertes Gewaltpräventionsprogramm.

Ferienbetreuung: Während der Ferien gibt es für die Kinder der Vorschule sowie die Schüler, für die ein Betreuungsvertrag abgeschlossen wurde, die Ferienbetreuung. In der Schule wird gespielt, gebastelt, Sport betrieben; es gibt keinen Unterricht. Nur während der Weihnachtsferien ist die Schule geschlossen.

Fördererhocker: Ein kleiner Hocker, aus Metall oder Holz, steht in jedem Klassenzimmer unter dem Lehrerpult. Damit geht der Lehrer durch die Klasse, setzt sich neben den Schüler, der in der Erarbeitungsphase ein Verständnisproblem hat. Er geht damit auch an die verschiedenen Gruppentische und macht sich so ein Bild von der Arbeit der Schüler. Der Fördererhocker ermöglicht es dem Lehrer, mit seinem Schüler auf Augenhöhe (und nicht von oben herab) Fragen zu diskutieren. Der Hocker an der Leibniz Privatschule ist gewissermaßen weltberühmt; benannt ist er nach dem Hamburger Unterrichtsentwickler Gerhard Förderer.

Förderunterricht: Kinder in der Vorschule und in der Grundschule werden in Mathematik und Deutsch (sprechen, schreiben, lesen) regelmäßig auf Förderbedarf getestet. In Absprache mit den Eltern wird innerhalb der Schule Förderunterricht organisiert.

Formel 1: Ein halbes Jahr arbeiten Schüler der Klassen 8 und 9 mindestens zwei Mal wöchentlich an der Konstruktion eines Rennwagens im Miniformat. Am Ende geht es darum, die schnellen Flitzer möglichst windschnittig zu konstruieren. Da die Wagen nicht schwerer als 52,5 Gramm sein dürfen, benutzen die Schüler Balsaholz, das extrem leicht und daher für die Produktion geeignet ist. Auch High-Tech kommt zum Einsatz, denn Front- und Heckspoiler des Autos wurden mit einem hochmodernen 3D-Drucker, der dreidimensionale Gegenstände aus flüssigem Werkstoff aufbaut, angefertigt. Angetrieben von einer Gaspatrone erreichen die Flitzer auf der 20-Meter-Bahn ein Tempo von bis zu 80 Stundenkilometern. Der landes-, bundes- und weltweite Formel-1-Wettbewerb ist die Herausforderung, Wissen aus allen möglichen Fachgebieten anzuwenden. Die Leibniz Privatschule nimmt mit verschiedenen Teams seit 2012 an dem von Nordmetall und der Fachhochschule Nordakademie initiierten Wettbewerb unter der Regie von Physiklehrerin Heidi Liebenberg teil, die diese Form des Projektunterrichts an der Leibniz Privatschule initiiert hat..

Fragend-entwickelnder Unterricht: Nach diesem Frage-und-Antwort-Spiel sind ganze Generationen von Lehrern ausgebildet worden: Der Lehrer beginnt mit einem neuen Thema und stellt zwischendurch Fragen zum Thema (was die Schüler meist noch gar nicht durchgenommen haben). Findet ein Schüler die Antwort, setzt der Lehrer sein Thema fort. Er benötigt aber auch genau diese eine Antwort, um inhaltlich fortzufahren – viele bezeichnen diesen Unterricht deshalb als modernes Ostereier-Suchen. Dr. Kamski von der TU Dortmund, hält die didaktische Konzeption des fragend-entwickelnden Unterrichts für reichlich überholt: „Im Leben wird man nicht von jemand gefragt, der uns das wissen lassen will, was er weiß, sondern wenn man uns fragt, so will der Fragende von uns wissen, was er nicht weiß."

Gemeinschaftsschule: Sie umfasst in der Sekundarstufe I die sechs Jahrgangsstufen 5 bis 10. Am Ende der Jahrgangsstufe 9 kann der Hauptschulabschluss und am Ende der Jahrgangsstufe 10 kann der Mittlere Schulabschluss (MSA) erworben werden. Eine Aufnahme in die Oberstufe ist danach möglich, wenn ein bestimmtes Leistungsniveau erreicht ist (vom schleswig-holsteinischen Bildungsministerium vorgegeben). Die Gemeinschaftsschule der LPS ist staatlich anerkannt; Prüfungen werden unter den gleichen Bedingungen wie an staatlichen Schulen durchgeführt.

Handy und Co.: Mobiltelefone zu benutzen ist in der Schule verboten; Handys können in den Schließfächern oder im Sekretariat deponiert werden. Wer in der Schule das Handy benutzt, muss es abgeben; beim ersten Mal kann der Schüler es selbst am Nachmittag nach

Schulschluss abholen, beim zweiten Mal müssen es die Eltern am Freitag in der Schule wieder abholen.

Hausaufgaben: Hausaufgaben heißen an der Leibniz Privatschule Trainingszeiten. Damit wird auch sprachlich klar: Hier geht es darum, bereits Gelerntes zu wiederholen, zu üben und – zu trainieren. An der Leibniz Privatschule sind Hausaufgaben ganz einfach Schul-Aufgaben; wenn der Schüler dann zwischen 16 und 17 Uhr nach Hause kommt, dann ist wirklich Feierabend. Hausaufgaben mit den Eltern – das funktioniert in der Regel nicht und endet oft in Streit und Stress aller Beteiligten. Fachleute betreuen diese Trainingszeiten, sind Ansprechpartner im Hause. Professor Hattie (Auckland) kommt nach der Durchsicht von weltweit 50.000 Untersuchungen zu dem Schluss, dass Eltern als Trimmer und Dompteur oder Wachhund bei Hausaufgaben ihrer Kinder die denkbar am meisten ungeeigneten Berater sind.

(Hoch-)Begabtenförderung: In den vergangenen Jahren hat sich in der Gesellschaft und speziell auch in der Bildungspolitik das Bewusstsein für die Notwendigkeit besonderer Förderung von überdurchschnittlich begabten, engagierten und motivierten Schülerinnen und Schülern etabliert. Dies zeigt sich in einer zunehmenden Anzahl an außerschulischen Förderangeboten. Klar ist: Jede Schülerin und jeder Schüler hat ein Recht auf individuelle Förderung. Statt von Förderung Hochbegabter spricht man inzwischen einfach von „Begabtenförderung". Nicht jedes Kind ist hochbegabt, aber: Jedes Kind verfügt über besondere Begabungen, die es zu entdecken und zu fördern gilt. Die Leibniz Privatschule geht durch ihre spezielle Unterrichtsmethodik darauf hin, es gibt aber auch besondere Angebote.

Immersion: Eintauchen in eine (!) Sprache – in der Grundschule der Leibniz Privatschule ist Englisch in nahezu allen Fächern (außer Deutsch und Musik) Unterrichtssprache, das heißt: Religion, Heimat-, Welt- und Sachkunde-Unterricht, Sport, Mathematik, Kunst und Medienkunde werden in der Grundschule bis Klasse 4 auf Englisch unterrichtet. Die Kinder eignen sich en passant einen immer größeren passiven Wortschatz an, verstehen sehr schnell und sehr viel. Die Kinder müssen Sprache nicht mühevoll büffeln. Sie lernen Englisch nebenbei.

Instruktionsphase: Die in der Unterrichtsmethodik bei einer 90-Minuten-Einheit vorgesehene Instruktionsphase macht etwa 10 bis 15 Minuten aus. Hier stellt der Lehrer das Thema mit seinen Unterpunkten vor (in der Grundschule: Topic + Program); darüber hinaus erklärt und erläutert er, wie was warum funktioniert. Das gilt für alle Fächer: für den Sport ebenso wie für Mathematik, Deutsch oder Englisch. In der Instruktionsphase gibt die Lehrkraft auch preis, was ihn oder sie persönlich an dem Thema fasziniert (Faszinosum). Hintergrund: Wer selbst nicht von einem Thema begeistert ist, kann auch andere nicht dafür begeistern. Nach der Instruktionsphase erarbeiten sich die Schüler das Thema selbstständig – einzeln, in Partnerarbeit oder auch in Gruppenarbeit.

IB® World School/Internationales Abitur: Leibniz Privatschule is an IB® World School in Elmshorn/Metropolitan area Hamburg. These are schools that share a common philosophy – a commitment to high quality, challenging education and internationalism and personal engagement. Leibniz Privatschule offers the International Baccalaureate® Diploma Programme® to students starting in September in class level 11. The Diploma Programme® (DP) is an internationally recognized university-entrance qualification which takes two years. The DP at Leibniz Privatschule is taught and examined in English. It allows students to apply to universities all over the world. Read more on university admission on the official admission site of the International Baccalaureate Organization.

Jugend trainiert für Olympia: Der sportliche Wettbewerb für Schulen auf Kreis-, Landes- und Bundesebene ist auch Jahr für Jahr ein Wettkampftermin für Leibniz-Schüler. Unvergessen die fast schon sensationell anmutende Basketball-Kreismeisterschaft Segeberg 2010 der Leibniz Privatschule Bad Bramstedt gegen eine Schule mit Schwerpunkt Basketball. Aber auch in vielen anderen Mannschaftssportarten waren die beiden Leibniz-Schulen vertreten – mal mehr, mal weniger erfolgreich. Ein Erlebnis für alle Beteiligten ist es ohnehin, schließlich geht es auch darum, Schülern, die nicht in einem Verein Sport treiben, Wettkampferfahrung zu ermöglichen.

Kantine: Die Leibniz Privatschule ist eine Schule mit verlässlichem Ganztagsangebot; dazu gehört auch der Kantinenbetrieb. Die Elmshorner Schulkantine gilt als eine der am besten funktionierenden Schulkantinen Deutschlands. Täglich gehen unter der Regie vom Matthias Müller und Davide Cibin mit Andy Borchard und Tim Neuebr sowie in Kaltenkirchen mit Küchenchef Stefan Taube an die 1400 Essen über den Tresen. Die Mittagsmahlzeit kann mit einem ausgeklügelten System vorbestellt oder abbestellt werden. Die Kosten bewegen sich zwischen drei und vier Euro pro Mahlzeit. Die Schulmensa an der Leibniz Privatschule hat seit Kurzem auch einen eigenen Namen: Gottfried-Wilhelm-Leibniz-Esszimmer.

King's High School: Mit der High School in Dunedin/Neuseeland gibt es seit 2005/6 eine enge Zusammenarbeit. Die Leibniz Privatschule hat sich viele Details zum Vorbild genommen. Regelmäßig finden vierwöchige Reise ans andere Ende der Welt mit unseren Schülergruppen statt; hierfür muss man sich bewerben.

Kinositz: Zum Beginn der Instruktionsphase im Unterricht der Leibniz Privatschule werden die Schüler aufgefordert, den Kino-Sitz einzunehmen. Die hundertprozentige Aufmerksamkeit ist auf den Lehrer vor der Tafel gerichtet; die Schüler drehen ihren Stuhl auch in die Richtung, aus der die Informationen für den Unterricht (input) kommen. In der Grundschule bedeutet Kinositz einnehmen („Take the cinema-seat!") in der Regel, dass die Schüler sich vor der Tafel auf den Boden setzen.

Klangschale: An der Leibniz Privatschule gibt es seit Bestehen der Schule im Jahr 2006 in jeder Klasse eine Klangschale, mit der der Unterricht eingeleitet wird; einen Schulgong, der für alle gilt, gibt es nicht. Das Fehlen einer zentralen Schulglocke hat den Vorteil, dass der Lehrer am Ende der Stunde die Hausgaben (Aufgaben für die Trainingszeit) nennen und anschreiben kann – und erst danach die Stunde beendet. Dass die Mitteilung zu den Hausaufgaben im Trubel der Schulglocke untergeht, ist dadaurch sehr unwahrscheinlich.

Klassenarbeitswoche: Die Schulleitung erstellt für alle Klassen einen Plan mit den maximal sieben Klassenarbeitswochen, der im Schulkalender am Ende des vorangehenden Schuljahres veröffentlicht wird. Schüler (und Eltern) wissen damit, wann Klassenarbeiten in den Kernfächern zu erwarten sind.

Klassendienste: In jeder Klasse gibt es Klassendienste, die nach einem vorgegebenen Dienstplan zu erledigen sind; jeder kommt bei den anstehenden Aufgaben einmal an die Reihe: Fegen oder Staubsaugen, Ordner und Fächer aufräumen, Blumenpflege, Tafel putzen.

Klassenfahrten: Die Leibniz Privatschule geht jedes Jahr mit jeder Klasse auf Klassenfahrt. Das gehört zum Schulprogramm. Dabei geht es um eine Mischung aus Kultur und Sport und Teambuilding. Die Ziele und Dauer der Klassenfahrten für die jeweiligen Jahrgänge sind (Änderungen vorbehalten):

Kindergarten „Die Lütten“: Eine Übernachtung in der Kita
1.Klasse = 3 Tage Heide/Holst.: Die erste Klassenfahrt ans Wattenmeer
2. Klasse = 5 Tage Schwimmwoche Malente
3. Klasse = 5 Tage Sylt
4. Klasse = 6 Tage England inklusive London-Besuch
5. Klasse = 7 Tage Inzell: Wintersportarten kennen lernen
6. Klasse = 5 Tage Berlin: Ein Besuch der Hauptstadt
7. Klasse = 5 Tage Bad Schandau: Klettern in der Holsteinischen Schweiz
und Kultur in Dresden
8. Klasse = 5 Tage Duisburg: Der Kohlenpott und der Endpunkt der Seidenstraße
von China nach Europa
9. Klasse = 6 Tage Krakau/Auschwitz: Vergangenheit, die nicht vergeht
10. Klasse = 6 Tage München
11. Klasse = 5 Tage Weimar - eine Studienreise
12. Klasse = 6 Tage Wien/Prag/Rom: Alternativ
13. Klasse = selbst organisiert

Klassenlehrer: Erster Ansprechpartner für Eltern ist nach dem Fachlehrer der Klassenlehrer. Per Mail können Gesprächstermine vereinbart werden. Er beruft die erste Elternversammlung ein; weitere Elternabende berufen danach Elternvertreter ein.

Klassenraum-Management: Zum Unterrichtskonzept gehören die sieben Schätze des Klassenraummanagements:
1. Nonverbales Agieren vor der Klasse
2. Beziehungsaufbauende und -erhaltende Disziplinierungsmethoden
3. Aufmerksamkeitsgewinnung und Halten der Aufmerksamkeit, Visualisierungen
4. Präsentationstechnik, Rhetorik, Lehrervortrag
5. Ankermethode
6. Arbeitsaufträge, Instruktions- und Konstruktionsphasen
7. Gehirngerechtes Unterrichten: Aufbereitung des Materials

Kodex: Ein Kodex legt fest und beschreibt verbindliche Richtlinien zur Regelung des Zusammenlebens in einer Gruppe oder Gemeinschaft, bei uns also das Leben in der Klasse und in der Schule. Im Jahre 2007 erstellte die Leibniz Privatschule die erste Version des Kodex. Da wir uns als lernende Organisation verstehen, haben wir diese erste Fassung überarbeitet. Dabei stehen die uns wichtigen Werte im Vordergrund.
- Excellence: Wir geben unser Bestes in allem geben, was wir tun.
- Respekt: Wir achten uns selbst, alle anderen, unsere Umgebung und Umwelt.
- Integrität: Unsere Werte sind in unserem Handeln zu erkennen.
- Fairness: Wir handeln so, dass wir niemanden in seinem Handeln stören.
- Verantwortung: Wir übernehmen Verantwortung für unser Handeln, für Gesellschaft und Umwelt.
- Challenge: Wir nehmen Herausforderungen für uns an und organisieren sie.

Kontakte: Informationen aus erster Hand gibt es in Elmshorn und Kaltenkirchen von Montag bis Freitag zu allen Zeiten (außer Weihnachtsferien) von 8 bis 17 Uhr im Sekretariat. Telefonisch ist das Sekretariat in Elmshorn unter (0 41 21) 26 10 40) zu erreichen, Kaltenkirchen unter (0 41 91) 99 11 0. Mailkontakt können Sie nutzen für Elmshorn (info@leibniz-privatschule.de) und für Kaltenkirchen (kaltenkirchen@leibniz-privatschule.de).

Kosten: Bei den Kosten wird zwischen Schul- und Betreuungs- oder Ganztagsvertrag unterschieden. Neben der einmaligen Aufnahmegebühr je Schulform wird pro Jahr eine Materialgebühr erhoben: für das komplette Unterrichtsmaterial und diverse Ausflüge in einem Schuljahr. Die genauen Zahlenangaben können auf der Website der Schule abgefragt werden (www.leibniz-privatschule.de).

Krakau/Auschwitz: Seit 2013 ist auch die polnische Metropole Krakau Ziel der Klassenfahrten für den neunten Jahrgang von Gymnasium und Gemeinschaftsschule. Der Besuch des früheren Konzentrationslager Auschwitz ist Pflicht; dort wird in einer kleinen Feierstunde auch jedes Jahr ein Kranz für die Ermordeten niedergelegt.

Latein: In sehr vielen Studiengängen wird die Vorlage des Latinums verlangt; die Leibniz Privatschule bietet Latein als Wahlpflichtfach in den Jahrgangsstufen sieben bis neun des Gymnasiums an.

Lauftag: In jedem Jahrgang und in jeder Schulform gibt es innerhalb des Sportunterrichts einmal pro Woche einen Lauftag. In einer von fünf Sportstunden stehen Laufen und Walking auf dem Programm. Ziel ist es, dass alle Schüler in die Lage versetzt werden, ihr Alter in Minuten ausdauernd und ohne Pause laufen können: der Zehnjährige joggt zen Minuten, der 15-Jährige 15 Minuten..

Legasthenie: Alle Kinder, die das Lesen und Schreiben erlernen, machen anfänglich die gleichen Fehler in unterschiedlich starkem Ausmaß. Liegt keine Legasthenie vor, nehmen die Probleme rasch ab. Kinder mit Legasthenie machen die Fehler wesentlich häufiger und die Schwierigkeiten bleiben über einen längeren Zeitraum unverändert. Anzeichen beim Lesen sind, zum Beispiel, niedrige Lesegeschwindigkeit, häufiges Stocken, Verlieren der Zeile im Text, aber auch das Auslassen, Vertauschen oder Hinzufügen von Wörtern, Silben oder einzelnen Buchstaben sowie Schwierigkeiten bei Doppellauten. Bei Fragen zum Inhalt wird oft allgemeines Wissen verwendet anstatt der Informationen aus dem Gelesenen.

Anzeichen beim Schreiben sind hohe Fehlerzahl bei Diktaten und abgeschriebenen Texten: Wörter werden teilweise nur in Bruchstücken und im selben Text mehrfach unterschiedlich falsch geschrieben. Auffallend viele Fehler in der Grammatik und der Zeichensetzung sowie eine oft unleserliche Handschrift in unterschiedlicher Schriftgröße innerhalb eines Textes. Anerkannte Legastheniker erhalten laut Gesetz in den Zeugnisnoten einen Nachteilsausgleich. In der Leibniz Privatschule werden gezielte Fördermaßnahmen für Legastheniker in der Grundschule und weiterführenden Schule angeboten.

Lego-AG: Sowohl in Elmshorn wie auch in Kaltenkirchen eine der gefragtesten Arbeitsgemeinschaften. Entstanden sind dort bereits eine Nachbildung des Teppich-Kibek-Hochhauses von Elmshorn, des St.-Pauli-Stadions und viele architektonischen Bauten, die die Welt noch nicht gesehen hat . . .

Lehrerfortbildung: Die Lehrer der Leibniz Privatschule haben sich für bis zu 50 Weiterbildungsstunden im Jahr verpflichtet; die Schule bezahlt diese Fortbildung – die Lehrer stellen ihre Freizeit hierfür zur Verfügung. Die Lehrerfortbildung findet nicht in den Zeiten des schulischen Unterrichts statt.

Lehrervortrag: Der Lehrervortrag – oft als methodisch veraltet kritisiert – ist ein geeignetes Mittel, Informationen zu einem bestimmten Sachverhalt oder Thema in konzentrierter Form gut strukturiert an die Schüler und Schülerinnen weiterzugeben. Lernen braucht Input-Phasen, in denen der Schüler neues Wissen erhält, um sich anschließend (in der Leibniz Privatschule in der Konstruktionsphase) damit eigenständig und intensiv auseinanderzusetzen und Lernprodukte zu erstellen. Das Vorgetragene sollte nach den Untersuchungen des Hirnforschers Professor Gerhard Roth in drei- bis fünf-minütigen „Spannungsbögen" gegliedert werden, um Konzentration und Arbeitsgedächtnis der Lernenden nicht zu überlasten. Aufmerksamkeit und Arbeitsgedächtnis sind begrenzt – niemand kann neuen und potenziell wichtigen Informationen länger als 5 Minuten konzentriert zuhören. In dieser Zeit muss das Gehirn ständig Assoziationen bilden, die für das Verständnis des Gehörten (oder Gelesenen) notwendig sind. Das ist für das Gehirn sehr anstrengend. Wenn der Lehrende ohne solche kurzen „Spannungsbögen" Wissen vorträgt, werden Aufmerksamkeit und Arbeitsgedächtnis der Lernenden schnell überlastet, durch die neu angebotenen Informationen werden die zuvor aufgenommenen Informationen aus dem Kurzzeitgedächtnis verdrängt, ohne in das Zwischengedächtnis und dann von dort in das Langzeitgedächtnis zu gelangen.

Lehrplan (= Fachanforderungen): Vom Land Schleswig-Holstein werden Richtlinien für die Schulstufen und Jahrgänge in allen Schulfächern ausgegeben. Der Lehrplan wird schließlich in ein schulinternes Curriculum übersetzt, woraus sich dann der Stoffverteilungsplan für die einzelnen Fächer ergibt. Beim Curriculum handelt es sich um eine möglichst präzise Regelung nicht nur von Lernzielen und Lerninhalten, sondern auch von Lernprozessen und der Lernorganisation.

Leibniz-Abend: Findet in unregelmäßigen Abständen in Elmshorn und Kaltenkirchen statt und ist offen für interessierte Eltern innerhalb und außerhalb der Leibniz Privatschule. Bekannte Wissenschaftler und Forscher aus dem bildungspolitischen und pädagogischen Bereich halten an Leibniz-Abenden Vorträge zu aktuellen Fragestellungen in Bildung und Erziehung. Diese Vorträge gehören auch zum Aus- und Weiterbildungsprogramm für Quereinsteiger, das in der Privaten Leibniz Akademie gebündelt ist.

Leibniz-Blätter: Vierteljahreszeitschrift der Leibniz Privatschule, erscheint seit 2010 dreimonatlich mit aktuellen bildungspolitischen Schwerpunktthemen aus dem Schulleben der Leibniz Privatschule. Die einzelnen Ausgaben sind als Printexemplar in der Schule erhältlich oder als pdf auf der Website der Schule abrufbar.

Leibniz-Post: Werbebeilage der Leibniz Privatschule in den Regionalzeitungen der Standorte Elmshorn und Kaltenkirchen. Und regelmäßige Informationsmail für Eltern der Schüler der Leibniz Privatschule.

Leibniz Sportclub Elmshorn: Der am 31. Mai 2012 gegründete Leibniz Sportclub Elmshorn bietet jedermann (nicht nur Leibniz-Schülern und ihren Angehörigen) Sport zum Mitmachen an. Täglich von 17 bis 22 Uhr (Samstag und Sonntag ganztägig) gibt es ein umfangreiches Fitness- und Freizeitsportprogramm zum pauschalen Mitgliedsbeitrag von 11,90 Euro im Monat (Familienbeitrag: 25 Euro): (www.leibniz-sportclub.de).

Lernen & Behalten: Im Hinblick auf MSA-Prüfung und Abitur hat die Leibniz Privatschule die wichtigsten zu beachtenden Hinweise in eine Kurzformel für Schüler gebracht:
Etwas muss bedeutsam sein.
Man muss es verstehen.
Man muss es wiederholen und üben ...

... nach 3 Stunden.	... nach 3 Wochen.
... nach 3 Tagen.	... nach 3 Monaten.

Lern-Rhythmus: Beste Tageszeit für Hausaufgaben: Lernrhythmus beachten
Professor Martin Korte zufolge sollten Eltern gemeinsam mit ihren Kindern ausprobieren, wann die beste Tageszeit für die Hausaufgaben ist, wenn sie denn Hausaufagen zu Hause erledigen müssen: „Statistisch gesehen haben die meisten Kinder zwischen 14 und 16 Uhr noch mal eine gesteigerte kognitive Leistungsfähigkeit, Mittags- und Abendstunden sind hier bei den meisten Kindern weniger geeignet. Versuchen Sie, diese Zeit regelmäßig am immer gleichen Ort für die Hausaufgaben zu reservieren."

Lesen: Lesen trainiert das Gedächtnis und fördert die Konzentration. An der Leibniz Privatschule steht das Lesen an erster Stelle. In der Vor- und Grundschule wird vorgelesen, in der Grundschule viel gelesen, und auch in der weiterführenden Schule des Gymnasiums und der Gemeinschaftsschule wird Lesen großgeschrieben – innerhalb und außerhalb des schulischen Unterrichts.

Märchen: Weshalb Kinder Märchen brauchen, erklärt Professor Gerhard Hüther: „Stellen Sie sich vor, es gäbe ein Zaubermittel, das ihr Kind stillsitzen und aufmerksam zuhören lässt, das gleichzeitig seine Fantasie beflügelt und seinen Sprachschatz erweitert, das es darüber hinaus auch noch befähigt, sich in andere Menschen hineinzuversetzen und deren Gefühle zu teilen, das gleichzeitig auch noch sein Vertrauen stärkt und es mit Mut und Zuversicht in die Zukunft schauen lässt. Dieses Superdoping für Kindergehirne gibt es. Es kostet nichts, im Gegenteil, wer es seinen Kindern schenkt, bekommt dafür sogar noch etwas zurück: Nähe, Vertrauen und ein Strahlen in den Augen des Kindes. Dieses unbezahlbare Zaubermittel sind die Märchen, die wir unseren Kindern erzählen oder vorlesen. Märchenstunden sind die höchste Form des Unterrichtens." Vorgelesen werden sie in Kindergarten und Grundschule, aber auch Eltern sind hier gefordert; am besten ist immer noch jeden Abend die kurze Gute-Nacht-Geschichte vor dem Schlafengehen vorzulesen.

Malente: Die Sportschule Malente ist für die Schüler der zweiten Klassen Ziel einer Klassenfahrt mit Schwerpunkt Schwimmunterricht und Sport. In einer Woche steht morgens und nachmittags der Schwimmunterricht mit Fachkräften der Sportschule auf dem Programm mit dem Ziel, dass alle Grundschüler am Ende des zweiten Schuljahres, spätestens aber am Ende der Grundschulzeit schwimmen können.

Mandela-Tag: Der am 5. Dezember des Jahres 2013 verstorbene ehemalige südafrikanische Präsident Nelson Mandela (1918-2013) wurde am 11. Februar 1990 aus 27-jähriger politischer Gefangenschaft entlassen. Dem Friedensnobelpreisträger ist der friedliche Übergang von der Apartheidsregierung im vergangenen Jahrhundert zu einer demokratischen Entwicklung zu verdanken. Die Leibniz Privatschule ehrt Mandela mit einem Mandela-Tag, an dem der Unterricht unter dem Motiv „Nelson Mandela" steht – angefangen mit seiner Lebensgeschichte, der Entwicklung der Apartheid sowie seinem Überlebenstraining in der Gefängniszelle von Robben Island.

Materialgebühr: Das gesamte Unterrichtsmaterial, das für den schulischen Unterricht benötigt wird, ist in der Schule und wird durch die Leibniz Privatschule besorgt; das betrifft Hefte, Block, Füller, Bleistift, Buntstifte, Tuschkasten, Schulbücher aller Art, Unterrichtslektüre, Kunstmaterialien, abgedeckt durch die einmal im Jahr zu zahlende Materialgebühr. Die Kosten hierfür liegen zwischen 150 und 200 Euro und schließen Kosten für Klassenausflüge im Laufe des Schuljahres ein.

Medienkunde: Medienkunde steht als Schulfach auf dem Stundenplan. Dabei geht es nicht um eine kritiklose Übernahme der PC-, Laptop- oder Tablet-Euphorie, sondern darum, dass die Schüler einen verantwortungsvollen Umgang mit den verschiedenen Medien lernen – angefangen von Zeitungen und Literaturrecherche bis hin zum Gebrauch der elektronischen Medien. Unterrichtseinheiten zum Umgang mit und in sozialen Netzwerken sind Bestandteil des Unterrichts in verschiedenen Jahrgangsstufen.

Meldeliste: Auf jeder Tafel ist ein Abschnitt (rechte Innenseite) als Meldeliste ausgewiesen. Nach der Instruktionsphase mit dem Lehrervortrag und der Erläuterung der Arbeitsaufträge sollen sich die Schüler drei Minuten mit den gestellten Anforderungen erst einmal selbst auseinandersetzen. Erst danach wird die Meldeliste eröffnet. Dort tragen sich die Schüler, die spezielle Fragen haben, ein; der Lehrer kommt dann mit seinem so genannten Fördererhocker zu ihm an den Tisch und bespricht die Frage oder das Problem des Schülers – ohne die anderen Schüler zu stören. – Die Grundschüler haben einen besonderen Fragezeichen-Stab als Meldeliste.

Michael-Stich-Sporthalle: Kurz nach Fertigstellung des Schulneubaus in Elmshorn weihte Michael Stich aus Elmshorn, Olympiasieger und Wimbledongewinner aus den 1990er-Jahren die nach ihm benannte Sporthalle am Ramskamp ein. Die Halle wird an

Werktagen von 8 bis 17 Uhr von der Leibniz Privatschule genutzt, am Abend und an den Wochenenden vom Leibniz Sportclub Elmshorn.

Midterm: Außerhalb der Zeugnisse werden die Eltern der Schüler der Leibniz Privatschule vor den Herbstferien und vor den Osterferien mit einem sogenannten Midterm, ähnlich den neuseeländischen Term-Berichten, über die Leistungen und das Engagement ihrer Kinder in der Schule informiert..

Mineralwasser: Das im Schulbetrieb angesagte Getränk ist Mineralwasser; dies gibt es kostenlos aus Getränkespendern, die im gesamten Schulgebäude verteilt sind. Andere Getränke sind an den Unterrichtstagen nicht erlaubt.

Mittagessen: Die Leibniz Privatschule verfügt über eine eigene Küche; es gibt an beiden Standorten der Schule täglich zwei Gerichte zur Auswahl, an die 90 Prozent der Schüler essen dort; die Essenspreise liegen zwischen drei und vier Euro und wird von der Schule mit 25 Prozent subventioniert. Mineralwasser und Äpfel gibt es kostenlos.

Mülltrennung: Natürlich gehört Müll in den Mülleimer und nicht auf den Boden. Von der Vorschule an bis zum Abitur praktizieren wir an der Leibniz Privatschule das System der Mülltrennung, wie im richtigen Leben: Papier (und nur Papier) gehört in den blauen Papierkorb; Plastik und Verpackungen enden im gelben, Restmüll im schwarzen Mülleimer.

MSA: Der Mittlere Schulabschluss (MSA) ist der frühere Realschulabschluss am Ende des zehnten Schuljahres. Der sogenannte ESA (Erster Schulabschluss) entspricht in Schleswig-Holstein dem früheren Hauptschulabschluss.

Myrtel & Bo: Die bunte Raupe Myrtel, der Zaubervogel Bo sowie die kluge Eule Mira und viele weitere Tiere aus dem Zauberwald laden die Kinder ein, mit ihnen spielerisch lesen und schreiben zu lernen. Dabei durchleben die Tiere Geschichten und Erlebnisse, in denen sich die Kinder emotional wiederfinden können. Das Ziel des Lernkonzepts „Myrtel und Bo“ in Klasse 1 ist es, den Schulanfängern den Schriftspracherwerb zu erleichtern und die Leistungsfähigkeit der Kinder zu fördern. Die Schülerinnen und Schüler werden unter Einsatz aller Sinne an den Lerngegenstand herangeführt: Hören, Sehen, Bewegen und Tasten. Musik und Bewegung haben in diesem Konzept einen besonderen Stellenwert. Die Lernprozesse und ihre Verankerung werden durch besonders abgestimmte Bewegungselemente nachhaltig unterstützt. Das Konzept bietet verschiedene Zugriffsweisen zum Lesen- und Schreibenlernen an, um den Kindern individuelles Problemlöseverhalten zu ermöglichen: Analyse und Synthese, Lesen mit Sprechbewegungsbildern, die silbenanalytische Methode, Lautgebärden sowie Rechtschreibstrategien von Anfang an. Parallel dazu werden Schwungübungen mit Musik durchgeführt, um die Feinmotorik zu schulen.

Nawi: Der naturwissenschaftliche Basisunterricht ist ab der fünften Klasse in der Gemeinschaftsschule wie auch im Gymnasium Bestandteil des Unterrichts. Hier geht es vor allem darum, Naturwissenschaften in der Natur und experimentell erlebbar zu machen.

Neuseeland: Jedes Jahr eine Neuseelandreise für Schüler der neunten und zehnten Klassen als Angebot auf dem Programm. Lange vorher muss man sich für diese außergewöhnliche Reise bewerben. Im Frühjahr geht es für vier Wochen auf Weltreise mit einem einwöchigen Besuch der Partnerschulen der Leibniz Privatschule, der King's Highschool und St. Hilda's in Dunedin; die Schüler aus Deutschland nehmen am Unterricht ihrer Alterskollegen in Dunedin teil. Im Anschluss daran geht es zu zwei Wochen Sightseeing in Neuseeland auf Tour.

Normen und Werte: Die Leibniz Privatschule versteht Bildung neben der Vermittlung von Wissen auch als Erziehung – als Erziehung, orientiert an Normen und Werten des gedeihlichen menschlichen Zusammenlebens. Das bedeutet Respekt vor den Mitschülern, Respekt vor den Angestellten der Schule, Respekt vor den im Unterricht verwendeten Materialien. Das äußert sich in gepflegten Tischmanieren, aber auch bei Theater- und Museumsbesuchen, bei denen die dort bestehenden Regeln beachtet und eingehalten werden. Die Kinder und Jugendlichen übernehmen Verantwortung für sich selbst und andere. Konkret im Schulalltag: Es gibt Dienste in der Klasse, jeder hat für einen Bereich die Verantwortung. Im Kodex haben wir unsere Schulphilosophie und unsere Vorstellungen des Zusammenlebens festgelegt. Und: Leistung ist etwas Gutes, Erstrebenswertes, das auch gewürdigt uns ausgezeichnet wird.

Noten: Schulen ohne Noten, vor allem weiterführende Schulen ohne Noten – das ist naive Romantik. Manche nennen dies biedere Gefälligkeitspädagogik. Das Gros der Schüler und Eltern hat keinerlei Probleme mit Schulnoten, die letztendlich als eine transparente Bilanz dessen sind, was der Schüler geleistet oder eben nicht geleistet hat. Ansonsten entfalten Noten in aller Regel eine motivierende Wirkung: Erfolgreiches Arbeiten wird damit im Sinne eines „Weiter so!“ bestärkt. Schwächere Schulnoten sind demgegenüber eine mehr oder weniger massive, oft auch notwendige Aufforderung an alle Beteiligten, über die zukünftig richtige Schullaufbahn und über zukünftiges Lern- und Arbeitsverhalten nachzudenken. Die vielfach proklamierten Alternativen zu Ziffernnoten sind keine echten Alternativen, denn entweder sind es geschönte Verbalgutachten, oder sie sind in einer Sprache gehalten, die Eltern und Schüler postwendend zur Frage an die Lehrer veranlassen: Welche Note wäre das denn jetzt? So wie es die allgemeinen gesetzlichen Bestimmungen in Schleswig-Holstein vorsehen gibt es an der Leibniz Privatschule Noten – nicht als Persönlichkeitsmerkmal, sondern als Leistungsbilanz des abgelaufenen Schuljahres, des Schulhalbjahres oder Vierteljahres (Midterm).

Oberstufe: Die bindende Regelung in Sachen Schulkleidung lautet: Montag und Freitag ist Jackett-Tag. Darunter wird Schulkleidung getragen. Schulkleidung ist das sichtbare Teil der Oberbekleidung wie T-Shirt, Bluse, Hemd, Sweatshirt o.ä. Ab der Oberstufe werden Jackett, Krawatte, Hemd, dunkle Hose, dunkle Schuhe – Jackett, Bluse, Rock, dunkle Hose, dunkle Schuhe an allen Schultagen zur Pflicht.

Ordner: Im persönlichen Ordner werden die Arbeitsergebnisse aus dem Unterricht abgeheftet. Die Ordnerfarben stehen für: blau – Deutsch, rot – Mathe, gelb – Erdkunde, grün – Bio, orange – Englisch, usw. Die Ordner werden in unregelmäßigen Abständen von den Klassenlehrern kontrolliert; dies geht auch in die Zeugnis-Benotung ein.

Praktikum: Es gibt einmal das klassische Praktikum für alle Neuntklässler, für die MSA-Schüler ist das bereits in der achten Klasse vor den Osterferien. Die Oberstufenschüler nehmen zudem an einem Wirtschaftspraktikum im ersten Jahr der Qualifizierungsphase teil (Jahrgang 12).

Private Leibniz Akademie: Aus- und Weiterbildung für Lehrer, Nachhilfe und Prüfungsvorbereitung auch für externe Schüler, Angebote für Eltern sowie Berufsorientierung für angehende Abiturienten und Realschulabsolventen – das sind die vier Säulen der privaten Leibniz Akademie, die inzwischen auch vom schleswig-holsteinischen Bildungsministerium als Aus- und Weiterbildungseinrichtung für Quereinsteiger-Lehrer begrüßt wird.

Profiloberstufe: Die Profiloberstufe beginnt an der Leibniz Privatschule mit dem elften Gymnasialjahrgang (Einführungsphase). Ein Profil hat eine gemeinsame thematische Ausrichtung mit einer festgelegten Fächerkombination, bei der die Fächer verbindend unterrichtet werden. In der Regel stehen zur Wahl: das naturwissenschaftliches Profil mit Bio, Chemie und Physik, das gesellschaftswissenschaftliche mit Erdkunde, Geschichte oder Wipo sowie das sprachliches Profil mit Englisch, Spanisch, Französisch und Latein sowie das Sportprofil (Elmshorn). Nach dem ersten Halbjahr darf das Profil und das profilgebende Fach nicht mehr verändert werden.

Projektarbeit: Ein Projekt ist eine Lernform, bei der eine bestimmte Aufgabenstellung innerhalb einer vorgegebenen Zeit bearbeitet wird. Der Lösungsweg bzw. die einzelnen Teilschritte müssen selbständig geplant und durchgeführt werden. Bei vielen Projekten wird die Arbeit auf verschiedene Projektgruppen verteilt. Schließlich wird die Projektarbeit dokumentiert und danach mit geeigneten Medien präsentiert. Das MSA- oder Realschulprojekt geht als Teilnote in die Abschlussprüfung für Realschüler ein.

Prüfungsvorbereitung: Neben dem gewohnten Unterricht von sieben Unterrichtsstunden pro Tag bieten wir am Nachmittag allen, die es mitmachen wollen, spezielle Trainingszeiten an, in denen intensiv der gelernte Unterrichtsstoff wiederholt, geübt – ja trainiert wird. Hausaufgaben sind Schulaufgaben, deshalb heißt bei uns an der Schule dieses Angebot „Trainingszeiten", jeden Tagen zwischen eineinhalb und zwei Stunden. Zusätzliche Möglichkeiten, sich für die Prüfungen fit zu machen, sind die Kurse in den verschiedenen Ferienzeiten.

Quaiser: Im Zwei-Jahres-Rhythmus ist Zirkus Quaiser aus Wrist zu Gast an der Leibniz Privatschule. Schüler der ersten bis vierten Klasse üben für echte Zirkus-Vorführungen, die am frühen Abend vor den Augen der Eltern im Zirkuszelt stattfinden. Das passiert im Wechsel in einem Jahr in Elmshorn, im anderen Jahr in Kaltenkirchen.

Qualitätsmanagement: Im Qualitätsmanagement werden alle Prozesse des schulischen Geschehens festgelegt und für den außenstehenden Prüfer festgehalten. Qualitätsmanagement soll sicherstellen, dass die geplanten Abläufe auch so stattfinden, wie sie stattfinden sollen.

Quereinsteiger: Die normalen Einschulungstermine sind im August; das betrifft den Kindergarten, die Grundschule, die weiterführende Schule und die Oberstufe des Gymnasiums. Darüber hinaus gibt es zu allen Zeiten des Jahres und auch in allen Jahrgängen die Möglichkeit, quer in den Schulbetrieb der Leibniz Privatschule einzusteigen: sowohl in der Grundschule wie auch in der Sekundarstufe, unter bestimmten Umständen auch in der Oberstufe.

Rechtschreibung: Neben dem Myrtel-&-Bo-Lese- und Schreiblernprogramm werden in der Grundschule der Leibniz Privatschule, verstärkt ab Klasse 3, Lernwörter geübt. Darüber hinaus strebt die Schule einen Grundwortschatz an, den die Kinder der dritten und vierten Klasse beherrschen sollen, analog zu den Basiswortschätzen, wie sie in den Bundesländern Bayern und Hamburg bereits umgesetzt sind.

Rückblick: Es geht um Nachfragen und die Hilfen zum aktiven Erinnern: Ihr erinnert euch? Wer weiß, was wir gemacht haben? Worauf kam es an? Was war der Knackpunkt? Welches Problem haben wir behandelt? Welche Antworten waren wichtig? Was wurde gesagt? Habt ihr verstanden, was gesagt und erarbeitet wurde? Warum haben wir dies behandelt? – Anhand der Antworten soll das Gelernte hervorgeholt werden. Mit Geduld werden die Kinder in diese Fragekultur eingeführt, um sie in die Lage zu versetzen, ihren persönlichen Lernprozess zu bewerten (Metakognition).

Schüler-Bild: „Jeder Schüler lernt ein bisschen anders und manche lernen ganz anders. Der Lehrer muss imstande sein, die Persönlichkeit jedes einzelnen Schülers hinreichend zu erfassen, die des Lernschwachen wie die des Hochbegabten." Mit dieser Kernaussage von Neurobiologen und Bildungsforschern leiten wir unsere Schul-Philosophie ein.

Schuljahreskalender: Im Schuljahreskalender, der vor den Sommerferien des auslaufenden Schuljahres an alle Schüler und Eltern ausgegeben wird, sind alle wichtigen Schultermine vermerkt: die Klassenarbeitswochen, die Schulveranstaltungen, die Vorträge der Leibniz-Abende, die Prüfungstermine für Abitur und Realschulabschluss – und die Ferientermine sowie die beweglichen Ferientage.

Schulkleidung: In der Schule und bei schulischen Veranstaltungen (Ausflüge, Klassenfahrten) ist das Tragen von Schulkleidung Pflicht; wir profilieren uns über das, was wir tun oder geistig oder sportlich in der Lage zu leisten sind, nicht darüber, welche Markenklamotten gerade angesagt sind. Die bindende Regelung in Sachen Schulkleidung lautet: Montag und Freitag ist Jackett-Tag. Darunter wird Schulkleidung getragen. Schulkleidung ist das sichtbare Teil der Oberbekleidung wie T-Shirt, Bluse, Hemd, Sweatshirt o.ä. Ab der Oberstufe werden Jackett, Krawatte, Hemd, dunkle Hose, dunkle Schuhe – Jackett, Bluse, Rock, dunkle Hose, dunkle Schuhe an allen Schultagen zur Pflicht.

Schul-Philosophie: Wir haben eine Schul- Philosophie: Die renommiertesten Hirnforscher haben es uns auf die To-do-Liste geschrieben: Ähnlich wie eine nach Erfolg strebende Mannschaft im Sport Teamgeist praktizieren muss, ein erfolgreiches Unternehmen Unternehmensgeist ausstrahlen soll, muss eine Schule einen Schulgeist vermitteln. Die Schulphilosophie der Leibniz Privatschule basiert auf Freude am Lernen, der Verantwortung für sich und seinen Lernprozess, der Neugierde auf die Welt und dem Willen zur Leistung. Wir haben die Vision, Menschen Bildung zu vermitteln und Charaktere für das Leben zu formen. Persönliche Excellence streben wir für alle im schulischen, kulturellen und sportlichen Bereich, in der Verantwortung für sich und die Gesellschaft und die Umwelt an; personal excellence heißt in jeder Situation das Beste zu machen.

Schultasche: Ein klassischer Schultornister wird an der Leibniz Privatschule nicht benötigt; die Schulsachen bleiben da, wo sie gebraucht werden – in der Schule. Also kein Schleppen von Schulbüchern und anderen Utensilien. Hefte, Federtasche, Füller und Schullektüre sind im Klassenraum.

Schwimmunterricht/Schwimmwoche: Die Möglichkeiten des regelmäßigen Schwimmunterrichts sind an beiden Standorten nicht hundertprozentig gegeben. In Elmshorn stehen der Leibniz Privatschule trotz der vorhanden Traglufthalle nur wenige Stunden im Wasser zur Verfügung, ebenso in Kaltenkirchen. Um sicherzustellen, dass die Mädchen und Jungen in der Grundschule das Schwimmen lernen, wird seit 2014 in Malente für alle Zweitklässler eine Schwimmwoche veranstaltet.

Sitzenbleiben: Das Sitzenbleiben, also ein Schuljahr wiederholen, ist nach der Hattie-Studie einer der am meisten negativen Einflüsse aufs schulische Lernen. John Hattie schlussfolgert nach der systematischen Untersuchung von weltweit 50.000 Forschungsprojekten zum Thema Lernen und Unterrichtserfolg: „Wenn es Studien über positive Auswirkungen des Sitzenbleibens gibt, dann sind diese noch nicht veröffentlicht worden. Es wäre eine sehr positive Sache, das Sitzenbleiben zu beenden.“ Für Schüler, die wegen Krankheit große Teile eines Schuljahres nicht mitmachen konnten, gilt das nicht.

Spanisch: Zweite Fremdsprache an der Leibniz Privatschule ist Spanisch, das inzwischen als Weltsprache Französisch überholt hat. In den einschlägigen Webportalen finden sich die Gründe, weshalb Spanisch als zweite Fremdsprache nach Englisch in der Sekundarstufe gelehrt wird. Wenn Sie Spanisch lernen und sprechen, können Sie mit fast 500 Millionen Menschen auf der Welt kommunizieren. Spanisch ist nach Mandarin-Chinesisch und Englisch die am dritthäufigsten gesprochene Sprache der Welt und rangiert weltweit auf dem zweiten Platz in Bezug auf Anzahl an Muttersprachlern. Am Ende des 19. Jahrhunderts gab es ca. 60 Millionen Spanisch sprechende Menschen, heute sind es fast 500 Millionen. Spanisch ist Muttersprache für ca. 350 Millionen Menschen in 21 Ländern (Mexiko: 102 Millionen, USA: 45 Millionen, Spanien: 44 Millionen, Kolumbien: 44 Millionen, Argentinien: 39 Millionen, Venezuela: 28 Millionen, Peru: 28 Millionen etc.). Außerdem ist Spanisch auch in weiteren 21 Ländern weit verbreitet, obwohl es dort keine offiziell anerkannte Sprache ist. „Die Welt wird zunehmend mehrsprachig und Arabisch und Spanisch sind beides Schlüsselsprachen für die Zukunft“, sagt Sprachforscher David Graddol, kommentierend in einem aktuellen Bericht an den British Council. Und: Spanisch ist in der internationalen Kommunikation die am zweithäufigsten gesprochene Sprache und ist offizielle Amtssprache der EU sowie der UN und ihren Organisationen.

Sponsorenlauf: Alle zwei Jahre veranstaltet die Leibniz Privatschule einen Sponsorenlauf; so liefen die Schüler für UNICEF, die Michael-Stich-Stiftung, das Vietnam-Projekt der Organisation „Taten statt Worte“ sowie für unsere Partnerschule in Soweto/Johannesburg. Die Erlöse belaufen sich inzwischen auf mehrere 10.000 Euro.

Stoffverteilungsplan: Die vom Land Schleswig-Holstein ausgegebenen Richtlinien für die Schulstufen und Jahrgänge in allen Schulfächern sind in fachspezifischen Lehrplänen formuliert. Der Lehrplan wird in ein schulinternes Curriculum übersetzt, woraus sich dann der Stoffverteilungsplan für die einzelnen Fächer ergibt, der in den jeweiligen Jahrgangsstufen in thematisch abgegrenzten Unterrichtseinheiten unterrichtet wird.

Süßigkeiten: Sind in der Leibniz Privatschule tabu und nicht erlaubt. Sie sind wenig förderlich für Konzentration und Aufmerksamkeit.

Übergang von der Vorschule/Kindergarten zur Grundschule: Die Vorbereitung auf die Schule erstreckt sich auf die gesamte Zeit, die ein Kind in der Kindertagesstätte verbringt. Sie ist eine ganzheitliche Erziehung, die alle Entwicklungsbereiche beinhaltet. Hierzu gehören der motorische, emotionale, soziale und kognitive Bereich. Alle diese Bereiche ergänzen sich. Ganz wichtig für die Kinder in dem Jahr, bevor sie zur Schule kommen, ist aber auch das Zutrauen zum eigenen Ich und in die eigenen Fähigkeiten, sich in eine Gruppe zu integrieren, Freundschaften zu schließen, Konflikte zu bewältigen, Verantwortung für sich und andere zu übernehmen und den Ehrgeiz zu haben, kognitive und motorische Fähigkeiten zu erweitern. Wenn Kinder aus dem LPS-Kindergarten in die LPS-Grundschule wechseln, findet ein Austausch über den Entwicklungsstand des jeweiligen Kindes statt, sodass eine individuelle Förderung in der Grundschule ermöglicht wird. Mit Zustimmung der Personensorgeberechtigten findet dieser Austausch auch bei Übergabe in eine andere Grundschule statt. Die Erzieher der LPS-Kita übermitteln nach Absprache eine Übersicht über den Entwicklungsstand des Kindes. Sollte während der Grundschulzeit beratungsbedarf bestehen, stehen die Erzieher auch weiterhin zur Verfügung.

Underachiever: Der Begriff stammt aus der von Professor Franz Mönks im deutschsprachigen Raum angestoßenen Hochbegabten-, bzw. Begabtenforschung. Von Underachievement spricht man, wenn die tatsächliche Leistung eines Kindes oder Jugendlichen sich auffällig von der Leistung unterscheidet, die aufgrund der vorliegenden Begabung zu erwarten wäre (Leistungspotenzial). Dies tritt meist in Kombination mit störendem oder verstörtem Verhalten und erheblicher Belastung des Familienklimas auf. Statistisch gesehen sind etwa ein bis zwei Prozent der Kinder und Jugendlichen hochbegabt (IQ 135 und höher). Unter diesen sind zwischen 15 und 20 Prozent Underachiever. Ein Teil dieser Kinder stehen zum Teil während ihrer gesamten Schullaufbahn ohne Hilfe da.

Unterricht auf Englisch: Der Unterricht auf Englisch ist das Beste, was Ihrem Kind passieren kann. Diejenigen, die klassisch Englisch gelernt haben (he – she – it is . . .) staunen, wenn sie Erstklässler sehen, die dem Mathe-Unterricht auf Englisch folgen können und dabei auch noch sehr gut Mathe lernen. So gut, dass die Klassen, die auf Englisch unterrichtet worden sind, mit Regelmäßigkeit bei den landesweiten Tests überdurchschnittlich abschneiden, wie Professor Wode unterstreicht.

Unterrichtsablauf: Der Lehrer hat das Unterrichtsthema und das dazugehörige Programm an der Tafel notiert und erklärt die Zusammenhänge im ersten Teil der Stunde (Instruktionsphase). Hierzu sitzen die Schüler im Kinositz – die Kinder der Grundschule meist vor der Tafel auf dem Boden, die Mädchen und Jungen der weiterführenden Schulen drehen den Stuhl in Richtung des vortragenden Lehrers zur Tafel. – Gruppen-, Einzel- oder Partnerarbeit haben eins gemeinsam: Es herrscht Flüsterlautstärke in der Klasse. Schüler mit einem Advanced-Learner-Ausweis dürfen in den Lernzonen arbeiten; auch hier gilt Flüsterlautstärke. Über die Meldeliste wird dem Lehrer Informationsbedarf signalisiert; es können Fragen gestellt werden; der Lehrer kommt mit dem Fördererhocker dann an den Tisch des Fragestellers.

Unterrichtsausfall: An der Leibniz Privatschule gibt es seit dem ersten Schultag im 21. August 2006 keinen Unterrichtsausfall.

Unterrichtsmaterial: Das gesamte Unterrichtsmaterial, welches für den schulischen Unterricht benötigt wird, ist in der Schule und wird durch die Leibniz Privatschule besorgt; das betrifft Hefte, Block, Füller, Bleistift, Buntstifte, Tuschkasten, Schulbücher aller Art, Unterrichtslektüre, Kunstmaterialien. Die gesamten Kosten dafür sind durch die einmal im Jahr zu zahlende Materialgebühr abgedeckt. Die Schüler bekommen zu Beginn des Schuljahres folgendes Material: Hefte, College-Blocks, Stifte, Lerntagebuch/Lernchronik, Bleistift. Nachgeliefert werden Verbrauchsmaterialien. Nichts wir erstezt, wenn etwas zerstört worden ist oder bei unangemessenem Verbrauch. Bestimmte Dinge (z. B.: Zirkel, Taschenrechner) hat der Lehrer als Klassensatz, bringt sie in die Klasse und nimmt sie als vollständigen Satz wieder mit. Zerstörte oder mutwillig beschädigte Materialien müssen von den Mädchen und Jungen ersetzt und bezahlt werden. In der Oberstufe werden den Schülern Literatur und Wörterbücher zur Verfügung gestellt.

Unterrichtsstruktur: So wird an der Leibniz Privatschule unterrichtet – in jeder Klasse, in jedem Jahrgang: Zu Beginn ist der Klassenraum aufgeräumt; Lehrer und Schüler kommen an. Das Programm wird angeschrieben, die Materialien geholt. Nach dem Klangschalen-Gong beginnt die 90-Minuten-Unterrichtseinheit mit der Begrüßung. Der Lehrer erläutert das Programm (Tafelanschrieb) und sagt, was heute getan wird. Es werden überprüfbare Ziele für diese Stunde definiert. Der Lehrer erläutert im Lehrervortrag das Thema, die Fachbegriffe und erklärt die wichtigsten Punkte, die gelernt werden sollen. Verständnisfragen sind zum Schluss des Vortrages zugelassen. – Arbeitsaufträge werden auf dem einheitlichen Papier (mit dem Kopf der Leibniz Privatschule) von den Lehrern erstellt, enthalten die entsprechenden Arbeitsanweisungen (Operatoren entsprechend der ministeriellen Vorgaben). Differenzierung in drei Stufen (legasthenie-fähig). Das Ganze erfolgt mit präzisen schriftlichen Formulierungen, damit der Schüler weiß, was er tun soll. Drei Minuten soll sich jeder Schüler selbstständig mit der Aufgabe beschäftigen; erst dann wird die Meldeliste für individuelle Fragen eröffnet. Gearbeitet wird an Tischgruppen in den Klassen und nur in Ausnahmefällen am Einzeltisch; Advanced Learner können in der Lernzone arbeiten; der Lehrer begleitet die Schüler einzeln mit dem Fördererhocker. Am Ende der Stunde (Schüler sitzen im Kinositz) schließt sich eine Wiederholungsphase an: Was war wichtig, was habt ihr gelernt, was ist angekommen. Aufräumen der Klasse und Verabschiedung beendet die 90-Minuten-Stunde – in jeder Klasse, in jeder Jahrgangsstufe von Klasse 1 bis zum Abiturjahrgang 13.

Vergleichstests: An den landes-, bzw. bundesweiten VERA-Tests für die Jahrgänge 3 und 8 nimmt die Leibniz Privatschule mit Erfolg teil. Die Vergleichsarbeiten sind für die Lehrer der Schule in den Fächern Deutsch und Mathematik sowie Englisch (Sekundarstufe) wichtige Botschaften in Richtung der eigenen Unterrichtstätigkeit

Verhaltenstagebuch: Wenn es mit dem Verhalten in der Schule während und außerhalb des Unterrichts beim Schüler nicht immer klappt, sieht der Kodex der Leibniz Privatschule das Führen des Verhaltenstagebuches vor. Schüler schätzen sich nach jeder Unterrichtsstunde/-Doppelstunde selbst ein und müssen am Ende der Stunde auch die Einschätzung des Lehrers einholen. Das kann eine lästige Angelegenheit sein, wird aber von manchem Schüler auch schon mal zur persönlichen Kontrolle selbst vorgeschlagen.

Verlässlich: Das heißt an der Leibniz Privatschule „Verlässlich von 7.30 bis 17 Uhr". Unser Schulbetrieb ist auf Ganztagsbetrieb eingestellt: fünf Stunden Unterricht in der Grundschule, Mittagspause mit Mittagessen, Trainingszeiten (Hausaufgabenbetreuung) und Arbeitsgemeinschaften in Sport, Musik, Basteln und Co. Unter verlässlicher Grundschule verstehen wir eine verlässliche Betreuung von 7.30 bis 17 Uhr, jeden Tag in der Schulwoche. Darüber hinaus bieten wir eine Ferienbetreuung in allen Schulferien (außer Weihnachten) an. Für die Schüler der Klassen 5 bis 13 gilt dies entsprechend (siehe auch Infokasten „Der Leibniz-Schultag").

Versammlung/Assembly: Versammlung der Sekundarstufenschüler, bei der Schüler mit ausgezeichneten Leistungen geehrt werden; besonders hervorragende Leistungen werden mit dem Leibniz-Pin belohnt.

Vorschule/vorschulische Erziehung: siehe Kommentarkasten.

Vertrauensschüler: Im Gegensatz zum Klassensprecher, der von den Schülern gewählt wird, bestimmt der Klassenlehrer in der Klasse den Vertrauensschüler, dessen Rolle am besten vergleichbar ist mit dem Mannschaftskapitän im Fußball. Der Lehrer zieht ihn bei wichtigen Themen innerhalb der Klassengemeinschaft zu Rate

Weihnachtsfeier: Am Freitag vor dem dritten Advent gibt es an der Leibniz Privatschule in Elmshorn und Kaltenkirchen eine Weihnachtsfeier, die oftmals unter einem Motto steht, zum Beispiel „Wintersport" oder „Weihnachten wie zu Zeiten von Charles Dickens" oder „Weihnachten International".

Wettbewerbe: Die Leibniz Privatschule nimmt in allen Fachbereichen an schulübergreifenden Wettbewerben teil, zum Beispiel Känguru-Wettbewerb in Mathematik, Jugend trainiert für Olympia, Erdkunde-Wettbewerb von National Geographic/Diercke.

Wirtschaftskunde: Gibt es als eigenständiges Fach ab Klasse 5 in den weiterführenden Schulen der Leibniz Privatschule. Hier geht es in erster Linie darum aufzuzeigen, wie Wirtschaft funktioniert – bis hin zur Inbetriebnahme einer Übungsfirma. Dabei gilt es die Gesetze von Angebot und Nachfrage zu berücksichtigen. Auch sind die Teilbereiche der Unternehmensführung (Werbung, Ausbildung, Stellenausschreibung usw.) anzuwenden.

Wirtschaftspraktikum (an Gymnasien und Gemeinschaftsschulen): Das Wirtschaftspraktikum erstreckt sich über einen ein- bis zweiwöchigen Zeitraum und ist eine Schulveranstaltung mit entsprechendem Versicherungsschutz der Schülerinnen und Schüler. Im Vergleich zum Betriebspraktikum in der Mittelstufe ermöglicht es tiefere Einblicke in die Funktionsweise eines Betriebes mit Erkenntnissen über seine geschichtliche Entwicklung, Betriebsstruktur, Arbeitsprozesse, Markteinbindung, soziale Aspekte, Umweltaspekte, unternehmerische Entscheidungen und Zukunftsperspektiven. Auch die praktische Erfahrung eines Arbeitsalltags mit seinen physischen und psychischen Belastungen sowie Informationen zu beruflichen Qualifikationen gehören zu den Zielen des Wirtschaftspraktikums, da diese eine berufliche Orientierungshilfe bieten können.

Das Wirtschaftspraktikum wird im Unterricht des Faches Wirtschaft/Politik vorbereitet (zu Beginn der Qualifizierungsphase im Hinblick aufs Abitur). Auch die Beschäftigung mit den wirtschaftlichen Grundlagen (Grundzüge der Sozialen Marktwirtschaft) im Schuljahr zuvor leistet einen Beitrag zur fundierten Vorbereitung. Die Organisation liegt in der Verantwortung der Schule. Grundsätzlich werden die Wirtschaftspraktikantinnen und -praktikanten durch ihre Betreuungslehrkräfte aus den gesellschaftswissenschaftlichen Fächern (Wirtschaft/Politik, Erdkunde, Geschichte) vor Ort aufgesucht. Die Nachbereitung findet im Unterricht des Faches Wirtschaft/Politik statt. Kurzberichte der Schülerinnen und Schüler zu den Praktikumserfahrungen und schriftliche Praktikumsberichte gehen in die Bewertung im Fach Wirtschaft/Politik ein.

Zentralprüfung: In den Fächern Deutsch, Mathematik und Englisch werden Prüfungsaufgaben fürs Abitur und die MSA-Prüfungen zentral vom Bildungsministerium gestellt.

Zeugnisse: Die Zeugnisse der Leibniz Privatschule sind vergleichbar mit den Zeugnissen an öffentlichen Schulen; darüber hinaus berücksichtigen sie die klassischen Kopfnoten. Dabei formulieren die Lehrer, die in der Klasse unterrichten, gemeinsam die Aussagen zu Arbeitshaltung, Methodenkompetenz, Sozialverhalten und Selbstständigkeit; in den einzelnen Fächern gibt es die entsprechenden Noten und die Kommentare der Fachlehrer. Besonderheiten, wie Teilnahme an Arbeitsgemeinschaften, Bekleidung des Amtes des Klassensprechers oder Vertrauensschülers sowie die Zugehörigkeit zu einer Schulmannschaft werden im Zeugnis dokumentiert.

Ziele: Das, was die Schüler am Ende des Unterrichts können müssen, sind die Ziele; sie werden auf der Tafel zu Stundenbeginn festgehalten, sodass jeder Schüler auch im Bilde ist, was gelernt werden soll. An sie wird am Ende der Doppelstunde noch einmal aktiv erinnert unter der Überschrift: „Das ist das Wichtigste, das müsst ihr behalten!"

Warum es einen Kindergarten mit vorschulischer Erziehung gibt

VON EGON BOESTEN

Als unsere Kinder in den 1980er-Jahren einen Kindergarten in Elmshorn besuchten, gab es einen für mich denkwürdigen Elternabend. An diesem Elternabend regte ich in der Gruppe der Delfine (Kinder um und bei vier) an, doch bitte jeden Tag für eine Stunde die gerade neu errichtete Gymnastikhalle der Kindertagesstätte aufzusuchen. Bewegung ist elementar für das Erlernen von Grob- und Feinmotorik. Mein Hinweis auf die Nikitins aus der früheren Sowjetunion, man müsse doch nutzen, dass es nun solche Möglichkeiten mit hohem Aufforderungscharakter gäbe, brachte Erzieherinnen wie einige Eltern gleichermaßen auf die Palme: „Wollen Sie aus unseren Kindern Hochleistungssportler machen?" Wohl gemerkt: Es ging um eine Stunde Bewegung in einer kleinen Turnhalle. Die – damaligen – Erzieherinnen blieben lieber beim als Programm ausgewiesenen Freien Spiel, der Beaufsichtigung und Aufbewahrung der Kinder.

Das ist mehr als 30 Jahre her; die Zeiten haben sich geändert. Wer unvoreingenommen an das Thema herangeht, wird sehen, dass die Anregungen der Nikitins aus den 60er-Jahren nicht von gestern sind. Nachdem die Entwicklungspsychologie festgestellt hat, dass Kinder ab vier offen für alles Neue um sie herum sind, veränderten sich auch die Wünsche der Eltern: Als während einer Pressekonferenz der Leibniz Privatschule im November 2005 einmal kurz der Begriff Vorschule erwähnt wurde, dauerte es nicht mal eine Woche – und die erste Vorschulgruppe der Leibniz Privatschule, die noch nicht ihren Betrieb aufgenommen hatte, hatte keinen freien Platz mehr.

In Elmshorn gibt es inzwischen sechs Kindergartengruppen mit vorschulischer Erziehung, in Kaltenkirchen zwei. Und für viele Eltern ist es selbstverständlich, dass ihre Kinder schon frühzeitig Kontakt mit Zahlen und Buchstaben haben. Wer einmal das Programm bei den Lütten gesehen und erlebt hat, wird bestätigen: Da kann man keinen Schritt mehr zurückgehen.

Leibniz-Blätter zum Bestellen

Ausgabe 1 (vergr.)

Ausgabe 2

Ausgabe 3

Ausgabe 4

Ausgabe 5

Ausgabe 6

Ausgabe 7

Ausgabe 8

Ausgabe 9

Ausgabe 10

Ausgabe 11

Ausgabe 12

Ausgabe 13

Ausgabe 14

Ausgabe 15

Ausgabe 16

Ausgabe 17

Ausgabe 18

Ausgabe 19

Ausgabe 20

Ausgabe 21

Ausgabe 22

Ausgabe 23

Ausgabe 24

Ausgabe 25

Ausgabe 29

Ausgabe 31

Ausgabe 32

Ausgabe 33

Ausgabe 34

Ausgabe 36

Ausgabe 37

Ausgabe 38

Ausgabe 39

Ausgabe 40

Ausgabe 41

Die bisher erschienenen Ausgaben der Leibniz-Blätter können unter redaktion@leibniz-privatschule.de bestellt werden.

2030: Ein optimistischer Ausblick

VON EGON BOESTEN

Wenn die Leibniz Privatschule im Jahr 2030 in Elmshorn bei Hamburg ihr 25jähriges Jubiläum feiert, hat sich die bundesdeutsche Bildungslandschaft schon radikal verändert. Privatschulen sind in Deutschland mindestens genauso häufig anzutreffen wie staatliche Schulen. Es ist fast schon so wie bei Kindergärten in Deutschland, wo mehr als die Hälfte der Träger privater Natur sind: katholisch, evangelisch, Montessori . . .

Eine Vielfalt findet sich auch unter den privaten Schulbildungsträgern – frei nach den Prinzipien des Milton Friedman, der bereits vor mehr als 60 Jahren den Bildungsgutschein propagiert hat: Das Geld läuft dem Schüler hinterher; der Staat fördert die jeweilige Schule pro Jahr pro Schüler. Unabhängig ob privat oder staatlich, erhalten alle Schulen den gleichen Betrag. Privatschulen müssen für schulischen Unterricht kein Schulgeld mehr abverlangen. Resultat: Der Anteil der Privatschüler steigt von zehn Prozent im Jahr 2005 auf mehr als 53 Prozent im Jahr 2030 – so wie sich das ein Großteil der Eltern schon im Jahr der Schulgründung gewünscht hatte

Professor Gerhard Roth, der in der Erstauflage seines Buches „Bildung braucht Persönlichkeit" noch geschrieben hatte: „In der Ministerialbürokratie der Bildungsministerien sitzen Lehrer, die aber gar keine Lehrer sein wollen", muss sein Vorwort zur 18. Auflage des Buches verändern. Der Grund: Es gibt keine ausufernde Ministerialbürokratie in den Bundesländern mehr. Die verschlankte Kultusministerkonferenz ist für die gesamte Republik zuständig und gibt grobe Rahmenlehrpläne vor, alles andere liegt in der Verantwortung der Schulen, der privaten wie auch der staatlichen. Sowohl die äußere wie auch die innere Gestaltung des schulischen Lebens obliegt der einzelnen Schule, die auch selbstständig alles das machen darf, wofür man noch im Jahr 2005 den Schulträger (Stadt, Gemeinde oder Kreis) fragen musste. Auch die Landesämter für Besoldung der Lehrkräfte sind abgeschafft. Das Beamtentum für Lehrer ist schon längst Vergangenheit; jede Schule verpflichtet die Lehrer, mit denen sie zusammen arbeiten will. Die Schule des Jahres 2030 ist international vernetzt. Schüleraustausch mit europäischen Nachbarländern wie England, Spanien oder den Niederlanden gehört ebenso zum Alltag der Heranwachsenden wie Schulbesuche in Neuseeland, New York, Peking, Moskau oder Hanoi. Jeder Schüler, der etwas auf sich hält, spricht vier Sprachen: seine Muttersprache, Englisch als erste, Spanisch, Chinesisch oder Russisch als zweite Weltsprache und eine Nischensprache (Dänisch, Italienisch oder Niederländisch) – so wie es noch im letzten Jahrhundert Professor Henning Wode vorausgesagt hatte. Und die Leibniz Privatschule? – Die gibt es noch, in Elmshorn, Kaltenkirchen und an verschiedenen Standorten im Norden Deutschlands ... weil die Leibniz Privatschule ein Modell für Schule sein kann und hoffentlich viele Nachahmer findet.